民用建筑项目投资决策

曹善琪　李明哲　主编

中国建筑工业出版社

图书在版编目（CIP）数据

民用建筑项目投资决策/曹善琪，李明哲主编. —北京：中国建筑工业出版社，2010.7
ISBN 978-7-112-12282-0

Ⅰ.①民… Ⅱ.①曹… ②李… Ⅲ.①民用建筑—基本建设投资—项目管理—基本知识 Ⅳ.①F282

中国版本图书馆 CIP 数据核字（2010）第 147507 号

本书内容包括民用建筑特征、分类、耐久年限、技术政策、规划布局、设计原则、建设程序；可行性研究的内容、步骤和方法；新投资体制下的民用建筑可行性研究与项目申请报告的关系；财务和综合评价方法；民用建筑的造价构成、投资估算和快速报价；投资估算的常用数据以及工程勘察、设计、咨询、监理、施工、安装取费标准等。最后附有可供借鉴的案例。这是一本内容比较全面的民用建筑项目投资决策的工具书。本书可供建设工程投资公司、行政事业单位、工程咨询、建筑设计、资产评估、工程造价咨询、房地产开发、施工安装等单位的决策人员、技术人员、管理人员和施工人员以及相关专业的大专院校师生等参考使用。

* * *

责任编辑：俞辉群
责任设计：赵明霞
责任校对：王金珠　刘　钰

民用建筑项目投资决策
曹善琪　李明哲　主编
*
中国建筑工业出版社出版、发行（北京西郊百万庄）
各地新华书店、建筑书店经销
北京千辰公司制版
世界知识印刷厂印刷
*
开本：787×1092 毫米　1/16　印张：24　字数：600 千字
2011 年 1 月第一版　2011 年 1 月第一次印刷
定价：**55.00** 元
ISBN 978-7-112-12282-0
（19494）

为《民用建筑项目投资决策》一书题

坚持科学决策

提高工程项目建设水平

杨慎 题

二〇一〇年八月

前　　言

民用建筑指供人们起居、休闲、工作、学习、文体活动、购物、医疗卫生及进行社会活动的非生产性建筑，换句话说，民用建筑是为广大群众民生服务的建筑物。

根据国家统计局的定义，“房地产开发投资指各种登记注册类型的房地产开发公司、商品房建设公司及其他房地产开发法人单位和附属于其他法人单位实际从事房地产开发或经营活动的单位统一开发的包括统代建、拆迁还建的住宅、厂房、仓库、饭店、宾馆、度假村、写字楼、办公楼等房屋建筑物和配套的服务设施，土地开发工程（如道路、给水、排水、供电、供热、通信、平整场地等基础设施工程）的投资；不包括单纯的土地交易活动”。以上定义与建筑业中关于民用建筑包含的内容大体相同。根据国家统计年报，2007年房地产开发投资完成25289亿元，同比增长30.2%，当年的在建面积为54842万m^2，竣工面积为146282万m^2。这套数字也大体上反映了我国民用建筑近年的投资总额、工程量和增长速度。

尽管过去30年我国经济建设取得了长足的发展，中国也跻身世界强国的行列，但是与发达国家相比，我国民众生活水准仍然低下，民居方面的差距更大。中国人口众多，城市化进程加快，在可以预见的10~20年内，中国民用建筑仍然会高速发展，建筑业仍然会是国民经济的重要支柱产业。

民用建筑要发展就要进行投资，要进行投资就需要作出投资决策，民用建筑可行性研究与投资估算是投资决策的重要依据。实事求是地说，与其他行业相比，民用建筑可行性研究的水平远远落后于工业各行业可行性研究的水平，其主要原因在于民用建筑市场机制不够健全，决策机制也不够健全。2004年国务院发布了投资体制改革决定，其后也陆续发布了一些配套的文件，为建立健全民用建筑市场指明了方向，确定了行动框架。

本书根据国家投资体制改革决定及其配套文件的原则，汇集作者近年的工作实践和研究成果，系统地介绍民用建筑的特征与技术政策，以及民用建筑设计通则、城市居住区规划设计和民用建筑建设程序等基本技术要求；对民用建筑可行性研究与项目评价的理论和重点进行概述，介绍了具体的操作步骤和方法，并通过案例提供民用建筑可行性研究及项目综合评价的示范。为适应民用建筑项目投资决策的要求，第二部分重点突出了民用建筑投资估算和快速报价，以及相关投资估算的参考数据，供读者参考。

希望本书能帮助广大民用建筑项目的设计与咨询人员提高专业知识水平，为提高我国民用建筑可行性研究水平，为推动民用建筑决策科学化作出贡献。

本书由曹善琪和李明哲主编，第一部分的前4章由曹善琪、臧秋子、李楠编写，第5章由郑明编写，第6、7章由何继志编写，第8、9章由华明言编写，第二部分各章由杨玉梅、曹彩荣、关毅编写。案例由戚明晖、刘娜、瞿家林编写。参与编写的还有崔彩霞、李景龙、任亘春和刘长瑞。

目　　录

第一部分

民用建筑可行性研究

第 1 章　民用建筑特征与当前技术政策

1.1　民用建筑的概念及特征

1.1.1　民用建筑的概念

要搞好民用建筑项目投资决策，首先需要对民用建筑本身有个基本认识。所谓民用建筑，是指供人们生活起居、休闲、工作、学习、文体活动、购物、医疗卫生及进行社会活动等的非生产性建筑物。因此，民用建筑本质上包括居住建筑和公共建筑两个部分，是居住建筑和公共建筑的总称。

所谓建筑物，是指人工建造而成的物体，包括房屋建筑和构筑物两大类。房屋建筑是指能够遮风避雨并供人们生活、工作和进行社会活动的工程建筑，一般由基础、墙柱、门窗、屋顶等主要构件和相应的建筑设备组成；构筑物则是指房屋以外的工程建筑，人们一般不直接在其内进行居住和生活活动。如水塔、烟囱等。对于造价工程师来说，认清民用建筑及其特性是十分重要的，尤其在评价某一建设项目方案时更是如此。因为民用建筑是“适用、安全、经济、美观”的有机结合。

1.1.2　民用建筑特征

（1）数量巨大。据报道，我国已建成的城乡房屋建筑达 400 多亿 m^2，到 2010 年，仅新建住宅将达 150 亿 m^2，加上公共建筑以及与其相关的配套设施，数量之巨大十分惊人。这对整个建筑业的发展壮大，贯彻国民经济可持续发展战略目标和实现建筑业成为名符其实的国民经济支柱产业将发挥更加重要的作用。

（2）涉及面广。民用建筑涵盖人们居住、工作和社会生活活动使用的各种类型的房屋建筑。对广大人民的物质文明和精神文明影响深远，关系到人们的生活和工作质量及身心健康，是社会各界注重的焦点和热点之一。

（3）是多学科、多专业的综合性产物。民用建筑技术复杂，要求多样，在建造中又涉及各个专业和部门，是一项系统工程和综合性工作，必须由各个行业的通力合作，方能达到预期目标和设想。

（4）要坚持可持续发展和以人为本的方针，全面贯彻“适用、安全、经济、美观”的原则。民用建筑在建造过程中要积极改良生态环境，从节地、节水、节能、无公害、少污染、多绿化考虑，合理组织安排建筑与环境的有机结合，使人、建筑与自然生态环境形成科学的良性循环系统。

1.2　民用建筑分类

民用建筑可按使用功能、耐久年限、高度和层数、结构和耐火等级等方式分类。

1.2.1　民用建筑按使用功能划分

（1）居住建筑—住宅、集体职工宿舍和学生公寓等；
（2）办公建筑—办公楼、写字间等；
（3）文教建筑—高等院校、中等学校、小学校、托儿所、幼儿园、图书馆和档案馆等；
（4）文娱建筑—剧场、电影院和文化馆等；
（5）博览建筑—博物馆、展览馆和会展中心等；
（6）体育建筑—体育场、体育馆和游泳馆等；
（7）医疗建筑—综合医院、专科医院、门诊部和疗养院等；
（8）旅馆建筑—旅馆、酒店、招待所、宾馆和饭店等；
（9）交通建筑—火车站、汽车站、航空港和轮船客运站等；
（10）邮电建筑—邮电楼、广播电台、电视台和电视塔等；
（11）商业建筑—百货商店、购物中心、超级市场、书店和冷库等；
（12）金融建筑—银行、证券交易中心和保险公司等；
（13）饮食建筑—饭馆、餐厅和酒楼等；
（14）科研建筑—实验室、计算站等；
（15）其他附属建筑—与民用建筑相关的附属建筑，如锅炉房和变电所等。

1.2.2　民用建筑按建筑耐久年限划分

（1）一级耐久年限：建筑物设计使用寿命在 100 年以上者，适用于重要的建筑和高层建筑；
（2）二级耐久年限：建筑物设计使用寿命为 50 ~ 100 年者，适用于一般性建筑；
（3）三级耐久年限：建筑物设计使用寿命为 25 ~ 50 年者，适用于次要的建筑；
（4）四级耐久年限：建筑物设计使用寿命在 15 年以下者，适用于临时性建筑。

1.2.3　民用建筑按建筑高度与层数划分

（1）住宅建筑按层数可分为：
低层—1 ~ 3 层；
多层—4 ~ 6 层；
中高层—7 ~ 9 层；
高层—10 层以上。
（2）公共建筑及综合性建筑总高度超过 24m 者为高层（不包括高度超过 24m 的单层主体建筑）。
（3）建筑高度超过 100m 时，无论住宅或公共建筑均为超高层。

1.2.4　民用建筑按结构划分

（1）砖木结构建筑；
（2）砖混结构建筑；
（3）钢筋混凝土结构建筑；
（4）钢结构建筑；
（5）其他结构建筑（如木结构、充气结构、膜结构等）。

1.2.5　民用建筑按耐火等级划分

（1）一级耐火等级建筑物；
（2）二级耐火等级建筑物；
（3）三级耐火等级建筑物；
（4）四级耐火等级建筑物。
高层民用建筑的耐火等级分为一、二两级。

1.2.6　民用建筑按设计收费标准

民用建筑按设计收费标准规定分为三级，各级的主要特征及适用范围见表1-1。

建筑、工程复杂程度表　　**表1-1**

等　　级	工　程　设　计　条　件
Ⅰ级	1. 功能单一、技术要求简单的小型公共建筑工程 2. 高度 <24m 的一般公共建筑工程 3. 小型仓储建筑工程 4. 简单的设备用房及其他配套用房工程 5. 简单的建筑环境设计及室外工程 6. 相当于一星级饭店及以下标准的室内装修工程 7. 人防疏散干道、支干道及人防连接通道等人防配套工程
Ⅱ级	1. 大中型公共建筑工程 2. 技术要求较复杂或有地区性意义的小型公共建筑工程 3. 高度 24 ~ 50m 的一般公共建筑工程 4. 20 层及以下一般标准的居住建筑工程 5. 仿古建筑、一般标准的古建筑、保护性建筑以及地下建筑工程 6. 大中型仓储建筑工程 7. 一般标准的建筑环境设计和室外工程 8. 相当于二、三星级饭店标准的室内装修工程 9. 防护级别为四级及以下同时建筑面积 <10000m^2 的人防工程
Ⅲ级	1. 高级大型公共建筑工程 2. 技术要求复杂或具有经济、文化、历史等意义的省（市）级中小型公共建筑工程 3. 高度 >50m 的公共建筑工程 4. 20 层以上居住建筑和 20 层以下高标准居住建筑工程 5. 高标准的古建筑、保护性建筑和地下建筑工程 6. 高标准的建筑环境设计和室外工程 7. 相当于四、五星级饭店标准的室内装修，特殊声学装修工程 8. 防护级别为三级以上或者建筑面积≥10000m^2 的人防工程

注：大型建筑工程指 20001m^2 以上建筑，中型指 5001 ~ 20000m^2 的建筑，小型指 5000m^2 以下的建筑。

1.3 民用建筑的技术政策

要高质量高水平地完成民用建筑的建造任务，必须切实加强民用建筑的前期工作，认真做好相应的可行性研究与设计工作，努力实现经济效益、社会效益和环境效益的统一。为达到上述要求，在民用建筑的前期工作中应认真贯彻国家制定的有关建筑技术政策。其主要内容如下。

1.3.1 居住建筑

（1）创造符合居民居住行为和生理、心理需求的居住环境，重视环境设计和生态设计。

（2）贯彻适应社会主义市场经济的原则，为满足市场多种选择的需要，向社会提供多种类型（面积、户型、设备性能标准等）和多种模式的住宅，同时使住宅具有一定适应性、可改性和灵活性。

（3）贯彻节约用地的原则，根据新建（或改建）地区的现状条件、城市规划的要求，制定合理的建筑密度、层数和相应容积率。

（4）贯彻住宅产品工业化和地方化并举的原则，既要因地制宜、就地取材，发展和选用地方材料，采用传统适用技术，建立适应地方条件的住宅体系；又要推行符合模数协调原则的工业化建筑体系，以加快住宅建设速度，提高施工质量，促进住宅产业化。

（5）贯彻不断提高居住建筑科技含量的原则，鼓励和推广应用已有成效的新技术、新设备、新材料、新工艺；研究开发新型的可供再分隔的结构体系，系列化成套厨房设备和卫生洁具，节能的供热系统，节电节水的自控系统以及家庭信息与保安防灾系统等，使住宅建筑具有一定的智能化水平。

（6）贯彻新建住宅设计与既有建筑合理改造设计并重的原则，要随城市布局的调整、建筑用途的变更、基础设施的改造等，统筹进行住宅（区）的规划设计。

1.3.2 公共建筑

（1）强调环境意识，注意生态平衡，使公共建筑与城市周围环境协调，定点定位适当，形成服务网络，便于公众使用。

（2）强调精品意识，树立百年大计，质量第一的思想，反对粗制滥造的创作态度。利用必要手段为精心设计创造条件，对优秀设计给予必要的鼓励。

（3）建筑产品风格力求反映时代精神、民族传统、地方特色。鼓励创造精神，开展建筑评论，活跃建筑创作。

（4）加强对各类公共建筑的基础研究，对其使用功能、技术要求、经济指标、发展趋势不断总结经验，指导今后发展。特别要加强高层建筑、超高层和大跨度建筑的研究，发展结合我国国情的建筑设计体系、材料设备体系及抗灾体系。

（5）鼓励在公共建筑设计中采用新的科技成果，对科技含量高、运用高新技术成功的设计，给予奖励并宣传推广。

（6）加强城市的观念，在进行单体建筑设计时，注意与周边地段建筑与环境的协调，从提高城市形体环境质量和城市生活环境质量考虑，配合城市规划，探索有中国特色的城市设计体系。

1.3.3 村镇建筑

（1）加强对村镇规划设计科普和示范镇的指导与总结，加强农村建筑人才培训，村镇新建筑要达到功能适用、结构安全、节能节地、经济合理、形式美观的要求，改善村容村貌。

（2）加强村镇居民点体系建设，根据（市）社会经济发展规划，分期分步逐年落实居民点体系建设。居民点要定位定格，科学合理地确定其规模和布局。

（3）加强农村宅基地、公共用地、耕地规划管理与建设，宅院要符合居民点体系建设规划，把宅院内环境和宅院外的生产、交通、文化、购物等多层次的空间环境结合起来，满足使用要求和未来发展趋势。

（4）加强农业生产性建筑的规划设计，乡镇工业企业项目的确定、选址、规模、设计要适当；农、畜牧、种养殖业的建筑设计，既要保证生产，又要不降低环境质量和不造成新的污染。

（5）加强牧民定居或半定居居民点的建设工作，在尊重地方、民族、宗教习惯的前提下，帮助牧民逐步转变为居民点的居民，并为他们创造适合现代生活功能的住宅类型。

（6）加强村镇建筑设计中利用太阳能、风能、沼气等能源的研究，重视生态建筑、生态庭院及村镇生态环境的设计。

1.3.4 地下建筑

（1）要积极开发地下空间，加强地下空间的规划，做好相应的地下建筑设计，形成地下管网、设施配套的地下建筑系统。

（2）加强对城市高层、大型公共建筑地下部分的设计理论研究和实践探索，对地下建筑的设计、施工及使用必须严格把关，保证工程质量和使用安全。

（3）人防工程应真正贯彻“平战结合”原则，既适合战时需要，又能作日常使用，发挥其经济价值和使用价值。对不符合使用要求的人防工程要作必要的加固、改造，改善设施和设备，提高内部环境质量。

1.3.5 发展先进适用的建筑结构与工艺体系

（1）改进砖混结构，提高抗震性能及保温隔热性能，改进施工工艺，完善配套机具，提高构配件标准化、通用化及工业化水平。

（2）推广行之有效、经济实用的多层建筑结构体系。多层建筑要积极发展混凝土空心小型砌块，因地制宜地改进与完善“框架轻墙”、“轻钢轻墙”、“内浇外砌”等建筑结构体系，积极研究开发大开间、大空间（户内无承重墙）住宅体系。

（3）对于高层建筑，应根据不同要求，分别选用框架、剪力墙、框架-剪力墙、筒体等结构体系。积极推广无粘结预应力技术与预制叠合梁板技术。

（4）积极开展对高层建筑结构体系的研究，根据不同情况可选用剪力墙、框架-剪力墙、框架-筒体、筒中筒、巨型框架等结构体系，重点发展钢和混凝土混合的结构体系，积极发展钢结构体系。

（5）大跨度屋盖可采用钢结构和钢与钢筋混凝土组合结构。大跨公共建筑要推广应用网架、网壳、悬索、压型钢板结构等空间结构体系。逐步开展膜结构的应用研究。

1.3.6　改革墙体和屋面，提高热工与防水性能

（1）外墙与屋面应提高保温、隔热、防水等性能和装饰效果，内隔墙应满足隔声要求，厨房卫生间应解决隔墙防潮、地面防水问题；各种墙体和屋面均应减轻自重、耐久可靠、方便施工。

（2）禁止毁田烧砖，限制黏土砖的使用，要提高空心黏土砖的质量。应因地制宜利用地方材料，积极研制与推广新型墙体材料。

（3）发展混凝土小型空心砌块、加气混凝土和利用轻骨料与工业废料生产的新型墙体材料，推广应用保温复合墙体和性能良好的轻质隔墙，扩大无机纤维（矿棉、岩棉、玻璃棉）制品等高效保温材料在墙体中的应用，开展新型泡沫砌块的研究工作，采取有效措施，提高外墙保温、隔热防水性能。

（4）屋面工程要积极采用高质量高性能的防水、隔热、耐久轻质的复合材料，提高屋面的保温隔热及防水性能，各种形式的屋面都要切实解决屋面渗漏问题。开发新型彩色屋面瓦材。

（5）发展防水性能良好、且易于施工的聚合物改性沥青与合成高分子防水材料，逐步取代胎沥青油毡。研究开发倒置式屋面，推广应用冷粘、自粘及热熔粘结等工艺。

1.3.7　加强建筑设备产品的开发与应用

（1）加强建筑设备产品的开发，各类建筑设备产品都要在满足建筑功能的前提下，达到技术先进、经济实用、安全可靠、系列成套，符合标准化和环境协调的要求。

（2）采用计算机、现代通信、自动化、集中监控及管理等新技术，推行机电一体化，提高设备系统运行的安全可靠性和自动化、智能化水平。新产品要为方便维修创造条件，为使用者提供正确的使用、维护等技术条件，以保证设备完好率，提高设备的有效寿命。

（3）室内给水排水卫生设备，要重点开发普及型及节水型的住宅卫生洁具和五金配件；积极开发用于高级宾馆等的高档成套卫生设备；无动力的小型生活污水处理设备；开发各种材质的管材及管配件。卫生设备产品力求做到防渗、防污染、低噪声、洁净卫生。

（4）住宅厨房设备，要重点开发普及型产品系列，优先开发技术先进的排油烟装置；重视解决厨房内各种管线的合理敷设问题，研制开发复合材料管线的暗埋应用技术；重视整体设计，厨房家具设备在尺度上要符合建筑模数和设计要求；要逐步实现厨房设备商品化供应和专业化组装服务。

（5）供暖通风空调设备，要发展利用不同能源的供暖成套设备和用热按户计量控制装置；开发为过渡地区改善室内环境的供暖空调设备；重点发展水源热源等各种热泵；发展变风量的节能型空调设备（含通风机及水泵）及各种热能回收设备，开发家庭用的小型中央空调系统；重视开发改善室内空气品质用的通风设备。

（6）供配电、照明及自控设备，要开发安全、可靠、无污染、多功能、系列化、维护方便的成套电器设备（包括高分断能力型高压真空开关、高压环网开关柜、非晶配电变压

器、大容量低压智能型断路器的多功能附件等)；重视防止电器火灾、电击危险、雷电以及其他浪涌电压袭击的产品生产；开发节能型光源、灯具及调光、控制设备，积极推进绿色照明工程；研制采用微电脑的各类建筑设备的自控和管理系统成套设备。

(7) 通信设备，要研究通信技术与计算机技术，实现计算机网、话音网、视相网技术一体化，建立信息高速公路终端，研究相关的应用技术，发展开放式网络系统；加速开发安全防范所需的各种保安监控配套产品。

(8) 消防、防排烟设备，要按照高可靠性和耐久性的要求，开发推广自动喷洒、自动防排烟等成套设备，开发火灾自动报警及控制系统的配套产品，提高消防产品的自动检测故障能力和无故障时限。

(9) 运载设备，要大力开发安全性大、舒适感好、自动化程度高的电梯、自动扶梯等运载设备，特别是高品质的高层住宅用客梯；逐步推广液压电梯及高频调速调压技术，研究开发速度大于2m/s的高速电梯以及多层住宅使用的经济型电梯；开发智能化功能控制系统，开发机械化、自动化的停车库设备；开发高层建筑的擦窗设备。

1.4 民用建筑项目与城乡规划

一般投资项目可以定义如下：在预定的时间范围与地点，使用投资人有限的资金，旨在通过提供产品或服务，实现经济、环境或社会发展目标，有组织地完成不重复的一系列活动（规划、设计、评估、融资、施工、经营）及其结果的总称。

民用建筑项目也适用于上述定义。民用建筑项目与工业项目的根本差别在于服务对象不同。民用建筑多服务于民众的生活，是其生活设施；民用建筑的使用期限相对工业建筑而言较长，一经建成，几十年甚至上百年都不能改变或拆除；民用建筑种类较多，为充分发挥各类建筑集群的功能，在一个地区（除住宅外）应当配套建设；早期民用建筑都依山势、傍水系而建，利用自然环境、顺应自然规律就成为民用建筑的基本条律。因此，对于大规模的民用建筑群，如城市或村镇，我们的先人都有意无意地进行过系统地“规划”（如安徽著名的旅游景区宏村），规划的内容包括建筑群的分区功能、建筑物的体量、高度、建筑风格等。

一般概念下的规划可以定义如下：为了完成自己承担的职责，机构编制并提出的旨在实现重大、广泛、长远目标或政策需要而计划组织的一系列活动（包括项目）与资源配置。规划通常不仅提出要实现的宏观目标与配套条件，而且应提出要具体实施的项目，解决项目间相互协调与配合的问题，提出克服制约因素的纲略。

现代民用建筑项目要以城乡发展规划为前提，这一点不仅是建筑业内人士的共识，同时已经在新近颁布并开始实施的《中华人民共和国城乡规划法》所规定。城市规划、镇规划分为总体规划和详细规划。详细规划又分为控制性详细规划和修建性详细规划。规划法第三章以非常明确的语言，对城乡规划实施的各个环节提出了强制性的要求，利用详细规划控制所有城乡建设项目，利用行政许可手段保证建设项目符合修建性详细规划的要求，所有民用建筑项目都要到当地规划行政主管部门办理“建设工程规划许可证”。

民用建筑项目使城乡规划得以逐步实现。民用建筑项目是在城乡规划的引导与制约下，建设居住建筑、办公建筑、教育建筑、娱乐建筑、商业建筑等，通过项目的实施，完成、协调城市各类功能，使城乡规划得以逐步实现、逐步完善。

所以民用建筑在项目策划、机会研究、可行性研究、投资决策、项目实施全过程都要遵守规划法。投资人、设计人、评估人都是规划法实施的责任主体，各级政府的投资、土地管理、环境管理等部门一方面是规划的制定和发布单位，同时也应是规划的模范执行单位。城乡规划被破坏固然有投资方与设计单位的利益冲突，但是规划部门执法不严是造成规划屡遭破坏的根本原因。

附：中华人民共和国城乡规划法

中华人民共和国城乡规划法

（2007年10月28日第十届全国人民代表大会常务委员会第三十次会议通过）

第一章　总　　则

第一条　为了加强城乡规划管理，协调城乡空间布局，改善人居环境，促进城乡经济社会全面协调可持续发展，制定本法。

第二条　制定和实施城乡规划，在规划区内进行建设活动，必须遵守本法。

本法所称城乡规划，包括城镇体系规划、城市规划、镇规划、乡规划和村庄规划。城市规划、镇规划分为总体规划和详细规划。详细规划分为控制性详细规划和修建性详细规划。

本法所称规划区，是指城市、镇和村庄的建成区以及因城乡建设和发展需要，必须实行规划控制的区域。规划区的具体范围由有关人民政府在组织编制的城市总体规划、镇总体规划、乡规划和村庄规划中，根据城乡经济社会发展水平和统筹城乡发展的需要划定。

第三条　城市和镇应当依照本法制定城市规划和镇规划。城市、镇规划区内的建设活动应当符合规划要求。

县级以上地方人民政府根据本地农村经济社会发展水平，按照因地制宜、切实可行的原则，确定应当制定乡规划、村庄规划的区域。在确定区域内的乡、村庄，应当依照本法制订规划，规划区内的乡、村庄建设应当符合规划要求。

县级以上地方人民政府鼓励、指导前款规定以外的区域的乡、村庄制定和实施乡规划、村庄规划。

第四条　制定和实施城乡规划，应当遵循城乡统筹、合理布局、节约土地、集约发展和先规划后建设的原则，改善生态环境，促进资源、能源节约和综合利用，保护耕地等自然资源和历史文化遗产，保持地方特色、民族特色和传统风貌，防止污染和其他公害，并符合区域人口发展、国防建设、防灾减灾和公共卫生、公共安全的需要。

在规划区内进行建设活动，应当遵守土地管理、自然资源和环境保护等法律、法规的规定。

县级以上地方人民政府应当根据当地经济社会发展的实际，在城市总体规划、镇总体规划中合理确定城市、镇的发展规模、步骤和建设标准。

第五条 城市总体规划、镇总体规划以及乡规划和村庄规划的编制，应当依据国民经济和社会发展规划，并与土地利用总体规划相衔接。

第六条 各级人民政府应当将城乡规划的编制和管理经费纳入本级财政预算。

第七条 经依法批准的城乡规划，是城乡建设和规划管理的依据，未经法定程序不得修改。

第八条 城乡规划组织编制机关应当及时公布经依法批准的城乡规划。但是，法律、行政法规规定不得公开的内容除外。

第九条 任何单位和个人都应当遵守经依法批准并公布的城乡规划，服从规划管理，并有权就涉及其利害关系的建设活动是否符合规划的要求向城乡规划主管部门查询。

任何单位和个人都有权向城乡规划主管部门或者其他有关部门举报或者控告违反城乡规划的行为。城乡规划主管部门或者其他有关部门对举报或者控告，应当及时受理并组织核查、处理。

第十条 国家鼓励采用先进的科学技术，增强城乡规划的科学性，提高城乡规划实施及监督管理的效能。

第十一条 国务院城乡规划主管部门负责全国的城乡规划管理工作。

县级以上地方人民政府城乡规划主管部门负责本行政区域内的城乡规划管理工作。

第二章 城乡规划的制定

第十二条 国务院城乡规划主管部门会同国务院有关部门组织编制全国城镇体系规划，用于指导省域城镇体系规划、城市总体规划的编制。

全国城镇体系规划由国务院城乡规划主管部门报国务院审批。

第十三条 省、自治区人民政府组织编制省域城镇体系规划，报国务院审批。

省域城镇体系规划的内容应当包括：城镇空间布局和规模控制，重大基础设施的布局，为保护生态环境、资源等需要严格控制的区域。

第十四条 城市人民政府组织编制城市总体规划。

直辖市的城市总体规划由直辖市人民政府报国务院审批。省、自治区人民政府所在地的城市以及国务院确定的城市的总体规划，由省、自治区人民政府审查同意后，报国务院审批。其他城市的总体规划，由城市人民政府报省、自治区人民政府审批。

第十五条 县人民政府组织编制县人民政府所在地镇的总体规划，报上一级人民政府审批。其他镇的总体规划由镇人民政府组织编制，报上一级人民政府审批。

第十六条 省、自治区人民政府组织编制的省域城镇体系规划，城市、县人民政府组织编制的总体规划，在报上一级人民政府审批前，应当先经本级人民代表大会常务委员会审议，常务委员会组成人员的审议意见交由本级人民政府研究处理。

镇人民政府组织编制的镇总体规划，在报上一级人民政府审批前，应当先经镇人民代表大会审议，代表的审议意见交由本级人民政府研究处理。

规划的组织编制机关报送审批省域城镇体系规划、城市总体规划或者镇总体规划，应当将本级人民代表大会常务委员会组成人员或者镇人民代表大会代表的审议意见和根据审议意见修改规划的情况一并报送。

第十七条 城市总体规划、镇总体规划的内容应当包括：城市、镇的发展布局，功能分区，用地布局，综合交通体系，禁止、限制和适宜建设的地域范围，各类专项规划等。

规划区范围、规划区内建设用地规模、基础设施和公共服务设施用地、水源地和水系、基本农田和绿化用地、环境保护、自然与历史文化遗产保护以及防灾减灾等内容，应当作为城市总体规划、镇总体规划的强制性内容。

城市总体规划、镇总体规划的规划期限一般为二十年。城市总体规划还应当对城市更长远的发展作出预测性安排。

第十八条 乡规划、村庄规划应当从农村实际出发，尊重村民意愿，体现地方和农村特色。

乡规划、村庄规划的内容应当包括：规划区范围，住宅、道路、供水、排水、供电、垃圾收集、畜禽养殖场所等农村生产、生活服务设施、公益事业等各项建设的用地布局、建设要求，以及对耕地等自然资源和历史文化遗产保护、防灾减灾等的具体安排。乡规划还应当包括本行政区域内的村庄发展布局。

第十九条 城市人民政府城乡规划主管部门根据城市总体规划的要求，组织编制城市的控制性详细规划，经本级人民政府批准后，报本级人民代表大会常务委员会和上一级人民政府备案。

第二十条 镇人民政府根据镇总体规划的要求，组织编制镇的控制性详细规划，报上一级人民政府审批。县人民政府所在地镇的控制性详细规划，由县人民政府城乡规划主管部门根据镇总体规划的要求组织编制，经县人民政府批准后，报本级人民代表大会常务委员会和上一级人民政府备案。

第二十一条 城市、县人民政府城乡规划主管部门和镇人民政府可以组织编制重要地块的修建性详细规划。修建性详细规划应当符合控制性详细规划。

第二十二条 乡、镇人民政府组织编制乡规划、村庄规划，报上一级人民政府审批。村庄规划在报送审批前，应当经村民会议或者村民代表会议讨论同意。

第二十三条 首都的总体规划、详细规划应当统筹考虑中央国家机关用地布局和空间安排的需要。

第二十四条 城乡规划组织编制机关应当委托具有相应资质等级的单位承担城乡规划的具体编制工作。

从事城乡规划编制工作应当具备下列条件，并经国务院城乡规划主管部门或者省、自治区、直辖市人民政府城乡规划主管部门依法审查合格，取得相应等级的资质证书后，方可在资质等级许可的范围内从事城乡规划编制工作：

（一）有法人资格；

（二）有规定数量的经国务院城乡规划主管部门注册的规划师；

（三）有规定数量的相关专业技术人员；

（四）有相应的技术装备；

（五）有健全的技术、质量、财务管理制度。

规划师执业资格管理办法，由国务院城乡规划主管部门会同国务院人事行政部门制定。

编制城乡规划必须遵守国家有关标准。

第二十五条　编制城乡规划，应当具备国家规定的勘察、测绘、气象、地震、水文、环境等基础资料。

县级以上地方人民政府有关主管部门应当根据编制城乡规划的需要，及时提供有关基础资料。

第二十六条　城乡规划报送审批前，组织编制机关应当依法将城乡规划草案予以公告，并采取论证会、听证会或者其他方式征求专家和公众的意见。公告的时间不得少于三十日。

组织编制机关应当充分考虑专家和公众的意见，并在报送审批的材料中附具意见采纳情况及理由。

第二十七条　省域城镇体系规划、城市总体规划、镇总体规划批准前，审批机关应当组织专家和有关部门进行审查。

第三章　城乡规划的实施

第二十八条　地方各级人民政府应当根据当地经济社会发展水平，量力而行，尊重群众意愿，有计划、分步骤地组织实施城乡规划。

第二十九条　城市的建设和发展，应当优先安排基础设施以及公共服务设施的建设，妥善处理新区开发与旧区改建的关系，统筹兼顾进城务工人员生活和周边农村经济社会发展、村民生产与生活的需要。

镇的建设和发展，应当结合农村经济社会发展和产业结构调整，优先安排供水、排水、供电、供气、道路、通信、广播电视等基础设施和学校、卫生院、文化站、幼儿园、福利院等公共服务设施的建设，为周边农村提供服务。

乡、村庄的建设和发展，应当因地制宜、节约用地，发挥村民自治组织的作用，引导村民合理进行建设，改善农村生产、生活条件。

第三十条　城市新区的开发和建设，应当合理确定建设规模和时序，充分利用现有市政基础设施和公共服务设施，严格保护自然资源和生态环境，体现地方特色。

在城市总体规划、镇总体规划确定的建设用地范围以外，不得设立各类开发区和城市新区。

第三十一条　旧城区的改建，应当保护历史文化遗产和传统风貌，合理确定拆迁和建设规模，有计划地对危房集中、基础设施落后等地段进行改建。

历史文化名城、名镇、名村的保护以及受保护建筑物的维护和使用，应当遵守有关法律、行政法规和国务院的规定。

第三十二条　城乡建设和发展，应当依法保护和合理利用风景名胜资源，统筹安排风景名胜区及周边乡、镇、村庄的建设。

风景名胜区的规划、建设和管理，应当遵守有关法律、行政法规和国务院的规定。

第三十三条　城市地下空间的开发和利用，应当与经济和技术发展水平相适应，遵循统筹安排、综合开发、合理利用的原则，充分考虑防灾减灾、人民防空和通信等需要，并符合城市规划，履行规划审批手续。

第三十四条　城市、县、镇人民政府应当根据城市总体规划、镇总体规划、土地利用总体规划和年度计划以及国民经济和社会发展规划，制定近期建设规划，报总体规划审批机关备案。

近期建设规划应当以重要基础设施、公共服务设施和中低收入居民住房建设以及生态环境保护为重点内容，明确近期建设的时序、发展方向和空间布局。近期建设规划的规划期限为五年。

第三十五条　城乡规划确定的铁路、公路、港口、机场、道路、绿地、输配电设施及输电线路走廊、通信设施、广播电视设施、管道设施、河道、水库、水源地、自然保护区、防汛通道、消防通道、核电站、垃圾填埋场及焚烧厂、污水处理厂和公共服务设施的用地以及其他需要依法保护的用地，禁止擅自改变用途。

第三十六条　按照国家规定需要有关部门批准或者核准的建设项目，以划拨方式提供国有土地使用权的，建设单位在报送有关部门批准或者核准前，应当向城乡规划主管部门申请核发选址意见书。

前款规定以外的建设项目不需要申请选址意见书。

第三十七条　在城市、镇规划区内以划拨方式提供国有土地使用权的建设项目，经有关部门批准、核准、备案后，建设单位应当向城市、县人民政府城乡规划主管部门提出建设用地规划许可申请，由城市、县人民政府城乡规划主管部门依据控制性详细规划核定建设用地的位置、面积、允许建设的范围，核发建设用地规划许可证。

建设单位在取得建设用地规划许可证后，方可向县级以上地方人民政府土地主管部门申请用地，经县级以上人民政府审批后，由土地主管部门划拨土地。

第三十八条　在城市、镇规划区内以出让方式提供国有土地使用权的，在国有土地使用权出让前，城市、县人民政府城乡规划主管部门应当依据控制性详细规划，提出出让地块的位置、使用性质、开发强度等规划条件，作为国有土地使用权出让合同的组成部分。未确定规划条件的地块，不得出让国有土地使用权。

以出让方式取得国有土地使用权的建设项目，在签订国有土地使用权出让合同后，建设单位应当持建设项目的批准、核准、备案文件和国有土地使用权出让合同，向城市、县人民政府城乡规划主管部门领取建设用地规划许可证。

城市、县人民政府城乡规划主管部门不得在建设用地规划许可证中，擅自改变作为国有土地使用权出让合同组成部分的规划条件。

第三十九条　规划条件未纳入国有土地使用权出让合同的，该国有土地使用权出让合同无效；对未取得建设用地规划许可证的建设单位批准用地的，由县级以上人民政府撤销有关批准文件；占用土地的，应当及时退回；给当事人造成损失的，应当依法给予赔偿。

第四十条　在城市、镇规划区内进行建筑物、构筑物、道路、管线和其他工程建设的，建设单位或者个人应当向城市、县人民政府城乡规划主管部门或者省、自治区、直辖市人民政府确定的镇人民政府申请办理建设工程规划许可证。

申请办理建设工程规划许可证，应当提交使用土地的有关证明文件、建设工程设计方案等材料。需要建设单位编制修建性详细规划的建设项目，还应当提交修建性详细规划。对符合控制性详细规划和规划条件的，由城市、县人民政府城乡规划主管部门或者省、自治区、直辖市人民政府确定的镇人民政府核发建设工程规划许可证。

城市、县人民政府城乡规划主管部门或者省、自治区、直辖市人民政府确定的镇人民政府应当依法将经审定的修建性详细规划、建设工程设计方案的总平面图予以公布。

第四十一条　在乡、村庄规划区内进行乡镇企业、乡村公共设施和公益事业建设的，建设单位或者个人应当向乡、镇人民政府提出申请，由乡、镇人民政府报城市、县人民政府城乡规划主管部门核发乡村建设规划许可证。

在乡、村庄规划区内使用原有宅基地进行农村村民住宅建设的规划管理办法，由省、自治区、直辖市制定。

在乡、村庄规划区内进行乡镇企业、乡村公共设施和公益事业建设以及农村村民住宅建设，不得占用农用地；确需占用农用地的，应当依照《中华人民共和国土地管理法》有关规定办理农用地转用审批手续后，由城市、县人民政府城乡规划主管部门核发乡村建设规划许可证。

建设单位或者个人在取得乡村建设规划许可证后，方可办理用地审批手续。

第四十二条　城乡规划主管部门不得在城乡规划确定的建设用地范围以外作出规划许可。

第四十三条　建设单位应当按照规划条件进行建设；确需变更的，必须向城市、县人民政府城乡规划主管部门提出申请。变更内容不符合控制性详细规划的，城乡规划主管部门不得批准。城市、县人民政府城乡规划主管部门应当及时将依法变更后的规划条件通报同级土地主管部门并公示。

建设单位应当及时将依法变更后的规划条件报有关人民政府土地主管部门备案。

第四十四条　在城市、镇规划区内进行临时建设的，应当经城市、县人民政府城乡规划主管部门批准。临时建设影响近期建设规划或者控制性详细规划的实施以及交通、市容、安全等的，不得批准。

临时建设应当在批准的使用期限内自行拆除。

临时建设和临时用地规划管理的具体办法，由省、自治区、直辖市人民政府制定。

第四十五条　县级以上地方人民政府城乡规划主管部门按照国务院规定对建设工程是否符合规划条件予以核实。未经核实或者经核实不符合规划条件的，建设单位不得组织竣工验收。

建设单位应当在竣工验收后六个月内向城乡规划主管部门报送有关竣工验收资料。

第四章　城乡规划的修改

第四十六条　省域城镇体系规划、城市总体规划、镇总体规划的组织编制机关，应当组织有关部门和专家定期对规划实施情况进行评估，并采取论证会、听证会或者其他方式征求公众意见。组织编制机关应当向本级人民代表大会常务委员会、镇人民代表大会和原审批机关提出评估报告并附具征求意见的情况。

第四十七条　有下列情形之一的，组织编制机关方可按照规定的权限和程序修改省域城镇体系规划、城市总体规划、镇总体规划：

（一）上级人民政府制定的城乡规划发生变更，提出修改规划要求的；

（二）行政区划调整确需修改规划的；

（三）因国务院批准重大建设工程确需修改规划的；

（四）经评估确需修改规划的；

（五）城乡规划的审批机关认为应当修改规划的其他情形。

修改省域城镇体系规划、城市总体规划、镇总体规划前，组织编制机关应当对原规划的实施情况进行总结，并向原审批机关报告；修改涉及城市总体规划、镇总体规划强制性内容的，应当先向原审批机关提出专题报告，经同意后，方可编制修改方案。

修改后的省域城镇体系规划、城市总体规划、镇总体规划，应当依照本法第十三条、第十四条、第十五条和第十六条规定的审批程序报批。

第四十八条　修改控制性详细规划的，组织编制机关应当对修改的必要性进行论证，征求规划地段内利害关系人的意见，并向原审批机关提出专题报告，经原审批机关同意后，方可编制修改方案。修改后的控制性详细规划，应当依照本法第十九条、第二十条规定的审批程序报批。控制性详细规划修改涉及城市总体规划、镇总体规划的强制性内容的，应当先修改总体规划。

修改乡规划、村庄规划的，应当依照本法第二十二条规定的审批程序报批。

第四十九条　城市、县、镇人民政府修改近期建设规划的，应当将修改后的近期建设规划报总体规划审批机关备案。

第五十条　在选址意见书、建设用地规划许可证、建设工程规划许可证或者乡村建设规划许可证发放后，因依法修改城乡规划给被许可人合法权益造成损失的，应当依法给予补偿。

经依法审定的修建性详细规划、建设工程设计方案的总平面图不得随意修改；确需修改的，城乡规划主管部门应当采取听证会等形式，听取利害关系人的意见；因修改给利害关系人合法权益造成损失的，应当依法给予补偿。

第五章　监督检查

第五十一条　县级以上人民政府及其城乡规划主管部门应当加强对城乡规划编

制、审批、实施、修改的监督检查。

第五十二条　地方各级人民政府应当向本级人民代表大会常务委员会或者乡、镇人民代表大会报告城乡规划的实施情况，并接受监督。

第五十三条　县级以上人民政府城乡规划主管部门对城乡规划的实施情况进行监督检查，有权采取以下措施：

（一）要求有关单位和人员提供与监督事项有关的文件、资料，并进行复制；

（二）要求有关单位和人员就监督事项涉及的问题作出解释和说明，并根据需要进入现场进行勘测；

（三）责令有关单位和人员停止违反有关城乡规划的法律、法规的行为。

城乡规划主管部门的工作人员履行前款规定的监督检查职责，应当出示执法证件。被监督检查的单位和人员应当予以配合，不得妨碍和阻挠依法进行的监督检查活动。

第五十四条　监督检查情况和处理结果应当依法公开，供公众查阅和监督。

第五十五条　城乡规划主管部门在查处违反本法规定的行为时，发现国家机关工作人员依法应当给予行政处分的，应当向其任免机关或者监察机关提出处分建议。

第五十六条　依照本法规定应当给予行政处罚，而有关城乡规划主管部门不给予行政处罚的，上级人民政府城乡规划主管部门有权责令其作出行政处罚决定或者建议有关人民政府责令其给予行政处罚。

第五十七条　城乡规划主管部门违反本法规定作出行政许可的，上级人民政府城乡规划主管部门有权责令其撤销或者直接撤销该行政许可。因撤销行政许可给当事人合法权益造成损失的，应当依法给予赔偿。

第六章　法 律 责 任

第五十八条　对依法应当编制城乡规划而未组织编制，或者未按法定程序编制、审批、修改城乡规划的，由上级人民政府责令改正，通报批评；对有关人民政府负责人和其他直接责任人员依法给予处分。

第五十九条　城乡规划组织编制机关委托不具有相应资质等级的单位编制城乡规划的，由上级人民政府责令改正，通报批评；对有关人民政府负责人和其他直接责任人员依法给予处分。

第六十条　镇人民政府或者县级以上人民政府城乡规划主管部门有下列行为之一的，由本级人民政府、上级人民政府城乡规划主管部门或者监察机关依据职权责令改正，通报批评；对直接负责的主管人员和其他直接责任人员依法给予处分：

（一）未依法组织编制城市的控制性详细规划、县人民政府所在地镇的控制性详细规划的；

（二）超越职权或者对不符合法定条件的申请人核发选址意见书、建设用地规划许可证、建设工程规划许可证、乡村建设规划许可证的；

（三）对符合法定条件的申请人未在法定期限内核发选址意见书、建设用地规划许可证、建设工程规划许可证、乡村建设规划许可证的；

（四）未依法对经审定的修建性详细规划、建设工程设计方案的总平面图予以公布的；

（五）同意修改修建性详细规划、建设工程设计方案的总平面图前未采取听证会等形式听取利害关系人的意见的；

（六）发现未依法取得规划许可或者违反规划许可的规定在规划区内进行建设的行为，而不予查处或者接到举报后不依法处理的。

第六十一条　县级以上人民政府有关部门有下列行为之一的，由本级人民政府或者上级人民政府有关部门责令改正，通报批评；对直接负责的主管人员和其他直接责任人员依法给予处分：

（一）对未依法取得选址意见书的建设项目核发建设项目批准文件的；

（二）未依法在国有土地使用权出让合同中确定规划条件或者改变国有土地使用权出让合同中依法确定的规划条件的；

（三）对未依法取得建设用地规划许可证的建设单位划拨国有土地使用权的。

第六十二条　城乡规划编制单位有下列行为之一的，由所在地城市、县人民政府城乡规划主管部门责令限期改正，处合同约定的规划编制费一倍以上二倍以下的罚款；情节严重的，责令停业整顿，由原发证机关降低资质等级或者吊销资质证书；造成损失的，依法承担赔偿责任：

（一）超越资质等级许可的范围承揽城乡规划编制工作的；

（二）违反国家有关标准编制城乡规划的。

未依法取得资质证书承揽城乡规划编制工作的，由县级以上地方人民政府城乡规划主管部门责令停止违法行为，依照前款规定处以罚款；造成损失的，依法承担赔偿责任。

以欺骗手段取得资质证书承揽城乡规划编制工作的，由原发证机关吊销资质证书，依照本条第一款规定处以罚款；造成损失的，依法承担赔偿责任。

第六十三条　城乡规划编制单位取得资质证书后，不再符合相应的资质条件的，由原发证机关责令限期改正；逾期不改正的，降低资质等级或者吊销资质证书。

第六十四条　未取得建设工程规划许可证或者未按照建设工程规划许可证的规定进行建设的，由县级以上地方人民政府城乡规划主管部门责令停止建设；尚可采取改正措施消除对规划实施的影响的，限期改正，处建设工程造价百分之五以上百分之十以下的罚款；无法采取改正措施消除影响的，限期拆除，不能拆除的，没收实物或者违法收入，可以并处建设工程造价百分之十以下的罚款。

第六十五条　在乡、村庄规划区内未依法取得乡村建设规划许可证或者未按照乡村建设规划许可证的规定进行建设的，由乡、镇人民政府责令停止建设、限期改正；逾期不改正的，可以拆除。

第六十六条　建设单位或者个人有下列行为之一的，由所在地城市、县人民政府城乡规划主管部门责令限期拆除，可以并处临时建设工程造价一倍以下的罚款：

（一）未经批准进行临时建设的；

（二）未按照批准内容进行临时建设的；

（三）临时建筑物、构筑物超过批准期限不拆除的。

第六十七条 建设单位未在建设工程竣工验收后六个月内向城乡规划主管部门报送有关竣工验收资料的，由所在地城市、县人民政府城乡规划主管部门责令限期补报；逾期不补报的，处一万元以上五万元以下的罚款。

第六十八条 城乡规划主管部门作出责令停止建设或者限期拆除的决定后，当事人不停止建设或者逾期不拆除的，建设工程所在地县级以上地方人民政府可以责成有关部门采取查封施工现场、强制拆除等措施。

第六十九条 违反本法规定，构成犯罪的，依法追究刑事责任。

第 2 章　民用建筑设计通则

2.1　基本规定

2.1.1　建筑气候分区对建筑基本要求

建筑气候分区对建筑的基本要求应符合表 2-1 的规定及中国建筑气候区划图。

不同分区对建筑基本要求　　　　**表 2-1**

分区名称		热工分区名称	气候主要指标	建筑基本要求
I	IA IB IC ID	严寒地区	1 月平均气温≤－10℃ 7 月平均气温≤25℃ 7 月平均相对湿度≥50%	1. 建筑物必须满足冬季保温、防寒、防冻等要求 2. IA、IB 区应防止冻土、积雪对建筑物的危害 3. IB、IC、ID 区的西部，建筑物应防冰雹、防风沙
II	IIA IIB	寒冷地区	1 月平均气温－10～0℃ 7 月平均气温 18～28℃	1. 建筑物应满足冬季保温、防寒、防冻等要求，夏季部分地区应兼顾防热 2. IIA 区建筑物应防热、防潮、防暴风雨，沿海地带应防盐雾侵蚀
III	IIIA IIIB IIIC	夏热冬冷地区	1 月平均气温 0～10℃ 7 月平均气温 25～30℃	1. 建筑物应满足夏季防热、遮阳、通风降温要求，冬季应兼顾防寒 2. 建筑物应防雨、防潮、防洪、防雷电 3. IIIA 区应防台风、暴雨袭击及盐雾侵蚀
IV	IVA IVB	夏热冬暖地区	1 月平均气温≥10℃ 7 月平均气温 25～29℃	1. 建筑物必须满足夏季防热、遮阳、通风、防雨要求 2. 建筑物应防暴雨、防潮、防洪、防雷电 3. IVA 区应防台风、暴雨袭击及盐雾侵蚀
V	VA VB	温和地区	1 月平均气温 0～13℃ 7 月平均气温 18～25℃	1. 建筑物应满足通风和防雨要求 2. VA 区建筑物应注意防寒、VB 区应特别注意防雷电
Ⅵ	. ⅥA . ⅥB	严寒地区	1 月平均气温 0～－22℃ 7 月平均气温＜18℃	1. 热工应符合严寒和寒冷地区相关要求 2. . ⅥA、. ⅥB 区应防冻土对建筑物地基及地下管道的影响，并应特别注意防风沙 3. . ⅥC 区的东部，建筑物应防雷电
	ⅥC	寒冷地区		
Ⅶ	ⅦA ⅦB ⅦC	严寒地区	1 月平均气温－5～－20℃ 7 月平均气温≥18℃ 7 月平均相对湿度＜50%	1. 热工应符合严寒和寒冷地区相关要求 2. 除ⅦD 区外应防冻土对建筑物地基及地下管道的危害 3. ⅦB 区建筑物应特别注意积雪的危害 4. ⅦC 区建筑物应特别注意防风沙，夏季兼顾防热 5. ⅦD 建筑物应注意夏季防热，吐鲁番盆地应特别注意隔热、降温
	ⅦD	寒冷地区		

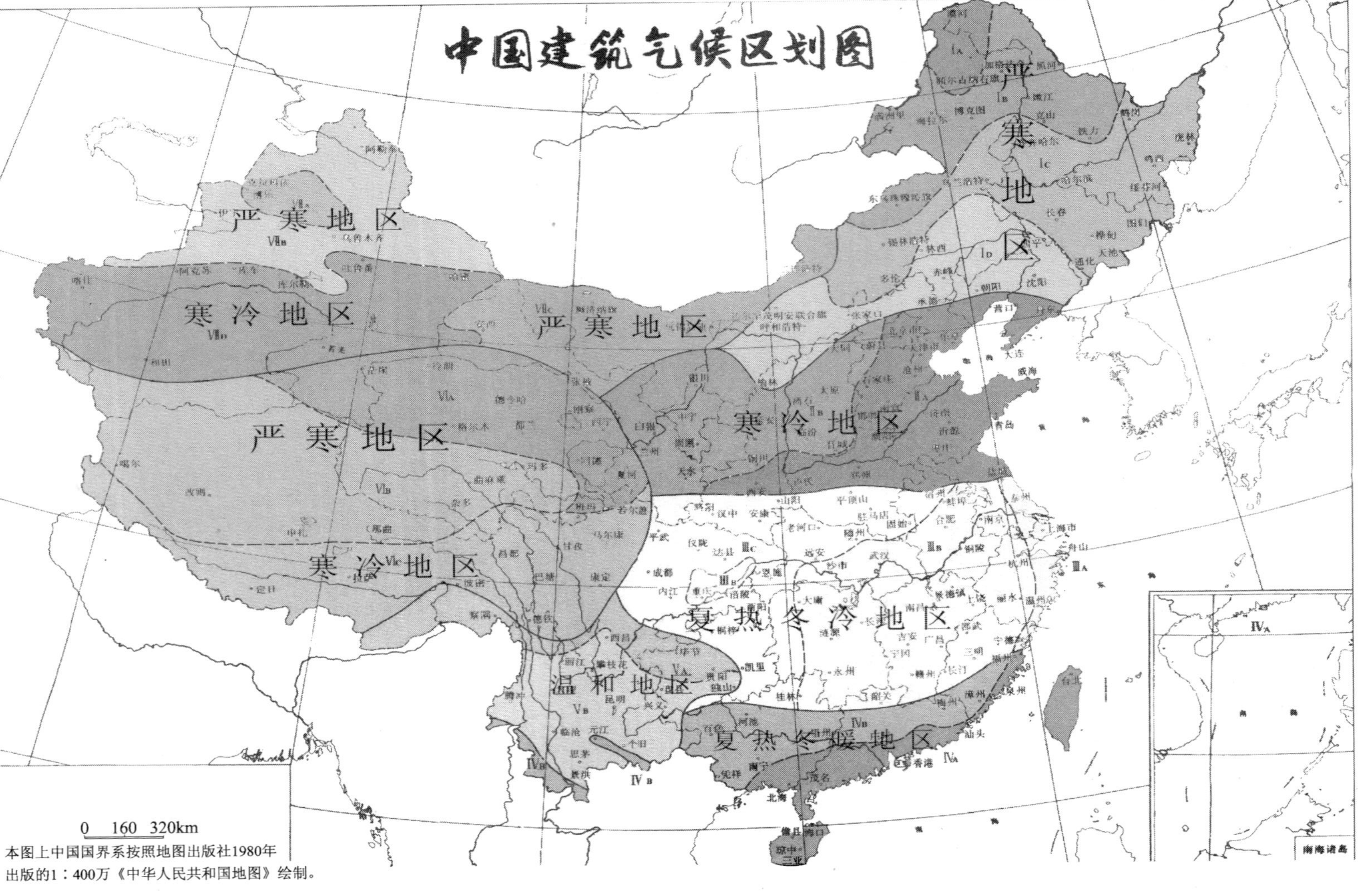

图 2-1　中国建筑气候规划示意图

2.1.2 建筑与环境的关系

（1）建筑基地应选择在无地质灾害或洪水淹没等危险的安全地段；

（2）建筑总体布局应结合当地的自然与地理环境特征，不应破坏自然生态环境；

（3）建筑物周围应具有能获得日照、天然采光、自然通风等的卫生条件；

（4）建筑物周围环境的空气、土壤、水体等不应构成对人体的危害，确保卫生安全的环境；

（5）对建筑物使用过程中产生的垃圾、废气、废水等废弃物应进行处理，并应对噪声、眩光等进行有效的控制，不应引起公害；

（6）建筑整体造型与色彩处理应与周围环境协调；

（7）建筑基地应做绿化、美化环境设计，完善室外环境设施。

2.1.3 建筑无障碍设施

（1）居住区道路、公共绿地和公共服务设施应设置无障碍设施，并与城市道路无障碍设施相连接。

（2）设置电梯的民用建筑的公共交通部位应设置无障碍设施。

（3）残疾人、老年人专用的建筑物应设置无障碍设施。

（4）居住区及民用建筑无障碍设施的实施范围和设计要求应符合国家现行标准。

2.1.4 停车空间

（1）新建、扩建的居住区应就近设置停车场（库）或将停车库附建在住宅建筑内。

（2）新建、扩建的公共建筑应按建筑面积或使用人数，并根据当地城市规划行政主管部门的规定，在建筑物内或在同一基地内，或统筹建设的停车场（库）内设置机动车非机动车停车车位。

（3）机动车停车场（库）产生的噪声和废气应进行处理，不得影响周围环境，其设计应符合有关规范的规定。

2.1.5 无标定人数的建筑

（1）建筑物除有固定座位等标明使用人数外，对无标定人数的建筑物应按有关设计规范或经调查分析确定合理的使用人数，并以此为基数计算安全出口的宽度。

（2）公共建筑中如为多功能用途，各种场所有可能同时开放并使用同一出口时，在水平方向应按各部分使用人数叠加计算安全疏散出口的宽度，在垂直方向应按楼层使用人数最多一层计算安全疏散出口的宽度。

2.2 城市规划对建筑的限定

2.2.1 建筑基地

（1）基地内建筑使用性质应符合城市规划确定的用地性质。

（2）基地应与道路红线相邻接，否则应设基地道路红线所划定的城市道路相连接。基地内建筑面积小于或等于 $3000m^2$ 时，基地道路的宽度不应小于4m，基地内建筑面积大于 $3000m^2$ 且只有一条基本道路与城市道路相连接时，基地道路的宽度不应小于7m，若有两条以上基地道路与城市道路相连接时，基地道路的宽度不应小于4m。

（3）基地地面高程应符合下列规定：

1）基地地面高程应按城市规划确定的控制标高设计；

2）基地地面高程应与相邻基地标高协调，不妨碍相邻各方的排水；

3）基地地面最低处高程宜高于相邻城市道路最低高程，否则应有排除地面水的措施。

（4）相邻基地的关系应符合下列规定：

1）建筑物与相邻基地之间应按建筑防火等要求留出空地和道路。当建筑前后各自留有空地或道路并符合防火规范有关规定时，则相邻基地边界两边的建筑可毗连建造；

2）本基地内建筑物和构筑物均不得影响本基地或其他用地内建筑物的日照标准和采光标准；

3）除城市规划确定的永久性空地外，紧贴基地用地红线建造的建筑物不得向相邻基地方向设洞口、门、外平开窗、阳台、挑檐、空调室外机、废气排出口及排泄雨水。

（5）基地机动车出入口位置应符合下列规定：

1）与大中城市主干道交叉口的距离，自道路红线交叉点量起不应小于70m；

2）与人行横道线、人行过街天桥、人行地道（包括引道、引桥）的最边缘线不应小于5m；

3）距地铁出入口、公共交通站台边缘不应小于15m；

4）距公园、学校、儿童及残疾人使用建筑的出入口不应小于20m；

5）当基地道路坡度大于8%时，应设缓冲段与城市道路连接；

6）与立体交叉口的距离或其他特殊情况，应符合当地城市规划行政主管部门的规定。

（6）大型、特大型的文化娱乐、商业服务、体育、交通等人员密集建筑的基地应符合下列规定：

1）基地应至少有一面直接临接城市道路，该城市道路，应有足够的宽度，以减少人员疏散时对城市正常交通的影响；

2）基地沿城市道路的长度应按建筑规模或疏散人数确定，至少不小于基地周长的1/6；

3）基地应至少有两个或两个以上不同方向通向城市道路的（包括以基地道路连接的）出口；

4）基地或建筑物的主要出入口，不得和快速道路直接连接，也不得直对城市主要干道的交叉口；

5）建筑物主要出入口前应有供人员集散的空地，其面积和长宽尺寸应根据使用性质和人数确定；

6）绿化和停车场布置不应该影响集散空地的使用，不宜设置围墙、大门等障碍物。

2.2.2 建筑突出物

（1）建筑物及附属设施不得突出道路红线建造，不得突出的建筑突出物为：

1）地下建筑物及附属设施，包括结构挡土桩、挡土墙、地下室、地下室底板及其基础、化粪池等；

2）地上建筑物及附属设施，包括门廊、连廊、阳台、室外楼梯、台阶、坡道、花池、围墙、平台、散水明沟、地下室进排风口、地下室出入口、集水井、采光井等；

3）除基地内连接城市的管线、隧道、天桥等市政公共设施外的其他设施。

（2）经当地城市规划行政主管部门批准，允许突出道路红线的建筑物应符合下列规定：

1）在有人行道的路面上空：

- 2.50m以上允许突出建筑构件：凸窗、窗扇、窗罩、空调机位，突出的深度不应大于0.50m；
- 2.50m以上允许突出活动遮阳，突出宽度不应大于人行道宽度减1m，并不应大于3m；
- 3m以上允许突出雨篷、挑檐，突出的深度不应大于2m；
- 5m以上允许突出雨篷、挑檐，突出的深度不应大于3m。

2）在无人行道的路面上空：4m以上允许突出建筑构件：窗罩、空调机位，突出的深度不应大于0.50m。

3）建筑物突出与建筑本身应有牢固地结合。

4）建筑物和建筑物突出物均不得向道路上空直接排泄雨水、空调冷凝水及从其他设施排出的废水。

（3）当地城市规划行政主管部门在用地红线范围内另行划定建筑控制线时，建筑物的基底不应超出建筑控制线，突出建筑控制线的建筑突出物和附属设施应符合当地城市规划的要求。

（4）属于公益上有需要而不影响交通及消防安全的建筑物、构筑物、包括公共电话亭、公共交通候车亭、治安岗等公共设施及临时性建筑物和构筑物，经当地城市规划行政主管部门的批准，可突入道路红线建造。

（5）骑楼、过街楼和沿道路红线的悬挑建筑建造不应影响交通及消防的安全；在有顶盖的公共空间下不应设置直接排气的空调机、排气扇等设施或排出有害气体的通风系统。

2.2.3 建筑高度控制

（1）建筑高度不应危害公共空间安全、卫生和景观，下列地区应实行建筑高度控制：

1）对建筑高度有特别要求的地区，应按城市规划要求控制建筑高度；

2）沿城市道路的建筑物，应根据道路的宽度控制建筑裙楼和主体塔楼的高度；

3）机场、电台、电信、微波通信、气象台、卫星地面站、军事要塞工程等周围的建筑，当其处在各种技术作业控制区范围内时，应按净空要求控制建筑高度。

（2）建筑高度控制的计算应符合下列规定：

1）凡控制区内建筑高度，应按建筑物室外地面至建筑物和构筑物最高点的高度计算；

2）凡非上款控制区内建筑高度，平屋顶应按建筑物室外地面至其屋面面层或女儿墙顶点的高度计算；坡屋顶应按建筑物室外地面至屋檐和屋脊的平均高度计算；

下列突出物不计入建筑高度内：

- 局部突出屋面的楼梯间、电梯机房、水箱间等辅助用房占屋顶平面面积不超1/4者；
- 突出屋面的通风道、烟囱、装饰构件、花架、通信设施等；
- 空调冷却塔等设备。

2.2.4 建筑密度、容积率和绿地率

（1）建筑设计应符合法定规划控制的建筑密度、容积率和绿地率的要求。

（2）当建设单位在建筑设计中为城市提供永久性的建筑开放空间，无条件地为公众使用时，该用地的既定建筑密度和容积率可给予适当提高，且应符合当地城市规划行政主管部门有关规定。

2.3 场地设计

2.3.1 建筑布局

（1）民用建筑应根据城市规划条件和任务要求，按照建筑与环境关系的原则，对建筑布局、道路、竖向、绿化及工程管线等进行综合性的场地设计。

（2）建筑布局应符合下列规定：

1）建筑间距应符合防火规范要求；

2）建筑间距应满足建筑用房天然采光的要求，并应防止视线干扰；

3）有日照要求的建筑应符合建筑日照的要求，并应执行当地城市规划行政主管部门制定的相应的建筑间距规定；

4）对有地震等自然灾害地区，建筑布局应符合有关安全标准的规定；

5）建筑布局应使建筑基地内的人流、车流与物流合理分流，防止干扰，并有利于消防、停车和人员集散；

6）建筑布局应根据地域气候特征，防止和抵御寒冷、暑热、疾风、暴雨、积雪和沙尘等灾害侵袭，并应利用自然气流组织好通风、防止不良小气候产生；

7）根据噪声源的位置、方向和强度，应在建筑功能分区、道路布置、建筑朝向、距离以及地形、绿化和建筑物的屏障作用等方面采取综合措施，以防止或减少环境噪声；

8）建筑物与各种污染源的卫生距离，应符合有关卫生标准的规定。

（3）建筑日照标准应符合下列规定：

1）每套住宅至少应有一个居住空间获得日照，该日照标准应符合国家标准《城市居住区规划设计规范》有关规定；

2）宿舍半数以上的居室，应能获得同住宅空间相等的日照标准；

3）托儿所、幼儿园的主要生活用房，应能获得冬至日不小于 3h 的日照标准；

4）老年人住宅、残疾人住宅的卧室、起居室，医院、疗养院半数以上的病房和疗养室，中小学半数以上的教室应能获得冬至日不小于 2h 的日照标准。

2.3.2 道路

（1）建筑基地内道路应符合下列规定：

1）基地内应设道路与城市道路相连接，其连接处的车行路面应设计限速设施，道路应通达建筑物的安全出口；

2）沿街建筑应设连通街道的内院的人行道（可利用楼梯间），其间距不宜大于 80m；

3）道路改变方向时，路边绿化及建筑物不应影响行车有效视距；

4）基地内设地下停车场时，车辆出入口应有有效显示标志；标志设置高度不应影响人、车通行；

5）基地内车流量较大时应设人行道路。

（2）建筑基地道路宽度应符合下列规定：

1）单车道路宽度不应小于 4m，双车道路不应小于 7m；

2）人行道路宽度不应小于 1.50m；

3）利用道路边设停车位时，不应影响有效通行宽度；

4）车行道路改变方向时，应满足车辆最小转弯半径要求；消防车道路应按消防车最小转弯半径要求设置。

（3）道路与建筑物间距应符合下列规定：

1）基地内设有室外消火栓时，车行道路与建筑物的间距应符合防火规定的有关规定；

2）基地内道路边缘至建筑物、构筑物的最小距离应符合现行国家标准《城市居住区规划设计规范》的有关规定；

3）基地内不宜设置高架车行道路，当设置高架人行道路与建筑平行时应有保护私密性的视距和防噪声的要求。

（4）建筑基地内地下车库的出入口设置应符合下列要求：

1）地下车库的出入口距基地道路的交叉路口或高架路的起坡点不应小于 7.50m；

2）地下车库的出入口与道路垂直时，出入口与道路红线应保持不小于 7.50m 安全距离；

3）地下车库的出入口与道路平行时，应有不小于 7.50m 长的缓冲车道汇入基地道路。

2.3.3 竖向

（1）建筑基地地面和道路坡度应符合下列规定：

1）基地地面坡度不应小于 0.2%，地面坡度大于 8% 时宜分成台地，台地连接处应设挡墙或护坡；

2）基地非机动车道的纵坡不应小于0.2%，亦不应大于8%，其坡长不应大于200m；在个别路段可不大于11%，其坡长不应大于80m；在多雪严寒地区不应大于5%，其坡长不应大于600m；横坡应为1%~2%；

3）基地非机动车道的纵坡不应小于0.2%，亦不应大于3%，其坡长不应大于50m；在多雪严寒地区不应大于2%，其坡长不应大于100m；横坡应为1%~2%；

4）基地步行道的纵坡不应小于0.2%，地面坡度不应大于8%，多雪严寒地区不应大于4%，横坡应为1%~2%；

5）基地内人流活动的主要地段，应设置无障碍人行道。

（2）建筑基地地面排水应符合下列规定：

1）基地内应有排除地面及路面雨水至城市排水系统的措施，排水方式应根据城市规划的要求确定，有条件的地区应采取雨水回收利用措施；

2）采用车行道排泄地面雨水时，雨水口形式及数量应根据汇水面积、流量、道路纵坡等确定；

3）单侧排水的道路及低洼易积水的地段，应采取排雨水时不影响交通和路面清洁的措施。

（3）建筑物底层出入口处应采取措施防止室外地面雨水回流。

2.3.4 绿化

建筑工程项目应包括绿化工程，其设计应符合下列要求：

（1）宜采用包括垂直绿化和屋顶绿化等在内的全方位绿化；绿地面积的指标应符合有关规范或当地城市规划行政主管部门的规定；

（2）绿化的配置和布置方式应根据城市气候、土壤和环境功能等条件确定；

（3）绿化与建筑物、构筑物、道路和管线之间的距离，应符合有关规范规定；

（4）应保护自然生态环境，并应对古树、名木采取保护措施；

（5）应防止树木根系对地下管线损伤及对地下建筑防水层的破坏。

2.3.5 工程管线布置

（1）工程管线宜在地下敷设；在地上架空敷设的工程管线及管线在地上的设施，必须满足消防车辆通行的要求，不得妨碍普通车辆、行人的正常活动并应防止对建筑物、景观的不利影响。

（2）与市政管网衔接的工程管线，其平面位置和竖向标高均应采用城市统一的坐标系统和高程系统。

（3）工程管线的敷设不应影响建筑物的安全并应防止工程管线受腐蚀、沉陷、振动、荷载等影响而破坏。

（4）工程管线应根据其不同特性和要求综合布置。对安全、卫生、防干扰等有影响的工程管线不应共沟或靠近敷设。利用综合管沟敷设的工程管线若互有干扰的应设置在综合管沟的不同沟（室）内。

（5）地下工程管线的走向宜与道路或建筑主体相平行或垂直。工程管线应从建筑物向道路方向由浅至深敷设。工程管线布置应短捷，减少转弯。管线与管线、管线与道路应减少交叉。

（6）与道路平行的工程管线不宜设于车行道下，当确有需要时，可将埋深较大、翻修较少的工程管线布置在车行道下。

（7）工程管线之间的水平、垂直净距及埋深，工程管线与建筑物、构筑物、绿化树种之间的水平净距应符合有关规范的规定。

（8）7度以上地震区、多年冻土区、严寒地区、湿陷性黄土地区及膨胀土地区的室外工程管线，应符合有关规范的规定。

（9）工程管线的检查井井盖宜有锁闭装置。

2.4　建筑物设计

2.4.1　平面布置

（1）平面布置应根据建筑的使用性质、工艺要求，合理布局。

（2）平面布置的柱网、开间、进深等定位轴线尺寸，应符合现行国家标准《建筑模数协调统一标准》等有关标准的规定。

（3）根据使用功能，应使大多数房间布置在有良好日照、采光，通风和景观的部位。对有私密性要求的房间，应防止视线的干扰。

（4）平面布置宜具有一定的灵活性。

（5）地震区的建筑，平面布置宜规整，不宜错层。

2.4.2　层高和室内净高

（1）建筑层高应结合建筑使用功能、工艺要求和技术经济条件确定，并符合专用建筑设计规定的要求。

（2）室内净高应按楼地面完成面至吊顶或楼板梁底面之间的垂直距离计算；当楼盖、屋盖的下悬构件或管道底面影响有效使用空间者，应按楼地面完成面至下悬构件下缘或管道底面之间的垂直距离计算。

（3）建筑物用房的室内净高应符合专用建筑设计规范的规定；地下室、局部夹层、走道等有人员正常活动的最低处的净高不应小于2m。

2.4.3　地下室和半地下室

（1）地下室、半地下室应有综合解决其使用功能的措施，合理布置地下停车库、地下人防、各类设备用房等功能空间及各类出入口部；地下空间与城市地铁、地下人行道及地下空间之间应综合开发，相互连接，做到导向明确、流线简捷。

（2）地下室、半地下室作为主要用房使用时，应符合安全、卫生的要求，并应符合下列要求：

1）严禁将幼儿、老年人生活用房设在地下室、半地下室；

2）居住建筑中的居室不应布置在地下室内；当布置在半地下室时，必须对采光、通风、日照、防潮、排水及安全防护采取措施；

3）建筑物内的歌舞、娱乐、放映、游艺场所不应设置在地下二层及二层以下；当设置在地下一层时，地下一层地面与室外出入口地坪的高差不应大于10m。

（3）地下一层平面外围护结构应规整，其防水等级及技术要求除应符合现行国家标准《地下工程防水技术规范》GB 50108—2001的规定外尚应符合下列规定：

1）地下室应在一处或若干处地面较低点设集水坑，并预留排水泵电源和排水管道；

2）地下管道、地下管沟、地下坑井、地漏、窗井等处应有防止涌水、倒灌的措施。

（4）地下室、半地下室的等级、防火分区、安全疏散、防排烟设施、房间内部装修等应符合防火规范的有关规定。

2.4.4 设备层、避难层和架空层

（1）设备层设置应符合下列规定：

1）设备层净高应根据设备管线的安装检修需要确定；

2）当宾馆、住宅等建筑上部有管线较多的房间，下部为大空间房间或转换为其他功能用房而管线需转换时，宜在上下部之间设置设备层；

3）设备层布置应便于市政管线的接入；在防火、防爆和卫生等方面互有影响的设备用房不应相邻布置；

4）设备层应有自然通风或机械通风；当设备层设于地下室又无机械通风装置时，应在地下室外墙设置通风口或通风道，其面积应满足送、排风量的要求；

5）给水排水设备的机房应设集水坑并预留排水泵电源和排水管路或接口；配电房应满足线路的敷设；

6）设备用房布置位置及其围护结构，管道穿过隔墙、防火墙和楼板应符合防火规范的有关规定。

（2）建筑高度超过100m的超高层民用建筑，应设置避难层（间）。

（3）有人员正常活动的架空层及避难层的净高不应低于2m。

2.4.5 厕所、盥洗室和浴室

（1）厕所、盥洗室、浴室应符合下列规定：

1）建筑物的厕所、盥洗室、浴室不应直接布置在餐厅、食品加工、食品贮存、医药、医疗、变电等有严格卫生要求或防水、防潮要求用房的上层；除本套住宅外，住宅卫生间不应直接布置在下层的卧室、起居室、厨房和餐厅的上层；

2）卫生设备配置的数量应符合专用建筑设计规范的规定，在公用厕所男女厕位的比例中，应适当加大女厕位比例；

3）卫生用房宜有天然采光和不向邻室对流的自然通风，无直接自然通风和严寒及寒冷地区用房宜设自然通风道；当自然通风不能满足通风换气要求时，应采用机械通风；

4）楼地面、楼地面沟槽、管道穿楼板及楼板接墙面处应严密防水、防渗漏；

5）楼地面、墙面或墙裙的面层应采用不吸水、不吸污、耐腐蚀、易清洗的材料；

6）楼地面应防滑，楼地面标高宜略低于走道标高，并应有坡度向地漏或水沟；

7）室内上下水管和浴室顶棚应防冷凝水下滴，浴室热水管应防止烫人；

8）公用男女厕所宜分设前室，或有遮挡措施；

9）公用厕所宜设置独立的清洁间。

（2）厕所和浴室隔间的平面尺寸不应小于表2-2的规定。

厕所和浴室隔间平面尺寸 表2-2

类别	平面尺寸
外开门的厕所隔间	0.90×1.20
内开门的厕所隔间	0.90×1.40
医院患者专用厕所隔间	1.10×1.40
无障碍厕所隔间	1.40×1.80（1.00×2.00改建用）
外开门淋浴隔间	1.00×1.20
内设更衣凳的淋浴隔间	1.00×（1.00+0.60）
无障碍专用淋浴隔间	盆浴（门扇向外开启）2.00×2.25 淋浴（门扇向外开启）1.50×2.35

（3）卫生设备间距应符合下列规定：

1）洗脸盆或盥洗槽水嘴中心与侧墙面净距不宜小于0.55m；

2）并列洗脸盆或盥洗槽水嘴中心距不应小于0.70m；

3）单侧并列洗脸盆或盥洗槽外沿至对面墙的净距不应小于1.25m；

4）双侧并列洗脸盆或盥洗槽外沿至对面墙的净距不应小于1.80m；

5）浴盆长边至对面墙的净距不应小于0.65m；无障碍盆浴间短边净宽度不应小于2.0m；

6）并列小便器的中心距不应小于0.65m；

7）单侧厕所隔间至对面墙的净距：当采用内开门时，不应小于1.10m；当采用外开门时，不应小于1.30m；双侧厕所隔间之间净距：当采用内开门时，不应小于1.10m；当采用外开门时，不应小于1.30m；

8）单侧厕所隔间至对面小便器或小便槽外沿的净距：当采用内开门时，不应小于1.10m；当采用外开门时，不应小于1.30m。

2.4.6 台阶、坡道和栏杆

（1）台阶设置应符合下列规定：

1）公共建筑室内外台阶踏步宽度不宜小于0.3m，踏步高度不宜大于0.15m，并不宜小于0.10m，踏步应防滑。室内台阶踏步数不应少于2级，当高差不足2级时，应按坡道设置；

2）人流密集的场所台阶高度超过0.70m并侧面悬空时，应有防护措施。

（2）坡道设置符合下列规定：

1）室内坡道坡度不宜大于1∶8，室外坡道坡度不宜大于1∶10；

2）室内坡道水平投影长度超过15m时，宜设休息台，平台宽度应根据使用功能或设备尺寸所需缓冲空间而定；

3）供轮椅使用的坡道坡度不应大于1∶12，困难地段不应大于1∶8；

4）自行车推行坡道每段坡长不宜超过6m，坡度不应大于1∶5；

5）机动车行坡道应符合国家现行标准《汽车库建筑设计规范》的规定；

6）坡道应采取防滑措施。

（3）阳台、外廊、室内回廊、内天井、上人屋面及室外楼梯等临空处应设置防护栏杆，并应符合下列规定：

1）栏杆应以坚固、耐久的材料制作，并能承受荷载规范规定的水平荷载；

2）临空高度在24m以下时，栏杆高度不应低于1.05m，临空高度在24m及24m以上（包括中高层住宅）时，栏杆高度不应低于1.10m；

3）栏杆离楼面或屋面0.10m高度内不宜留空；

4）住宅、幼儿园、中小学及少年儿童专用活动场所的栏杆必须采用防止少年儿童攀登的构造，当采用垂直杆做栏杆时其杆件净距不应大于0.11m；

5）文化娱乐建筑、商业服务建筑、体育建筑、园林景观建筑等允许少年儿童进入活动的场所，当采用垂直杆件做栏杆时，其杆件净距不应大于0.11m。

2.4.7 楼梯

（1）楼梯的数量、位置、宽度和楼梯间形式应满足使用方便和安全疏散的要求。

（2）墙面至扶手中心线或扶手中心线之间的水平距离即楼梯梯段宽度除应符合防火规范的规定外，供日常主要交通用的楼梯的梯段宽度应根据建筑物使用特征，按每股人流为0.55+（0~0.15）m的人流股数确定，并不少于两股人流。0~0.15m为人流在行进中人体的摆幅，公共建筑人流众多的场所应取上限值。

（3）梯段改变方向时，扶手转向端处的平台最小宽度不应小于梯段宽度，并不得小于1.20m，当有搬运大型物件需要时应适量加宽。

（4）每个梯段的踏步不应超过18级，亦不应少于3级。

（5）楼梯平台上部及下部过道处的净高不应小于2m，梯段净高不宜小于2.20m。

（6）梯段净高为自踏步前缘（包括最低和最高一级踏步前缘以外0.30m范围内）量至上方突出物下缘间的垂直高度。

（7）楼梯应至少于一侧设扶手，梯段净宽达三股人流时应两侧设扶手，达四股人流时宜加设中间扶手。

（8）室内楼梯高度自踏步前缘线量起不宜小于0.90m。靠楼梯井一侧水平扶手长度超过0.50m时，其高度不应小于1.05m。

（9）踏步应采取防滑措施。

（10）托儿所、幼儿园、中小学及少年儿童专用活动场所的楼梯。

梯井净宽大于0.20m时，必须采取防止少年儿童攀滑的措施，楼梯栏杆应采取不宜攀登的构造，当采用垂直杆件做栏杆时，其杆件净距不应大于0.11m。

（11）楼梯踏步的高宽比应符合表2-3的规定。

楼梯踏步最小宽度和最大宽度（m）　　**表 2-3**

楼梯类别	最小宽度	最大高度
住宅共用楼梯	0.26	0.175
幼儿园、小学校等楼梯	0.26	0.15
电影院、剧场、体育馆、商场、医院、旅馆和大中学校等楼梯	0.28	0.16
其他建筑楼梯	0.26	0.17
专用疏散楼梯	0.25	0.18
服务楼梯、住宅套内楼梯	0.22	0.20

（12）供老年人、残疾人使用及其他专用服务楼梯应符合专用建筑设计规范的规定。

2.4.8　电梯、自动扶梯或自动人行道

（1）电梯设置应符合下列规定：

1）电梯不得计作安全出口；

2）以电梯为主要垂直交通的高层公共建筑和 12 层及 12 层以上的高层住宅，每栋楼设置电梯的台数不应少于 2 台；

3）建筑物每个服务区单侧排列的电梯不宜超过 4 台，双测排列的电梯不宜超过 2 ×4 台；电梯不应在转角处贴邻布置；

4）电梯候梯厅的深度应符合表 2-4 的规定，并不得小于 1.50m；

候梯厅深度　　**表 2-4**

电梯类别	布置方式	候梯厅深度
住宅电梯	单台	≥B
	多台单侧排列	≥B*
	多台双侧排列	≥相对电梯 B* 之和并 <3.50m
公共建筑电梯	单台	≥1.5B
	多台单侧排列	≥1.5B*，当电梯群为 4 台时应≥2.40m
	多台双侧排列	≥相对电梯 B* 之和并 <4.50m
病床电梯	单台	≥1.5B
	多台单侧排列	≥1.5B*
	多台双侧排列	≥相对电梯 B* 之和

注：B 为轿厢深度，B* 为电梯群中最大厢深。

5）电梯井道和机房不宜与有安静要求的用房贴邻布置，否则应采取隔振、隔声措施；

6）机房应为专用的房间，其围护结构应保温隔热，室内应有良好通风、防尘、宜有自然采光，不得将机房顶板作水箱底板及在机房内直接穿水管或蒸汽管；

7）消防电梯的布置应符合有关规定。

（2）自动扶梯和自动人行道应符合下列规定：

1）自动扶梯和自动人行道不得计作安全出口；

2）出入口畅通区的宽度不应小于2.50m，畅通区有密集人流穿行时宽度应加大；

3）栏板应平整、光滑和无突出物；扶手带顶面距自动扶梯前缘、自动人行道踏板面或胶带面垂直高度不应小于0.90m；扶手带外边至任何障碍物不应小于0.50m，否则应采取措施防止障碍物引起人员伤害；

4）扶手带中心线与平行墙面或楼板开口边缘间的距离、相邻平行交叉设置时两梯（道）之间扶手带中心线的水平距离不宜小于0.50m，否则应采取措施防止障碍物引起人员伤害；

5）自动扶梯的梯级、自动人行道的踏板或胶带上空，垂直净高不应小于2.30m；

6）自动扶梯的倾斜度不应超过30°，当提升高度不超过6m，额定速度不超过0.50m/s时，倾斜角允许增至35°，倾斜式自动人行道的倾斜角不应超过12°；

7）自动扶梯和层间相通的自动人行道单向设置时，应就近布置相匹配的楼梯；

8）设置自动扶梯或自动人行道所形成的上下层贯通空间，应符合防火规范所规定的有关防火分区等要求。

2.4.9 墙身和变形缝

（1）墙身材料应因地制宜，采用新型建筑墙体材料。

（2）外墙应根据地区气候和建筑要求，采取保温防热和防潮等措施。

（3）墙身防潮应符合下列要求：

1）砌体墙应在室外地面上，位于室内地面垫层处设置连续的水平防潮层；室内相邻地面有高差时，应在高差处墙身侧面加设防潮层；

2）湿度大的房间的外墙或内墙应设防潮层；

3）室内墙面有防水、防潮、防污、防碰等要求时，应按使用要求设置墙裙。

（4）建筑物外墙突出物，包括窗台、凸窗、阳台、空调机隔板、雨水管、通风管、装饰线等处宜采取防止攀登入室的措施。

（5）外墙应防止变形裂缝，在洞口、窗户等处采取加固措施。

（6）变形缝应符合下列要求：

1）变形缝应按设缝的性质和条件设计，使其在产生位移或变形时不受阻，不被破坏、并不破坏建筑物；

2）变形缝的构造和材料应根据其部位需要分别采取防水、防火、保温、防老化、防腐蚀、防虫害和防脱落等措施。

2.4.10 门窗

（1）门窗产品应符合下列要求：

1）门窗材料、尺寸功能和质量等应符合使用要求，并应符合建筑门窗产品标准的规定；

2）门窗的配件应与门窗主体相匹配，并应符合各种材料的技术要求；

3）应推广应用具有节能、密封、隔声、防结露等优良性能的建筑门窗。

（2）门窗墙体应连接牢固，且满足抗风压、水密性、气密性的要求，对不同材料的门窗选择相应的密封材料。

（3）窗的设置应符合下列规定：

1）窗扇的开启形式应方便使用，安全和易于维修、清洗；

2）当采用外开窗时应加强牢固窗扇措施；

3）开向公共走道的窗扇，其底面高度不应低于2m；

4）临空的窗台低于0.80m时，应采取防护措施，防护高度由楼地面起计算不应低于0.80m；

5）防火墙上必须开设窗洞时，应按防火规范设置；

6）天窗应采用防破碎伤人透光材料；

7）天窗应有防冷凝水产生或引泄冷凝水的措施；

8）天窗应便于开启、关闭、固定、防渗水并方便清洗。

（4）门的设置应符合下列规定：

1）外门构造应开启、坚固耐用；

2）手动开启的大门扇应有自动装置，推拉门应有防脱轨的措施；

3）双面弹簧门应在可视高度部分装透明安全玻璃；

4）旋转门、电动门、卷帘门和大型门的邻近应另设平开疏散门，或在门上设疏散门；

5）开向疏散走道及楼梯间的门扇开足时，不应影响走道及楼梯平台的疏散宽度；

6）全玻璃门应选用安全玻璃或采取防护措施，并应设防撞提示标志；

7）门的开启不应跨越变形缝。

2.4.11 建筑幕墙

（1）建筑幕墙技术要求应符合下列规定：

1）幕墙所采用的型材、板材、密封材料、金属附件、零配件等应符合现行的有关标准的规定；

2）幕墙的物理性能：风压变形、雨水渗漏、空气渗透、保温、隔声、耐撞击、平面内变形、防火、防雷、抗震及光学性能等符合现行的有关标准的规定。

（2）玻璃幕墙应符合下列规定：

1）玻璃幕墙应适用于抗震地区和建筑高度应符合有关规范的要求；

2）玻璃幕墙应采用安全玻璃，并应具有抗撞击的性能；

3）玻璃幕墙分隔应与楼板、梁、内隔墙连接牢固，并满足防火分隔要求；

4）玻璃窗扇开启面积应按幕墙材料规格和通风要求确定，并确保安全。

2.4.12 楼地面

（1）底层地面的基本构造层宜为面层、垫层和地基；楼层地面的基本构造层宜为面层和楼板。当底层地面或楼面的基本构造不能满足使用或构造要求时，可增设结合层、隔离层、填充层、找平层和保温层等其他构造层。

（2）除有特殊使用要求外，楼地面应满足平整、耐磨、不起尘、防滑、防污染、隔声、易于清洁等要求。

（3）厕浴间、厨房等受水或非腐蚀液体经常浸湿的楼地面应采用防水、防滑类面层，且应低于相邻楼地面，并设排水坡坡向地漏；厕浴间和有防水要求的建筑地面必须设置防水隔离层；楼层结构必须采用现浇混凝土或整块预制混凝土板，混凝土强度等级不应小于C20；楼板四周门洞外，应做混凝土翻边，其高度不应小于120mm。

经常有水流淌的楼地面应低于相邻楼地面或设门槛等挡水设施，且应有排水措施，其楼地面应采用不吸水、易冲洗、防滑的面层材料并应设防水隔离层。

（4）筑于地基土上的地面，应根据需要采取防潮、防基土冻胀、防不均匀沉陷等措施。

（5）存放食品、食料、种子或药物等的房间，其存放物与楼地面直接接触时，严禁采用有毒性的材料作为楼地面，材料的毒性应经有关卫生防疫部门鉴定。存放吸味较强的食物时应防止采用散发异味的楼地面材料。

（6）受较大荷载或有冲击力作用的楼地面，应根据使用性质及场所选用由板、块材料、混凝土等组成的易修复的刚性构造，或由粒料、灰土等组成的柔性构造。

（7）木板楼地面应根据使用要求，采取防火、防腐、防潮、防蛀、通风等相应措施。

（8）采暖房间的楼地面，可不采取保温措施，但遇下列情况之一时应采取局部保温措施：

1）架空或悬挑部分楼层地面，直接对室外或临非采暖房间的；

2）严寒地区建筑物周边无采暖管沟时，底层地面在外墙内侧0.50～1.00m范围内宜采取保温措施，其传热阻不应小于外墙的传热阻。

2.4.13 屋面和吊顶

（1）屋面工程应根据建筑物的性质、重要程度、使用功能及防水层合理使用年限，结合工程特点、地区自然条件等，按不同等级进行设防。

（2）屋面排水坡度应根据屋顶结构形式，屋面基层类别，防水构造形式，材料性能及当地气候等条件确定，并应符合表2-5的规定。

屋面的排水坡度 **表2-5**

屋面类别	屋面排水坡度（%）
卷材防水、刚性防水的平屋面	2～5
平瓦	20～50
波形瓦	10～50
油毡瓦	≥20
网架、悬索结构金属板	≥4
压型钢板	5～35
种植土屋面	1～3

注：1. 平屋面采用结构找坡不应小于3%，采用材料找坡宜为2%；
2. 卷材屋面的坡度不宜大于25%，当坡度大于25%时应采取固定和防止滑落的措施；
3. 卷材防水屋面天沟、檐沟纵向坡度不应小于1%，沟底水落差不得超过200mm。天沟、檐沟排水不得流经变形缝和防火墙；
4. 平瓦必须铺置牢固，地震设防地区或坡度大于50%的屋面，应采取固定加强措施；
5. 架空隔热屋面坡度不宜大于5%，种植屋面坡度不宜大于3%。

（3）屋面构造应符合下列要求：

1）屋面面层应采用不燃烧体材料，包括屋面突出部分及屋顶加层，但一、二级耐火等级建筑物，其不燃烧体屋面基层上可采用可燃卷材防水层；

2）屋面排水宜优先采用外排水；高层建筑、多跨及集水面积较大的屋面宜采用内排水；屋面水落管的数量、管径应通过验（计）算确定；

3）天沟、檐沟、檐口、水落口、泛水、变形缝和伸出屋面管道等处应采取与工程特点相适应的防水加强构造措施，并应符合有关规范的规定；

4）当屋面坡度较大或同一屋面落差较大时，应采取固定加强和防止屋面滑落的措施；平瓦必须铺置牢固；

5）地震设防区或有强风地区的屋面采取固定加强措施；

6）设保温层的屋面应通过热工验算，并采取防结露、防蒸汽渗透及施工时防保温层受潮等措施；

7）采用架空隔热层的屋面，架空隔热层的高度应按照屋面的宽度或坡度的大小变化确定，架空层不得堵塞；当屋面宽度大于10m时，应设置通风屋脊；屋面基层上宜有适当厚度的保温隔热层；

8）采用钢丝网水泥或钢筋混凝土薄壁构件的屋面板应有抗风化、防腐蚀的防护措施；刚性防水屋面应有抗裂措施；

9）当无楼梯通达屋面时，应设上屋面的检修人孔或低于10m时可设外墙爬梯，并应有安全防护和防止儿童攀爬的措施；

10）闷顶应设通风口和通向闷顶的检修人孔；闷顶内应有防火分隔。

（4）吊顶构造应符合下列要求：

1）吊顶与主体结构吊挂应有安全构造措施；高大厅堂管线较多的吊顶内，应留有检修空间，并根据需要设置检修走道和便于进入吊顶的人孔，且应符合有关防火及安全要求；

2）当吊顶内管线较多，而空间有限不能进入检修时，可采用便于拆卸的装配式吊顶板或在需要部位设置检修人孔；

3）吊顶内敷设有上下水管时应采取防止产生冷凝水措施；

4）潮湿房间的吊顶，应采用防水材料和防结露、滴水的措施；钢筋混凝土顶板宜采用现浇板。

2.4.14 管道井、烟道、通风道和垃圾管道

（1）管道井、烟道、通风道和垃圾管道应分别独立设置，不得使用同一管道系统，并应用非燃烧体材料制作。

（2）管道井的设置应符合下列规定：

1）管道井的断面尺寸应满足管道安装、检修所需空间的要求；

2）管道井宜在每层靠公共走道的一侧设检修门或可拆卸的壁板；

3）在安全、防火和卫生方面互有影响的管道不应敷设在同一竖井内；

4）管道井壁、检修门及管井开洞部分等应符合相关规范的有关规定。

（3）烟道和通风道的断面、形状、尺寸和内壁应有利于排烟（气）通畅，防止产生阻滞、涡流、窜烟、漏气和倒灌等现象。

（4）烟道通风道应伸出屋面，伸出高度应有利烟气扩散，并应根据屋面形式、排出口周围遮挡物的高度、距离和积雪深度确定。平屋面伸出高度不得小于0.60m，且不得低于女儿墙的高度。坡屋面伸出高度应符合下列规定：

1）烟道和通风道中心线距屋脊小于1.50m时，应高出屋脊0.60m；

2）烟道和通风道中心线距屋脊1.50～3.00m时，应高出屋脊，且伸出屋面高度不得小于0.60m；

3）烟道和通风道中心线距屋脊大于3m时，其顶部与屋脊的连线同水平线之间的夹角不应大于10°，且伸出屋面高度不得小于0.60m。

（5）民用建筑不宜设置垃圾管道。多层建筑不设垃圾管道时，应根据垃圾收集方式设置相应设施。中高层及高层建筑不设置垃圾管道时，每层应设置封闭的垃圾分类、贮存收集空间，并宜有冲洗排污设施。

（6）如设置垃圾管道时，应符合下列规定：

1）垃圾管道宜靠外墙布置，管道主体应伸出屋面，伸出屋面部分加设顶盖和网栅，并采取防倒灌措施；

2）垃圾出口应有卫生隔离，底部存纳和出运垃圾的方式应与城市垃圾管理方式相适应；

3）垃圾道内壁应光滑、无突出物；

4）垃圾斗应采用不燃烧和耐腐蚀的材料制作，并能自行关闭密合；高层建筑、超高层建筑的垃圾斗应设在垃圾道前室内，该前室应采用丙级防火门。

2.4.15 室内外装修

（1）室内外装修应符合下列要求：

1）室内外装修严禁破坏建筑物结构的安全性；

2）室内外装修应采用节能、环保型建筑材料；

3）室内外装修工程应根据不同使用要求，采用防火、防污染、防潮、防水和控制有害气体与射线的装修材料及辅料；

4）保护性建筑的内外装修尚应符合有关保护建筑条例的规定。

（2）室内装修应符合下列要求：

1）室内装修不得遮挡消防设施标志、疏散指示标志及安全出口，不得影响消防设施和疏散通道的正常使用；

2）室内如需要重新装修时，不得随意改变原有设施、设备及管线系统。

（3）室外装修应符合下列规定：

1）外墙装修必须与主体结构连接牢靠；

2）外墙外保温材料应与主体结构和外墙饰面连接牢固，并应防开裂、防水、防冻、防腐蚀、防风化和防脱落；

3）外墙装修应防止污染环境的强烈反光。

2.5　室内环境

2.5.1　采光

(1) 各类建筑应进行采光系数的计算，其采光系数标准值应符合下表规定。

1) 居住建筑的采光系数标准值应符合表 2-6 的规定。

居住建筑的采光系数标准值　　　　**表 2-6**

采光等级	房间名称	侧面采光	
		采光系数最低值 C_{min}（%）	室内天然光临界照度（lx）
Ⅳ	起居室（厅）、卧室、书房、厨房	1	50
Ⅴ	卫生间、过厅、楼梯间、餐厅	0.5	25

2) 办公建筑的采光系数标准值应符合表 2-7 的规定。

办公建筑的采光系数标准值　　　　**表 2-7**

采光等级	房间名称	侧面采光	
		采光系数最低值 C_{min}（%）	室内天然光临界照度（lx）
Ⅱ	设计室、绘图室	3	150
Ⅲ	办公室、视屏工作室、会议室	2	100
Ⅳ	复印室、档案室	1	50
Ⅴ	走道、楼梯间、卫生间	0.5	25

3) 学校建筑的采光系数标准值必须符合表 2-8 的规定。

学校建筑的采光系数标准值　　　　**表 2-8**

采光等级	房间名称	侧面采光	
		采光系数最低值 C_{min}（%）	室内天然光临界照度（lx）
Ⅲ	教室、阶梯教室、实验室、报告厅	2	100
Ⅴ	走道、楼梯间、卫生间	0.5	25

4) 图书馆建筑的采光系数标准值应符合表 2-9 的规定。

图书馆建筑的采光系数标准值　　　　**表 2-9**

采光等级	房间名称	侧面采光		顶部采光	
		采光系数最低值 C_{min}（%）	室内天然光临界照度（lx）	采光系数平均值 C_{min}（%）	室内天然光临界照度（lx）
Ⅲ	阅览室、开架书库	2	100	—	—
Ⅳ	目录室	1	50	1.5	75
Ⅴ	书库、走道、楼梯间、卫生间	0.5	25	—	—

5）医院建筑的采光系数标准值应符合表 2-10 的规定。

医院建筑的采光系数标准值 **表 2-10**

采光等级	房间名称	侧面采光		顶部采光	
		采光系数最低值 C_{min}（%）	室内天然光临界照度（lx）	采光系数最低值 C_{min}（%）	室内天然光临界照度（lx）
Ⅲ	诊室、药房、治疗室、化验室	2	100	—	—
Ⅳ	候诊室、挂号处、综合大厅、病房、医生办公室（护士室）	1	50	1.5	75
Ⅴ	走道、楼梯间、卫生间	0.5	25	—	—

注：上述表中所列采光系数标准值适用于Ⅲ类光气候区。其他地区的采光系数标准值应乘以相应地区光气候系数。

（2）有效采光面积计算应符合下列规定：

1）侧窗采光口离地面高度在 0.8m 以下的部分不应计入有效采光面积；

2）侧窗采光口上部有效宽度超过 1m 以上的外廊、阳台等外挑遮挡物，其有效采光面积可按采光面积的 70% 计算；

3）平天窗采光时，其有效采光面积可按侧面采光口面积的 2.5 倍计算。

2.5.2 通风

（1）建筑物室内应有与室外空气直接流通的窗口或洞口，否则应设自然通风道或机械通风设施。

（2）采用直接自然通风的空间，其通风开口面积应符合下列规定：

1）生活、工作的房间的通风开口有效面积不应小于该房间地板面积的 1/20；

2）厨房的通风开口有效面积不应小于该房间地板面积的 1/10，且不得小于 $0.60m^2$，厨房的炉灶上方应安排除油烟设备，并设排烟道。

（3）严寒地区居住用房、厨房、卫生间应设自然通风道或通风换气设施。

（4）无外窗的浴室和厕所应有机械通风换气设备，并设通风道。

（5）厨房、卫生间的门的下方应设进风固定百叶，或留有进风缝隙。

（6）自然通风道的位置应设于窗户或进口相对的一面。

2.5.3 保温

（1）建筑物宜布置在向阳、无日照遮挡、避风地段。

（2）设置供热的建筑物体形应减少外表面积。

（3）严寒地区的建筑物宜采用围护结构外保温技术，并不应设置开敞的楼梯间和外廊，其出入口应设门斗或采取其他防寒措施；寒冷地区的建筑物不宜设置开敞的楼梯间和外廊，其出入口宜设门斗或采取其他防寒措施。

（4）建筑物的外门窗应减少其缝隙长度，并采取密封措施，宜选用节能型外门窗。

（5）严寒和寒冷地区设置集中供暖的建筑物，其建筑热工和采暖设计应符合有关节能设计标准的规定。

（6）夏热冬冷地区、夏热冬暖地区建筑物的建筑节能设计应符合有关节能设计标准的规定。

2.5.4　防热

（1）夏季防热的建筑物应符合下列规定：

1）建筑物的夏季防热应采取绿化环境、组织有效自然通风、外围护结构隔热和设置建筑遮阳等综合措施；

2）建筑群的总体布局、建筑物的平面空间组织、剖面设计和门窗的设置，应有利于组织室内通风；

3）建筑物的东、西向窗户，外墙和屋顶应采取有效的遮阳和隔热措施；

4）建筑物的外围护结构，应进行夏季隔热设计，并应符合有关节能设计标准的规定。

（2）设置空气调节建筑物应符合下列规定：

1）建筑物的体形应减少外表面积；

2）设置空气调节房间应相对集中布置；

3）空气调节房间的外部窗户应有良好的密闭性和隔热性；向阳的窗户宜设遮阳设施，并宜采用节能窗；

4）设置非中央空气调节设施的建筑物、应统一设计、安装空调机的室外机位置，并使冷凝水有组织地排水；

5）间歇使用的空气调节建筑，其外围护结构内侧和内围护结构宜采用轻质材料；连续使用的空调建筑，其外围护结构内侧和内围护结构宜采用重质材料；

6）建筑物外围护结构应符合有关节能设计标准的规定。

2.5.5　隔声

（1）民用建筑各类主要用房的室内允许噪声级应符合表 2-11 的规定。

室内允许噪声级（昼间）　　**表 2-11**

建筑类别	房间名称	允许噪声级（A 声级，dB）			
		特级	一级	二级	三级
住宅	卧室、书房	—	≤40	≤45	≤50
	起居室	—	≤45	≤50	≤50
学校	有特殊安静要求的房间	—	≤40	—	—
	一般教室	—	—	≤50	—
	无特殊安静要求的房间	—	—	—	≤55
医院	病房、医务人员休息室	—	≤40	≤45	≤50
	门诊室	—	≤55	≤55	≤60
	手术室	—	≤45	≤45	≤50
	听力测听室	—	≤25	≤25	≤30

续表

建筑类别	房间名称	允许噪声级（A 声级，dB）			
		特级	一级	二级	三级
旅馆	客房	≤35	≤40	≤45	≤55
	会议室	≤40	≤45	≤50	≤50
	多功能大厅	≤40	≤45	≤50	——
	办公室	≤45	≤50	≤55	≤55
	餐厅、宴会厅	≤50	≤55	≤60	——

注：夜间室内允许噪声级的数值比昼间小 10dB（A）。

（2）不同房间围护结构（隔墙、楼板）的空气声隔声标准应符合表 2-12 的规定。

空气声隔声标准 **表 2-12**

建筑类别	围护结构	计权隔声量（dB）			
		特级	一级	二级	三级
住宅	分户墙、楼板	——	≥50	≥45	≥40
学校	隔墙、楼板	——	≥50	≥45	≥40
医院	病房与病房间之间	——	≥45	≥40	≥35
	病房与产生噪声房间之间	——	≥50	≥50	≥45
	手术室与病房间之间	——	≥50	≥45	≥40
	手术室与产生噪声房间之间	——	≥50	≥50	≥45
	听力测听室围护结构	——	≥50	≥50	≥50
旅馆	客房与客房间隔墙	≥50	≥45	≥40	≥40
	客房与走廊间隔墙（含门）	≥40	≥40	≥35	≥30
	客房与外墙（含窗）	≥40	≥35	≥25	≥20

（3）不同房间楼板撞击声隔声标准应符合表 2-13 规定。

撞击声隔声标准 **表 2-13**

建筑类别	楼板部位	计权标准化撞击声压级（dB）			
		特级	一级	二级	三级
住宅	分户层间	——	≤65	≤75	≤75
学校	教室层间	——	≤65	≤65	≤75
医院	病房与病房间之间	——	≤65	≤75	≤75
	手术室与病房间之间	——	——	≤75	≤75
医院	听力测听室上部	——	≤65	≤65	≤65
旅馆	客房层间	≤55	≤65	≤75	≤75
	客房与有振动房间之间	≤55	≤55	≤65	≤65

（4）民用建筑的隔声减噪设计应符合下列规定：

1）对于结构整体较强的民用建筑，应对附着于墙体和楼板的传声源部件采取防止结构声传播的措施；

2）有噪声和振动的设备用房应采取隔声、隔振和吸声的措施，并应对设备和管道采取减振、消声处理；平面布置中，不宜将有噪声和振动的设备用房设在主要用房的直接上层或贴邻布置，当其设在同一楼层时，应分区布置。

3）安静要求较高的房间内设置吊顶时，应将隔墙砌至梁、板底面；采用轻质隔墙时，其隔声性能应符合有关隔声标准的规定。

2.6 建筑设备

2.6.1 给水和排水

（1）民用建筑给水排水设计应满足生活和消防等要求。

（2）生活饮用水的水质，应符合国家现行有关生活饮用水卫生的规定。

（3）生活饮用水水池（箱）应与其他用水的水池（箱）分开设置。

（4）建筑物内的生活饮用水水池、水箱的池（箱）体应采用独立结构形式，不得利用建筑物的本体结构作为水池和水箱的壁板、底板及顶板。生活饮用水水池（箱）的材质、衬砌材料和内壁涂料不得影响水质。

（5）埋地生活饮用水贮水池周围10m以内，不得有化粪池、污水处理构筑物、渗水井、垃圾堆放点等污染源，周围2m以内不得有污水管和污染物。

（6）建筑给水排水设计应符合下列规定：

1）宜实行分质供水，优先采用循环或重复利用的给水系统；

2）应采用节水型卫生洁具和水嘴；

3）住宅应分户设置水表计量，公共建筑的不同用户应分设水表计量；

4）建筑物内的生活给水系统及消防供水系统的压力应符合给水排水设计和防火规范有关规定；

5）条件许可的新建居住区和公共建筑中可设置管道直饮水系统。

（7）建筑排水应遵循雨水与生活排水分流的原则排出，并应遵循国家或地方有关规定确定设置中水系统。

（8）在水资源紧缺地区，应充分开发利用小区和屋面雨水资源，并因地制宜，将雨水经适当处理后采用入渗和贮存等利用方式。

（9）排水管道不得布置在食堂、饮食业的主副食操作烹调备餐部位上方，也不得穿越生活饮用水池部位的上方。

（10）室内排水管道不得布置在遇水会引起燃烧、爆炸的原料、产品和设备的上面。

（11）排水管不得穿越卧室、病房等对卫生、安静有较高要求的房间，并不宜靠近与卧室相邻的内墙。

（12）给水排水立管不应穿越配变电房、档案室、电梯机房、通信机房、大中型计算机网络中心、音像库房等遇水会损坏设备和引发事故的房间内。

（13）给水排水管穿越地下室外墙或地下构造物的墙壁处，应采取防水措施。

（14）给水泵房、排水泵房不得设置在有安静要求的房间上面、下面和毗邻的房间内；泵房内应设排水设施，地面应设防水层；泵房内应有隔振防噪设置。消防泵房应符合防火规范的有关规定。

（15）卫生洁具、水泵、冷却塔等给水排水设备、管材应选用低噪声的产品。

2.6.2 暖通和空调

（1）民用建筑中暖通空调系统及其冷热源系统的设计应满足安全、卫生和建筑物功能的要求。

（2）室内空气设计参数及其卫生要求应符合现行国家标准《采暖通风与空气调节设计规范》GB 50019 及其他相关标准的规定。

（3）采暖设计应符合下列要求：

1）民用建筑采暖系统的热媒宜采用热水；

2）居住建筑采暖系统应有实现热计量的条件；

3）住宅楼集中采暖系统需要专业人员调节、检查、维护的阀门、仪表等装置不应设置在私有套型内；一个私有套型中不应设置其他套型所用的阀门、仪表等装置；

4）采暖系统的散热器、管道及其连接件应满足系统承压要求。

（4）通风系统应符合下列要求：

1）机械通风系统的进风口应设置在室外空气清新、洁净的位置；

2）废气排放不应设置在有人停留或通行的地带；

3）机械通风系统的管道应选用不燃材料；

4）通风机房不宜与有噪声限制的房间相邻布置；

5）通风机房的隔墙及隔墙上的门应符合防火规范的有关规定。

（5）空气调节系统应符合下列要求：

1）空气调节系统的民用建筑，其层高、吊顶高度应满足空调系统的需求；

2）空气调节系统的风管管道应选用不燃材料；

3）空气调节机房不宜与有噪声限制的房间相邻；

4）空气调节系统的新风采集口应设置在室外空气清新、洁净的位置；

5）空调机房的隔墙及隔墙上的门应符合防火规范的有关规定。

（6）民用建筑中的冷冻机房、水泵房、换热站等的设置应符合下列要求：

1）应预留大型设备的进入口；有条件时，在机房内适当位置预留吊装设施；

2）宜采用压光水泥地面，并应设置冲洗地面的上、下水设施；在设备可能漏水、泄水的位置，设地漏或排水明沟；

3）宜设置修理间、值班室、厕所以及对外通信和应急照明；

4）设备布置应保证操作方便，并有检修空间；

5）应防止设备振动可能导致的不利影响；

6）有通风换气要求的房间，当室内只设置送风口或只设置排风口时，应能保证关门时室内空气可以流动；既有送风、又有排风的房间，送、排风口的位置应避免气流短路。

（7）居住区集中锅炉房位置应防止燃料运输、噪声、污染物排放等对居住区环境的影响。建筑物、构筑物和场地布置应符合现行国家标准（锅炉房设计规范）GB 50041 的有关规定。

（8）为民用建筑服务的燃油、燃气锅炉房（或其他有燃烧过程的设备用房）不宜设置在主体建筑中。需要设置在主体建筑中时，应符合有关规范和当地消防、安全等部门的规定。

2.6.3 建筑电气

（1）民用建筑物内配电所，应符合下列要求：

1）配电所位置的选择，应符合下列要求：

① 宜接近用电负荷中心；

② 应方便进出线；

③ 应方便设备吊装运输；

④ 不应设置在厕所、浴室或其他经常积水场所的正下方，且不宜与上述场所相贴邻；装有可燃油电气设备的变配电室，不应设置在人员密集场所的正上方、正下方贴邻和疏散出口的两旁；

⑤ 当配变电所的正上方、正下方为住宅、客房、办公室等场所时，配变电所应作屏蔽处理。

2）安装可燃油油浸电力变压器总容量不超过 1260kVA、单台容量不超过 630kVA 的变配电室可布置在建筑主体内首层或地下一层靠外墙部位，并应设直接对外的安全出口，变压器室的门应为甲级防火门；外墙开口部位上方，应设置宽度不小于 1m 不燃烧体的防火挑檐；

3）可燃油油浸电力变压器室的耐火等级应为一级，高压配电室的耐火等级不应低于二级，低压配电室的耐火等级不应低于三级，屋顶承重构件的耐火等级不应低于二级；

4）不带可燃油的高、低压配电装置和非油浸的电力变压器，可设置在同一房间内；

5）高压配电室宜设不能开启的距离室外地坪不低于 1.80m 的自然采光窗，低压配电室可设能开启的不临街的自然采光窗；

6）长度大于 7m 的配电室应在配电室的两端各设一个出口，长度大于 60m 时，应增加一个出口；

7）变压器室、配电室的进出口应向外开启；

8）变压器室、配电室等应设置防雨雪和小动物从采光窗、通风窗、门、电缆沟进入室内的设施；

9）变压器室的电缆夹层、电缆沟和电缆室应采取防水、排水措施；

10）变配电室不应有与其无关的管道和线路通过；

11）变配电室、控制室、楼层配电室宜做等电位联结；

12）变压器室重地应设与外界联络的通信接口、宜设出入口控制。

（2）配变电所防火门的级别应符合下列要求：

1）设在高层建筑内的配变电所，应采用耐火极限不低于 2h 的隔墙、耐火极限不低于 1.5h 的楼板和甲级防火门与其他部位隔开；

2）可燃油油浸变压器室通向配电室或变压器室之间的门应为甲级防火门；

3）配变电所内部相通的门，宜为丙级的防火门；

4）配变电所直接通向室外的门，应为丙级的防火门。

（3）柴油发电机房应符合下列要求：

1）柴油发电机房的位置选择及其他要求应符合本规定（1）的要求；

2）柴油发电机房宜设有发电机间、控制及配电室、贮油间、备件贮藏间等；设计时可根据具体情况对上述房间进行合并或增减；

3）发电机间应有两个出入口，其中一个出口的大小应满足运输机组的需要，否则应预留吊装孔；

4）发电机间出入口的门应向外开启；发电机间与控制室或配电室之间的门和观察窗应采取防火措施，门开向发电机间；

5）柴油发电机组应靠近一级负荷或变配电室设置；

6）柴油发电机房可布置在高层建筑裙房的首层或地下一层，并应符合下列要求：

① 柴油发电机房应采用耐火极限不低于2h或3h的隔墙和1.50h的楼板、甲级防火门与其他部位隔开；

② 柴油发电机房内应设置贮油间，其总储存量不应超过8h的需要量，贮油间应采用防火墙与发电机间隔开；当必须在防火墙上开门时，应设置能自行关闭的甲级防火门；

③ 应设置火灾自动报警系统和自动灭火系统；

④ 柴油发电机房内设置在地下一层时，至少应有一侧靠外墙，热风和排烟管道应伸出室外。排烟管道的设置应达到环境保护要求；

7）柴油发电机房进风口宜设在正对发电机端或发电机端两侧；

8）柴油发电机房应采取机组消声及机房隔声综合治理措施。

（4）智能化系统机房应符合下列要求：

1）智能化系统机房主要有：消防控制室、安全监控中心、电信机房、卫星接收及有线电视机房、计算机机房、建筑设备监控机房、有线广播及（厅堂）扩声机房等；

2）智能化系统的机房可单独设置，也可合并设置并应符合下列要求：

① 消防控制室、安全监控中心的设置并应符合有关消防、安防规范。

② 消防控制室、安全监控中心设置宜在建筑物的首层或地下一层，且应采用耐火极限不低于2h或3h的隔墙和耐火极限不低于1.50h或2h的楼板与其他部位隔开，并应设直通室外的安全出口。

③ 消防控制室与其他控制室合用时，消防设备在室内应占有独立的工作区域，且相互间不会产生干扰。

④ 安全监控中心与其他控制室合用时，风险等级应得到主管安防部门的确认。

⑤ 智能化系统的机房宜铺设架空地板、网络地板或地面线槽；宜采用防静电、防尘材料；机房净高不宜小于2.50m。

⑥ 机房室内温度冬天不宜低于18℃，夏天不宜高于27℃；室内湿度冬天宜大于30%，夏天宜小于65%。

⑦ 智能化系统的机房不应设在厕所、浴室或其他经常积水场所的正下方，且不宜与上述场所相贴邻。

3）智能化系统的重要机房应远离强磁场所；

4）智能化系统的设备用房应初步设计中预留位置及线路敷设通道；

5）智能化系统的重要机房应做好自身的物防、技防；

6）智能化系统应根据系统的风险评估采取防雷措施，应做等电位联结。

（5）电气竖井、智能化系统竖井应符合下列要求：

1）高层建筑电气竖井在利用通道作为检修面积时，竖井的净宽度不宜小于 0. 80m；

2）高层建筑智能化系统竖井在利用通道作为检修面积时，竖井的净宽度不宜小于 0. 60m；多层建筑智能化系统竖井在利用通道作为检修面积时，竖井的净宽度不宜小于 0. 35m；

3）电气竖井、智能化系统竖井内宜预留电源插座，应设应急照明灯，控制开关宜安装在竖井外；

4）智能化系统竖井宜与电气竖井分别设置，其地坪或门槛宜高出本层地坪 0. 15 ~0. 30m；

5）电气竖井、智能化系统竖井井壁应为耐火极限不低于 1h 的不燃烧体，检修门应采用不低于丙级的防火门；

6）电气竖井、智能化系统竖井内的环境指标应保证设备正常运行。

（6）线路敷设应符合下列要求：

1）线路敷设应符合现行国家标准《建筑电气工程施工质量验收规范》的规定；

2）智能化系统的缆线宜穿金属管或在金属槽内敷设；

3）暗敷在楼板、墙体、柱内的缆线（有防火要求的缆线除外）其保护管的覆盖层不应小于 15 mm；

4）楼板的厚度、建筑物的层高应满足强电缆线及智能化系统缆线水平敷设所需的空间，并应与其他专业管线综合。

第3章　城市居住区规划设计

3.1　总则

3.1.1　居住区按居住户数或人口规模可分为居住区、小区、组团三级。各级标准控制规模，应符合表3-1的规定。

居住区分级控制规模　　　　**表3-1**

	居住区	小区	组团
户数（户）	10000～16000	3000～5000	300～1000
人口（人）	30000～50000	10000～15000	1000～3000

3.1.2　居住区的规划布局形式可采用居住区-小区-组团、居住区-组团、小区-组团及独立式组团等多种类型。

3.1.3　居住区的配建设施，必须与居住人口规模相对应。其配建设施的面积总指标，可根据规划布局形式统一安排、灵活使用。

3.1.4　居住区的规划设计，应遵循下列基本原则：

（1）符合城市总体规划的要求；

（2）符合统一规划、合理布局、因地制宜、综合开发、配套建设的原则；

（3）综合考虑所在城市的性质、社会、经济、气候、民族、习俗和传统风貌等地方特点和规划用地周围的环境条件，充分利用规划用地内有保留价值的河湖水域、地形地物、植被、道路、建筑物等，并将其纳入规划；

（4）适应居民的活动规律，综合考虑日照、采光、通风、防灾、配建施设及管理要求，创造安全、卫生、方便、舒适和优美的居住生活环境；

（5）为老年人、残疾人的生活和社会活动提供条件；

（6）为工业化生产、机械化施工和建筑群体、空间环境多样化创造条件；

（7）为商品化经营、社会化管理及分期实施创造条件；

（8）充分考虑社会、经济和环境三方面的综合效益。

3.2　用地与建筑

3.2.1　居住区规划总用地，应包括居住区用地和其他用地两类。其各类、各项用地名称可采用规定的代号标示。

3.2.2　居住区用地构成中，各项用地面积和所占比例应符合下列规定：

（1）居住区用地平衡表的格式，应符合附表3-1的要求。参与居住区用地平衡的用地应为构成居住区用地的四项用地，其他用地不参与平衡；

（2）居住区内各项用地所占比例的平衡控制指标，应符合表 3-2 的规定。

居住区用地平衡控制指标（%）　　**表 3-2**

用地构成	居住区	小区	组团
1. 住宅用地（R01）	50～60	55～65	70～80
2. 公建用地（R02）	15～25	12～22	6～12
3. 道路用地（R03）	10～18	9～17	7～15
4. 公共绿地（R04）	7.5～18	5～15	3～6
居住区用地（R）	100	100	100

3.2.3　人均居住区用地控制指标，应符合表 3-3 的规定。

人均居住区用地控制指标（m^2/人）　　**表 3-3**

居住规模	层数	建筑气候区划		
		Ⅰ、Ⅱ、Ⅵ、Ⅶ	Ⅲ、Ⅴ	Ⅳ
居住区	低层	33～47	30～43	28～40
	多层	20～28	19～27	18～25
	多层、高层	17～26	17～26	17～26
小区	低层	30～43	28～40	26～37
	多层	20～28	19～26	18～25
	中高层	17～24	15～22	14～20
	高层	10～15	10～15	10～15
组团	低层	25～35	23～32	21～30
	多层	16～23	15～22	14～20
	中高层	14～20	13～18	12～16
	高层	8～11	8～11	8～11

注：本表各项指标按每户 3.2 人计算。

3.2.4　居住区内建筑应包括住宅建筑和公共服务设施建筑（也称公建）两部分；在居住区规划用地内其他建筑的设置，应符合无污染不扰民的要求。

3.3　规划布局与空间环境

3.3.1　居住区规划布局，应综合考虑周边环境、路网结构、公建与住宅布局、群体组合、绿地系统及空间环境等的内在联系，构成一个完善的、相对独立的有机整体，并应遵循下列原则：

（1）方便居民生活，有利安全防卫和物业管理；

（2）组织与居住人口规模相对应的公共活动中心，方便经营、使用和社会服务；

（3）合理组织人流、车流和车辆停放，创造安全、安静、方便的居住环境。

3.3.2 居住区的空间与环境设计，应遵循下列原则：

（1）规划布局和建筑应体现地方特色，与周围环境相协调；

（2）合理设置公共服务设施，避免烟、气（味）、尘及噪声对居民的污染和干扰；

（3）精心设置建筑小品，丰富与美化环境；

（4）注重景观和空间的完整性，市政公用站点等宜与住宅公建结合安排；供电、电信、路灯等管线宜地下埋设；

（5）公共活动空间的环境设计，应处理好建筑、道路、广场、院落、绿地和建筑小品之间及其与人的活动之间的相互关系。

3.3.3 便于寻访、识别和街道命名。

3.3.4 在重点文物保护单位和历史文化保护区保护规划范围内进行住宅建设，其规划设计必须遵循保护规划指导；居住区内的各级文物保护单位和古树名木必须依法予以保护；在文物保护单位的建设控制地带内的新建建筑和构筑物，不得破坏文物保护单位的环境风貌。

3.4 住宅

3.4.1 住宅建筑的规划设计，应综合考虑用地条件、选型、朝向、间距、绿地、层数与密度、布置方式、群体组合、空间环境和不同使用者的需要等因素确定。宜安排一定比例的老年人居住建筑。

3.4.2 住宅间距，应以满足日照要求为基础，综合考虑采光、通风、消防、防灾、管线埋设、视觉卫生等要求确定。

（1）住宅日照标准应符合表3-4规定；对于特定情况还应符合下列规定：

1）老年人居住建筑不应低于冬至日日照2h的标准；

2）在原设计建筑外增加任何设施不应使相邻住宅原有日照标准降低；

3）旧区改建的项目内新建住宅日照标准可酌情降低，但不应低于大寒日日照1h的标准。

住宅建筑日照标准 **表3-4**

建筑气候区划	Ⅰ、Ⅱ、Ⅲ、Ⅶ气候区		Ⅳ气候区		Ⅴ、Ⅵ气候区
	大城市	中小城市	大城市	中小城市	
日照标准日	大寒日				冬至日
日照时数（h）	≥2	≥3			≥1
有效日照时间带（h）	8-16				9-15
日照时间计算起点	底层窗台面				

注：1. 建筑气候区划应符合本附录的规定。

2. 底层窗台面是指距室内地坪0.9m高的外墙位置。

（2）正面间距，可按日照标准确定的不同方位的日照间距系数控制，也可采用表3-5不同方位间距位间距折减换算表

不同方位间距折减换算表 表3-5

方位	0°~15°（含）	15°~30°（含）	30°~45°（含）	45°~60°（含）	>60
折减值	1.00L	0.90L	0.80L	0.90L	0.95L

注：1. 表中方位为正南向（0°）偏东、偏西的方位角。
2. L为当地正南向住宅的标准日照间距（m）。
3. 本表指标仅适用于无其他日照遮挡的平行布置条式住宅之间。

（3）住宅侧面间距，应符合下列规定：

1）条式住宅，多层之间不宜小于6m；高层与各种层数住宅之间不宜小于13m；

2）高层塔式住宅、多层和中高层点式住宅与侧面有窗的各种层数住宅之间应考虑视觉卫生因素，适当加大间距。

3.4.3 住宅布置，应符合下列规定：

（1）选用环境条件优越的地段布置住宅，其布置应合理紧凑；

（2）面街布置的住宅其出入口应避免直接开向城市道路和居住区级道路；

（3）在Ⅰ、Ⅱ、Ⅵ、Ⅶ建筑气候区，主要应利于住宅冬季的日照、防寒、保温与防风沙的侵袭；在Ⅲ、Ⅳ建筑气候区，主要考虑住宅夏季防热和组织自然通风、导风入室的要求；

（4）在丘陵和山区，除考虑住宅布置与主导风向的关系外，尚应重视因地形变化而产生的地方风对住宅建筑防寒、保温或自然通风的影响；

（5）老年人居住建筑宜靠近相关服务设施和公共绿地。

3.4.4 住宅的设计标准，应符合现行国家标准《住宅设计规范》的规定，宜采用多种户型和多种面积标准。

3.4.5 住宅层数，应符合下列规定：

（1）根据城市规划要求和综合经济效益，确定经济的住宅层数与合理的层数结构；

（2）无电梯住宅不应超过六层。在地形起伏较大的地区，当住宅分层入口时，可按进入住宅后的单程上或下的层数计算。

3.4.6 住宅建筑净密度，应符合下列规定：

（1）住宅建筑净密度最大值，不应超过表3-6规定；

住宅建筑净密度控制指标（%） 表3-6

住宅层娄	建筑气候区划		
	Ⅰ、Ⅱ、Ⅵ、Ⅶ	Ⅲ、Ⅴ	Ⅳ
低层	35	40	43
多层	28	30	32
中高层	25	28	30
高层	20	20	22

注：混合层取两者的指标值作为控制指标的上、下限值。

（2）住宅建筑面积净密度的最大值，不宜超过表 3-7 规定。

住宅建筑面积净密度控制指标（万 m^2/hm^2）　　**表 3-7**

住宅层楼	建筑气候区划		
	Ⅰ、Ⅱ、Ⅵ、Ⅶ	Ⅲ、Ⅴ	Ⅳ
低层	1.10	1.20	1.30
多层	1.70	1.80	1.90
中高层	2.00	2.20	2.40
高层	3.50	3.50	3.50

注：1. 混合层取两者的指标值作为控制指标的上、下限值；
2. 本表不计入地下层面积。

3.5　公共服务设施

3.5.1　居住区公共服务设施（也称配套公建），应包括：教育、医疗卫生、文化体育、商业服务、金融邮电、社区服务、市政公用和行政管理及其他八类设施。

3.5.2　居住区配套公建的配建水平，必须与居住人口规模相对应。并应与住宅同步规划、同步建设和同时投入使用。

3.5.3　居住区配套公建的项目，应符合附表 3-2 规定。配建指标，应以表 3-8 规定的千人总指标和分类指标控制，并应遵循下列原则：

（1）各地应按表中规定确定有关项目及其具体指标控制；

（2）本附表 3-2 在使用时可根据规划布局形式和规划用地四周的设施条件，对配建项目进行合理的归并、调整，但不应少于与居住人口规模相对应的千人总指标；

（3）当规划用地内的居住人口规模界于组团和小区之间或小区和居住区之间时，除配建下一级应配建的项目外，还应根据所增人数及规划用地周围的设施条件，增配高一级的有关项目及增加有关指标；

（4）旧区改建和城市边缘的居住区，其配建项目千人总指标可酌情增减，但应符合当地城市规划行政主管部门的有关规定；

（5）凡国家确定的一、二类人防重点城市均应按国家人防部门的有关规定配建防空地下室，并应遵循平战结合的原则，与城市地下空间规划相结合，统筹安排。将居住区使用部分的面积，按其使用性质纳入配套公建；

（6）居住区配套公建各项目的设置要求，应符合附表 3-2 的规定。对其中的服务内容可酌情选用。

公共服务设施控制指标（m^2/1000 人）　　**表 3-8**

居住规模 / 类别	居住区		小区		组团	
	建筑面积	用地面积	建筑面积	用地面积	建筑面积	用地面积
总指标	1668～3293 （2228～4213）	2172～5559 （2762～6329）	968～2397 （1338～2977）	1091～3835 （1491～4585）	362～856 （703～1356）	488～1058 （868～1578）

续表

类别 \ 居住规模		居住区		小区		组团	
		建筑面积	用地面积	建筑面积	用地面积	建筑面积	用地面积
其中	教育	600～1200	1000～2400	330～1200	700～2400	160～400	300～500
	医疗卫生（含医院）	78～198（178～398）	138～378（298～548）	38～98	78～228	6～20	12～40
	文体	125～245	225～645	45～75	65～105	18～24	40～60
	商业服务	700～910	600～940	450～570	100～600	150～370	100～400
	社区服务	59～464	76～668	59～292	76～328	19～32	16～28
	金融邮电（含银行、邮电局）	20～30（60～80）	25～50	16～22	22～34		
	市政公用（含居民存车处）	40～150（460～820）	70～360（500～960）	30～140（400～720）	50～140（450～760）	9～10（350～510）	20～30（400～550）
	行政管理及其他	46～96	37～72	-	-	-	-

3.5.4　居住区配套公建各项目的规划布局，应符合下列规定：

（1）根据不同项目的使用性质和居住区的规划布局形式，应采用相对集中与适当分散相结合的方式合理布局。并应利于发挥设施效益，方便经营管理、使用和减少干扰；

（2）商业与金融邮电、文体等有关项目宜集中布置，形成居住区各级公共活动中心；

（3）基层服务设施的设置应方便居民，满足服务半径的要求；

（4）配套公建的规划布局和设计应考虑发展需要。

3.5.5　居住区内公共活动中心、集贸市场和人流较多的公共建筑，必须相应配建公共停车场（库），并应符合下列规定：

（1）配建公共停车场（库）的停车位控制指标，应符合表 3-9 规定；

配建公共停车场（库）停车位控制指标　　**表 3-9**

名　称	单　位	自行车	机动车
公共中心	车位/100m^2 建筑面积	≥7.5	≥0.45
商业中心	车位/100m^2 营业面积	≥7.5	≥0.45
集贸市场	车位/100m^2 营业面积	≥7.5	≥0.30
饮食店	车位/100m^2 营业面积	≥3.6	≥0.30
医院、门诊所	车位/100m^2 建筑面积	≥1.5	≥0.30

注：1. 本表机动车停车位以小型汽车为标准当量表示；
2. 其他各型车辆停车位的换算办法，应符合有关规定。

（2）配建公共停车场（库）应就近设置，并宜采用地下或多层车库。

3.6　绿地

3.6.1　居住区绿地，应包括公共绿地、宅旁绿地、配套公建所属绿地和道路绿地，其中包括了满足当地植树绿化覆土要求、方便居民出入的地下或半地下建筑的屋顶绿地。

3.6.2 居住区内绿地应符合下列规定：

（1）一切可绿化的用地均应绿化，并宜发展垂直绿化；

（2）宅间绿地应精心规划设计；宅间绿地面积的计算办法应符合有关规定；

（3）绿地率：新区建设不应低于30%；旧区改建不宜低于25%。

3.6.3 居住区内的绿地规划，应根据居住区的规划布局形式、环境特点及用地的具体条件，采用集中与分散相结合，点、线、面相结合的绿地系统。并宜保留和利用规划范围内的已有树木和绿地。

3.6.4 居住区内的公共绿地，应根据居住区不同的规划布局形式设置相应的中心绿地，以及老年人、儿童活动场地和其他的块状、带状公共绿地等，并应符合下列规定：

（1）中心绿地的设置应符合下列规定：

1）符合表3-10规定，表内“设置内容”可视具体条件选用；

各级中心绿地设置规定 **表3-10**

中心绿地名称	设置内容	要　求	最小规模（hm^2）
居住区公园	花木草坪、花坛水面、凉亭雕塑、小卖茶座、老幼设施、停车场地和铺装地面等	园内布局应有明确的功能划分	1.00
小游园	花木草坪、花坛水面、雕塑、儿童设施和铺装地面等	园内布局应有一定的功能划分	0.40
组团绿地	花木草坪、桌椅、简易儿童设施等	灵活布局	0.04

2）至少应有一个边与相应级别的道路相邻；

3）绿化面积（含水面）不宜小于70%；

4）便于居民休憩、散步和交往之用，宜采用开敞式，以绿篱或其通透式院墙栏杆作分隔；

5）组团绿地的设置应满足有不少于1/3的绿地面积，在标准的建筑日照阴影线范围之外的要求，并便于设置儿童游戏设施和适于成人游憩活动。其中院落式组团绿地的设置还应同时满足表3-11中的各项要求，其面积计算起止界应符合有关规定。

院落式组团绿地设置规定 **表3-11**

封闭型绿地		开敞型绿地	
南侧多层楼	南侧高层楼	南侧多层楼	南侧高层楼
$L\geq1.5L_2$ $L\geq30m$	$L\geq1.5L_2$ $L\geq50m$	$L\geq1.5L_2$ $L\geq30m$	$L\geq1.5L_2$ $L\geq50m$
$S_1\geq800m^2$	$S_1\geq1800m^2$	$S_1\geq500m^2$	$S_1\geq1200m^2$
$S_2\geq1000m^2$	$S_2\geq2000m^2$	$S_2\geq600m^2$	$S_2\geq1400m^2$

注：1. L—南北两楼正面间距（m）；

L_2—当地住宅的标准日照间距（m）；

S_1—北侧为多层楼的组团绿地面积（m^2）；

S_2—北侧为高层楼的组团绿地面积（m^2）。

2. 开敞型院落式组团绿地应符合附图3-3的规定。

（2）其他块状、带状公共绿地应同时满足宽度不小于8m，面积不小于400m^2和本条第1款2）、3）、4）项及第5）项中的日照环境要求；

（3）公共绿地的位置及规模，应根据规划用地周围的城市级公共绿地的布局综合确定。

3.6.5　居住区内公共绿地的总指标，应根据居住人口规模分别达到：组团不少于0.5m^2/人，小区（含组团）不少于1m^2/人，居住区（含小区与组团）不少于1.5m^2/人，并应根据居住区规划布局形式统一安排、灵活使用。旧区改建可酌情降低，但不得低于相应指标的70%。

3.7　道路

3.7.1　居住区的道路规划，应遵循下列原则：

（1）根据地形、气候、用地规模、用地四周的环境条件、城市交通系统以及居民的出行方式，应选择经济、便捷的道路系统和道路断面形式；

（2）小区内应避免过境车辆的穿行，道路通而不畅、避免往返迂回，并适于消防车、救护车、商店货车和垃圾车等的通行；

（3）有利于居住区内各类用地的划分和有机联系，以及建筑物布置的多样化；

（4）当公共交通线路引入居住区级道路时，应减少交通噪声对居民的干扰；

（5）在地震烈度不低于6度的地区，应考虑防灾救灾要求；

（6）满足居住区的日照通风和地下工程管线的埋设要求；

（7）城市旧区改建，其道路系统应充分考虑原有道路特点，保留和利用有历史文化价值的街道；

（8）应便于居民汽车的通行，同时保证行人和骑车人的安全便利。

3.7.2　居住区内道路可分为：居住区道路、小区路、组团路和宅间小路四级。其道路宽度，应符合下列规定：

（1）居住区道路：红线宽度不宜小于20m；

（2）小区路：路面宽6～9m，建筑控制线之间的宽度，需敷设供热管线的不宜小于14m；无供热管线的不宜小于10m；

（3）组团路：路面宽3～5m；建筑控制线之间的宽度，需敷设供热管线的不宜小于10m；无供热管线的不宜小于8m；

（4）宅间小路：路面宽不宜小于2.5m；

（5）在多雪地区，应考虑堆积清扫道路积雪的面积，道路宽度可酌情放宽，但应符合当地城市规划行政主管部门的有关规定。

3.7.3　居住区内道路纵坡规定，应符合下列规定：

（1）居住区内道路纵坡控制指标应符合表3-12的规定；

居住区内道路纵坡控制指标（%）　　**表3-12**

道路类别	最小纵坡	最大纵坡	多雪严寒地区最大纵坡
机动车道	≥0.2	≤8.0 L≤200m	≤5.0 L≤600m
非机动车道	≥0.2	≤3.0 L≤50m	≤2.0 L≤100m
步行道	≥0.2	≤8.0	≤4.0

注：L为坡长（m）。

（2）机动车与非机动车混行的道路，其纵坡宜按非机动车道要求，或分段按非机动车道要求控制。

3.7.4 山区和丘陵地区的道路系统规划设计，应遵循下列原则：

（1）车行与人行宜分开设置自成系统；

（2）路网格式应因地制宜；

（3）主要道路宜平缓；

（4）路面可酌情缩窄，但应安排必要的排水边沟和会车位，并应符合当地城市规划行政主管部门的有关规定。

3.7.5 居住区内道路设置，应符合下列规定：

（1）小区内主要道路至少应有两个出入口；居住区内主要道路至少应有两个方向与外围道路相连；机动车道对外出入口间距不应小于150m。沿街建筑物长度超过150m时，应设不小于4m×4m的消防车通道。人行出口间距不宜超过80m，当建筑物长度超过80m时，应在底层加设人行通道；

（2）居住区内道路与城市道路相接时，其交角不宜小于75°；当居住区内道路坡度较大时，应设缓冲段与城市道路相接；

（3）进入组团的道路，既应方便居民出行和利于消防车、救护车的通行，又应维护院落的完整性和利于治安保卫；

（4）在居住区内公共活动中心，应设置为残疾人通行的无障碍通道。通行轮椅车的坡道宽度不应小于2.5m，纵坡不应大于2.5%；

（5）居住区内尽端式道路的长度不宜大于120m，并应在尽端设不小于12m×12m的回车场地；

（6）当居住区内用地坡度大于8%时，应辅以梯步解决竖向交通，并宜在梯步旁附设推行自行车的坡道；

（7）在多雪严寒的山坡地区，居住区内道路路面应考虑防滑措施；在地震设防地区，居住区内的主要道路，宜采用柔性路面；

（8）居住区内道路边缘至建筑物、构筑物的最小距离，应符合表3-13规定；

道路边缘至建筑物和构筑物最小距离（m） **表3-13**

<table>
<tr><th colspan="3">道路级别 / 与建筑物和构筑物关系</th><th>居住区道路</th><th>小区路</th><th>组团路及宅间小路</th></tr>
<tr><td rowspan="3">建筑物面向道路</td><td rowspan="2">无出入口</td><td>高层</td><td>5.0</td><td>3.0</td><td>2.0</td></tr>
<tr><td>多层</td><td>3.0</td><td>3.0</td><td>2.0</td></tr>
<tr><td colspan="2">有出入口</td><td>—</td><td>5.0</td><td>2.5</td></tr>
<tr><td colspan="2" rowspan="2">建筑物山墙面向道路</td><td>高层</td><td>4.0</td><td>2.0</td><td>1.5</td></tr>
<tr><td>多层</td><td>2.0</td><td>2.0</td><td>1.5</td></tr>
<tr><td colspan="3">围墙面向道路</td><td>1.5</td><td>1.5</td><td>1.5</td></tr>
</table>

注：居住区道路的边缘指红线；小区路、组团路及宅间小路的边缘指路面边线。

当小区路设有人行便道时，其道路边缘指便道边线。

3.7.6 居住区内必须配套设置居民汽车（含通勤车）停车场、停车库，并符合下列规定：

（1）居民汽车停车率不应小于10%；

（2）居住区内地面停车率（居住区内居民汽车的停车位数量与居住户数的比率）不宜超过10%；

（3）居民停车场、库的布置应方便居民使用，服务半径不宜大于150m；

（4）居民停车场、库的布置应留有必要的发展余地。

3.8 竖向

3.8.1 居住区的竖向规划，应包括地形地貌的利用、确定道路控制高程和地面排水规划等内容。

3.8.2 居住区竖向规划设计，应遵循下列原则：

（1）合理利用地形地貌，减少土方工程量；

（2）各种场地的适用坡度，应符合表3-14规定；

各种场地的适用坡度（%） **表3-14**

场地名称		适用坡度
密实性地面和广场		0.3～3.0
广场兼停车场		0.2～0.5
室外场地	1. 儿童游戏场	0.3～2.5
	2. 运动场	0.2～0.5
	3. 杂用场地	0.3～2.9
绿地		0.5～1.0
湿陷性黄土地面		0.5～7.0

（3）满足排水管线的埋设要求；

（4）避免土壤受冲刷；

（5）有利于建筑布置与空间环境的设计；

（6）对外联系道路的高程应与城市道路标高相衔接。

3.8.3 当自然地形坡度大于8%，居住区地面连接形式宜选用台地式，台地之间应用挡土墙或护坡连接。

3.8.4 居住区内地面水的排水系统，应根据地形特点设计。在山区和丘陵地区必须考虑排洪要求。地面水排水方式的选择，应符合以下规定：

（1）居住区内应采用暗沟（管）排除地面水；

（2）在埋设地下暗沟（管）极不经济的陡坎、岩石地段，或在山坡冲刷严重，管沟易堵塞的地段，可采用明沟排水。

3.9 管线综合

3.9.1 居住区内应设置给水、污水、雨水和电力管线，在采用集中供热居住区内还应设置供热管线，同时还应考虑燃气、通信、电视公用天线、闭路电视、智能化等管线的设置或预留埋设位置。

3.9.2 居住区内各类管线的设置，应编制管线综合规划确定，并应符合下列规定；

（1）必须与城市管线衔接；

（2）应根据各类管线的不同特性和设置要求综合布置。各类管线相互间的水平与垂直净距，宜符合表3-15和表3-16的规定；

各种地下管线之间最小水平净距（m） **表3-15**

管线名称		给水管	排水管	燃气管[①]			热力管	电力电缆	电信电缆	电信管道
				低压	中压	高压				
排水管		1.5	1.5	—	—	—	—	—	—	—
燃气管[①]	低压	0.5	1.0	—	—	—	—	—	—	—
	中压	1.0	1.5	—	—	—	—	—	—	—
	高压	1.5	2.0	—	—	—	—	—	—	—
热力管		1.5	1.5	1.0	1.5	2.0	—	—	—	—
电力电缆		0.5	0.5	0.5	1.0	1.5	2.0	—	—	—
电信电缆		1.0	1.0	0.5	1.0	1.5	1.0	0.5	—	—
电信管道		1.0	1.0	1.0	1.0	2.0	1.0	1.2	0.2	—

注：1. 表中给水管与排水管之间的净距适用于管径小于或等于200㎜，当管径大于200㎜时应大于或等于3.0m；

2. 大于或等于10kV的电力电缆与其他任何电力电缆之间应大于或等于0.25m，如加套管，净距可减至0.1m；小于10kV电力电缆之间应大于或等于0.1m；

① 低压燃气管的压力为小于或等于0.005MPa，中压为0.005~0.3MPa，高压为0.3~0.8MPa。

各种地下管线之间最小垂直净距（m） **表3-16**

管线名称	给水管	排水管	燃气管	热力管	电力电缆	电信电缆	电信管道
给水管	0.15	—	—	—	—	—	—
排水管	0.40	0.15	—	—	—	—	—
燃气管	0.15	0.15	0.15	—	—	—	—
热力管	0.15	0.15	0.15	0.15	—	—	—
电力电缆	0.15	0.50	0.50	0.50	0.50	—	—
电信电缆	0.20	0.50	0.50	0.15	0.50	0.25	0.25
电信管道	0.10	0.15	0.15	0.15	0.50	0.25	0.25
明沟沟底	0.50	0.50	0.50	0.50	0.50	0.50	0.50
涵洞基底	0.15	0.15	0.15	0.15	0.50	0.20	0.25
铁路轨底	1.00	1.20	1.00	1.20	1.00	1.00	1.00

（3）宜采用地下敷设的方式。地下管线的走向，宜沿道路或主体建筑平行布置，力求线型顺直、短捷和适当集中，尽量减少转弯，并应使管线之间及管线与道路之间尽量减少交叉；

（4）应考虑不影响建筑物安全和防止管线受腐蚀、沉陷、震动及重压。各种管线与建筑物和构筑物之间的最小水平间距，应符合表3-17规定；

各种管线与建筑物和构筑物之间的最小水平间距（m）　　表 3-17

管线名称		建筑物基础	地上杆柱（中心）			铁路（中心）	城市道路侧石边缘	公路边缘
			通信、照明及<10kV	≤35kV	>35kV			
给水管		3.00	0.50	3.00		5.00	1.50	1.00
排水管		2.50	0.50	1.50		5.00	1.50	1.00
燃气管	低压	1.50	1.00	1.00	5.00	3.75	1.50	1.00
	中压	2.00				3.75	1.50	1.00
	高压	4.00				5.00	2.50	1.00
热力管		直埋2.5 地沟0.5	1.00	2.00	3.00	3.75	1.50	1.00
电力电缆		0.60	0.60	0.60	0.60	3.75	1.50	1.00
电信电缆		0.60	0.50	0.60	0.60	3.75	1.50	1.00
电信管道		1.50	1.00	1.00	1.00	3.75	1.50	1.00

注：1. 表中给水管与城市道路侧石边缘的水平间距1.00m适用于管径小于或等于200㎜，当管径大于200㎜时应大于或等于1.50m；

2. 表中给水管与围墙或篱笆的水平间距1.50m是适用于管径小于或等于200㎜，当管径大于200㎜时应大于或等于2.50m；

3. 排水管与建筑物基础的水平间距，当埋深浅于建筑物基础时应大于或等于2.50m；

4. 表中热力管与建筑物基础的最小水平间距对于管沟敷设的热力管道为0.50m，对于直埋闭式热力管道管径小于或等于250㎜时为2.50m，管径大于或等于300㎜时为3.00m，对于直埋开式热力管道为5.00m。

（5）各种管线的埋设顺序应符合下列规定：

1）离建筑物的水平排序，由近及远宜为：电力管线或电信管线、燃气管、热力管、给水管、雨水管、污水管；

2）各类管线的垂直排序，由浅入深宜为：电信管线、热力管、小于10kV电力电缆、大于10kV电力电缆、燃气管、给水管、雨水管、污水管。

（6）电力电缆与电信管、缆宜远离，并按照电力电缆在道路东侧或南侧、电信电缆在道路西侧或北侧的原则布置；

（7）管线之间遇到矛盾时，应按下列原则处理：

1）临时管线避让永久管线；

2）小管线避让大管线；

3）压力管线避让重力自流管线；

4）可弯曲管线避让不可弯曲管线。

（8）地下管线不宜横穿公共绿地和庭院绿地。与绿化树种间的最小水平净距，宜符合表3-18中的规定。

管线、其他设施与绿化树种间的最小水平净距（m） 表 3-18

管线名称	最小水平净距	
	至乔木中心	至灌木中心
给水管、闸井	1.5	1.5
污水管、雨水管、探井	1.5	1.5
燃气管、探井	1.2	1.2
电力电缆、电信电缆	1.0	1.0
电信管道	1.5	1.0
热力管	1.5	1.5
地上杆柱（中心）	2.0	2.0
消防龙头	1.5	1.2
道路侧石边缘	0.5	0.5

3.10 综合技术经济指标

3.10.1 居住区综合技术经济指标的项目应包括必要指标和可选用指标两类，其项目及计量单位应符合表 3-19 规定。

综合技术经济指标系列一览表 表 3-19

项目	计量单位	数值	所占比重（%）	人均面积（m^2/人）
居住区规划总用地	hm^2	▲	—	—
1. 居住区用地（R）	hm^2	▲	100	▲
①住宅用地（R01）	hm^2	▲	▲	▲
②公建用地（R02）	hm^2	▲	▲	▲
③道路用地（R03）	hm^2	▲	▲	▲
④公共绿地（R04）	hm^2	▲	▲	▲
2. 其他用地	hm^2	▲	—	—
居住户（套）数	户（套）	▲	—	—
居住人数	人	▲	—	—
户均人口	人/户	▲	—	—
总建筑面积	万 m^2	▲	—	—
1. 居住区用地内建筑面积	万 m^2	▲	100	▲
①住宅建筑面积	万 m^2	▲	▲	▲
②公建面积	万 m^2	▲	▲	▲
2. 其他建筑面积	万 m^2	△	—	—
住宅平均层数	层	▲	—	—
高层住宅比例	%	△	—	—

续表

项　　目	计量单位	数值	所占比重（%）	人均面积（m^2/人）
中高层住宅比例	%	△	—	—
人口毛密度	人/hm^2	▲	—	—
人口净密度	人/hm^2	△	—	—
住宅建筑套密度（毛）	套/hm^2	▲	—	—
住宅建筑套密度（净）	套/hm^2	▲	—	—
住宅建筑面积毛密度	万 m^2/hm^2	▲	—	—
住宅建筑面积净密度	万 m^2/hm^2	▲	—	—
居住区建筑面积毛密度（容积率）	万 m^2/hm^2	▲		
停车率	%	▲	—	—
停车位	辆	▲		
地面停车率	%	▲		
地面停车位	辆	▲		
住宅建筑净密度	%	▲	—	—
总建筑密度	%	▲	—	—
绿地率	%	▲	—	—
拆建比	—	△	—	—

注：▲必要指标；△选用指标

3.10.2　各项指标的计算，应符合下列规定：

（1）规划总用地范围应按下列规定确定：

1）当规划总用地周界为城市道路、居住区（级）道路、小区路或自然分界线时，用地范围划至道路中心线或自然分界线；

2）当规划总用地与其他用地相邻，用地范围划至双方用地的交界处。

（2）底层公共建筑（简称公建）住宅或住宅公建综合楼用地面积应按下列规定确定：

1）按住宅和公建各占该幢建筑面积的比例分摊用地，并分别计入住宅用地和公建用地；

2）底层公建突出于上部住宅或占有专用场院或因公建需要后退红线的用地，均应计入公建用地。

（3）底层架空建筑用地面积的确定，应按底层及上部建筑的使用性质及其各占该幢建筑总建筑面积的比例分摊用地面积，并分别计入有关用地内；

（4）绿地面积应按下列规定确定：

1）宅旁（宅间）绿地面积计算的起止界应符合附图3-1的规定：绿地边界对宅间路、组团路和小区路算到路边，当小区路设有人行便道时算到便道边，沿居住区路、城市道路则算到红线；距房屋墙脚1.5m；对其他围墙、院墙算到墙脚；

2）道路绿地面积计算，以道路红线内规划的绿地面积为准进行计算；

3）院落式组团绿地面积计算起止界应符合附图3-2的规定：绿地边界距宅间路、组团路和小区路路边 1.0m；当小区路有人行便道时，算到人行便道边；临城市道路、居住区级道路时算到道路红线；距房屋墙脚 1.5m；

4）开敞型院落组团绿地，应符合有关要求；至少有一个面面向小区路，或向建筑控制线宽度不小于 10m 的组团级主路敞开，并向其开设绿地的主要出入口和满足附图 3-3 的规定；

5）其他块状、带状公共绿地面积计算的起止界同院落式组团绿地。沿居住区（级）道路、城市道路的公共绿地算到红线。

（5）居住区用地内道路用地面积应按下列规定确定：

1）按与居住人口规模相对应的同级道路及其以下各级道路计算用地面积，外围道路不计入；

2）居住区（级）道路，按红线宽度计算；

3）小区路、组团路、按路面宽度计算。当小区路设有人行便道时，人行便道计入道路用地面积；

4）居民汽车停放场地，按实际占地面积计算；

5）宅间小路不计入道路用地面积。

（6）其他用地面积应按下列规定确定：

1）规划用地外围的道路算至外围道路的中心线；

2）规划用地范围内的其他用地，按实际占用面积计算。

（7）停车场车位数的确定以小型汽车为标准当量表示，其他各型车辆的停车位，应按表 3-20 中相应的换算系数折算。

各型车辆停车位换算系数 **表 3-20**

车　型	换算系数
微型客、货汽车机动车三轮车	0.7
卧车、两吨以下货运汽车	1.0
中型客车、面包车、2～4t 货运汽车	2.0
铰接车	3.5

附图及附表

附录A 中国建筑气候区划图

中国建筑气候区划图
严寒地区
寒冷地区
夏热冬冷地区
夏热冬暖地区
温和地区
南海诸岛
0　160　320公里
本图上中国国界系按照地图出版社1980年出版的1：400万《中华人民共和国地图》绘制。

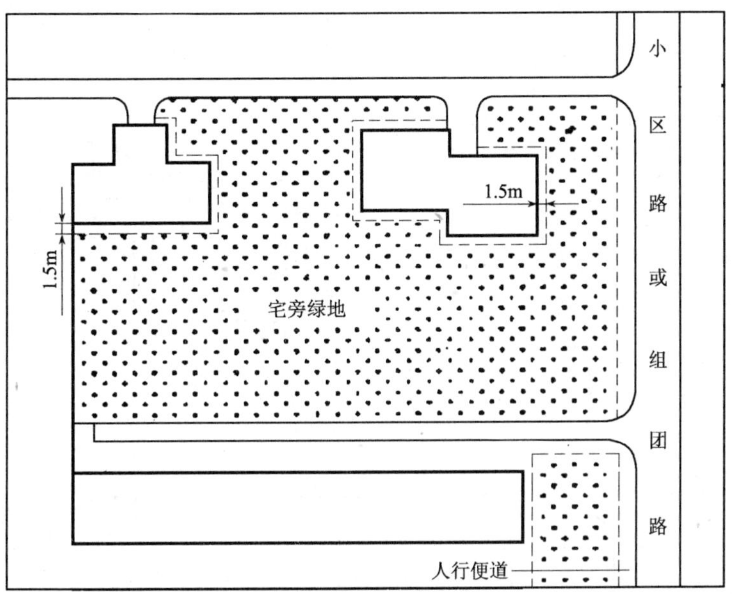

附图 3-1 宅旁（宅间）绿地面积计算起止界示意图

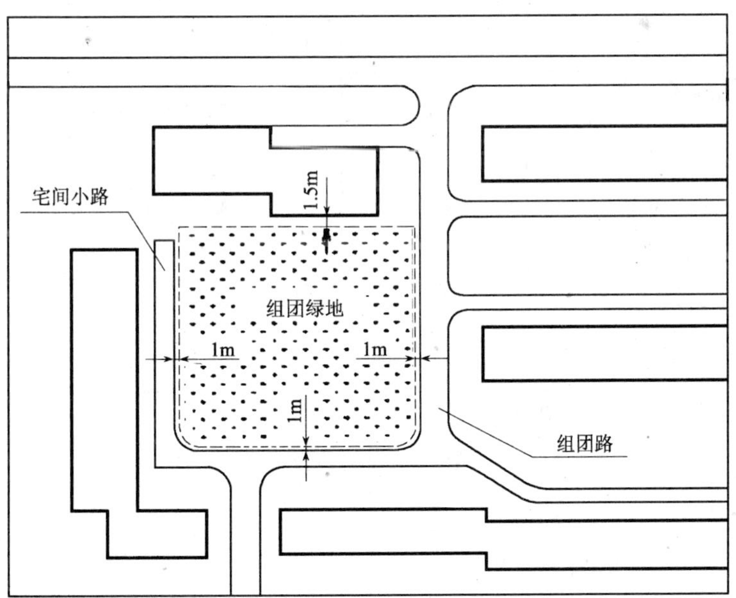

附图 3-2 院落式组团绿地面积计算起止界示意图

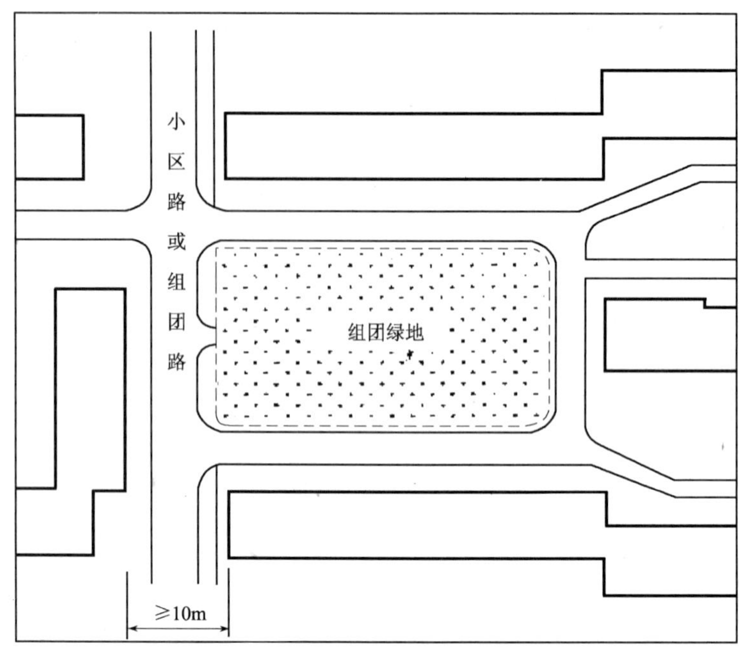

附图 3-3 开敞型院落式组团绿地示意图

居住区用地平衡表 **附表 3-1**

项 目		面积（hm^2）	所占比例（%）	人均面积（m^2/人）
一、居住区用地（R）		▲	100	▲
1	住宅用地（R01）	▲	▲	▲
2	公建用地（R02）	▲	▲	▲
3	道路用地（R03）	▲	▲	▲
4	公共绿地（R04）	▲	▲	▲
二、其他用地（E）		△	—	—
居住区规划总用地		△	—	—

注：“▲”为参与居住区用地平衡的项目。

公共服务设施分级配建表 **附表 3-2**

类 别	项 目	居住区	小区	组团
教育	托儿所	—	▲	△
	幼儿园	—	▲	—
	小学	—	▲	—
	中学	▲	—	—

续表

类　别	项　　目	居住区	小区	组团
医疗卫生	医院（200～300 床）	▲	—	—
	门诊所	▲	—	—
	卫生站	—	▲	—
	护理院	△	—	—
文化体育	文化活动中心（含青少年、老年活动中心）	▲	—	—
	文化活动站（含青少年、老年活动站）	—	▲	—
	居民运动场、馆	△	—	—
	居民健身设施（含老年户外活动场地）	—	▲	△
商业服务	综合食品店	▲	▲	—
	综合百货店	▲	▲	—
	餐饮	▲	▲	—
	中西药店	▲	△	—
	书店	▲	△	—
	市场	▲	△	—
	便民店	—	—	▲
	其他第三产业设施	▲	▲	—
金融邮电	银行	△	—	—
	储蓄所	—	▲	—
	电信支局	△	—	—
	邮电所	—	▲	—
社区服务	社区服务中心（含老年人服务中心）	—	▲	—
	养老院	△	—	—
	托老所	—	△	—
	残疾人托养所	△	—	—
	治安联防站	—	—	▲
	居（里）委会（社区用房）	—	—	▲
	物业管理	—	▲	—
市政公用	供热站或热交换站	△	△	△
	变电室	—	▲	△
	开闭所	▲	—	—
	路灯配电室	—	▲	—
	燃气调压站	△	△	—
	高压水泵房	—	—	△
	公共厕所	▲	▲	△
	垃圾转运站	△	△	—
	垃圾收集点	—	—	▲
	居民存车处	—	—	▲

续表

类 别	项 目	居住区	小区	组团
市政公用	居民停车场、库	△	△	△
	公交始末站	△	△	—
	消防站	△	—	—
	燃料供应站	△	△	—
行政管理及其他	街道办事处	▲	—	—
	市政管理机构（所）	▲	—	—
	派出所	▲	—	—
	其他管理用房	▲	△	—
	防空地下室	△①	△①	△①

注：1. ▲为应配建的项目；△为宜设置的项目。
2. 在国家确定的一、二类人防重点城市，应按人防有关规定配建防空地下室。

公共服务设施各项目的设置规定 **附表 3-3**

类别	项目名称	服务内容	设 置 规 定	每处一般规模	
				建筑面积（m^2）	用地面积（m^2）
教育	（1）托儿所	保教小于3周岁儿童	（1）设于阳光充足，接近公共绿地，便于家长接送的地段 （2）托儿所每班按25座计；幼儿园每班按30座计 （3）服务半径不宜大于300m；层数不宜高于3层 （4）三班和三班以下的托、幼园所，可混合设置，也可附设于其他建筑，但应有独立院落和出入口，四班和四班以上的托、幼园所，其用地均应独立设置 （5）八班和八班以上的托、幼园所，其用地应分别按每座不小于$7m^2$或$9m^2$计 （6）托、幼建筑宜布置于可挡寒风的建筑物的背风面，但其生活用房应满足底层满窗冬至日不小于3h的日照标准 （7）活动场地应有不小于1/2的活动面积在标准的建筑日照阴影线之外	—	4班≥1200 6班≥1400 8班≥1600
	（2）幼儿园	保教学龄前儿童		—	4班≥1500 6班≥2000 8班≥2400
	（3）小学	6～12周岁儿童入学	（1）学生上下学穿越城市道路时，应有相应的安全措施 （2）服务半径不宜大于500m （3）教学楼应满足冬至日不小于2h的日照标准	—	12班≥6000 18班≥7000 24班≥8000
	（4）中学	12～18周岁青少年入学	（1）在拥有3所或3所以上中学的居住区内，应有一所设置400m环行跑道的运动场 （2）服务半径不宜大于1000m （3）教学楼应满足冬至日不小于2h的日照标准	—	18班≥11000 24班≥12000 30班≥14000

续表

类别	项目名称	服务内容	设置规定	每处一般规模	
				建筑面积（m^2）	用地面积（m^2）
医疗卫生	（5）医院	含社区卫生服务中心	（1）宜设于交通方便，环境较安静地段 （2）10万人左右则应设一所300～400床医院 （3）病房楼应满足冬至日不小于2h的日照标准	12000～18000	15000～25000
	（6）门诊所	或社区卫生服务中心	（1）一般3～5万人设一处，设医院的居住区不再设独立门诊 （2）设于交通便捷、服务距离适中的地段	2000～3000	3000～5000
	（7）卫生站	社区卫生服务中心	1～1.5万人设一处	300	500
	（8）护理站	健康状况较差或恢复期老年人日常护理	（1）最佳规模为100～150床位 （2）每床位建筑面积≥$30m^2$ （3）可与社区卫生服务中心合设	3000～4500	—
文化体育	（9）文化活动中心	小型图书馆、科普知识宣传与教育；影视厅、舞厅、游艺厅、球类、棋类活动室；科技活动、各类艺术训练班及青少年和老年人学习活动场地和用房等	宜结合或靠近同级中心绿地安排	4000～6000	8000～12000
	（10）文化活动站	书报阅览、书画、文娱、健身、音乐欣赏、茶座等主要供青少年和老年人活动	（1）宜结合或靠近同级中心绿地安排 （2）独立性组团也应设置本站	400～600	400～600
	（11）居民运动场、馆	健身场地	宜设置60～100m直跑道和200m环形跑道及简单的运动设施	—	10000～15000
	（12）居民健身设施	篮、排球及小型球类场地，儿童及老年人活动场地和其他简单运动设施等	宜结合绿地安排	—	—

续表

类别	项目名称	服务内容	设置规定	每处一般规模	
				建筑面积（m^2）	用地面积（m^2）
商业服务	（13）综合食品店	粮油、副食、糕点、干鲜果品等	（1）服务半径：居住区不宜大于500m；居住小区不宜大于300m （2）地处山坡地的居住区，其商业服务设施的布点，除满足服务半径的要求外，还应考虑上坡空手，下坡负重的原则	居住区：1500～2500 小区 800～1500	—
	（14）综合百货店	日用百货、鞋帽、服装、布匹、五金及家用电器等		居住区：2000～3000 小区 400～600	—
	（15）餐饮	主食、早点、快餐、正餐等		—	—
	（16）中西药店	汤药、中成药及西药等	（1）服务半径：居住区不宜大于500m；居住小区不宜大于300m （2）地处山坡地的居住区，其商业服务设施的布点，除满足服务半径的要求外，还应考虑上坡空手，下坡负重的原则	200～500	—
	（17）书店	书刊及音像制品		300～1000	—
	（18）市场	以销售农副产品和小商品为主	设置方式应根据气候特点与当地传统的集市要求而定	居住区：1000～1200 小区 500～1000	居住区：1500～2000 小区 800～1500
	（19）便民店	小百货、小日杂	宜设于组团的出入口附近	—	—
	（20）其他第三产业设施	零售、洗染、美容美发、照相、影视文化、休闲娱乐、洗浴、旅店、综合修理以及辅助就业设施等	具体项目、规模不限	—	—
金融邮电	（21）银行	分理处	宜与商业服务中心结合或邻近设置	800～1000	400～500
	（22）储蓄所	储蓄为主		100～150	—
	（23）电信支局	电话及相关业务等	根据专业规划需要设置	1000～2500	600～1500
	（24）邮电所	邮电综合业务包括电报、电话、信函、包裹、兑汇和报刊零售等	宜与商业服务中心结合或邻近设置	100～150	—

续表

类别	项目名称	服务内容	设置规定	每处一般规模	
				建筑面积（m^2）	用地面积（m^2）
社区服务	（25）社区服务中心	家政服务、就业指导、中介、咨询服务、代客订票、部分老年人服务设施等	每小区设置一处，居住区也可合并设置	200～300	300～500
	（26）养老院	老年人全托式护理服务	（1）一般规模为150～200床位 （2）每床位建筑面积≥$40m^2$	—	—
	（27）托老所	老年人日托（餐饮、文娱、健身、医疗保健等）	（1）一般规模为30～50床位 （2）每床位建筑面积$20m^2$ （3）宜靠近集中绿地安排，可与老年活动中心合并设置	—	—
	（28）残疾人托养所	残疾人全托式护理	—	—	—
	（29）治安联防站	—	可与居（里）委会合设	18～30	12～20
	（30）居（里）委会（社区用房）	—	300～1000户设一处	30～50	—
	（31）物业管理	建筑与设备维修、保安、绿化、环卫管理等	—	300～500	300
市政公用	（32）供热站或交换站	—	—	根据采暖方式确定	
	（33）变电室	—	每个变电室负荷半径不应大于250m；尽可能设于其他建筑内	30～50	—
	（34）开闭所	—	1.2～2.0万户设一所；独立设置	200～300	≥500
	（35）路灯配电室	—	可与变电室合设于其他建筑内	20～40	—
	（36）燃气调压站	—	按每个中低调压站负荷半径500m设置；无管道燃气地区不设	50	100～120
	（37）高压水泵房	—	一般为低水压区住宅加压供水附属工程	40～60	—
	（38）公共厕所	—	每1000～1500户设一处；宜设于人流集中处	30～60	60～100
	（39）垃圾转运站	—	应采用封闭式设施，力求垃圾存放和转运不外露，当用地规模为0.7～$1km^2$设一处，每处面积不应小于$100m^2$，与周围建筑物的间隔不应小于5m	—	—

续表

类别	项目名称	服务内容	设置规定	每处一般规模	
				建筑面积（m^2）	用地面积（m^2）
市政公用	（40）垃圾收集点	—	服务半径不应大于70m，宜采用分类收集	—	—
	（41）居民存车处	存放自行车、摩托车	宜设于组团内或靠近组团设置，可与居（里）委会合设于组团的入口处	1～2辆/户；地上0.8～1.2m^2/辆；地下1.5～1.8m^2/辆	
	（42）居民停车场、库	存放机动车	服务半径不宜大于150m	—	—
	（43）公交始末站	—	可根据具体情况设置	—	—
	（44）消防站	—	可根据具体情况设置	—	—
	（45）燃料供应站	煤或罐装燃气	可根据具体情况设置	—	—
行政管理及其他	（46）街道办事处	—	3～5万人设一处	700～1200	300～500
	（47）市政管理机构（所）	供电、供水、雨污水、绿化、环卫等管理与维修	宜合并设置	—	—
	（48）派出所	户籍治安管理	3～5万人设一处；应有独立院落	700～1000	600
	（49）其他管理用房	市场、工商税务、粮食管理等	3～5万人设一处；可结合市场或街道办事处设置	100	—
	（50）防空地下室	掩体、救护站、指挥所等	在国家确定的一、二类人防重点城市中，凡高层建筑下设满堂人防，另以地面建筑面积2%配建。出入口宜设于交通方便的地段，考虑平战结合	—	—

第 4 章　民用建筑项目建设程序

建设程序是指建筑项目从设想、选择、评估、决策、设计、施工到竣工验收、投入使用整个建设过程中，各项工作必须遵循先后次序的法则。这个法则是人们在认识客观规律的基础上制定出来的，是建设项目科学决策和顺利进行的重要保证。按照民用建设项目发展的内在联系和发展过程，建设程序分成若干阶段，这些发展阶段有严格的先后次序，不能任意颠倒。

4.1　国内大中型民用建筑项目的建设程序

按我国现行规定，一般大中型和限额以上的项目从建设前期工作到建设、投产要经过以下程序：

（1）根据国民经济和社会发展长远规划，结合行业和地区发展规划的要求，提出项目建议书；

（2）在勘察、调查研究及详细技术广泛论证的基础上编制可行性研究报告；

（3）根据项目的咨询评估情况，对建设项目进行决策；

（4）根据可行性研究报告编制设计文件；

（5）初步设计经批准后，做好施工前的准备工作；

（6）组织施工，并根据工程进度，做好使用准备；

（7）项目按批准的设计内容建设完成，经验收合格后，正式交付使用；

（8）使用运营一段时间后，进行项目后评估。

4.2　建设程序阶段划分和内容

按我国现行规定，大中型项目建设阶段见图 4-1。

4.2.1　项目建议书阶段

项目建议书是计划建设某一具体项目的建议文件，是建设程序中最初阶段的工作，是投资决策前对拟建项目的轮廓设想。项目建议书的主要作用是为了推荐一个拟进行建设的项目的初始说明，论述它建设的必要性、条件的可行性和获利的可能性，供基本建设管理部门选择并确定是否进行下一步工作。项目建议书经批准后，可以进行详细的可行性研究工作，但项目建议书不是项目的最终决策，需视可行性研究的结果而定。

项目建议书的内容视项目的不同情况而定，但一般应包括以下几个方面：

（1）建设项目提出的必要性和依据；

（2）使用功能要求，拟建规模和建设地点的初步设想；

（3）建设条件、协作关系等的初步分析；

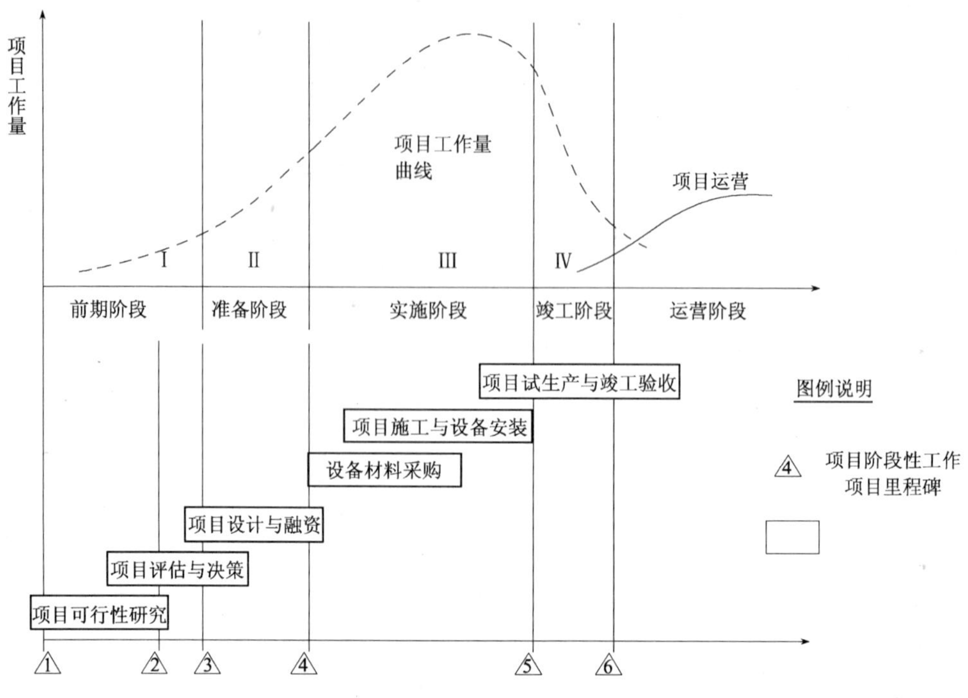

图 4-1 大中型项目建设阶段示意图

（4）投资估算和资金筹措设想；

（5）经济效益、社会效益和环境效益的估计。

各部门、地区和企事业单位根据国民经济和社会发展的长远规划、行业规划、地区规划等要求，经过调查、预算分析后，提出项目建议书。有些部门在提出项目建议书之前还增加初步可行性研究工作，对拟进行建设的项目初步论证后，再行编制项目建议书。项目建议书按要求编制完成后，按建设总规模和限额的划分审批权限报批。

4.2.2 可行性研究及其编制报告阶段

（1）可行性研究。项目建议书一经批准，即可着手进行可行性研究，对项目在技术上是否可行和经济上是否合理进行科学的分析和论证。凡经可行性研究未获通过的项目，不得编制向上级报送的可行性研究报告和进行下一阶段工作。

民用建筑可行性研究报告内容详见本书第 6 章。

（2）可行性研究报告的编制。可行性研究报告是确定建设项目、编制设计文件的重要依据，必须有相当的深度和准确性。

（3）可行研究报告审批。属中央投资、中央和地方合资的大中型和限额以上项目的可行性研究报告要报送国家发改委审批。总投资 2 亿元以上的项目，都要经国家发改委审查后报国务院审批。中央各部门限额以下项目，由各主管部门审批。地方投资限额以下项目，由地方发改委审批。

可行性研究报告批准后，不得随意修改和变更。

4.2.3 建设地点选择阶段

建设地点的选择，按照隶属关系，由主管部门组织勘察设计等单位和所在地主管部门共同进行。凡在城市辖区内选点的，要取得城市规划部门的同意。

选择建设地点主要考虑三个问题，一是工程地质、水文地质等自然条件是否可靠；二是建设时所需水、电和运输条件是否落实；三是服务半径、周围环境的考虑。

4.2.4 设计工作阶段

设计是建设项目的先导，是对拟建项目的实施在技术上和经济上所进行的全面而详尽的安排，是组织施工安装的依据。可行性研究报告经批准的建设项目应通过招标择优选择设计单位。根据建设项目的不同情况，设计过程一般划分为两个阶段，即初步设计（方案设计）和施工图设计，重大项目或技术复杂项目，可根据需要，增加技术设计或扩大初步设计阶段。设计文件的内容与深度一般应符合以下规定：

（1）初步设计（方案设计）

初步设计（方案设计）文件根据设计任务书或批准的可行性研究报告进行编制，由设计说明书、设计图纸、主要设备、材料和工程概算（估算）书等4部分组成。在初步设计（方案设计）阶段，各专业应对本专业内容的设计方案或重大技术问题的解决方案进行综合技术经济分析，论证技术上的适用性、可靠性和经济上的合理性，并将其主要内容写进本专业初步设计说明书中；设计总负责人对项目的总体设计应在设计总说明中予以论述。

初步设计文件的深度应满足审批的要求：

1）应符合已审定的设计方案；

2）能据以确定土地征用范围；

3）能据以准备主要设备及材料；

4）应提供工程设计概算，作为审批确定项目投资的依据；

5）能据以进行施工图设计；

6）能据以进行施工准备。

（2）施工图设计

施工图设计应根据已批准的初步设计（方案设计）进行编制，内容以图纸为主，应包括：封面、图纸目录、设计说明、图纸、工程预算书等。

施工图设计文件一般以子项为编排单位，各专业的工程计算书应经校审、签字后，整理归档。

施工图设计文件的深度应满足下列要求：

1）能据以编制施工图预算；

2）能据以安排材料、设备订货和非标准设备的制作；

3）能据以进行施工和安装；

4）能据以进行工程验收。

（3）设计文件的报批和修改

初步设计（方案设计）文件编制完成后，应由建设单位按规定上报有关单位审查批准。初步设计文件经批准后，其主要内容不得随意修改和变更。如果必须修改时，凡是涉及可行性研究报告主要内容的，需经批准机关批准，修改工作应由设计单位负责完成。

施工图设计的质量由设计单位负责。在施工过程中如需要修改时，必须经原设计单位同意后才能进行。

4.2.5　建设准备阶段

项目在开工建设之前，要切实做好各项准备工作，其主要内容包括：

（1）征地、拆迁和场地平整；

（2）完成施工用水、电、路等工程；

（3）组织设备、材料订货；

（4）准备必要的施工图纸；

（5）组织施工招标投标，择优选定施工单位和监理单位。

4.2.6　编制年度建设投资计划阶段

建设项目要根据批准的总概算和工期，合理地安排各年度投资。年度计划的安排，要与当年确定的投资、材料、设备相适应。

年度基本建设投资是建设项目当年实际完成的工作量的投资额，包括用当年资金完成的工作量和动用库存的材料、设备等内部资源完成的工作量；而财务拨款是当年基本建设项目实际货币支出。两者的计算标准不同，投资额是以构成工程实体为准，财务拨款是以资金拨付为准。在正常情况下，投资与财务支出之间保持一定的比例关系，如果财务支出过大而投资额过小，说明建设单位尚未用到工程上的材料、设备积压过多或有较大浪费。

4.2.7　建设实施阶段

建设项目经批准开工建设，项目即进入建设实施阶段。项目新开工时间，按统计部门规定，是指建设项目设计文件中规定的任何一项永久性工程第一次正式破土开槽开始施工的日期。不需开槽的工程，以建筑物组成的正式打桩作为正式开工。工程地质勘察、平整土地、旧有建筑物的拆除、临时建筑、施工用临时道路和水、电等施工不算正式开工。分期建设的项目分别按各期工程开工的时间填报，如二期工程应根据二期工程设计文件规定的永久性工程开工填报开工时间。投资额也是如此，不应包括前一期工程完成的投资额。建设工期从新开工时算起。

4.2.8　运营准备阶段

建设单位要根据建设项目或主要单项工程的特点，及时地组成专门班子或机构，抓好各项运营或使用准备工作，以确保项目完成后能及时投入使用。

运营和使用准备的内容视不同建设项目而异。有的如旅馆要招收培训人员，有的要招商，有的要进行器具、备品等准备。总之，需根据不同的民用建筑项目的实际需要，而进行具体的准备工作。

4.2.9 竣工验收和后评价阶段

建设项目按照批准的设计文件规定的内容全部建成，并符合验收标准的，应按竣工验收报告规定的内容，及时组织竣工验收和投产使用。

4.2.9.1 项目竣工验收

竣工验收是工程建设过程的最后一环，是全面考核基本建设成果、检验设计、施工质量的重要步骤，也是确定建设项目能否使用的标志。通过竣工验收，一是检验设计和工程质量，保证项目按设计要求的技术经济指标正常使用；二是有关部门和单位可以总结经验教训；三是建设单位对经过验收合格的项目可以及时移交使用。

（1）竣工验收的范围和标准。根据国家规定，所有建设项目按照上级批准的设计文件所规定的内容和施工图纸的要求全部建成，符合设计要求，能够正常使用，都要及时组织验收。

（2）申报竣工验收的准备工作。建设单位应认真做好竣工验收的准备工作，主要有：

1）整理技术资料。各有关单位（包括设计、施工单位）应将技术资料进行系统整理，由建设单位分类立卷，交使用单位统一保管。技术资料主要包括土建资料、安装资料及各种有关的文件，合同和试用的情况报告等。

2）绘制竣工图纸。

3）编制竣工决算。建设单位应及时清理所有财务、物资和未花完或应收回的资金，编制工程竣工决算，分析预（概）算执行情况，考核投资效益。编制竣工决算是基本建设管理工作的重要组成部分，竣工决算是反映建设项目实际造价和投资效益的文件，是办理交付使用新增固定资产的依据，是竣工验收报告的重要内容。

（3）竣工验收的程序。按规定，建设项目的验收阶段根据项目规模的大小和复杂程度可分为初步验收和竣工验收两个阶段进行。规模较大和比较复杂的建设项目应先进行初验，然后进行全部建设项目的竣工验收。规模较小、较简单的项目，可以一次进行全部项目的竣工验收。

建设项目全部建成，经过各单项工程的验收，符合设计要求，并具备竣工图纸、竣工决算、工程总结等必要文件资料，由建设单位向负责验收的主管部门提出竣工验收申请报告。

竣工验收报告的基本内容应包括：

1）设计文件规定的各项技术经济指标经试用后的初步考核结论；

2）全部工程竣工图纸；

3）建筑安装工程质量评定结果；

4）各项运营工作的准备状况；

5）实际建设工期；

6）工程竣工决算；

7）各项建设遗留问题及处理意见等。

（4）竣工和投入使用日期。投入使用日期是指经验收合格，达到竣工验收标准，正式移交使用的时间，同时按规定实施保修。在正常情况下，建设项目的全部投入使用日期应当同竣工日期是一致的，但实际上有些项目的竣工日期往往晚于全部投入使用日期，这是因为有些遗留的收尾工程尚未全部完工。

4.2.9.2 项目后评价

项目建成投入使用后，进入正常使用过程，此时可对建设项目进行总结评价工作，编写项目后评价报告。后评价报告的基本内容应包括：

（1）使用效益实际发挥情况；

（2）投资回收和贷款偿还情况；

（3）社会效益和环境效益；

（4）其他需要总结的经验。

随着我国社会主义市场经济体制的完善和投资管理体制改革的不断深化，建设程序的内容和要求也会不断改变和完善，逐步与国际惯例接轨，减少政府部门的审批程序，落实业主负责制的权限，使建设程序更符合客观发展规律的要求。

4.3 房地产项目开发程序

房地产开发是把土地、劳动力、资金、技术、建筑材料和公共服务设施等有机地组合在一起，为社会开发建设和提供人们生活所必需的建筑物、构筑物的一个特殊产业。广义的房地产开发是指投资者以土地、建筑物或构筑物为生产对象，通过开发土地，建造房屋并对其进行出售、出租、抵押等，以获取预期投资收益的生产经营活动全过程；而狭义的房地产开发仅指改造土地和建造房屋设施的生产经营活动。随着全社会的经济发展、社会进步、人口增长和人们生活质量的提高，作为生产社会稀缺经济资源的房地产业，是由它的开发、估价、代理、信息服务、管理、装修等形成的产业，它将成为我国国民经济中的一个不可或缺的重要支柱产业。房地产业在我国改革开放的大潮中崛起，也必将在我国社会主义市场经济的推动下不断发展壮大，并越来越显示出它的重要性。为了使这个特殊产业健康、迅速地发展，必须对房地产开发过程进行规范化、制度化。提出房地产开发的工作程序，有利于提高房地产开发质量和投资效益，以及投资决策的科学化水平。

房地产项目开发的主要工作程序一般可分为 4 个阶段，即开发投资决策分析阶段；开发前期工作阶段；开发建设实施阶段和房地产的租售阶段。这 4 个阶段是指通常的、理论意义上的开发程序，各阶段的具体工作步骤不是固定不变的，有时也可交替进行。例如，当开发项目在建设前或建设中就准备预售或预租给用户，有利于筹集开发资金，加速资金周转、降低风险，提高投资效益，这样第 4 阶段的租售工作就可以提前到第 2、第 3 阶段工作之前开始进行。当然大部分房屋还是在开发建设竣工之后才能全面开展此项工作。总之，房地产项目开发程序是遵循房地产开发过程的自然经济规律提出的，但它也将受到有关政策、市场需求、金融制度、社会变革等因素制约和影响而有所变动。

一般的房地产开发的具体工作程序见图 4-2。

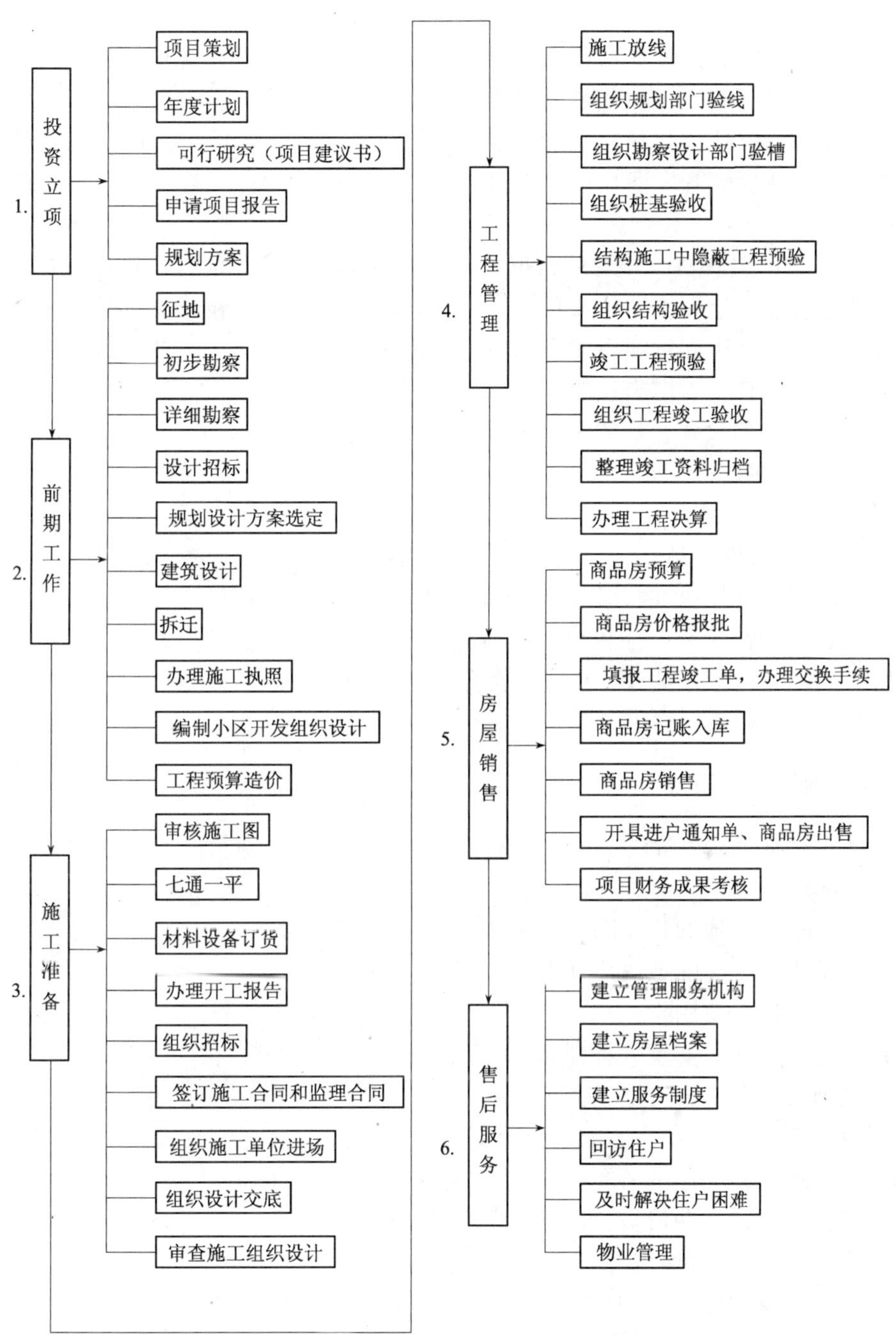

图 4-2　一般房地产开发的具体工作程序

4.3.1　开发投资决策分析阶段

房地产项目投资额大、建设周期长、涉及面广、投资风险大、影响深远，是一项复杂的系统工程。为了引导房地产业的健康发展，减少房地产开发投资的盲目性，提高房地产项目开发决策的科学化水平、项目管理质量和开发投资效益，在项目开发前，必须根据社会经济发展的需要和城市规划的要求，运用定量与定性分析相结合、动态与静态分析相结合、微观与宏观分析相结合的方法，做好房地产项目投资决策分析工作。通过可行性研究和项目评估进行科学决策，避免投资决策失误。这项工作应在尚未签署任何协议之前进行，使投资开发商可以有充分时间来考虑有关问题。在此阶段主要做好三方面工作：

（1）开发项目的策划。开发商根据从不同渠道获得的各种信息，通过综合分析而形成设想。其中包括：建设用地、项目地点、建筑面积、配套设施建设以及未来客户的来源与数量等。同时，还应对项目如何满足市场需求、项目资金来源及其管理、如何最大限度地满足要求等有一个初步设想。

（2）项目策划的具体化。着重抓好以下几项工作：

1）具体建设地点；

2）初步落实建设用地；

3）自然环境条件的适宜性研究；

4）同有关部门广泛接触，以确定今后开发工作的具体事宜。

（3）项目可行性研究。项目可行性研究是开发项目投资决策分析的主要内容，其中包括市场研究、建筑方案设计、项目经济分析、不确定性分析和综合评价等。通过可行性研究，为开发项目选择提供科学的决策依据。

4.3.2 开发前期工作阶段

在项目开发前期工作阶段中最主要的就是规划设计和征地拆迁工作。这一阶段的具体工作内容是：

（1）研究建设场地的特性与四至范围环境；

（2）分析将要购买的地块用途及获益能力的大小；

（3）获取土地的使用权；

（4）征地、拆迁、安置、补偿；

（5）规划设计及建设方案的制订；

（6）与规划管理部门协商、获得规划许可；

（7）施工现场的“七通一平”或“三通一平”；

（8）安排短期或长期信贷，确定与落实建设资金；

（9）为拟建中的项目寻找预租（售）的客户；

（10）对市场状况进一步的进行分析，初步确定租金或售价水平；

（11）对开发成本和可能的工程量进行更详细的估算；

（12）对承包商的选择提出建议，如有可能，也可与部分承包商进行初步洽商。

上述的工作完成后，对项目应再进行一次评估。因为前期工作需要花费一定时间，而决定开发项目成败的经济特性可能已经发生了变化。因此，在对初始投资分析报告进行验证和修订以后再采取下一步开发工作更为稳妥。

如果是通过招标、拍卖或协议方式获取土地使用权，则土地的规划使用条件已在有关“公告”、“文件”中列明（如容积率、覆盖率、用途、限高等），但有关的具体设计方案，仍有待规划部门审批。

前期的很多工作非常耗费时间。例如“七通一平”等需有关主管部门的审批，详细工程设计，与承包商谈判并签订建造合同等。因此，必须充分考虑这个时间因素并作好安排。

在开发方案具体实施以前，还必须制定项目开发过程的监控策略，委托监理单位，以确保开发项目工期、成本、质量、利润目标的实现。其主要工作包括：安排有关现场办公会、项目协调会的会议计划、编制项目开发进度时间表、预估现金流量、检查所有工程图是否准备就绪。上述工作要求其在议定时间内完成。

上述各项工作落实后，开始进入建设阶段。

4.3.3　开发建设实施阶段

开发建设实施阶段的具体施工是由建筑安装企业完成的。但就施工任务的落实、施工过程的管理、检查和监督来说，开发企业也承担着重要的任务。开发企业必须密切注意项目建设过程的进展，定期视察施工现场，定期委托的监理单位和与其派往工地的代理人员会晤，以了解整个开发过程的全貌。

建设实施阶段主要包括三项工作内容：

（1）施工组织工作。一般大型开发项目是由若干分项工程组成的，既涉及项目主体建设，又涉及配套工程和基础设施的同步建设。这些工程往往是通过招标投标择优选择若干不同性质的承包商共同施工的。因此，必须对建设过程进行总体组织、协调与控制，使主体工程、配套工程和基础设施紧密联系在一起，保证开发项目这个大系统的总目标得以实施。

（2）开发项目的控制工作。项目控制包括进度、质量、投资三方面内容。在建设过程中，由委托的监理单位负责督促和检查工程的进度、质量和投资是否严格按照设计和合同要求进行。

（3）项目的竣工验收工作。项目的竣工验收工作是全面考核建设成果的最终环节。对所有建设项目，都要根据批准的设计文件所规定的内容，严格按照设计要求和施工验收规范。由开发企业组织设计部门、建设单位、施工单位进行综合检查，对符合国家验收标准的工程予以验收。

4.3.4　房地产租售阶段

只有通过租售阶段收回投入的开发资金、获取开发利润，开发公司才能维持资金的正常循环，完成房地产开发的全过程。为了分散投资风险，减轻借贷的压力，开发企业往往在项目建设前就通过预租或预售的形式售租出一部分期房，但还有相当一部分房屋只有竣工后才开始进入市场流通。因此，开发项目建成后，要根据市场情况立即进行商品房经营，及时获得货币资金，加快资金周转。在经营过程中，应严格按政府有关部门颁布的法规以及市场状况，合理确定租售的价格水平。对于出租和出售两种方式的选择，一般要根据市场状况、开发企业对回收资金的迫切程度和开发项目的类型选择。住宅通常以出售为主，并按套出售；而写字楼、酒店、商业用房常以大宗出租为主。

售后管理也是租售阶段的一个主要任务。售后管理也称物业管理，主要工作内容包括：房屋寿命期内的维修与保养，机电设备与公共设施的维护与管理，以及治安保卫、卫生清扫和社区服务等。

租售阶段虽然处于开发过程的最后阶段，但租售战略亦是初始投资分析的一个重要组成部分，而且租售代理从一开始就应当作为开发项目的一部分来进行工作。

第 5 章　民用建筑可行性研究与项目评价概论

5.1　项目周期、可行性研究与评价

项目周期（project cycle），也称项目循环，包括项目计划与执行中的一系列活动，依次为项目识别、机会研究、可行性研究、评估、执行和后评价几个主要阶段。项目周期是从投资人（包括股东与债权人）的角度划分的。它之所以被称为‘周期’，是由于其最后一个阶段（后评价）的结果是项目的成功经验与失败教训，将对投资人以后项目的投资决策有重要的影响。项目周期见图 5-1

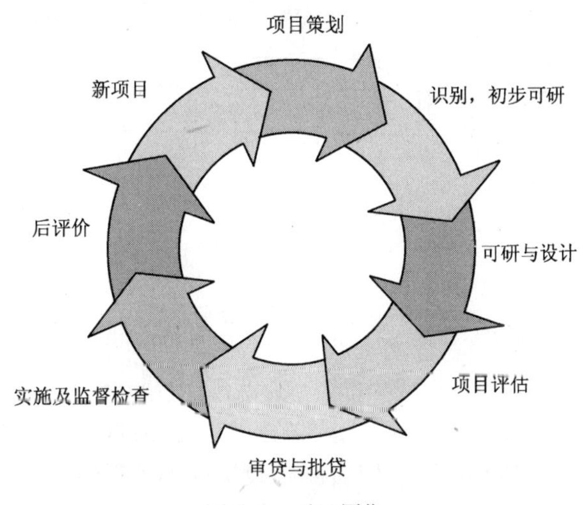

图 5-1　项目周期

“可行性”是一个常用词，可以用于任何领域，如方法的可行性、合同执行的可行性、政策的可行性。“可行性研究”（feasibility study）是工程建设的专用词汇，是项目设计单位向项目投资方提交的项目全面报告，对拟建项目有关的投资环境和产业政策、技术和经济、社会发展与环境保护等方面进行深入细致的调查研究；针对项目预期的目标，对各种可能的技术方案和建设方案进行认真的技术经济分析与比较论证；对项目的融资方案进行优选；对项目建成后的经济效益进行科学的预测；对项目可能面临的风险进行识别与评估并寻求应对方案，对拟议投资方案给出肯定的或否定的结论，并提出如何进行建设的意见。

可行性研究是项目周期中的一个不可缺少的阶段，对项目的形成或推动有重要作用（见图 5-2）。可行性研究是投资方出资、为投资方而做，代表投资方的利益。可行性研究报告的编制人可以是投资方自己人，也可以是投资方委托的独立机构。可行性研究报

告应当体现投资人的想法。可行性研究报告中采用的方案，都应当经过投资人的同意。但是，如果可行性研究报告编制人员本着科学、独立、公正的原则提交报告，可行性研究报告的结论可以是“项目方案可行”，也可能是“项目方案不可行”，对“可行”的报告，投资人一般会满意；对于“不可行”的报告，投资人也应当心平气和地接受，因为编制人员事先看出了项目的不足，为投资人化解或防范了风险，避免了投资人决策失误。

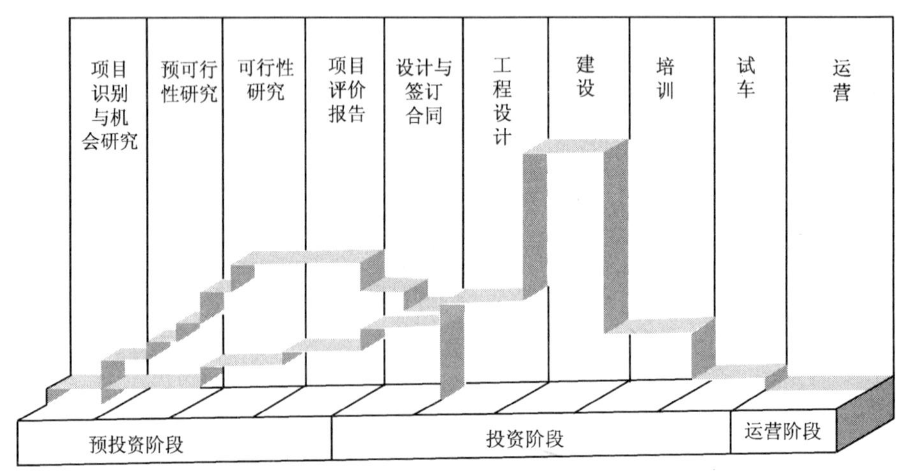

图 5-2　项目推动与资金支出

项目评估是项目周期中另一重要阶段。项目评估（project appraisal）是在投资决策之前，对项目的目标相关性、可行性和潜在的可持续性所进行的全面分析，并根据多指标决策原理判定项目是否值得投资，同时减少投资的不确定性。对于开发机构、银行等组织，评估的目的在于帮助决策者确定该项活动相应资源的使用是否适当。

项目评估与可行性研究包含的内容大同小异，采用的方法也相同，只是执行的主体不同、视角不同。项目评估的服务对象可能是可行性研究报告的同一委托人（如企业投资项目），也可能不是同一委托人（如政府投资项目）。

在投资领域，项目评估（project appraisal）与项目评价（project evaluation）是可替换使用的。前者表示项目决策前对可行性研究报告的评估，后者是指项目执行完成后对整个投资项目活动的全面评价。

从民用建筑项目周期来看，可行性研究只是其中的一个阶段，在可行性研究阶段之前还有项目建议书（机会研究）与初步可行性研究二个预备阶段。项目建议书阶段是指为寻求有价值的投资机会而对项目的有关背景、资源条件、市场状况等所进行的初步调查研究和分析预测，是项目前期工作中的一种预备性的调查研究；建设投资和生产成本的估算主要是参考类似项目套算，其精确度在±30%左右。选择投资机会应符合合理配置和有效利用资源的要求；符合区域规划、行业发展规划、城市规划等的要求；符合国家产业政策和技术政策的要求；符合保护环境、可持续发展的要求。

初步可行性研究是在机会研究的基础上，对项目方案进行的进一步技术经济论证，为项目是否可行进行初步判断。初步可行性研究的主要目的是判断项目是否值得投入更多的人力和资金进行进一步深入研究，判断项目的设想是否有生命力，并据以作出是否进行投资的初步决定。初步可行性研究的重点是项目的目标及功能定位，项目方案构思，项目方案初步论证，这一阶段建设投资和生产成本的估算主要是参考类似项目套算，其精确度在 ±20% 左右。

可行性研究的内容与初步可行性研究的内容大部分相似，但是研究的程度更深、更细。所以本章重点分析可行性研究方方面面的问题，其方法、结论同样适用于机会研究和初步可行性研究。

5.2　从可行性研究的角度看民用建筑分类

第一章从使用功能等角度对民用建筑进行了分类，这种分类比较直观，便于工程实践，便于工程技术人员理解与使用。但是，按功能分类对民用建筑进行可行性研究就不便与 2004 年国务院投资体制改革决定及相关配套文件对应，所以从可行性研究的角度，有必要对民用建筑再行如下分类：

（1）政府投资项目与企业投资项目。根据 2004 年颁布的国务院投资体制改革决定精神，目前我国投资项目可按投资人的经济属性区分为使用政府性资金的投资项目（政府投资项目）与不使用政府性资金的投资项目（企业投资项目），这个投资分类同样适用于民用建筑项目。例如，政府办公楼、法院、派出所等行政机构使用的民用建筑，项目由政府各职能部门提出，建设资金完全由政府投入，项目由政府投资主管部门审批；别墅类住宅、洗浴中心、休闲度假村等民用建筑，则可以完全由企业或个人进行投资建设。

（2）营利性项目与非营利性项目。民间资本投资前述的别墅，其目的是获取利润，就是“谋利”，称为营利性项目。非营利项目是指投资不以营利为目标，政府投资的博物馆、图书馆等都不收费，不可能以营利为目的；政府投资的公立医院、学校可以收费，但是营业收入主要用于弥补经营费用，不以营利为目的。

（3）新建项目与改扩建项目。在一块新征用的土地上施工新住宅楼，称为新建项目；在原有宾馆占用的土地上建新楼，可以扩大宾馆的容量，可称为改扩建项目。改扩建项目一般要使用原有企业相当数量的资产，项目建设期企业一般不应全部停产。

（4）既有法人项目与新设法人项目。既有法人指现在已经存在的企业代表法人，新设法人指新项目未来运营时的代表法人。从融资的角度，既有法人以现有资产与未来项目的净现金流担保为改扩建项目融资，新设法人则以项目未来收益担保为新建项目融资。

不同项目可行性研究的重点不一样。

5.3　民用建筑可行性研究的作用

民用建筑在以下几方面发挥重要作用：

（1）投资决策的依据。不管是政府投资还是民间资本投资的民用建筑项目，可行性研究报告都要向投资方提供项目的投资环境、项目能否满足且如何满足需求、项目需要的总投资及分年用款额、项目资金来源及落实、项目的经济效益、项目对社会和环境的影响等全面信息，并给出一个项目基本判断，供投资人综合考虑其他因素与信息后进行投资决策。

（2）工程咨询评估的对象。可行性研究报告是投资人委托相关机构对项目未来作出的预测。与项目没有利益关系的第三方咨询评估单位针对其对法律、法规、规划和政策的符合性，对其技术的先进性、可靠性、适用性，对财务的可行性和经济的合理性，对项目可能面临的风险及应对措施的可实施性等方面作出判断，供投资人参考。

（3）金融机构审批贷款的依据。金融机构在审批营利性民用建筑项目的贷款申请时，一般都要考察借贷主体的在本机构资信能力，同时根据可行性研究报告，确认项目产出的市场竞争力与市场销售前景，判断项目的偿债能力，并确定是否放贷或附加特定条件。

（4）编制初步设计文件的依据。对于大型的民用建筑项目，特别是大型公共建筑项目，应当做初步设计。初步设计是项目的总体设计、布局设计、设备的选型和安装设计、土建工程量及费用的估算等。可行性研究报告，特别是政府投资项目批复后的可行性研究报告，为初步设计提出任务目标，是初步设计的依据。初步设计文件应当满足编制施工招标文件、主要设备材料订货和编制施工图设计文件的需要，是下一阶段施工图设计的基础。

（5）签订商业合同的依据。民用建筑项目的实施大多要通过招投标确定供应商，供应商包括土木工程建设公司、设备建造公司、设备安装公司。可行性研究报告要提供土木工程、设备和安装等方面基本的信息，供投资人与供应方签订商业合同。

（6）对于政府投资的项目，可行性研究报告有多种作用。对于政府投资的某个具体项目，政府多采取招标进行代建制单位、设计单位、评估单位的选择，可行性研究报告是竞标单位的手段，也是政府机构聘请的专家组评标的对象与依据。对于已经确定了方案的项目，可行性研究报告的结论可作为政府投资主管部门审批项目的依据。对于在有限资金内政府选择的投资项目（如高科技项目的投资补助），可行性研究报告是投标单位竞标标书，也是专家评标的主要依据。

（7）编制项目申请报告的依据。对于企业投资的民用建筑项目，政府不再审批项目可行性研究报告，但要求提供项目申请报告。除简述与企业自身经济效益有关的市场、资金、财务收益等内容外，项目申请报告应主要涉及政府关心的发展规划、产业政策和行业准入分析；资源开发及综合利用分析；节能方案分析；建设用地、征地拆迁及移民安置分析；环境和生态影响分析；经济影响分析；社会影响分析等项目的外部影响。有社会责任的企业投资人应当自觉关注这方面的影响，并在可行性研究报告中详细陈述，以减少或化解项目的风险。

（8）项目后评价的基准。对于大型投资机构，后评价是项目周期的最后一个环节。后评价的主要工作是对项目决策与实施过程进行回顾，利用对比方法评价项目最终取得成果是否符合预期目标，如果未达到预期目标，则要分析找出原因，汲取教训，作为今后投资的借鉴。可行性研究报告中对市场、产出规模、投资总额、施工计划、机构组成、项目管理等都有预先安排，后评价判别项目实施是否与决策预期一致的依据就是可行性研究报告。

5.4 民用建筑项目可行性研究的基本原则

民用建筑项目可行性研究应遵循以下基本原则：

（1）以科学、客观、公正为基准。民用建筑项目可行性研究必须用科学的方法与手段，对拟建设项目的环境与条件进行客观的分析，以保证分析结论的合理性。不科学的方法或手段得出错误的评估结论，将主观意志强加于客观环境也会人为地高估或低估项目的不利影响或有利影响。公正则是评估人员或机构必须恪守的职业道德，不能受经济利益的驱使迎和委托人的意愿，或使用虚假伪造资料、或隐瞒事实真相、或刻意修改评估结论，作出损害他人、不利社会的评估结论。

（2）以可靠性为依据。可行性研究报告是投资决策、贷款审批、初步设计、合同签订等活动的依据，其采用的基本资料必须翔实可靠，信息来源可靠、计算结果可以重复验证、市场预测误差不大，否则会作出错误的结论，造成决策失误。

（3）以建设可持续的项目为目标。民用建筑的土木工程物理寿命期相对较长，其功能也可长期发挥作用，而且在其物理寿命期内可以改造，所以，项目配套设施的设计与选型应考虑长期运营，同时要便于维修与改造，以使项目建成后可以长期发挥作用。

（4）以方案优化为主线。可行性研究通常要做多个产出规模方案、多个选址方案、多个建设方案、多种装饰方案、多种设备配套选型、多种安全防范方案、多种风险应对方案等的比较，从中选出一个至几个方案进行详细分析，并在此基础上纂写可行性研究报告供投资者决策。

（5）靠多指标分析做结论。由于民用建筑可行性研究涉及建筑功能、建筑结构、安全环保、经济效益、风险应对等诸多方面问题。对于每一方面问题设计人员都可以选择对应的指标来评判，但各类指标都是相互独立的，一般不可相加，于是设计人员不得不面临多指标分析的问题，设计人员可以根据项目具体情况，在充分论述各类指标的实现情况后，根据自己或投资人的认识，得出一个合乎逻辑的结论。

5.5 新投资体制下民用建筑可行性研究与项目申请报告的关系

（1）民用建筑项目大都属于核准制项目与备案制项目

2004年国务院颁布投资体制改革决定，将投资项目明确区分为政府投资项目与企业投资项目，企业投资项目又分为核准制与备案制两类，其后国家有关部门又陆续发布了各类投资项目的管理办法，其中最重要的文件是归属核准制的企业投资项目要向政府有关部门提交项目申请报告。所以，按现行投资管理模式，涉及环境污染与土地利用的企业投资的民用建筑项目，一般也必须向各级政府有关部门递交项目申请报告。按现行核准目录，其他城建项目（主要指房地产开发项目），教育、卫生、文化、广播电影电视建设项目，大学城、医学城及其他园区性建设项目，国家重点风景名胜区建设项目都要由上至国务院投资主管部门和地方投资主管理部门核准。

（2）企业投资的民用建筑项目的申请报告主要应包括以下内容：

1）项目申报单位情况。

2）拟建项目情况。

3）建设用地与相关规划。

4）资源利用和能源耗用分析。

5）生态环境影响分析。

6）经济和社会效果分析。

（3）项目申报单位在向项目核准机关报送申请报告时，需根据国家法律法规的规定附送以下文件：

1）城市规划行政主管部门出具的城市规划意见；

2）国土资源行政主管部门出具的项目用地预审意见；

3）环境保护行政主管部门出具的环境影响评价文件的审批意见；

4）根据有关法律法规应提交的其他文件。

（4）项目申请报告与可行性研究报告的关系

按照投资体制改革决定的精神，政府不再关注企业投资项目的市场前景、经济效益、资金来源、产品技术方案等与只与企业自身活动有关的内容，政府主要从维护经济安全、合理开发利用资源、保护生态环境、优化重大布局、保障公众利益、防止出现垄断等方面关注投资项目的外部性影响。这就决定了项目申请报告的内容必须与政府关注的内容相一致。

但是，作为企业投资人，在进行项目可行性研究时，不仅要彻底搞清项目内部的机制和影响，还要说明项目外部的机制和影响。尽管不需再报政府审批，但为了防止和减少投资失误、保证投资效益，企业在进行自主决策时，仍应编制可行性研究报告，对上述内容进行分析论证，作为投资决策的重要依据。

可行性研究报告的主要功能是满足企业自主投资决策的需要，其内容和深度可由企业根据决策需要和项目情况相应确定。项目申请报告内容应当是可行性研究报告的必要且非常重要的一部分内容。如果说投资体制改期以前可行性研究报告以经济效益为中心，那么在新的投资体制下，可行性研究在关注经济效益的同时，增加了政府从公共管理的角度关注的项目外部效果的内容，使得可行性研究报告更为完整和全面。如果可行性研究分析不透彻，项目申请报告也不会完整并顺利通过政府核准或备案。换句话说，实施项目申请报告制度不仅不会削弱可行性研究工作，反而会促进可行性研究报告全面完整。

5.6 可行性研究报告编写的步骤

可行性研究报告的编写步骤大致如下：

1. 接受委托。民用建筑项目一般由业主委托设计或咨询单位（承担单位）做拟建项目的可行性研究。委托指业主与承担单位签订合同（协议），明确可行性研究的范围、前提条件、进度安排、费用支付、法律责任等。在委托时，业主应坦诚地把自己的意图、目标向承担单位说明；承担单位也要根据自己掌握行业的信息，向业主征询、求证自己对业主意图或目标的理解，双方应达成项目可行性研究工作的共识（如工作质量、工作进度），以避免或减少后期合同的纠纷。

2. 调查研究。承担单位在接受委托后，要着手对几个对项目有重要影响的方面进行调查：市场调查（需求量、消费群体、价格、周边同类民用建筑的供给）、场地调查、可利用的自然资源调查（包括自然水域、土地、气候）、能源供给调查、公共设施调查、人力资源调查、环境保护要求调查等。资料调查应能满足可行性研究建筑工程、技术、经济方案比选的要求。

3. 方案设计。可行性研究的重要工作是方案设计。方案设计指与拟建民用建筑有关专业进行设计，包括场址、总图、拟建规模、建筑风格、建筑结构、建筑外装饰、建筑内装饰、设备功能、投资估算、资金筹措、财务分析等。每一个专业都应有一个以上的方案供比选。

4. 方案比选。在所有专业的方案都出来了以后，各个专业方案要组合。承担单位应根据本单位的经验或同类民用建筑的实际情况确定本项目方案选择的原则，并要依据这一原则进行协调，最终选出 1 ~3 个比较优秀的项目整体方案，然后进行系统的分析与研究。最后，根据方案选择的原则，从几个整体优秀的方案中选出 1 ~2 个推荐方案。

5. 编写报告。根据调查资料、方案设计、方案比选的结果，参照上节所述可行性研究报告的基本内容，纂写可行性研究报告。可行性研究报告是承担单位对项目意图与目标的体现，只代表承担单位对项目的认识。在可行性研究报告的完成过程中，承担单位应与业主保持经常性沟通，以便不断完善推荐方案，使可行性研究报告能反映业主的意图与目标。

5.7 编写可行性研究报告的要求

5.7.1 对编制单位与人员的要求

根据国家投资主管部门的要求，从事可行性研究报告编制的单位应当取得投资主管部门核发的机构工程咨询资格证书（甲、乙、丙级），从事可行性研究报告编写的人员应当取得注册工程咨询（投资）师的资格。大型民用建筑项目应委托乙级以上的工程设计或咨询单位做可行性研究报告。

5.7.2 可行性研究报告应当达到如下深度要求：

1. 资料可靠、数据准确、内容齐全、论据充分，能满足投资人定方案、定项目的决策要求；

2. 主要设备的规格及参数应能满足预订货物的要求，进口设备的资料应能满足合同谈判的要求；

3. 重大的技术方案应有两个备选方案，重大财务方案（含投资费用与运营费用）也应有两个方案，以供投资人选择；

4. 主要工程技术的数据应能满足初步设计的要求；

5. 建设投资和生产成本估算应与项目建成后的实际数据误差不超过 ±10%；

6. 融资方案能满足金融机构信贷决策的需要；

7. 方案的重大分歧及未采纳的理由必须如实陈述，供投资人权衡利弊。

5.7.3 优秀可行性研究报告的要求

可行性研究报告不仅供投资人阅读，也供银行、政府机构、咨询机构评阅，它呈现给多位层次相对较高的读者，阅读时间也相对较少。在招投标的行动中，专家面对的是十几份甚至是几十份可行性研究报告，而且必须在极为有限的时间内进行评定。因此可行性研究报告的写作应当非常讲究表达方式。优秀的可行性研究报告（best practice of feasibility study）应当做到：语言简明、高度概括、扣准主题、层次分明、重点突出、特点鲜明、结论阐述逻辑合理、善于利用图形表格、不说废话、不说假话。

第 6 章　民用建筑项目可行性研究内容

民用建筑项目可行性研究的内容主要包括投资必要性、技术可行性、财务可行性、组织可行性、风险分析、环境影响分析以及社会影响分析等内容。

投资必要性，主要根据市场调查及预测的结果，以及有关的产业政策等因素，论证项目投资建设的必要性。必要性论证要对构成投资环境的各种要素进行全面的分析论证；要做好市场研究，包括市场供求预测、竞争力分析、价格分析、市场细分、定位及营销策略论证。

技术可行性，主要从项目实施的技术角度，合理设计技术方案，并进行方案比选和评价。各类民用建筑项目技术可行性的研究内容及深度差别很大。民用建筑项目建筑方案的论证应争取达到目前工程方案初步设计的深度，以便与国际惯例接轨。

财务可行性，主要从项目及投资者的角度，设计合理财务方案，从企业理财的角度进行资本预算，评价项目的生存能力与财务盈利能力，进行投资决策，并从融资主体的角度评价股东投资收益、现金流量计划及债务清偿能力。

组织可行性，制定合理的项目实施进度计划、设计合理的组织机构、选择经验丰富的管理人员、建立良好的协作关系、制定合适的培训计划等，保证项目顺利执行。

风险分析，主要对项目的市场风险、技术风险、财务风险、组织风险、法律风险、经济及社会风险等风险因素进行评价，制定规避风险的对策，为项目全过程的风险管理提供依据。

环境影响分析，主要对项目场址环境现状（包括环境空气、水环境、声环境及生态环境）、项目对环境的影响（项目施工期间对环境的影响和项目运营期间对环境的影响）、环境保护措施（项目施工期环境保护措施和项目运营期环境保护措施）进行分析，分析项目对环境的影响预测，环境保护及“三废”治理方案。环保部门有特殊要求的项目，要单独编制环境影响评价。

社会影响分析，主要分析项目对社会的影响以及社会对项目的适应性和可接受程度，并对一些敏感因素进行社会风险分析。对项目进行社会评价有利于经济发展目标与社会发展目标协调一致，防止单纯追求项目的经济效益；有利于项目与所在地区利用协调一致，减少社会矛盾和纠纷，防止可能产生的不利的社会影响和后果，促进社会稳定，构建和谐社会；有利于避免或减少项目建设和运营的社会风险，提高投资效果。

以上民用建筑可行性研究的内容将按可行性研究报告常规格式分列 17 节，在下面逐节叙述，每一节都针对民用建筑的特点提出一些基本要求，便于读者使用。

6.1　总论

总论要概述项目名称、建设单位、项目投资人、可行性研究的承担单位与总负责人，可行性研究报告的编写依据，该可行性研究的工作范围，介绍项目提出的背景及发展概况，项目建设的必要性，可行性研究结论，存在问题及建议。概括起来，总论主要有项目背景、工程概况及项目综合评价三方面的内容。总论文字要简明扼要、提纲挈领、全面完整地概述可行性研究内容。

6.1.1　项目背景

1. 项目名称、承办单位、项目投资人

（1）项目名称：项目名称应准确反映投资人或项目承办单位对项目的意图及实现的目标。

（2）项目承办单位：也称项目建设单位、项目开发企业。我国现行投资管理体制的规定，实行项目法人责任制。项目法人责任制是指经营性建设项目由项目法人对项目的策划、资金筹措、建设实施、生产经营、偿还债务和资产的保值增值实行全过程负责的一种项目管理制度。改革开放以来，我国先后试行了各种方式的投资项目责任制度。但是责任主体、责任范围、目标和权益、风险承担方式等都不明确。为了改变这种状况，建立投资责任约束机制，规范项目法人行为，明确其责、权、利，提高投资效益，国家计划委员会于 1996 年 4 月制定颁发了《关于实行建设项目法人责任制的暂行规定》（简称《规定》）。根据《规定》要求，国有单位经营性基本建设大中型项目必须组建项目法人，实行项目法人责任制。当前，这个文件的适用范围已经扩展包括民用建筑在内的各类投资项目。

住宅建筑的建设项目法人主要是各种房地产开发企业，项目承办单位为经营性的企业法人；公共建筑有些由企业承担，有些由事业单位承担，项目承办单位除企业法人外，还包括事业法人；此外，还有各种行业协会、社团承建的非营利性项目，项目承办单位属社团法人。

（3）项目投资人：项目投资人指为项目实际出资的法人，实际出资指建设期投入的股本。如果投资人为企业法人，要概述投资人的基本经济情况。

2. 可行性研究报告编制的依据

可行性研究工作的主要依据包括：

（1）适用的法律、法规与政策，如公司法、合同法、物权法、环境保护法、节约能源法、城乡规划法等法律；国务院投资体制改革的决定；相关产业政策、行业准入、投资政策；利用国外政府贷款、外商投资及中外合资、境外投资有关法律、法规等。

（2）适用的相关规划：由国家批准的资源报告，国土开发整治规划、区域规划、城市总体规划、城市路网规划等。

（3）适用的国家、地区和行业的工程技术、环境保护方面的标准、规范、定额资料等。

（4）项目所在地的自然、地理、气象、地质、水文、经济、社会等基础资料。

（5）由国家颁布的建设项目可行性研究、经济评价、环境评价的有关规定。

（6）各种市场信息的调研报告，各类建筑工程建设需求依据。

（7）经过批准的项目建议书、项目建议书批准后签订的意向性协议或同等效力的文件等。

3. 项目提出的理由与过程、项目建设的必要性

（1）项目提出的理由与过程：概述项目开展可行性研究的由来，简述项目承办单位的基本情况，概述项目的初步可行性研究或前一阶段工作的情况，列出项目有关审批文件的名称、文号、日期，所依据的文件及取得的有关协议列为报告的附件。

（2）项目建设的必要性：主要根据市场调查及预测结果，以及有关的产业政策，论证项目投资建设的必要性。

1）从项目层次对项目建设的必要性进行分析，包括市场供求预测、竞争力分析、价格分析、市场细分、定位及营销策略论证等内容，从项目产品和投资效益角度论证兴建理由是否充分合理。

2）从宏观或区域经济层次分析项目是否符合区域规划、行业发展规划、技术政策、产业政策、环境保护、合理配置和有效利用资源等方面的要求，对构成投资环境的各种要素进行全面的分析论证。

3）利用外国政府贷款项目，应依据国家有关政策，分析利用外资和利用国外政府贷款的必要性。如利用外国政府贷款项目，应通过分析拟使用外国政府贷款条件、国别比选、借用国外政府贷款引进设备、技术的先进性，贷款额度和国内配套资金的落实情况等，说明申请国外贷款的理由及项目利用国外政府贷款具备的条件。

4. 项目范围和可行性研究工作的范围

一般民用建筑项目可行性研究报告应论述项目范围和范围划分依据，项目范围应包括主体工程和配套工程，同时还应说明相关的其他项目情况。

6.1.2 工程概况

1. 项目拟建地点、建设规模和内容。

2. 主要建设条件

（1）概述项目建设条件：包括城市规划（城市总体规划，控制性详细规划）、土地、交通、供水供电、排水、通信、项目实施运作及资金保障等。

（2）概述项目建设的外部条件—社会与法律环境：包括国家产业政策、区域投资环境（含政策、土地、税收、外资利用）、环境保护、宗教与民俗、风景名胜及文物古迹保护等。

3. 所需资源及原材料的投入

概述建材、能源、水资源的落实情况及公用设施等重要外部配合条件。

4. 工程设计方案

概述项目的组成部分及其布局，主要建筑设计及水、气、电、暖、通风、动力等专业设计等的方案比较，列出技术经济分析论证结果。

5. 实施计划

概述项目规划建设全过程的计划安排，各阶段的时间及工作内容，特别要写明设备制造或选购所需时间与进度，工程施工进度，设备安装和调试安排等。

6. 工程总投资及资金来源

（1）投资估算：说明项目总投资、建筑工程投资、设备投资、安装工程投资，以及红线内项目所需费用和红线外一切非工程直接费用。

（2）资金筹措：说明资金的来源及筹措方式，包括政府性资金、企业资本金、贷款额等。

7. 项目预计效益

概述项目建成投产后所产生的社会效益和经济效益：

（1）经济效益：对于营利性项目，概述项目的财务收益和社会效益指标；对于非营利性项目，概述成本—效果分析结果。有条件时，应考虑与有可比性的相同类型与规模项目进行各项技术经济指标的比较，以衡量投资的实际经济效果。

（2）社会效益：社会效益分析尚无一定标准，可从安置就业、缴税创汇、资源转化、引进资金、引进技术、活化资产、替代进口、生态环保、改善投资环境、完善相关功能、合理布局生产力，促进产业结构调整和经济社会发展等方面阐述。

8. 主要技术经济指标

汇总项目的技术指标和经济指标。通过项目建设的总量指标和单项指标数据，反映建设工程的全貌。

6.1.3　项目综合评价

对可行性研究报告所列举的诸项因素进行综合评价，权衡利弊，对各种建议方案亦应逐一分析比较，最后得出综合结论，并推荐一个以上的建议方案供投资人或政府审批机关。

总论除要说明项目提出的背景，研究工作的依据和范围外，更主要的是提纲挈领的说明后面各章节研究内容的结论，有机地浓缩报告全部内容，使项目决策者一目了然。总论中的结论部分要将项目建设的必要性、建设条件的可能性、工程方案的可行性、经济效益的合理性一定要明确，项目技术经济指标的水平处于什么水平、项目技术工程和经济是否可行，要有观点明确的结论性意见。

6.2　产业政策与城乡规划

6.2.1　产业政策分析

产业政策是政府有关部门为实现一定的经济社会发展目标而对产业的形成和发展进行干预的各种政策总和。干预包括规划、引导、促进、调整、保护、扶持、限制等方面的含义。产业政策的功能主要是弥补市场缺陷，有效配置资源；保护幼稚产业发展；熨平经济震荡；发挥后发优势，增强适应能力。产业政策着重解决产业结构调整问题，以实现国民经济各产业在发展中的协调与平衡，实现资源在各部门之间的有效配置。产业政策的内容非常广泛，包括产业结构发展的方向和重点，以及为实现产业结构优化升级所必须采取的投资政策、信贷政策、外贸政策、价格政策、税收政策、技术政策、收入分配政策、资源利用政策、环境保护政策、地区发展政策、企业管理与技术经济政策等。

产业政策一般都是政府管理部门分析政策发布之前与当时的经济形势之后，提出的指导性或规范性的意见，也就是说产业政策的使用有其时代背景或时效性。民用建筑发展的产业政策也不例外。因此，民用建筑可行性研究要列举与拟建项目有关的产业政策，分析项目与这些产业政策的相关性、符合性与时效性。切不可依据过时的产业政策进行可行性研究。

1. 房地产发展方面的产业政策

房地产业与国民经济其他有关部门有着密切的联系，房地产业的发展，带动了相关产业发展。据世界银行研究报告，发展中国家房地产投资对相关产业乘数效应为 2 倍以上。房地产开发建筑成本的 70% 以上是原材料消耗，房地产业发展能带动建筑、建材、冶金、纺织、化工、机械、仪表等 50 多个相关产业的发展，直接影响到家用电器、家具、装修和装饰等 20 多个大类、约 2000 种产品的生产，同时，还能促进金融、旅游、服务业等第三产业的发展。

为了促进房地产业健康发展，国家有关部门发布了许多有关房地产业发展的产业政策，如有关住房供应结构、税收、信贷、土地、廉租房和经济适用房建设等方面的“国六条”（2006）、有关住宅设计标准的《关于落实新建住房结构比例要求的若干意见》（2006）、有关规范市场的《关于进一步整顿规范房地产交易秩序的通知》（2006）、规范土地使用权的《招标拍卖挂牌出让国有土地使用权规范》和《协议出让国有土地使用权规范》、《廉租住房保障办法》、《外商投资建筑业企业管理规定》、《限制用地项目目录》和《禁止用地项目目录》、《房地产开发企业资质管理规定》、国务院《关于调整部分行业固定资产投资项目资本金比例的通知》等，以及近几年出台的促进房地产业健康发展、改善城乡居民居住条件、大力发展普通商品房等相关政策和行业准入要求。

境外投资的房地产开发项目（包括公共建筑项目），工程建设项目除了要符合投资国产业政策、环境保护政策、城市发展规划和有关项目投资建设的规定外，还应符合我国境外投资的鼓励政策和有关规定，如《境外投资项目核准暂行管理办法》（中华人民共和国国家发展和改革委员会令第 21 号）等。

2. 公共建筑项目有关产业政策

（1）涉及商业、旅游业、服务业、金融保险业等公共建筑项目，应依据国家和地方相关产业政策要求；涉及的办公及政权建设、教育、文化体育、医疗卫生、交通邮电、科研等公共建筑项目，符合国家和地方相关社会事业发展政策或规定。

（2）办公及政权建设项目应按照中共中央办公厅、国务院办公厅下发的《关于进一步严格控制党政机关办公楼等楼堂馆所建设问题的通知》（中办发［2007］11 号）和中纪委国家发展改革委等 7 部门部署《开展党政机关办公楼等楼堂馆所建设项目清理工作》（2007/05/31）等精神和要求，严格控制项目规模和建设标准。

（3）教育项目依据的是国家大力发展义务教育、职业教育的相关法规、政策等。

（4）利用外国政府贷款、外商投资及中外合资的公共建筑项目较多的是医疗卫生、城市环境、市政建设、教育等项目。以医疗卫生项目为例，改革开放以来，随着我国社会经济的不断发展，人民群众生活水平的不断提高和社会保障体系的完善，人们对医疗服务的需求呈现出多层次、多元化，为医疗服务市场提供了新的增长空间，同时也对就医环境提出了更高的要求。为适应医疗卫生事业的发展需求，国内不少医院利用外国政府贷款等筹资方式，扩大病床数、增添先进医疗设备作为加快发展的策略，通过建设一批具备现代化先进水平的医疗建筑，使医院的医疗规模扩大、医疗条件和医疗环境提高，以实现各级医院发展战略，为医院的发展奠定坚实的基础。

1）利用外国政府贷款建设的公共建筑项目，既要符合国家相关行业、产业的发展政策、公益事业项目建设条件，还要符合拟贷款国或国际金融组织支持方向、重点，符合国家发改委第28号令《国际金融组织和外国政府贷款投资项目管理暂行办法》和国家发展改革委办公厅《关于进一步改进外国政府贷款项目前期工作和加强实施监管的通知》(发改办外资［2008］1969号）等相关政策要求。

2）外商投资、中外合资的民用建筑项目建设，要符合《外商投资产业指导目录（2007年修订)》。不涉及外债的项目应符合国家资本项目管理的有关规定，要符合《中华人民共和国外汇管理条例》规定和《外商投资企业外汇登记管理暂行办法》等相关规定。

3. 民用建筑的技术政策

建筑技术政策是国家对建筑科学技术和产业经济发展进行宏观指导的政策性规定，是提高建筑业产业技术进步的行动准则，是贯彻国民经济可持续发展战略目标和实现建筑业产业发展任务的重要手段。

建筑业是我国国民经济的支柱产业之一，是相关行业赖以发展的基础性先导产业。在建立社会主义市场经济体制，全面实现国民经济和社会发展“十一五”规划和2020年远景目标纲要的进程中，建筑业起着重要的作用，到2010年，我国城乡新建住宅将达150亿m^2，民用建筑的发展将带动国民经济许多行业的发展。

2010年以前，我国建筑科学技术的发展方向、技术路线和重大技术措施主要包括：加强建筑产品观念、制定建筑产品评价准则；切实重视建筑设计，提高建筑设计水平；开发适应社会需求的各类建筑产品；搞好建筑环境设计，提高环境效益；加强建筑标准化工作；提高建筑的综合防灾能力；重视建筑产品的节能工作；加强建筑勘察工作，提高勘察技术水平；推进建筑基础工程技术及施工工艺的进步；发展先进适用的建筑结构与工艺体系；合理使用钢材、木材、水泥，改进施工及应用技术；发展预拌混凝土，提高混凝土技术水平；改革墙体和屋面，提高热工与防水性能；大力发展化学建材，提高装饰工程质量；发展建筑安装新技术，新工艺；提高建筑企业的机械化装备水平；提高建筑企业的管理现代化水平；加强建筑设备产品的开发与应用。

住宅与房地产业技术政策要求主要包括：不断完善住宅建筑体系，提高住宅建筑工业化水平；发展住宅建筑部品和设备，改善住宅功能质量；开发应用舒适、节能型供热供冷技术设备，降低能源消耗；发展住区环境新型技术设备，提高生活环境质量；严格控制新建住宅标准和用地标准。

加快建设节约型社会是我国经济发展的一项重要战略决策。民用建筑项目要按照《公共建筑节能设计标准》，贯彻落实国务院建设节约型社会的有关部门精神，发展节能省地型住宅和公共建筑，建筑节能技术政策要贯彻节能、节地、节水、节材（简称“四节”）要求：

（1）严格实行建筑的节能设计，积极采用节能建材，重视节能的建筑设备产品的开发，加强建筑节能标准化工作，发展建筑节能科学技术体系，加强已建建筑的节能改造。

（2）认真执行国家土地政策，严格按国家规定的征地审批权限报批，尽量利用非耕地，少占耕地，不占良田，在地质条件许可的情况下，合理开发利用地下空间

（3）在满足使用要求和给水排水系统正常运行的前提下，加强管理，依靠科技进步，

采取先进措施，提高水的有效利用率，减少无用耗水量。采用节水型设备，提高管材及施工质量，严格控制“跑、冒、滴、漏”；缺水地区的大型公共建筑，凡有条件的地区应设置再生水系统（主要供冲厕和绿化用水），暂没条件的宜留有增设再生水系统的管路位置。

（4）建筑业能耗的一半左右是墙体材料。节材主要是推广应用新型墙体材料，节约建筑材料，大力推进墙体材料革新，淘汰和限制实心黏土砖及黏土制品，发展以工业废渣等非黏土为主要原料的新型墙体材料，积极推广节能建筑，促进墙体材料产业结构优化升级和建筑业技术进步。另外，建筑装饰材料生产是资源消耗性很高的行业，大量使用木材、石材等天然材料及化工原料、金属材料，对生态环境和地球资源有重要的影响，因此要特别注意珍惜资源和节约资源，推广资源节约型产品。

民用建筑项目的可行性研究应符合与项目相关的产业政策和产业结构调整政策，符合建筑技术政策；符合节能减排、生态环境保护政策等要求。参与国内市场运作的民用建筑项目，还应符合市场准入的有关政策。

总之，民用建筑项目可行性研究依据的产业政策的核心是坚持科学发展观，使项目建设保持发展的稳定性、增强发展的协调性、提高发展的效益性、实现发展的持续性、保障发展的普惠性；项目建成后，要保障发展成果由人民共享，实现经济社会的协调发展、可持续发展、和谐发展。这是项目建设国家要求的基本政策，各类民用建筑项目可行性研究都应予遵循。

6.2.2　规划背景分析

1. 城乡规划的基本作用

近些年来，伴随着城乡建设的发展，城乡规划逐渐成为一项重要的公共政策，在配置城乡空间资源，统筹城乡协调发展，指导城乡建设和管理，维护社会公平，确保公共安全和公共利益等方面作用愈来愈突出。可以说规划就是生产力，是协调经济社会发展最有利的手段，是塑造城市形象、弘扬城市文化的基石。

制定城乡规划就是整合城乡资源，使现有的城乡资源利用最优化。城乡规划的目的并不是占用资源，而是通过优配置，合理利用资源，以最小的资源消耗，实现最大的效益。

2008年1月1日，《中华人民共和国城乡规划法》正式实施。国家制定《城乡规划法》的根本目的在于依靠法律的权威，运用法律手段，保证科学、合理地制定和实施城乡规划，实现城乡的经济和社会发展目标。

实施城乡规划，有利于城乡统筹、合理布局、节约土地、集约发展，有利于改善生态环境，促进资源、能源节约和综合利用，保护耕地等自然资源和历史文化遗产，保持地方特色、民族特色和传统风貌，防止污染和其他公害，并符合区域人口发展、国防建设、防灾减灾和公共卫生、公共安全的需要。

2. 城乡规划对民用建筑项目的约束与指导作用

按照《城乡规划法》规定：

“国家规定需要有关部门批准或者核准的建设项目，以划拨方式提供国有土地使用权的，建设单位在报送有关部门批准或者核准前，应当向城乡规划主管部门申请核发选址意见书。”

“在城市、镇规划区内以划拨方式提供国有土地使用权的建设项目，经有关部门批准、核准、备案后，建设单位应当向城市、县人民政府城乡规划主管部门提出建设用地规划许可申请，由城市、县人民政府城乡规划主管部门依据控制性详细规划核定建设用地的位置、面积、允许建设的范围，核发建设用地规划许可证。”

“在城市、镇规划区内以出让方式提供国有土地使用权的，在国有土地使用权出让前，城市、县人民政府城乡规划主管部门应当依据控制性详细规划，提出出让地块的位置、使用性质、开发强度等规划条件，作为国有土地使用权出让合同的组成部分。未确定规划条件的地块，不得出让国有土地使用权。”

“在城市、镇规划区内进行建筑物、构筑物、道路、管线和其他工程建设的，建设单位或者个人应当向城市、县人民政府城乡规划主管部门或者省、自治区、直辖市人民政府确定的镇人民政府申请办理建设工程规划许可证。”

以上条款是强制性的、管理性的、程序性的要求，这些要求未被满足，项目不可继续进行。

3. 控制性规划与修建性规划对民用建筑的要求

民用建筑项目总平面规划布局的技术经济指标，含建筑密度、容积率、绿地率等应符合国家和地方的相应规定以及城市规划等主管部门的要求。城市房地产开发和公共建筑的建设除必须服从于城市的总体规划指标外，还应服从项目所在城市有关的控制性规划与修建性规划，包括：

（1）城市用地：城市用地分类与标准，居住用地，公共设施，工业用地，仓储用地，城市绿地，其他用地等。

（2）城市设计与建筑控制：城市设计控制原则，居住建筑控制要求，非居住建筑控制要求，城市地下空间利用等。

（3）道路交通与市政工程设施：交通设施，给水工程，排水工程，电力工程，通信工程，燃气工程。

（4）其他设施：环境卫生，城市综合防灾和减灾。

以上规划是技术性的要求，但也是强制性的，各类民用建筑项目都不可违反。

6.2.3 项目目标

民用建筑项目可行性研究要按照国家和地区经济建设的方针、政策和长远规划、相关行业的专项规划，城市发展总体规划，确定项目建设目标。项目目标包括项目建设的总体目标和项目发展各个分期建设目标，同时要分析项目的技术装备水平、产品性能、建筑功能及相应水平，公共建筑项目还应分析项目的定位及功能标准。

6.3 现状、需求分析与建设规模

6.3.1 现状调查

1. 营利性民用建筑项目的市场现状调查

进行市场调研是选择论证项目的关键。项目最终目的是要把产品卖出去，使项目取得好的社会效益和经济效益。市场现状调查主要包括：

（1）市场供应现状。调查项目产品的所属市场的总生产能力（含现有企业和在建项目），总产量以及地区分布；市场总交易量以及地区分布，阐述主要生产企业的概况及分布情况，以及产量、品种、性能、水平等。

（2）市场需求现状。调查项目产品的市场消费总量以及地区分布、不同消费群体对产品品种和服务的要求，消费结构现状等。

（3）价格现状调查。主要应调查项目产品的市场价格，价格变化过程及变化规律，最高价格和最低价格出现的时间和原因，分析价格的合理性，有无垄断或倾销等情况。此外，还要调查价格形成机制：项目产品价格是由市场机制形成还是由政府确定。

2. 公共建筑项目现状分析

公共建筑项目现状分析主要包括项目所在地区基础设施建设、城市经济发展的现状和规划情况。公共建筑项目通过现状分析提出存在的问题和困难，为项目建设需求提供依据。如办公政权建设项目应分析所在地区或部门党政机关用房现状，办公用房现状及存在的困难，用地现状，场地环境现状，城市规划情况等，各级行政机构特殊业务用房应符合相关部门或事业单位开展特殊业务的功能要求，项目建设规模应按照相关要求或办法控制。教育类项目应分析教育发展规划现状，地区教育现状，学校现状，学生人数、招生和就业现状，校园面积及教学行政用房现状，学校土地房屋现状，教职工队伍现状，实验教学用房及实验设备价值现状，拟建地的土地利用和植被分布现状等。医疗卫生项目应分析医院现状及医院设施现状，发展历史，医院设备现状等。医院现状指标主要包括：规模（开放病床），总建筑面积，医疗、科研、教学建筑面积，总占地面积，全院职工人数，医技人员，管理人员，科室设置，临床，医技辅助，重点特色专科，供电能力，供电能力，供水能力，资产，门诊量，住院人数，业务收入等。

6.3.2 市场需求分析

民用建筑市场需求分析是对有关产品市场及市场环境状况进行系统的分析和评价，主要包括：市场细分，消费行为研究，竞争力分析，竞争性产品和销售策略研究，以及它们之间相互依存关系的研究，产品寿命周期分析，以及有关的社会因素、生态因素和经济因素的影响分析，包括以下内容：

1. 营利性建筑项目（主要为房地产开发项目）市场需求分析

营利性建筑项目市场分析的主要目的是发现和寻求市场需要的新产品，发掘新产品和现有产品的新用途，发掘潜在的市场，研究消费者和竞争者的动向，分析市场容量及预测市场的增长率，研究公司的市场销售和推广战略。市场分析必须了解项目的产品、副产品的数量和质量，以及在工艺和地区上的制约因素。常用的需求预测方法有趋势外推法、消费水平法、消费系数法（或最终用途法）、领先指数法、回归分析法、消费者访问法等。市场需求分析包括总需求量分析、项目目标群体及有效需求、拟建规模、供给与需求价格分析等内容。

（1）产品供需分析预测。产品供需预测应阐述预测方法，说明预测基础数据来源，样本数量和主要依据等与预测相关的情景。

1）产品供需预测时应考虑的主要因素包括：国民经济与社会发展对项目产品供需的影响；相关产业产品和上下游产品的情况及其变化对项目产品供需的影响；产品结构变

化，产品升级换代情况对项目产品供需的影响；项目产品在其生命周期中所处阶段对项目产品供需的影响；不同地区和不同消费群体的消费水平，消费习惯、消费方式及其变化，对项目产品供需的影响；目标群体的支付能力。

2）产品供需预测的内容

① 供应预测。预测拟建项目产品在项目所在地和目标市场的可供量，包括相关可比项目或产品的现有供应量和新增供应量。

② 需求预测。预测拟建项目产品在项目所在地和目标市场需求总量，包括相关可比项目或产品的需求量。

③ 目标市场分析。根据市场结构、市场分布与区位特点、消费习惯、市场饱和度以及项目产品的性能、质量和价格的适应性等因素，选择确定项目产品的目标市场，预测可能有的市场份额。

（2）价格分析及预测：价格分析预测应阐述价格预测方法：说明预测基础数据来源、样本数量和主要依据等其他与预测相关的情景；必要时绘制价格走势图。

1）价格预测需要考虑的因素主要包括：项目产品和上游投入品市场的供需情况、价格水平和变化趋势；新技术，新材料产品和新的替代产品对价格的影响；项目产品的成本对价格的影响；价格政策变化对项目产品价格的影响；可比产品的市场占有率与价格。

2）价格预测的主要内容：分析项目产品价格历史情况和现状，影响因素以及未来趋势。

3）产品营销策略研究：对市场竞争比较激烈的项目产品，如住宅与写字楼，应进行营销策略研究。可行性研究应根据项目的目标及投资和财务决策的原则，提出以适当的销售研究为基础的销售设想。销售设想应当包括销售的战略范围和实际范围、销售手段、销售数量及价格、销售网络、销售计划和费用预算。制定项目营销战略的目的是研究达到项目目标所需的方法和活动，如产品新颖、成本低廉、品质高贵、富有特色、提高市场占有率等。制定项目营销战略的要点是，对市场结构目标的评价，顾客分析和市场划分；销售渠道和营销网络分析；竞争力分析；社会经济环境分析、销售预测、市场前景和风险分析。在确定营销战略的基础上，确定项目的产品方案和生产规模，预测销售收入，估算销售费用。

2. 公共建筑项目需求分析

公共建筑项目建设的目的主要是为公共服务，大多为非营利性质。公共建筑项目的需求分析主要依据国家、行业或部门制订的相关建设标准和规定，中国勘察设计协会技术经济委员会《民用建筑规划设计定额指标》，以及地区经济发展规划、城市总体规划、行业或部门、单位对项目的规划目标等，结合项目单位提出的功能要求，提出拟建公共建筑项目的具体需求。相关建设标准和规定主要有：

（1）办公政权建设项目。原国家发展计划委员会文件《党政机关办公用房建设标准》计投资［1999］2250号（现正在修订），各地区控制国家机关办公房装修标准、公用房管理办法、办公用房维修改造和装修装饰等级及标准等；武警内卫执勤部队营房建筑面积标准（试行）；司法部《劳教场所所政设施建设标准》和《监狱建设标准》等。

各级行政机构特殊业务用房的需求分析，应参照相关部门或事业单位特殊业务用房建筑面积指导意见、参考标准、暂行办法等依据，确定特殊业务用房的项目建设规模。

（2）院校教学楼等教育建筑。学校建筑规划设计面积指标：城镇及农村普通中小学校建设标准，中等师范学校校舍规划面积定额，普通高等学校建筑规划面积指标，高等学校来华留学生生活用房建筑标准，技工学校（机械类通用工种）建筑规划面积指标，特殊教育学校建设标准，城市幼儿园建筑面积定额等。

（3）医疗建筑。各类医院（所）、疗养院的医疗用房面积指标：全国综合医院、中医院、乡（镇）卫生院、卫生防疫站、妇幼保健院（所）建设标准，疗养院建筑面积指标等。

（4）交通邮电建筑（不含城市公用交通站务设施）。交通客运站建筑面积指标：中、小型铁路旅客站、公路汽车客运站、港口客运站建筑面积指标，多层与地下停车库面积指标等。边境口岸联检查验设施标准包括《国家陆路、水路边境口岸联检查验设施项目建设有关标准》和各边境地区贯彻国家有关标准的实施意见。

（5）商业建筑。商业建筑面积指标：百货商店及商场、饮食建筑面积指标，农副产品批发市场建设标准等。

（6）其他公共建筑项目。除上述建筑外，包括旅馆建筑、金融保险建筑、文娱建筑、博览建筑、体育建筑、科研建筑和其他建筑的各类房屋建筑面积指标、定额及建设标准等。

6.3.3　建设规模

1. 确定项目规模的基本要求

需求预测是拟建规模的基础，拟建规模应与市场供应和项目需求相适应。通过广泛、周密的市场需求、市场供应调查以及以此为基础进行的客观、科学的分析、计算与预测，确定产品市场定位及竞争能力，按“以销定产”的原则，确定拟建规模，同时还要综合考虑项目的“合理规模”或“经济规模”以及产品特点和价格，有无竞争能力等。

2. 建设规模与方案比选

根据项目建议书要求（或依据项目立项批复），结合市场、资源调查和需求分析，建立几种可供选择的技术方案和建设方案，会同委托单位明确方案选择的重大原则问题和优选标准，根据经济合理性，市场容量，环境容量以及资金，主要外部协作条件等方面的研究，对若干个方案的项目建设规模进行论证，选择合理方案，研究论证项目在技术上的可行性，进一步确定项目建筑结构、面积、使用功能。必要时应进行多方案技术经济比较。大型、复杂建筑项目的建设规模论证应优化工程分期，明确初期规模和远景规模。不同行业、不同类型项目在研究确定其建设规模时还应充分考虑其自身特点。方案比选应考虑以一下因素：

（1）合理经济规模：是项目投入产出比处于较优状态，资源和资金可以得到充分利用，并可获得最佳经济效益的规模。

（2）考虑市场容量对项目规模的影响：在市场需求预测的基础上找出拟建项目产品的目标市场容量空间，据以确定建设规模。主要从项目的区位条件、项目具备的发展条件、项目具备的市场条件、建设区的基础设施配套条件等方面，分析市场容量对项目规模的影响。

（3）环境容量对项目规模的影响：依据拟建项目所必须又能够获得的自然环境条件，

确定建设规模。应从城市发展资源环境承载力对项目规模的影响（包括城市发展模式、产业发展模式），建设场区环境容量对项目规模的影响，预留发展余地的合理性等方面，对项目规模及合理性进行分析。

（4）资金和主要外部协作条件等对项目规模影响：分析对其利用的合理性和对项目规模的满足程度。

（5）对分期建设的项目，应说明项目预留发展余地的合理性，以及预留条件对远景规模的影响。

3. 推荐建设规模方案

根据需求分析（营利性项目市场分析），建设规模方案比选，确定推荐建设规模方案。民用建筑项目推荐建设规模的主要指标为：

（1）营利性项目（如房地产）。总占地面积；总建筑面积；总居住户；总居住人数等。

（2）公用建筑项目。总占地面积；总建筑面积；办公人数，学生及教职工人数，就医（诊疗）人数等。

6.4 场址条件及选择

民用建筑可行性研究应提供场址地质勘察报告、场址比选、方案优化以及用地协议等有关部门同意建设的文件。

项目选址应阐述项目建设地点、场址土地权属类别、占地面积、土地利用状况、占用耕地情况、取得土地方式等内容。选择项目场址要考虑的主要因素包括：自然环境、地理条件和项目的要求；项目对生态环境的影响；当地社会经济环境、鼓励或限制政策以及地方发展规划；基础设施条件，如水、电、汽供应、交通通信、三废处理等；项目发展和营销战略。场址选择还要分析场址对建设投资和生产成本的影响，包括土地费用、建筑工程、场外工程等。通过建设投资的比较，对场址方案进行优选。此外，还应考虑项目建设是否会对相关方面造成不利影响，对拟建项目是否压覆矿床和文物、是否影响防洪和排涝、是否影响通航、是否影响军事设施安全等进行分析论证，并提出解决方案。

民用建筑项目可行性研究中场址分析主要有以下几项工作：

1. 项目选址区域分析

（1）新建项目场址选择应根据项目市场或功能定位、环境影响、交通运输以及电源，水源等主要建设条件进行项目区域落点分析，说明项目选址范围的合理性，提出推荐意见。

（2）对改、扩建项目，应论述可利用的依托条件，以求获得最佳经济效益。依托条件包括交通运输、电源、水源以及其他可依托的建设条件。依托条件还应包括现有企业的生产能力、辅助设施和配套设施。

2. 场址现状

分析建设地点与地理位置、场址土地权属类别及占地面积、改扩建项目现有场址利用情况。

3. 场址条件

（1）场址自然条件

1）地理位置：说明场址所在行政区中的位置及该地区的人文状况和社会经济简况，并结合项目要求，说明该地区的社会经济现状及发展规划，以及该地区的协作配合条件；重点说明场址能否满足项目建设和生产运营的要求。

2）自然条件：说明场址所在区域的地形、地貌、水文气象等条件，能否满足项目建设规模和建设条件的要求。

3）周围环境：说明场址与周围开发区、居民区，名胜古迹，文物保护区，自然保护区、大中型工矿企业、附近的主要河流、湖泊、水库、铁路、公路、机场、通信设施、军事设施可能存在的相互影响。

4）占地面积：根据项目建设规模，说明建设用地的测算方法、拟用地规模以及研究场址面积能否满足项目建设的要求。对于分期建设的项目，占地面积应考虑留有发展的余地。

（2）场址的交通运输条件

研究拟选场址的交通运输条件（如公路、城市道路、铁路、快速轨道交通、机场等）的距离，其通过或运输能力，所经过的桥梁隧道的尺寸能否满足运输超大、超高、超重设备的要求等。

（3）场址的公用工程条件

1）水源情况：应说明场址的供水水源，用水方式及在采取节水措施条件下所需要的用水量，说明水源的水温、水质，水源至场址的距离，水资源行政管理部门的同意文件。必要时还应提出有关取水的专题论证报告或水工模型试验报告，对各种供水方案进行技术经济比较。用水水源必须落实可靠，当项目用水与工农业以及城市用水有矛盾时，应提出解决矛盾的方案和意见。

2）电源情况：应说明场址地区电网、变电所等的区域位置、至场址的距离、上述电源的实际容量、规划容量及可供项目使用的负荷量、价格等。

3）通信工程情况：说明场址附近的通信工程现状和发展规划，至场址的距离以及可供项目使用的容量。

4）供热情况：说明供热工程的现状和发展规划，至项目的距离以及可供项目使用的热负荷及参数。

5）排水情况：说明排水工程（管网与污水处理厂）的现状和发展规划，至项目的距离以及可供项目使用的排水量。

（4）场址的工程地质条件

1）对场址的地震地质和工程地质等方面的区域地质背景资料进行研究分析，确定场址区域地质构造发育程度，查明场址是否存在活动断裂，以及危害场址的不良地质现象，对其危害程度和发展趋势作出判断，并提出防治的初步意见。确定可能影响场址稳定的地质问题并进行研究和预测，对于有可能导致地质灾害发生或地质灾害易发区的工程，还应进行地质灾害危险性评估工作。提出场地稳定性和适宜性的评价意见。

2）根据《中国地震动参数区划图》（GB 18306—2001），确定场址的地震参数及相应地震基本烈度。对位于地震参数区划分界线、某些地震研究程度和资料详细程度较差的边远地区、位于复杂工程地质条件区域等特殊的工程，应进行地震安全性评价工作，必要时应编制地震安全性评价报告，并获地震主管部门的批复。

3）场址有压煤、压矿情况时，应查明压矿类别、贮量、深度、开采价值及其影响，有压文物、古墓等情况时，还应探明其情况并提出处理意见。

（5）场址的生活设施依托条件：应说明拟选场址所在地的生活福利设施（如学校、医院等）是否满足项目需要的程度。

（6）场址的法律支持条件：应说明拟选场址所在地的有关法律法规对建设和运营的支持程度以及约束条件。

4. 场址条件比选

在综合分析交通、水电等基础设施配套条件的基础上，认真选择建设地址，除能满足产品或建筑项目建设的外部条件外，还能节约资金的投入，降低项目产品的总成本，提高产出效益。

（1）场址选择的基本要求

1）建设用地宜因地制宜，节约用地，少占耕地，优先考虑利用荒地，山地和劣地，尽可能不占或少占耕地。

2）场址选择应尽可能不靠近、不穿越人口密集的城镇或居民区，尽可能减少折迁移民。

3）场址选择应有利于保护环境和生态，有利于保护风景区和文物古迹。

4）技术改造项目和扩建项目还应充分利用原有场地。

（2）场址比较与选择意见：应根据项目建设的基本条件，进行场址工程条件和经济条件的比较，并提出推荐场址的意见。

5. 推荐的场址方案

根据场址选择的基本要求，按照场址比较与选择意见，最终提出推荐的场址方案。

6.5 建筑方案与公用工程方案

6.5.1 建筑方案设计

建筑方案设计是依据设计任务书而编制的文件，是民用建筑可行性研究的核心内容。它由设计说明书、设计图纸、投资估算、透视图等四部分组成，一些大型或重要的建筑，根据工程的需要可加做建筑模型。建筑方案设计必须贯彻国家及地方有关工程建设的政策和法令，应符合国家现行的建筑工程建设标准、设计规范和制图标准以及确定投资的有关指标、定额和费用标准规定。建筑方案设计的内容和深度应符合有关规定的要求。

建筑方案设计一般应包括总平面、建筑、结构、给水排水、电气、采暖通风及空调、动力和投资估算等专业，除总平面和建筑专业应绘制图纸外，其他专业以设计说明简述设计内容，当仅以设计说明还难以表达设计意图时，可以用设计简图进行表示。

建筑方案设计可以由业主直接委托有资格的设计单位进行设计，也可以采取竞选的方式进行设计。方案设计招标可以采用公开招标和邀请招标两种方式。建筑方案设计招标应按有关管理办法执行。

建筑方案在民用建筑可行性研究中的深度要求，主要依据建设部《民用建筑设计通则》(GB 50352—2005)，国家和各地区《建筑工程设计文件编制深度的规定》和《城市建筑方案设计文件编制深度规定》，以及各地区对《建筑方案设计文件编制深度规定》若干条文说明等设计规范、标准和文件。

1. 建筑方案设计的指导思想和原则

可行性研究报告应概述民用建筑项目建设方案设计的指导思想，指导思想应体现出项目目标、产业政策、城乡规划等内容。

居住区建筑方案设计应遵循下列原则：

(1) 方便居民生活，有利组织管理；

(2) 构建与居住人口规模相对应的公共活动中心，方便经营、使用和社会化服务；

(3) 合理组织人流、车流，有利安全防卫；

(4) 布置合理，空间丰富，环境美，体现地方特色。

居住区的空间与环境设计应遵守下列原则：

(1) 合理布置公共服务设施，避免烟、气、味、尘及噪声对居民的污染和干扰。

(2) 建筑应体现地方风格、突出个性，群体建筑与空间层次应在协调中求变化。

(3) 精心设置建筑小品，丰富与美化环境。

(4) 注重景观与空间的完整性，市政公用站点、停车库等小建筑宜与住宅或公共建筑结合安排；供电、电信、路灯等管线宜地下埋设。公共活动空间的环境设计，应处理好建筑、道路、广场、院落、绿地和建筑小品之间及其与人活动之间的相互关系。

(5) 居住区住宅建筑和规划设计，应综合考虑用地条件、选型、朝向、间距、绿地、层数与密度、布置方式、群体组合和空间环境等因素确定。

(6) 居住区公共服务设施包括教育、医疗卫生、文化体育、商业服务、金融邮电、市政公用、行政管理等设施。公共服务设施项目指标应按有关规范规定确定。

(7) 居住区内绿地应包括公共绿地、宅旁绿地、配套公建所属绿地和道路绿地等。绿地率新区建设不应低于 30%；旧区改造不宜低于 25%。

(8) 居住区道路可分为居住区道路、小区路、组团路和宅间小路 4 级，其道路规划设计应符合有关规范规定。

办公建筑设计指导思想应按照中共中央办公厅、国务院办公厅下发的《关于进一步严格控制党政机关办公楼等楼堂馆所建设问题的通知》(中办发［2007］11 号) 和中纪委国家发展改革委等 7 部门部署《开展党政机关办公楼等楼堂馆所建设项目清理工作》(2007/05/31) 的有关要求，“艰苦奋斗、勤俭建国、厉行节约、制止奢侈浪费”，项目规模和建设标准严格执行原国家发展计划委员会《党政机关办公用房建设标准标准》。工程规划方案本着实事求是、因地制宜、功能适用、简朴、统筹兼顾、量力而行的原则；不占用耕地，尽量利用现有国有土地，建设规划尽量少占用土地；结合当地经济社会发展要求和项目建设条件，统筹考虑地方经济承受能力和当地党政机关办公需求，建筑功能实用，建筑规模适度；符合当地城市总体规划和土地利用的要求，综合考虑建筑性质、建筑造型、建筑立面特征等与旧城区周围环境的关系；符合国家有关节约用地、节能、节水、环境保护和消防安全等规定。

办公建筑方案设计应遵循以下原则：

（1）实事求是、控制规模，因地制宜、功能适用、简朴庄重。

（2）统筹兼顾、量力而行、资源节约、经济实用。

（3）建筑功能性、实用性与建筑的美观性相结合。

（4）建筑形式和功能方便群众、贴近人民、服务人民，体现公正透明、民主开放。

（5）以人为本，注重景观的亲人和宜人性，改善办公环境。

（6）注重城区环境，生态环保，可持续发展。

其他公共建筑项目的方案设计，应认真分析现有的基本建设条件，结合当地的经济发展水平和城市未来的发展方向，充分利用各方面有利条件，突出项目建设的积极性、合理性，利用现代化的科技手段，解决节能、环保的合理性问题。突出建筑节能和环境保护，交通组织和管理，项目管线应统筹考虑给水管、污水管、雨水管、热力管、电信电缆、电力电缆的平面和立面布局。各专业管线依据城市市政管线提供的规划预留口的位置与其相接，并满足一般技术要求和间距规定，以保证项目正常运行。

2. 建筑设计构思

建筑设计构思包括功能分区、交通组织、防火设计和安全疏散、自然环境条件和周围环境的利用、日照、自然通风、采光、建筑空间的处理、立面造型、结构选型和柱网选择等内容。

（1）住宅建筑项目建筑设计构思：主要应按照住房和城乡建设部对住宅小区舒适性、安全性、环境性、经济性等指标要求，住宅区方案总体构思应以建设现代城市居民生活理想的居住小区为目标。通过合理布置，构造小区宁静的居住环境，营造“自然、生态、和谐”的主题构思。建筑风格应注重创新居住理念，应突出住宅小区设计特点：如套型设计重在提高空间的利用率，建筑外观重在整体性和地方特色塑造，建筑技术重在可持续发展等。

（2）公共建筑（办公建筑）设计构思：设计构思应考虑建筑群体组成的形象、用地和周围环境、组织群体内部使用功能和空间等因素。平面设计应考虑建筑空间处理，根据使用功能和规划要求，合理划分；立面设计要求建筑空间处理庄重大方，建筑外观简洁鲜明，采用虚实对比，水平与竖向对比等设计手法，突出办公楼和现代建筑的特点。

3. 项目规划方案

（1）总平面布置，是民用建筑项目建设可行性研究的主要内容，包括：

1）建筑场地条件：建筑场地也称为建筑用地，它是有关土地管理部门批准划定为建筑使用的土地。建筑场地应给定四周范围尺寸或坐标。场地应与道路红线相连接，否则应设通路与道路红线相连接。场地与道路红线相连接时，一般以道路红线为建筑控制线。如城市规划需要，主管部门可在道路红线以外另订建筑控制线。建筑场地地面宜高出城市道路的路面，否则应有排除地面水的措施。场地如果有滑坡、洪水淹没或海潮侵袭可能时，应有安全防护措施。车流量较多的场地（包括出租汽车站、车场等），其通路连接城市道路的位置应符合有关规定。人员密集建筑的场地（电影院、剧场、会堂、博览建筑、商业中心等），应考虑人员疏散的安全和不影响城市正常交通，符合当地规划部门的规定和有关专项建筑设计规范。

2）建筑红线：建筑红线由道路红线和建筑控制线组成。道路红线是城市道路（含居住区级道路）用地的规划控制线；建筑控制线是建筑物基底位置的控制线。场地与道路邻近一侧，一般以道路红线为建筑控制线，如果因城市规划需要，主管部门可在道路线以外另订建筑控制线，一般称后退道路红线。任何建筑都不得超越给定的建筑红线。《民用建筑设计通则》(GB 50352—2005）规定建筑物的台阶、平台、窗井、地下建筑及建筑基础，除场地内连通城市管线以外的其他地下管线不允许突出道路红线。

3）地形图：有必要时，可行性研究报告应提交场址的地形图与厂外工程地形图。

4）风玫瑰图：在风场较强的地区，可行性研究报告应提交场址的风玫瑰图，以便在进行建筑总平面设计时，考虑地方小气候的变化，利用地形、地势，考虑建筑物的布局。

5）建筑总平面布置：是民用建筑可行性研究报告中必备的内容，总平面布置应有必要的说明和设计图纸。说明的内容主要应阐述总平面布置的依据、原则、功能分区、交通组织、街景空间组织、环境美化设计、建筑小品和绿化布置等。总平面设计图应包括如下内容：

• 地形和地物测量坐标网、坐标值；场地施工坐标网、坐标值；场地四周测量坐标和施工坐标。

• 建筑物、构筑物（人防工程、地下车库、油库、贮水池等隐蔽工程以虚线表示）的位置，其中主要建筑物、构筑物的坐标（或相互关系尺寸）、名称（或编号）、层数、室内设计标高。

• 拆废旧建筑的范围边界，相邻建筑物的名称和层数。

• 道路、铁路和排水沟的主要坐标（或相互关系尺寸）。

• 绿化及美化设施布置。

• 风玫瑰，指北针。

• 主要技术经济指标和工程量表。

• 说明栏内：尺寸单位、比例、测绘单位、日期、高程系统名称、场地施工坐标网与测量坐标网的关系、补充图例及其他必要的说明等。

6）竖向布置：是根据建设项目的使用要求，结合用地地形特点和施工技术条件，合理确定建筑物、构筑物、道路等标高，做到充分利用地形，少挖填土石方，使设计经济合理。竖向布置的目的是改造和利用地形，使确定的设计标高和设计地面能满足建筑物、构筑物之间和场地内外交通运输合理要求，保证地面水有组织的排除，并力争土石方工程量最小。竖向设计应说明设计依据，如城市道路和管道的标高、工艺要求、运输、地形、排水、供水位等情况以及土石方平衡、取土或弃土地点、场地、平整方法等。还应说明竖向布置方式（平坡式或台阶式），地表水排除方式（明沟或暗沟系统）等。如采用明沟系统，还应阐述其排放地点的地形、高程等情况。

7）管线综合：可行性研究应根据有关规范和规定，综合解决各专业工程技术管线布置及其相互间的矛盾，从全面出发，使各种管线布置合理、经济，并描绘出管线综合平面图。根据各种管线的介质、特点和不同的要求，应按以下原则合理安排各种管线敷设顺序：

• 地下管线宜敷设在车行道以外地段，特殊困难情况应采取加固措施，方可在车行道下布置检修较少的给水管或排水管。

• 地下管线应避免将饮用水管与生活、生产污水排水管或含碱腐蚀、有毒物料管线共沟敷设，如并列敷设应保证一定的安全间距。

●尽可能将性质类似、埋深接近的管线排列在一起。地下管线发生交叉时，应符合以下条件要求：a. 离建筑物的水平排序，由近及远宜为：电力管线或电信管线、煤气管、热力管、给水管、雨水管、污水管。b. 各类管线的垂直排序，由浅入深宜为：电信管线、热力管、小于10kV电力电缆、大于10kV电力电缆、煤气管、给水管、雨水管、污水管。地下管道均可以敷设在绿化地带内，但不宜在乔木下。

●管线敷设发生矛盾时应本着临时性管道让永久性管道；管径小的让管径大的；可以弯曲的让不可弯曲或难弯曲的；新设计的让原有的；有压力的让自流的；施工量小的让施工量大的原则进行处理。

（2）建筑设计方案概述：根据《城市建筑方案设计文件编制深度规定》，在方案设计阶段，建筑专业设计文件应包括：设计说明；设计图纸；透视图或鸟瞰图，必要时还应有建筑模型，具体内容如下：

1）设计依据及设计要求：计划任务书或上级主管部门下达的立项批文、项目可行性研究报告批文、合资协议书批文等；红线图或土地使用批准文件。城市规划、人防等部门对建筑提供的设计要求；建设单位签发的设计委托书及使用要求；可作为设计依据的其他有关文件。

2）建筑设计的内容和范围：简述建筑地点及其周围环境、交通条件以及建筑用地的有关情况，如用地大小、形状及地形地貌，水文地质，供水、供电、供气，绿化，朝向等情况。

3）方案设计所依据的技术准则，如建筑类别、防火等级、抗震烈度、人防等级的确定和建筑及装修标准等。

4）设计构思和方案特点：概述功能分区，交通组织，防火设计和安全疏散，自然环境条件和周围环境的利用，日照、自然通风、采光，建筑空间的处理，立面造型，结构选型和柱网选择等。

5）垂直交通设施：概述自动扶梯和电梯的选型、数量及功能划分。

6）节能措施方面的必要说明，特殊情况下还要对音响、温、湿度等作专门说明。

7）有关技术经济指标及参数，如建筑总面积和各功能分区的面积，层高和建筑总高度。其他如住宅中的户型、户室比、每户建筑面积和使用面积，旅馆建筑中不同标准的客房间数、床位数等。

（3）建筑方案设计图纸

1）平面图（主要使用层平面）：

① 底层平面及其他主要使用层平面的总尺寸、柱网尺寸或开间、进深尺寸（可用比例尺表示）。

② 功能分区和主要房间的名称（少数房间，如卫生间、厨房等可以用室内布置代替房间名称）。必要时要画标准间或功能特殊建筑中的主要功能用房的放大平面和室内布置。

③ 要反映各种出入口及水平和垂直交通的关系。室内车库还要画出停车位和行车路线。

④ 要反映结构受力体系中承重墙、柱网、剪力墙等位置关系。

⑤ 注明主要楼层、地面、屋面的标高关系。

⑥ 剖面位置及编号。

2）立面图：根据立面造型特点，选绘有代表性的和主要的立面，并表明立面的方位、主要标高以及与之有直接关系的其他（原有）建筑和部位立面。

3）剖面图：应剖在高度和层数不同、空间关系比较复杂的主体建筑的纵向及横向相应部位。一般应剖到楼梯，并注明各层的标高。建筑层数多、功能关系复杂时，还要注明层次及各层的主要功能关系。

4）设计方案一般应有一个外立面透视图或鸟瞰图，视需要而定。

4. 建筑方案选择

（1）建筑方案，建筑方案构成项目的实体。建筑方案的选择是在已选定项目建设规模、技术方案和设备方案的基础上，研究论证主要建筑物、构筑物的建造方案。

1）建筑风格与建筑艺术形式。建筑风格与建筑形式要服从建筑功能的要求，要体现业主的意见，体现时代精神、地区或民族文化特征。

2）"以人为本"与建筑设计：在充分考虑工程地质、水文地质灾害的预防、噪声、污染、视线视距干扰、消防、日照等因素，构建绿色建筑与最佳人居环境和公共空间，有条件时，定适当调低容积率，组织起恰当的空间过度，提高项目品质，提高居住区的居住质量，体现人文关怀，还能使片区功能分区更趋于合理，使片区的区域配套互补性更强，利用率更高。

3）建筑基本功能与特殊功能：在保证民用建筑项目基本的建筑功能的前提下（如居住、办公、休闲、娱乐），也应满足一些特殊功能的需要，如防火、防爆、防腐蚀、隔声、隔热等。

4）建筑特征与结构

①建筑特征：可行性研究报告应提供建筑物的面积、层数，高度、跨度，结构形式、建筑结构的类别，设计使用年限，抗震设防烈度，建筑耐火等级（分地上和地下），屋面和地下室防水等级，智能化设计和无障碍设计等基本建筑特征。

②建筑结构：可行性研究报告应明确结构设计依据，包括建筑结构荷载规范、建筑结构可靠度设计统一标准、混凝土、建筑地基基础、人民防空地下室设计规范，建筑抗震设防分类标准和建筑抗震设计规范等，以及由业主方提供的场地规划资料文件、建筑专业提供的资料图件和文件等；项目场址的自然条件应分析风荷载、雪荷载、地震作用等；结构特性应明确工程结构安全等级、设计使用年限、建筑抗震设防类别等；在地震多发区主楼结构应做抗震性能设计，以满足高烈度区对高层建筑结构的抗震要求；应说明地下室结构与基础形式；应明确钢筋、钢材、混凝土强度等级、围护、分隔墙体等。

5）建筑智能化：根据建设部《建筑智能化系统工程设计管理暂行规定》（建设［1997］290 号），在新建或已建成的建筑群中，增加通信网络、办公自动化、建筑设备自动化等功能，以及这些系统的集成化管理系统。对一些重要的办公建筑，必要时应对智能化系统进行专项的咨询和可行性研究。

6）建筑物与城市设计的协调性：民用建筑一般融于城市（镇）环境，是丰富城市风貌的建筑群体。可行性研究中应注重建筑物与城市设计的协调性。建筑物是城市规划的重要组成部分，建筑设计问题在一定程度上就是城市设计的问题，尤其是大型公共建筑，它对整个城市的形态、交通、基础设施和区域结构往往产生深远的影响，应从城市设计入手，注重整体宏观效果，通过个性独特的建筑形象，全新的空间造型，合理的人流交通组织，丰富优美的室内外建筑环境，创造具有独特环境个性与建筑特色的群体建筑，融于整个城市环境中，丰富城市景观。

项目设计应空间组织丰富流畅，不同的空间组合形式相互渗透，有机融入已形成的空间，环境给人以全新的视觉感受。因此，应注重建筑物实体的视觉效果，包括对自然山水景观的组织与利用，视觉特征物的适宜性和可视性，整体高度轮廓和体量的协调性，与传统景观的协调性等。

适当调低容积率有利于城市设计中城市轮廓线的优化和完善，有利于处理好风貌控制及不同性质建筑形态之间的风貌过渡问题，有利于区域的城市设计，使建筑物与城市设计协调。适当调低容积率，还能提高建筑项目品质，有助于提升相临地块的土地价值，有助于提高区域的居住质量、生活质量。

7）无障碍设计：城市道路和建筑物无障碍设计对残疾人、老年人等平等参与社会生活，增加自助性，减少国家、社会和家庭负担起巨大作用。建设部、民政部、中国残疾人联合会发布的《城市道路和建筑物无障碍设计规范》(建标［2001］126 号文)，对桥梁及立体交叉无障碍设施，学校、居住建筑及居住小区无障碍设计内容，明确了城市道路、建筑物和居住区无障碍实施范围，对绿石坡道、盲道、坡道、电梯、浴厕等无障碍设施设计均作了具体的规定。

（2）建筑方案比选

1）建筑方案比选是在完成项目拟建规模、落实了原材料供应以及建设场址比选等后进行的，即是在项目建设必要性和建设条件可能性通过后进行的，对项目投资经济指标具有至关重要的影响。

2）建筑方案选择的基本要求：

① 满足使用功能要求。确定项目的工程内容，建筑面积和建筑结构应满足生产的使用要求。分期建设的项目，应留有适当发展余地。

② 适应已选定的场址。在已选定场址的范围内，合理布置建筑物、构筑物，以及地上、地下管网的位置。

③ 符合建筑标准规范要求。建筑物、构筑物的基础、结构和所采用的建筑材料，应符合政府部门或者专门机构发布的技术标准规范要求，确保工程质量。

④ 经济合理。建筑方案在满足使用功能，确保质量前提下。力求降低造价，节约建设资金。

⑤ 技术改造项目的工程方案，还应合理利用现有场地、设施，并力求新增的设施与原有设施相协调。

3）建筑方案比选指标

民用建筑项目可行性研究的过程，就是通过不断进行局部方案和整体方案的比选，淘汰不可行方案，最终选择确定最优方案的过程。没有多方案的比较和优化，就没有真正的可行性研究。建筑方案比选的指标主要有形体、外观、功能分区、使用方便性、管理方便性、能耗等，必要时还可进行投资估算与运行成本的比较。

5. 主体工程、辅助工程与附属工程

（1）主体工程

根据民用建筑使用功能，主体工程是指住宅和宿舍楼，办公楼、写字楼，教学楼及教学用房、实验室、图书室（馆），剧场、电影院、俱乐部、文化馆，纪念馆、博物馆、图书馆等，体育场、馆、游泳馆等，门诊楼、医技楼、住院楼、培训中心、康复楼等主体功能建筑是构成民用建筑使用功能的实体部分。

（2）辅助工程

辅助工程也称辅助用房，附属于主体工程的附属建筑，如食堂厨房、锅炉房、洗衣房、库房、供氧、吸引、污水处理房等，以及大楼的设备用房包括变配电室、水泵房、水箱间、锅炉房、电梯机房、制冷机房、通信机房等。

（3）附属工程作为建设项目主体及辅助工程的配套性基础工程，有着其不可替代的地位。如建筑的水、电及外部基础环境等。外部基础环境如室外工程主要包括土方、道路场地、检查井、给水排水管沟、踏步、花坛以及绿化景观等。

6. 主要设备方案选择

设备方案选择是在初步确定的建筑方案基础上，对所需的主要设备规格、型号，数量、来源、价格等进行研究比选。

（1）主要设备方案选择的基本要求：主要设备方案应与选定的建设规模，产品方案相适应；主要设备之间和主辅设备之间的能力要相互配套；设备的质量可靠成熟，保证生产和产品的质量稳定；在保证设备性能的前提下，力求经济合理；对拟选设备，还应符合政府部门或专门机构发布的技术标准要求。

（2）主要设备方案选择的内容：根据建设规模、产品方案和技术方案，应研究提出所需主要设备的规格、型号和数量；通过对设备制造厂家的调查和初步询价，研究提出项目所需的主要设备来源和投资方案；当选用超大、超重、超高的设备，还应提出相应的运输和安装的技术措施方案。

（3）主要设备方案的比选：主要比选设备方案对建设规模的满足程度，对产品质量和生产工艺要求的保证程度，设备使用寿命、物料消耗指标、备品备件的保证程度、安装调试服务以及所需的设备投资等进行技术经济比较，并提出推荐方案。

（4）对引进的设备，应阐明引进理由，提供多方案比选同时还应提供技术设备来源，设备的内、外分交，技术设备的水平、报价等最直接可靠的资料，以保证引进技术设备的先进性、适用性、可靠性和合理性。

改、扩建项目应严格界定原有固定资产的利用情况。

6.5.2 公共工程配套

民用建筑项目的公共工程配套主要包括建筑的给水排水、供电及电气、供热、燃气、通风、空调等。

1. 建筑给水排水

可研报告应依据建筑专业提供的设计图纸和给水排水专业有关的规范、规程、标准，提出给水排水系统、雨水排水系统、消火栓给水、自动喷水灭火给水系统、建筑灭火器等系统的配置设计。

2. 建筑供电及电气

可研报告中对供电及电气应包括以下内容：

（1）建筑变、配电系统：负荷等级和各类负荷容量，供电电源，低压配电的变压器。

（2）建筑照明系统：照明分为重要工作照明（消防控制室、消防水泵房、设备用房、重要办公用房等）、疏散照明、一般照明。照度标准参照有关规范及国内同类建筑要求执行。照明光源应采用绿色节能光源。根据工程实际情况，设安全可靠的应急照明的自备电源，应急照明灯可采用普通灯具，综合造价降低，同时方便今后装修和调整。

（3）建筑防雷、接地及等电位联结系统：明确防雷建筑类别（一般防雷接地、保护接地、变压器中性线接地、弱电工作接地）；说明接地方式。

（4）建筑智能化系统工程：智能化系统包括一般普通电话及计算机网络通信系统、专网电话系统、卫星天线接收及有线电视子系统、安防监控系统、机电设备管理系统（BAS）、公共广播系统、车库出入计算机管理系统等，应根据民用建筑的不同功能提出设计要求。

（5）建筑电气消防设施：包括电源，线路选型及敷设，应急照明，火灾自动报警及消防联动控制系统，消防应急广播系统等。

3. 建筑供热

可研报告应按供热指标和供暖设计热指标，分析导出了居住区供暖与热水供应综合热指标。同时，根据民用建筑节能设计标准的要求，分析调整了节能型住宅的控制热指标。

根据住房和城乡建设部《民用建筑供热计量管理办法》（建城［2008］106号），新建筑设计必须实施供热计量。

4. 建筑燃气

可研报告应依据城市燃气种类及建筑物需要量，提出燃气管道的总流量，以及庭院燃气管道和室内燃气管道的相关设计。

5. 建筑暖通

可研报告应依据采暖通风与空气调节设计规范和各类建筑设计规范，以及建设方的要求，提出空调、通风与采暖设计计算的基本参数。

6. 人防设计说明

可研报告应包括人防建筑、人防给水排水（水源、给水、洗消、排水、管材），人防电气（电源、线路选型及敷设、人防电气设施、火灾自动报警系统），人防地下室防护通风等设计要求。

6.6　土地利用及移民搬迁安置方案

土地是宝贵的稀缺资源，节约土地是我国的基本国策。项目选址和土地利用应严格贯彻国家有关土地管理的法律法规，切实做到依法、科学、合理、节约用地。因项目建设而导致的征地拆迁和移民安置人口，是项目建设中易受损害的社会群体。为有效使用土地资源，保障受征地拆迁影响的公众利益，应制定项目建设用地、征地拆迁及移民安置规划方案。

6.6.1　土地资源利用分析

1. 项目用地方案

项目用地方案，应阐述项目建设地点、场址土地权属类别、占地面积、土地利用状况、占用耕地情况、取得土地方式等内容，为项目用地的合理性分析和制定征地拆迁及移民安置规划方案提供背景依据。按国家颁布的有关土地法令、政策、标准和规定，提出用地的测算方法、需求规模、时序安排、成本估算等。

（1）建设场地和土地现状：包括项目总占地面积，建设用地单位，拟用土地位置，拟占用土地权属（村、村民小组），拟用土地总面积等内容。

（2）占用耕地的补充措施：根据实际情况，项目应采取由建设单位“缴纳耕地开垦费方式”补充耕地面积，委托当地国土资源局在相关区域范围内进行耕地的补充，提出补充耕地的初步方案。

（3）项目用地方案：①项目总用地规模分类用地：包括项目总占地面积，建、构筑物占地面积，列项目分类用地一览表。②建设场区总平面设计。

2. 土地合理利用方案

概述项目建设用地是否符合当地的土地利用总体规划，如果需要调整规划，应有专题报告并经政府主管部批准。分析占地规模是否合理，是否符合国家供地政策，用地指标是否合理，是否符合保护耕地的要求，耕地占用补充方案是否可行，是否符合因地制宜、集约用地、少占耕地、减少拆迁移民的原则，是否符合有关土地管理的政策法规的要求。

应按照集约和有效使用土地的要求，精心规划布局，合理用地。在总平面布置中，根据节约用地原则及场区道路、地形、风向等特点，充分利用场地外形和地形，使建筑布局紧凑合理。

6.6.2 拆迁及移民安置分析

如果因项目建设用地需要进行征地拆迁，则应根据项目建设方案和土地利用方案，进行征地拆迁影响的相关调查分析，依法制定征地拆迁和移民安置规划方案。

应简述征地拆迁和移民安置规划方案提出的主要依据，说明征地拆迁的范围及其确定的依据、原则和标准；提出项目影响人口和实物指标的调查结果，分析实物指标的合理性；说明移民生产安置、搬迁安置、收入恢复和就业重建规划方案的主要内容，并对方案的可行性进行分析评价；说明征地拆迁和移民安置补偿费用编制的依据和相关补偿政策；阐述地方政府对移民安置规划、补偿标准的意见。

对于大型公共建筑或房地产开发建设项目移民搬迁安置，可行性研究应提出城市居民与单位搬迁、安置、补偿方案或农村居民移民、安置、补偿方案。主要包括以下内容：

（1）简述项目的地理位置、地区现状。根据工程建设方案确定征地拆迁的范围，会同地方政府和有关部门初步选定集中安置点新址。

（2）社会经济调查。对拆迁区和安置区进行抽样调查，收集社会经济现状及发展趋势等资料。了解移民中不同群体的社会经济特征和意愿、安置区的社会经济状况，以及安置区原有居民对安置移民的心态，并对调查结果提出评价。

（3）拆迁损失调查。对项目拆迁范围内损失进行调查，按农村、集镇、城镇、工业企业和专业项目5部分分别进行调查统计，包括耕地、园地、林地、牧草地，及人口、房屋、工业企业、各种专业设施、有开采价值的矿藏、重要文物古迹和其他重要对象等实物指标，并推算设计水平年的人口、房屋等动态变化的实物量。

（4）农村移民安置。应根据损失调查成果和收集的基本资料，确定生产安置人口和搬迁移安置人口，对移民安置区环境容量进行调查分析，初拟农村移民安置方案和生产恢复与开发措施：编制农村移民安置初步规划。

（5）集镇、城镇迁建。初步拟定迁建方案，初选新址地点；迁建规划的人口规模，初定新址用地规模和用地范围；提出集镇迁建总体规划、城镇迁建选址规划。

（6）工业企业迁建。根据调查结果确定工业企业的迁建原则，初拟迁建方案，进行迁建初步规划。

（7）专业项目恢复改建。对于需要恢复的专业项目，应拟定初步的处理方案。对于不需要或难于恢复的，给予合理补偿。

（8）对搬迁移民可能存在的风险及防范措施进行分析。

（9）提出下阶段做好移民安置工作有关建议和意见。

6.7 资源利用与节约（节能、节地、节水、节材）

目前，我国住宅建设和公共建筑仍然处于粗放型发展阶段，能源资源消耗高，利用率低，发展“节能省地型”住宅和公共建筑是建设领域面临的重大任务。实现发展“节能省地型”住宅和公共建筑的目标之一是从资源的循环使用中求节省。民用建筑项目可行性研究应符合这一要求。

6.7.1 建筑节能

1. 建筑节能概述

目前，我国城乡既有建筑总面积约400亿m^2，这些建筑在使用过程中，其采暖、空调、通风、照明等方面消耗的能量已占全国总能耗的30%左右，大型公共建筑单位建筑面积能耗大约是普通居住建筑的10倍左右，堪称耗能大户。然而，我国住宅建筑能耗为相同气候条件下发达国家的3倍左右，我国绝大多数采暖地区住宅外围护结构的热工性能比气候相近的发达国家差许多，外墙的传热系数是他们的3.5~4.5倍，外窗为2~3倍，屋面为3~6倍，门窗的空气渗透为3~6倍。落后的住宅生产方式与技术所造成大气污染、水污染、室内空气污染问题也比较突出。建筑用能产生的气体排放占到全国温室气体排放的25%。

因此，建筑节能是我国经济和社会发展的一项长远战略方针。随着我国经济快速发展，大力开展建筑节能工作，大幅度提高能源利用效率，民用建筑项目应按相关建筑节能设计标准采用节能设计，从源头控制建筑能耗。

近几年来，国家对建筑节能非常重视，先后颁布了《民用建筑节能管理规定》（建设部令第143号），《民用建筑工程室内环境污染控制规范》（国家标准），《公共建筑节能设计标准》（GB 50189—2005），《民用建筑工程节能质量监督管理办法》（建质［2006］192号）以及《建设部、财政部关于推进可再生能源在建筑中应用的实施意见》（建科［2006］213号），建设部《民用建筑能耗数据采集标准》（建设部公告第676号）等建筑节能规范、标准和规定。2008年，国务院又颁布《民用建筑节能条例》（国务院令第530号）和《公共机构节能条例》（国务院令第531号），住房和城乡建设部颁布《高等学校节约型校园建设管理与技术导则（试行）》（建科［2008］89号），《民用建筑供热计量管理办法》（建城［2008］106号），《北方采暖地区既有居住建筑供热计量及节能改造技术导则》（建科

［2008］126号）等规范、标准和规定。

为实现采暖居住建筑节能，必须通过建筑节能综合设计和采用节能综合技术措施。建筑节能设计着重在下几个方面：

（1）合理规划布局，争取日照，避免寒冷季风干扰。

（2）将建筑的体型系数控制在《标准》规定的限值以内，减少外围护散热面积。

（3）控制各朝向外窗的窗墙比，减少外窗散热和冷风渗透造成能耗散热。

（4）选用新型节能围护体系，如模数空心砖体系、复合墙体系、砌块体系、空心砖体系、框轻体系等。

（5）加强冷桥节点部位的保温构造设计。

（6）设置门斗，加强单元入口门的保温。

（7）当前，推行太阳能与建筑一体化的用能方式，正得到越来越多人的认可。在此背景下，越来越多的城市开始强制推广这种方式。太阳能建筑一体化技术主要包括建筑物光伏一体化技术、建筑物太阳能空调技术、建筑物其他太阳能利用技术（主要包括太阳能热利用技术及太阳能光导管照明及光纤照明技术）。

目前太阳能利用较好的是太阳能集热，即在建筑物设置各种类型的太阳能集热设施和装置，技术成熟且应用广泛。我国太阳光照条件较好的地区已实施《太阳能热水系统与建筑一体化设计施工技术规程》，规定新建建筑项目中，11层以下的居住建筑和24m以下设置热水系统的公共建筑，实现太阳能热水系统与建筑一体化设计和施工。

2. 建筑节能分析的内容

为切实做好固定资产投资项目（含规划、新、改、扩建工程）的节能评估和审查工作，根据国家发改委《关于加强固定资产投资项目节能评估和审查工作的通知》（发改投资［2006］2787号）精神和国家发展改革委《关于印发固定资产投资项目节能评估和审查指南（2006）的通知》（发改环资［2007］21号），民用建筑项目可行性研究节能章节可按以下内容编写：

（1）项目所在地能源供应条件。

（2）合理用能标准和节能设计规范（包括耗能指标，耗水指标）。

（3）项目能源消耗种类、数量及能源使用分布情况。

（4）项目节能措施及效果分析（包括耗能措施及效果，耗水措施及效果）。

节能章节应做项目能耗指标计算和分析，节能措施要有针对性，并由有关部门确认。

在推进民用建筑节能的进程中，国家加大政府投资公益性建设项目节能和大型公共建筑节能的力度，财政部下发了《关于印发国家机关办公建筑和大型公共建筑节能专项资金管理暂行办法的通知》（财建［2007］558号），国家发展改革委国家投资项目评审中心制订了《关于政府投资公益性建设项目节能、节地、节水、节材的指导意见》，可行性研究应依据上述要求做好分析论证。

6.7.2　节约用地

民用建筑项目利用的资源之一是土地资源。土地资源是有限的，不可再生的。节约土地是我国的基本国策。土地资源的永续利用是实现民用建筑项目可持续发展的物质基础，也是实现相关产业或事业发展与人居环境改善的基本前提。对于有限的土地资源，要按照可持续原则开发利用。

（1）认真执行国家土地政策，严格按国家规定的征地审批权限报批。尽量利用非耕地，少占耕地，不占良田。在地质条件许可的情况下，合理开发利用地下空间。

（2）项目总平面规划布局的技术经济指标，含建筑密度、容积率、绿地率等，应符合国家和地方的相应规定以及城市规划等主管部门的要求。

（3）对于项目远期发展用地，不应一次征用到位，应根据项目建设规划，分批征用。凡改造扩建项目，应立足于在现址用地范围内进行规划建设。

（4）项目可行性研究阶段，应有国土管理、城市规划等主管部门对征地的批准文件，符合国家的土地利用政策。

（5）政府投资公益性建设项目的土地使用应打破部门、单位界限、综合利用土地资源，能合并建设的项目应尽量合并，不宜简单按“独家独院”设计，以尽量减少土地占用。

（6）房地产开发项目应严格执行《城市房地产管理法》有关规定，即对未投资开发或投资未达到一定比例的土地，严禁转让；在一定时间内不进行投资的，政府应无偿收回，从根本上抑制炒地皮、哄抬地价现象的发生。

6.7.3 节约用水

当前，水的开发与利用和水资源严重缺乏的矛盾已日益突出，水已成为制约我国经济和社会发展的主要因素之一。节约用水应是防止水资源危机，解决供需矛盾的长期的必要的方针。住房和城乡建设部在《关于做好2008年建设领域节能减排工作的实施意见》（建科［2008］160号）中明确指出，要加快推进建设领域循环经济发展，推进节水型城市创建工作。文件要求各地要以创建节水型城市为载体，加强对城市节水工作的指导、监督，要明确城市节水的目标、任务和重点。缺水城市及南水北调工程受水城市在“十一五”期间要努力建设节水型城市。大力提倡水资源节约项目实施。各地要加强再生水的科学开发和利用，引导工业、农业、城市绿化、市政环卫、生态景观及公共建筑等加大使用再生水力度。沿海和缺水地区应因地制宜地推进海水、雨水等非常规水资源的利用。各地要加快技术改造，依法淘汰耗水量大、技术落后的生产工艺和设备，限期更换公共建筑中使用的不符合节水标准的用水器具。新建（改建、扩建）建筑工程的用水器具应符合《节水型生活用水器具标准》。

民用建筑节水应当在满足使用要求和给水排水系统正常运行的前提下，加强管理，依靠科技进步，采取先进措施，提高水的有效利用率，减少无用耗水量。民用建筑项目采取的节水措施主要如下：

1. 采用节水型设备

供水设施宜选用节水型卫生洁具及用水设施，如采用延时自闭冲洗阀式小便斗或自动感应冲洗小便斗等，其长期节水效益完全可弥补较高的初期投资。生活供水系统采用节水阀门，自闭式龙头、感应式龙头等均可起到节水作用，应积极应用。

2. 提高管材及施工质量，严格控制“跑、冒、滴、漏”

民用建筑给水系统中，“跑、冒、滴、漏”现象较为普遍，水资源浪费严重，这通常情况下与管材质量有关，也与施工质量有关。因此，提高管材、附件和施工质量，严格控制“跑、冒、滴、漏”是节约用水的途径之一。

3. 水资源综合利用

公共建筑或建筑小区宜使用经适当处理后回收再生水作为建筑或建筑小区的杂用供水系统。采用建筑再生水系统，可实现污、废水资源化，使污、废水经处理后回用，既可节省水资源，又使污水无害化，起到保护环境，防治水污染，缓解水资源不足的重要作用。但应开发新技术，研制新设备，降低再生水系统处理成本，使再生水系统得以在更大范围内推广。

4. 工程规划其他节水措施

绿化植物选择人工维护少的物种，降低人工成本和对水资源的耗费等。

6.7.4　建筑材料的节约

民用建筑项目建设除占用和消耗土地、水资源和能源外，还要大量消耗各种建筑材料。房地产开发建筑成本的 70% 以上是原材料消耗，住宅建设耗用的钢材占全国用钢量的 20%，水泥用量占全国总用量的 17.6%，建筑材料的节约也是资源利用与节约重要内容。

进入 21 世纪以后住房和城乡建设部就开展了发展绿色建筑的推动工作，于 2005 年发布了《关于发展节能省地型住宅和公共建筑的指导意见》的《绿色建筑技术导则》，明确重点要抓好“四节一环保”，即节地、节能、节水、节材和环境保护。民用建筑可行性研究中应注意在以下几方面开展节材：

（1）推广应用新型墙体材料，节约建筑材料。作为黏土实心砖的替代品，以煤矸石、秸秆、煤渣等各种工业废渣为原料的各种新型墙体材料，不仅可以提高废弃物综合利用率，减少资源和能源消耗，有效保护耕地资源，而且在隔热保温效果、降低结构造价、提高居住舒适度方面也有很大潜力。有条件的地方应大力推广高强钢、高性能混凝土等新型建筑材料。

（2）推广环境友好资源节约型建筑装饰材料与部品。建筑装饰材料与产品的费用占建筑装饰工程总产值的 60%。建筑装饰工程的设计和施工应优先选用环保和节约资源、能源的建筑装饰材料与部品。建筑装饰材料生产是资源消耗性很高的行业，大量使用木材、石材等天然材料及化工原料、金属材料，对生态环境和地球资源有重要的影响。因此要特别注意珍惜资源和节约资源，推广资源节约型产品：如节约木材，推广竹地板；合理使用石材、玻璃幕墙、铝幕墙等外围护用材。

6.8　环境影响评价

可持续发展在项目可行性研究论证中具有重要的地位，可持续发展的基本理念是：破坏自然、掠夺自然，就是破坏自己、掠夺自己；关注人，也要关注自然；满足人的需要，也要维护自然的平衡；关注人类当前的利益，更要关注人类未来的利益。中国人口众多，资源短缺，生态脆弱，在发展过程中更应加倍尊重自然规律，充分考虑资源和生态环境的承载能力，不断加强生态建设和环境保护，合理开发和节约使用各种自然资源，努力建设低投入、少排污、可循环的节约型社会，促进人与自然的和谐，实现可持续发展。

为了保护环境，国家出台了一系列法律与法规，如《中华人民共和国环境保护法》、

《中华人民共和国环境影响评价法》、《建设项目环境保护管理条例等》。按照国家的相关规定，大型项目应委托有资格的单位在提交项目申请报告之前进行专门的环境影响评价。一般项目可行性研究阶段应注重以下内容分析：

6.8.1 项目场址环境现状

1. 区域环境现状调查的内容

区域环境现状调查的内容主要包括：

1）项目地理位置；

2）项目的地质、地形、地貌和土壤情况，河流，湖泊（水库）、海湾的水文情况，气候与气象情况；

3）大气，地面水，地下水和土壤的环境质量状况；

4）矿藏，森林、草原、水产和野生动物、野生植物，农作物等情况；

5）自然保护区、风景游览区、名胜古迹、温泉、疗养区以及重要的政治文化设施情况；

6）社会经济情况，包括：现有工矿企业和生活居住区的分布情况，人口密度，农业概况，土地利用情况，交通运输情况及其他社会经济活动情况；

7）人群健康状况和地方病情况；

8）其他环境污染、环境破坏的现状资料。

2. 建设场址环境现状调查的内容

建设场址环境现状调查的内容包括：

1）环境空气质量及达到的标准；

2）地面水环境质量及达到的类别或要求；

3）声环境质量及达到的标准；

4）生态环境状况等。

6.8.2 环境影响因素识别

1. 废气：对气体排放点、污染物产生量及排放量、有害成分和浓度、排放特征及其对环境危害程度进行分析与估测；

2. 废水：对工业废水、废液和生活污水的排放点、污染物产生量及排放量、有害成分和浓度、排放特征、排放去向等进行分析与估测；

3. 固体废弃物：对固体废弃物产生量及排放量、有害成分、堆积场地及占地面积以及对环境造成的污染程度进行分析与估测；

4. 噪声：对噪声源位置、声压等级、噪声特征及对环境造成的危害程度进行分析与估测；

5. 粉尘：对粉尘排放点、产生量、主排放量、组成及特征、排放方式以及环境造成的危害程度进行分析与估测；

6. 其他污染物：对电磁波、放射性物质等污染物发生的位置、特征、强度以及对环境造成的危害程度进行分析与估测。

6.8.3 环境治理方案的可行性

在环境影响因素及其影响程度进行分析与评估的基础上，按照国家关于环境保护法律、法规的要求，对环境治理方案的工程可行性进行论证，主要包括：

1. 治理措施方案应反映废气、废水、固体废弃物、粉尘、噪声等不同污染源的排放物的性质与特点，所采用的技术与设备应满足先进性、适用性、可靠性等要求；

2. 对项目产生的废气、废水、固体废弃物等，提出回收处理和再利用方案，提高资源合理利用率；

3. 污染治理的效果应能满足有关污物排放标准的要求；

4. 项目环境影响的监测、控制方案能满足环境管理的要求。

6.8.4 环境保护设施与投资

可行性研究应列出建设项目环境保护设施与投资。

环保部门有特殊要求的民用建筑项目，如传染病医院、劳教所隔离管理区、监狱特殊病犯监区管理区、排放有毒废水和废弃物的项目（如食品药品检验试验室、医疗卫生实验室、教学实验室等），以及处于生态环境敏感区域的民用建筑项目，要单独编制环境影响评价。

6.9 劳动安全卫生消防

6.9.1 劳动安全危害因素及危害程度分析

民用建筑项目可行性研究应对项目施工和运营过程中的危害因素及后果进行分析。

6.9.2 安全防范措施

1. 管理上的防范措施，叙述管理与监督制度，提出在事故状况下的紧急处理预案。

2. 工程上的治理方案，提出安全生产工艺的选择，提出监控、监测、检验设施和防护设备的配置要求，提出防范与治理方案。

6.9.3 消防

确定应采用的消防等级，提出消防监控报警系统和消防设施配置方案。民用建筑消防设计应认真贯彻执行“预防为主，防消结合”的消防工作方针，严格遵守国家现行有关规范和行业标准，采用各种有效防火措施，防止和减少火灾危害。具体措施包括：

（1）调查场址周围公安消防机构的规模、装备，所在地公安消防队与场址的距离等，确定项目对公安消防机构的依赖程度。

（2）在方案设计中设计消火栓系统、自动喷淋系统、火灾报警系统等。

（3）按照规范设置符合国家规定的消防安全疏散指示标志和应急照明设施。

（4）消防设施日常使用管理由专职管理员负责，专职管理员应定期对消防报警、消火栓、灭火器等设施进行检查、维修和保养，及时更换过期和损坏的消防器材，确保消防设施和器材处于良好状态。

（5）加强用火、用电安全管理制度和易燃易爆危险物品的管理制度。

（6）一旦发生火情，要及时组织人员扑救，并及时报警。遇到案情事故，要注意保持现场，并迅速报警，要积极配合有关部门查明事故原因。

6.9.4 卫生

民用建筑项目应保证室内空气流通，生活用水与消防用水分开，产生医疗垃圾的项目应设置医疗垃圾收集和处理区域。

6.10 项目实施进度安排

6.10.1 建设工期

建设工期一般是指从拟建项目永久性工程开工之日，到项目全面建成投产或交付使用所需要的全部时间。建设工期主要包括土建施工、设备采购与安装、生产准备、设备调试、联合运转、交付使用等阶段。根据中华人民共和国建设部颁发《关于发布 <全国统一建筑安装工程工期定额> 的通知》（建标［2000］38 号）的文件精神，建设工期按照《中华人民共和国建设部全国统一建筑安装工程工期定额》（2000 年中国计划出版社）中的有关规定，结合工程的实际情况确定项目建设工期。

6.10.2 项目实施进度安排

项目建设工期确定后，应根据工程实施各个阶段工作量和所需时间，对时序作出大体安排，并使各阶段工作相互衔接。根据项目的实际情况，按照项目实施内容分阶段安排实施进度。

6.10.3 项目实施进度表

根据项目实施进度安排，绘制《项目实施进度计划表》（横线图）。

利用外国政府贷款或利用国外金融组织贷款的民用建筑项目，项目实施进度应按照贷款实施要求安排。

6.11 项目组织机构和人员培训

适用于项目建成后，由建设单位自行管理和维护，或出售、出租、自用，需要设机构人员对建筑进行管理、维护的项目。应本着“高效、精简、全优”的原则，确定项目组织机构和人员。可行性研究的内容包括：

6.11.1 项目组织机构和人员

项目组织机构设置和人员分项目实施阶段对项目实施管理的机构和人员，以及项目建成后对建筑进行管理、维护以及提供项目服务需要设置的机构和人员。

1. 实施阶段项目组织机构和人员

可行性研究的内容包中，如政府投资的民用建筑项目组织机构一般成立“筹建领导组”，筹建领导组下设办公室、工程建设部、程序审批服务部、资金筹措部。工程建设部主要负责项目前期筹划、工程招标、工程建设组织等具体工作。如办公用房建设项目，筹建领导组组织机构如图 6-1：

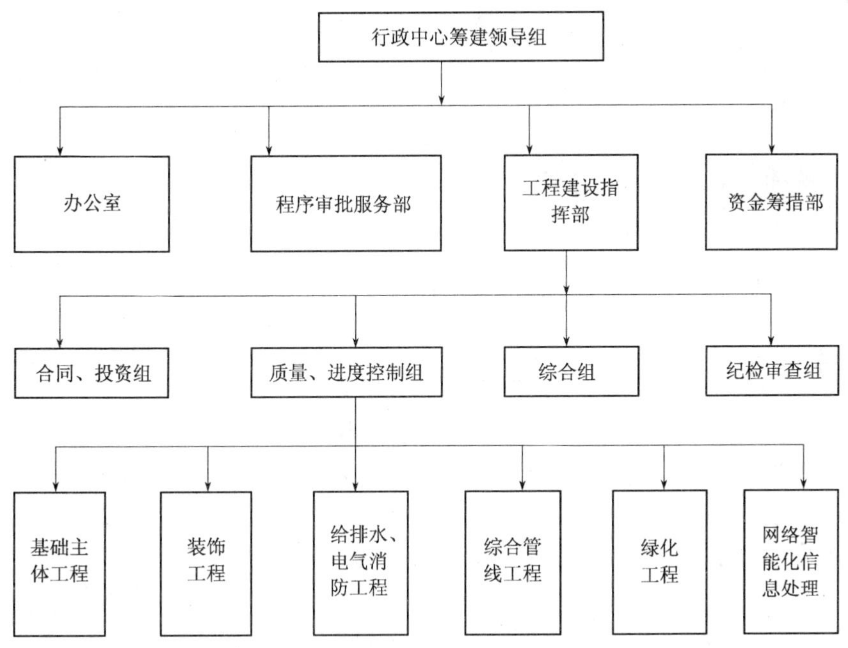

图 6-1　民用建筑项目实施管理机构图

以上政府投资的办公用房建设项目人员可从由从监察、发改、审计、财政、建设、规划、项目开发办等相关部门抽调若干名成员组成，具体工作人员及工作职能情况安排可根据项目要求确定。

其他民用建筑项目的项目组织机构和人员构成应根据项目的类型和具体要求，参照“民用建筑项目实施管理机构图”有针对性地设置。

2. 对建筑进行管理、维护以及提供项目服务需要设置的机构和人员

运营期民用建筑项目组织机构和人员主要适用于建筑项目建成后，由建设单位自行管理和维护，需要设机构人员对建筑进行管理、维护的项目。可行性研究应本着“高效、精简、全优”的原则，确定项目组织机构和人员。

具有经营性质的民用建筑项目，如医疗卫生、文化娱乐设施等公共建筑项目，应按照不同项目的运营要求，确定组织机构设置和人员安排。如医技人员的配置应根据医院诊疗业务和科研发展规划确定。

6.11.2　人员培训

1. 培训的对象和内容

民用建筑项目人员培训的对象一般包括水、电及设备维修工、保管员等。

具有经营性质的民用建筑项目，如医疗卫生、文化娱乐设施等公共建筑项目，人员培训的对象和培训的内容应根据不同项目具体确定。如医技人员的培训应根据医院要求的专业技术水平和和操作大型机器设备的能力等要求，开展培训。

2. 培训组织

一般由项目实施单位组织对上述人员的培训。

以上内容应根据项目的实际需要编写。

利用外国政府贷款或利用国外金融组织贷款的民用建筑项目，应按照外国政府贷款或利用国外金融组织贷款要求落实项目管理方案。

6.12 投资估算与资金筹措

6.12.1 投资估算

1. 估算从项目开工建设到竣工使用需要多少投资是项目可行性研究的重要内容之一。项目总投资包括建设投资、建设期利息、流动资金投资三大块。它不仅估算项目建设需要的资金数量，也是制定融资方案、评估项目运行成本、计算投资收益的基础了。根据国家规定，可行性研究报告的投资估算的误差率一般要控制在 +10% ~ -10% 左右。

工程造价与项目建设投资只是在不同经济范畴内对同一事物的不同称谓。项目建设投资是从投资人的角度考察项目的资本费用，多用于项目前期工作；工程造价往往是从设计、施工单位的角度考察项目预计或实际发生的费用，多用于项目实施阶段。但是，项目前期的投资估算，特别是建设投资估算，又大多依照工程造价进行估计的，具体内容可参照本书第二部分第 1 章。

2. 投资估算编制依据、原则。民用建筑项目投资估算主要应依据《城市建筑方案设计文件编制深度规定》和《建设项目投资估算编审规程》。依据单位工程估算表，编制各专业汇总估算表，其他费用计算表及总估算表。

3. 流动资金估算系指运营期内长期占用并周转使用的运营资金，一般采用分项详细估算法，个别情况或者小型项目可采用扩大指标法。铺底流动资金是项目资本金中的一部分，按照国家现行规定，这部分资金必须单独计列入投资计划。占用流动资金的民用建筑项目，铺底流动资金不落实的，国家不予批准或核准，银行不予贷款。

6.12.2 资金来源与融资方案

民用建筑项目的资金筹措也是可行性研究的重要内容，也是项目建设的重要保障。民用建筑项目的融资应着重分析下列内容：

1. 确定项目融资主体，融资方式分为既有法人融资（改扩建项目）和新设法人融资（新建项目）两种。

2. 在投资估算的基础上，分析建设投资和流动资金的来源渠道及筹措方式，并在明确项目融资主体的基础上，设定初步融资方案。

3. 确定资本金的来源渠道和筹措方式，应根据项目融资主体的特点选择来源渠道和方式筹措。明确项目资本金来源（政府投资、民间企业投资、捐赠、利用外资、利用外国政府贷款或利用国外金融组织贷款）及结构。

4. 债务资金筹措应对项目拟采用的债务资金来源及数量予以说明，明确债务资金结构、借贷条件。

5. 融资方案分析，对初步融资方案的资金来源充足性、融资结构合理性、融资成本的高低，融资风险的大小进行分析，比选、确定融资方案。利用外国政府贷款或利用国外金融组织贷款的民用建筑项目，应落实国内配套资金。

项目资本金要按照国务院的有关规定，依据不同行业和项目的经济效益等因素，资本金占项目总投资的20%、25%和35%三个档次比例进行落实。

6.13　经济分析

本节所称经济分析是对应着法律、政策、技术、环境、社会等方面的分析，是从“节省”货币资金、提高投资收益的角度研究项目，而不是从“经济学”的角度研究项目，严格地说只是项目实体的财务分析。从项目经营者财务管理的角度看，民用建筑项目可划分为营利项目和非营利项目。

6.13.1　营利性项目的财务分析

营利项目，如住宅或办公楼宇，要求估算项目开发成本、经营成本、营业收入、利润，进行融资前盈利能力分析，通过初步设定的融资方案，进行融资后盈利能力、偿债能力、生存能力分析，并进行融资方案优化。具体分析方法可参见国家发展和改革委员会发布的《建设项目经济评价方法与参数》（第三版）。

6.13.2　非营利项目效益分析

非营利项目可由政府投资和非政府投资。政府投资的民用建筑大体上分为两类：

（1）完全没有收入的公益性建筑（含政权建设用建筑）。全部由政府出资，实行代建制，建成后移交政府有关机构使用。这类项目应进行财务生存能力分析，估算每年的经营费用，提出每年财政补贴具体建议。

（2）有部分收入公益性建筑（含部分大型公共建筑）。没有常规经营收入、或虽有经营收入但入不敷出，或实行收支两条线的经营模式的民用建筑项目，可以全部由政府投资（如国家博物馆、国家图书馆），也可以吸收社会资本参与。这类项目可进行成本——效果分析进行方案比选，同时可通过生存能力分析确定收费标准或财政补贴数额。

（3）利用外国政府贷款或利用国外金融组织贷款的民用建筑项目，应单列“外资利用方案”独立章节，进行贷款偿还分析和贷款汇率、利率风险分析。经济分析应符合贷款国或国外金融组织的有关要求。

6.13.3　社会效益分析

大部分非营利性公共建筑项目有显著的社会效益，可行性研究应根据项目的具体情况，定性（有可能的话定量）描述项目对地区经济、群众生活、环境治理、文化遗产保护等效益。

6.14 社会评价

科学发展观是以人为本的发展观，强调人是最宝贵的资源，促进人的全面发展是发展的最终目的和最深厚的动力。这就要求项目可行性研究应从项目可能产生的社会影响、社会效益和社会可接受性等方面，判断项目的社会可行性，提出协调项目与当地的各种社会关系、规避社会风险、促进项目顺利实施的对策建议。由于民用建筑大多在城市规划区内兴建，不可避免地会与项目所在地的利益相关者发生利益冲突，这些利益冲突解决不好可能会成为项目实施的重要障碍，因此社会评价逐渐成为民用建筑项目可行性研究重要组成部分。

社会评价适用于那些社会因素较为复杂，社会影响较为久远，社会效益较为明显，社会矛盾较为突出，社会风险较大的投资项目。对于可能会使部分项目目标群体的利益发生重大改变的项目，如城镇与农村扶贫项目、搬迁项目，应进行详细的社会调查，识别与项目有关的所有利益群体，分析拟建项目对各类群体的影响与项目受个别利益相关者的社会影响，分析利益相关者的诉求，提出解决问题的方案，化解社会风险。

民用建筑项目的社会评价应围绕着以下几个方面进行：

6.14.1 项目对社会的影响分析

项目的社会影响分析，重在分析预测项目的实施可能对所在地区产生的正面影响和负面影响，主要从以下方面分析：居民收入；居民生活水平和生活质量；居民就业；不同利益群体；弱势群体；文化，教育，卫生；当地基础设施，社会服务容量和城市化进程等；少数民族风俗习惯和宗教；通过以上分析，对项目的社会影响作出评价；编制项目社会影响分析表。

6.14.2 项目与所在地区的互适性分析

互适性分析主要是分析预测项目能否为当地的社会环境，人口条件所接纳，以及当地政府、居民支持项目存在与发展的程度；考察项目与当地社会环境的相互适应关系。具体从以下几方面进行分析：利益群体对项目的态度及参与程度，各级组织对项目的态度及支持程度，地区文化状况对项目的适应程度。

通过项目与所在地的互适性分析，就当地社会对项目适应性的可接受程度作出评价，编制社会对项目的适应性和可接受程度分析表。

6.14.3 社会风险分析

项目的社会风险分析是对可能影响项目的各种社会因素进行识别和排序，选择影响面大、持续时间长，并容易导致较大矛盾的社会因素进行预测，分析可能出现这种风险的社会环境和条件，编制项目社会风险分析表。

6.14.4 社会评价结论

应对项目的社会评价是否可行进行分析总结。

利用外国政府贷款或利用国外金融组织贷款的民用建筑项目，社会评价应符合贷款国或国外金融组织的有关要求，研究重点一般为征地拆迁和移民安置等内容。

6.15 风险分析

风险分析应贯穿于可行性研究的各个环节和整个过程。通过可行性研究来预测、预报和预警项目存在的潜在风险因素及其危害，提出规避各种风险的对策措施，对建立健全风险决策机制，实现项目全过程风险管理，都将起到重要作用。

民用建筑项目风险分析内容包括：

6.15.1 风险因素的识别

民用建筑项目可能遇到的风险因素包括：投资环境风险、地质风险、设计和技术风险、市场风险、原材料风险、布局安全风险、工程建设风险、资金风险、汇率风险、社会风险等。

6.15.2 风险评估

根据项目的具体情况，对各个风险因素可能对项目效益造成的损失与发生的可能性进行估计，并依估计的结果判断其对项目的影响程度。

6.15.3 风险防范对策

在预测主要风险因素及其风险程度后，根据不同的风险因素提出规避和防范对策。在可行性研究阶段风险防范的主要对策有以下几种：风险回避；风险控制；风险转移；风险自担。

利用外国政府贷款或利用国外金融组织贷款的民用建筑项目，风险分析的重点主要应放在贷款汇率、利率风险分析等方面。

6.16 可行性研究结论与建议

可行性研究的结论必须客观公正科学，经得起推敲。既要务实，又要有远见；既要可行，又要考虑到实现目标的困难；不能照搬前人已经多次重复的内容，要有一定的创新；不能脱离现实，超越建设单位的能力而制定出一些无法实现的目标。对项目建设的可能性和可行性，经济上的盈利性和合理性，项目投资建设的必要性，技术上的先进性和适用性作出明确的结论。

可行性研究的结论应包括以下内容：

1. 从市场预测、原材料燃料供应、项目建设条件、社会影响、建设规模与产品方案、建设条件与场址方案、工程技术方案、项目实施条件及计划、经济与社会评价、风险与竞争力分析等方面描述推荐方案的主要内容和论证结果。应阐述方案论证过程中的不同意见和方案存在的主要问题。

2. 描述未被推荐的主要比选方案，说明优、缺点及未被推荐的理由。

3. 编制项目的主要技术经济指标汇总表。
4. 通过对推荐方案的分析论证，明确提出项目和方案是否可行的结论意见。
5. 存在问题及建议，提出对项目下一步工作安排的意见和建议。

6.17 附图、附表、附件

1. 附图

项目总体规划图、各类型建筑方案图、平立剖面图、辅助工程主要配套措施图。

2. 附表

技术经济指标汇总表（报告中）、建设投资估算表、财务分析基本报表（可选）。

3. 附件

可行性研究以前的相关文件（项目建议书批复）、环保部门对项目环境影响的审批文件、项目所在地政府有关场地、建筑规划、拆迁等批复文件、有关水电气燃气的供应协议、项目资金来源的承诺函等。

第 7 章　几类民用建筑可行性研究的重点

7.1　房地产开发项目可行性研究的重点

（1）房地产开发项目的特点。以住宅为主的房地产开发是较复杂的综合性行业，除了具备一般行业所具有的生产、流通、消费和服务特征外，还具有投资额度大、生产周期长、资金周转慢、产品体量大、生产环节多、经济风险与社会环境影响大等特点。房地产开发投资与一般建设项目投资的主要区别在于：一般工业建设项目是先投资，再生产产品，而房地产开发项目投资的过程本身就是房地产商品的生产过程。

因此，房地产开发项目总投资即为房地产产品的总成本费用之和。参照新的会计制度的规定，房地产开发项目总投资（即总成本费用）由开发成本与开发经营费用两大部分构成。房地产开发投资项目的财务效益主要表现为生产经营过程中的销售收入；财务费用主要表现为开发项目总投资、经营成本和税金等各项支出。根据开发经营方式的不同，房地产开发经营又分为销售、租赁、自营或销租、销售、租售、租营等混合经营多种方式。房地产开发投资区别于一般建设项目投资的这一特点，是房地产开发项目可行性研究报告编制需要把握的基本要点。

（2）房地产开发项目可行性研究的重点。当前，我国房地产开发项目是以供给为导向，以盈利为目的的房地产生产、流通、消费、服务经营行为。项目可行性研究及评估的侧重一般在市场定位、项目选址、产品定位、城市及项目规划设计、经营方式、租售价格的确定、财务分析、营销服务、市场及项目风险分析等方面，关注点是市场需求和开发商的利益。近几年来，国家对房地产业进行宏观调控，在一定程度上使一些地方或部分住宅价格理性回归，商品房尤其是普通房的价格，越来越受到消费者尤其是普通消费者的关注。因此，房地产开发项目可行性研究的重点还应侧重于消费者的诉求与公平，侧重于国家对房地产发展方面的政策（包括金融政策）和市场宏观趋势的把握，侧重于人与生态环境的和谐，侧重于人与城乡经济的协调等方面。

7.2　政府投资民用建筑项目可行性研究

政府投资的民用建筑很多，如各级党政机关办公用房，各类事业单位办公用房和特殊业务用房，监狱和劳教部门特殊用房，武警部队营房建设等，国家口岸联检楼及口岸查验设施建设，医疗卫生、教育文化事业建设项目等公益性建筑项目，大型公共建筑项目等。

政府投资的民用建筑大体上分为三类：完全没有收入的公益性建筑（含政权建设用建筑）、大型公共建筑、有营业收入的非营利性建筑（如公立学校医院和廉租房）。公益性建筑项目没有营业收入，所以全部由政府出资，实行代建制，建成后移交政府有关机构使用。大型公共建筑项目有些完全没有常规经营收入、或虽有经营收入但实行收支两条线的经营模式，可以全部由政府投资（如国家博物馆、国家图书馆），也可以吸收社会资本参与。廉租房由政府投资、以租养房。

政府投资的民用建筑项目的可行性研究报告重点阐述政府投资的理由、代建制的方案分析、政府投资方式的选择（直接投资、投资补助、资本金注入）、政府性资金的支付计划、经常性经营资金补助的数额。

个别项目还可以对政府的政策选择提出建议。

公益性民用建筑的社会作用一般不容易量化，更不易货币化，所以应当进行定性分析，必要时可以通过社会调查说明社会影响。

贯彻落实科学发展观，进一步加强政府投资项目的可行性研究。根据国家发展改革委国家投资项目评审中心《关于政府投资公益性建设项目节能、节地、节水、节材的指导意见》，凡属财政补贴或拨款的建筑应全部率先执行建筑节能设计标准，项目可行性研究与评价的内容应符合这一要求。

政府投资项目工期长、投资大、社会影响广，建设过程中存在诸多风险，政府投资风险主要体现为资源浪费严重、缺乏后评价体系。为提高政府投资经济效益和社会效益，政府投资项目可行性研究应重视分析和防范政府投资项目风险（包括对实施代建制后可能产生的风险），加强政府投资项目风险控制和管理措施分析。

7.3 企业投资民用建筑项目可行性研究

企业投资以营利为目的。企业投资的民用建筑包括商品房住宅、商场、写字楼、宾馆饭店、娱乐场所以及营利性医院和学校。

对于企业投资的民用建筑项目，市场分析与需求分析是可行性研究的重点。如房地产开发项目中，市场细分主要工作解决产品销售的目标群体的问题，不同的群体对于项目周边环境、建筑规模、户型设计、装修水平等都有不同要求，对于这些内容可行性研究报告中都应有详细描述。需求分析决定着民用建筑的整体规模、场址选择、销售方式、资金组合等项目要素。

企业投资项目资金筹措也是重要篇章。以最少的资金投入获取最多的利润是成功企业投资的共同模式。房地产市场的“按揭”就是利用客户买房的欲望，把客户的钱先“套”过来用于项目建设，这样可以少向银行借钱、少花自己的钱，同时为自己赚得满钵金银。除常规的项目资本金与借款资金外，如何利用“按揭”为项目筹资也是可行性研究的重要篇章，对于投资人进行投资决策十分重要。

对于以自营为主的民用建筑项目，如商场、宾馆、学校、医院，合理确定服务价格对于投资回收、还本付息、获取利润都是至关重要的。

7.4 大型公共建筑项目可行性研究侧重点

“大型公共建筑”是指能够同时向大量公众提供服务的建筑物。如大型国家机关办公建筑、剧院、体育场、学校、医院等。

大型公共建筑一般有以下几个特点：担负着特定功能；能同时为大量的人流提供服务；与城乡规划联系紧密；建筑风格与造型迥异，往往成为地标性建筑；建筑结构特殊；建筑体量较大；建筑与装饰标准相对较高；公众的关注程度远远高于一般性的民用建筑；项目往往体现政绩，决策受地方行政领导干预较大。

大型公共建筑的可行性研究的重点为：与城市规划的符合性与协调性、建筑风格与周边环境的协调一致、发展的充裕空间、建筑结构的安全性、交通环境、专业功能实现的程度、市政设施配套、公众安全设施、配套设备的先进性与可靠性、财务生存能力与盈利能力（尤其是特许权经营项目）。对于搬迁量大的项目，还必须做好社会评价工作。如果项目有政府投资，还应有政府投资项目可行性研究通常应把握的重点问题。

可行性研究应根据建设部、国家发改委、财政部、监察部、审计署印发的《关于加强大型公共建筑工程建设管理的若干意见》，大型公共建筑鼓励设计方案国内招标，避免盲目搞国际招标，可行性研究侧重点主要是建筑方案的可行性。

大型公共建筑是国家推行节能减排的重要建筑之一，可行性研究和项目评价的内容应符合国家大型公共建筑项目建设节能评估和审查的要求。

大型公共建筑设计强调艺术性，可行性研究在处理建筑与艺术的关系时要注意以下几个方面：

1. 贯彻“适用、经济、美观”的建筑方针。适用与美观反映出建筑的基本要求，适用是满足人们物质生活的要求，美观是满足人们精神生活的要求，都是必不可少的；经济则是满足这些要求的必要条件。

2. 提倡“时代精神、民族传统、地方特色”的建筑艺术创作方向。时代精神是创新，民族传统是继承，地方特色是个性，都是必须兼顾的。

时代精神，从内涵上讲，应是反映出一种积极向上、简洁明快、标新立异，向自然挑战的气势；从形象上讲，则追求几何形体的流动性、倾斜、分解、变形，以产生新奇险绝的视觉效果，强调感官刺激。这种形象的变幻，与时代的节奏正好合拍，能振聋发聩，给四平八稳的传统建筑艺术吹来一股新风，其常用的手法有：

（1）曲面体。建筑物通常的概念是方方正正的，曲面体有打破常规之感，往往成为时代精神的重要代表形象。不同的曲面用在不同的建筑中，体现出不同的冲击力，与建筑的现代功能内容取得很好的呼应。

（2）球形体。球形体在具有曲面体的自由性之外，更兼有一种规整的灵动之感，有助于强调主体和中轴线。

（3）圆柱体。圆柱体兼具方与圆的双重特性，既挺拔又活泼，比球形稍显规整，但仍充满现代感。同为圆柱体，却因其大小、多少、隐现的不同，及与其他部分结合处理的不同，产生了不同程度的动感效果。

（4）构架。构架是将形体由体、面变成线，这符合现代建筑的另一个特点，既是轻巧，又可将构架加粗，由线向面转换，则可在轻盈中产生强烈的粗犷感。

（5）块体的结合。块体结合，可以是对垒，也可以是穿插，能产生一种突然冒出、强行插入的新奇概念和动感，这些建筑物都因产生了变异，使人有眼前一亮的感觉。

（6）体型的分割。常见的是对体型作竖向和横向处理。竖向处理，是建筑物挺拔向上，如直线分割，或弧线分割，使建筑物舒展开阔，要使这些传统手法产生现代感，很重要的一点是精致而新颖的细部处理，横竖分隔的方法，采用板和线，宽和窄，断和连，可产生各不相同的丰富多彩的效果。

（7）顶部的处理。建筑物的顶部，如同人体的头部，处理好了往往成为点睛之笔，不处理则会失去神态，建筑物顶部处理手法得当，对建筑起了画龙点睛的作用。

3. 处理好创新与继承的关系。创新与继承是建筑设计中的一个永恒主题，没有继承不能延续文脉，没有创新也就不能发展前进。我国20世纪50年代末以北京十大建筑为标志的“中而新”建筑艺术创作高潮，便是杰出范例。创新中应有继承，继承中应有创新，两者的密切融合应是建筑创作的最终目标。这样做，使建筑物有特色、有个性，可以避免出现千城一式，千楼一面的局面。

4. 民族传统与外来风格的关系。我国的民族传统建筑形式，是几千年文化的积淀，是享誉世界的国粹。凡对民族传统有特殊要求的建筑，都应尽力将民族传统建筑形式给予充分展示；对大量的其他建筑，在体现时代精神的过程中，则不可避免要接受外来的建筑风格，但应力求避免盲目抄袭，创出一条自己的借鉴之路。

5. 形象与文化的关系。建筑语言是一种形象语言，以点线面体，方园折曲，敧正残整，横竖高矮等等几何形体拈手可得，而建筑所包含的深刻文化内涵却需要付出巨大劳动才能挖掘出来。因此，形象不知所云的形神脱离现象，往往成为建筑创作中的一大弊病。在设计中，力求使两者紧密结合起来，获得良好效果。

6. 实体与空间的关系。我国建筑创作中历来有“计白当黑”的说法。实体与空间是相辅相成的两个对立面，适当地营造空间，可以很好地映补建筑实体，造成虚实相生的生动形象。一个重要的手法是下沉式广场空间的利用，既改善了地下室的使用条件，又造成了内外空间丰富多变的视角。

7. 风格与比例尺的关系。风格代表一种文化现象，不同的建筑风格反映出不同时代地域的深层文化；比例是美学中重要的基本规律，如三段式、黄金分割的形体、几何图形的优化、横向起翘、竖向收分、柱距变化等等；尺度是指与人相近的小尺度和与环境协调的大尺度。随着时代的变迁，地域的改变，风格总是在不断地变化，过时的成为民族传统，异地的成为地方特色。但比例与尺度则是不变的，不论在何时、在何地，优秀的比例尺度具有永恒的魅力。风格可以不讲究，没有必要在每一幢建筑物的设计中都去跟风逐浪，但比例与尺度却千万不能马虎，这应是在建筑创作中的深刻记取。

8. 单体与环境的关系。建筑物在环境中，与周围建筑及环境取得统一，应是居首位的，建筑物本身的处理则应退居次位，以遵循先整体、后单体的原则。这里有两个概念，即主次与协调。首先看建筑物在环境中的地位，若是为主，应充分强调，若是为辅，应作为陪衬而淡化。需突出处要强调相异点，需协调处要强调相同点，这是单体与环境统一的重要手法。

7.5 风景园林项目可行性研究侧重点

风景园林是一类特殊的民用建筑，它在河流、湖泊、山丘等自然景观的基础上，建造供游憩或宗教朝圣的建筑，景与物合二而一，从整体上构成了一类民用建筑。有些景区可能很小，如苏州园林；有些景区可能很大，如黄山景区。小的景区，景区与民用建筑可以算为一体；对于大的景区，区内建筑物与景区就不是一回事。有些景区以自然景观（实物）为主，有些景区以人文（文化、民俗、传说）景观为主，有些景区是自然与人文景观兼而有之。

风景名胜区及项目开发必须贯彻国务院“风景名胜区管理条例”的要求。风景名胜资源是全人类共有的不可再生的资源，项目开发必须体现人与自然和谐相处、区域协调发展和经济社会全面进步的要求，坚持保护优先、开发服从保护的原则，突出风景名胜资源的自然特性、文化内涵和地方特色。

风景区内进行建筑活动应符合风景名胜区规划，可行性研究的重点为人造景观与景区规划符合度、对现有自然景观的影响、对景区生态影响、对人文景观的影响、对利益相关群体的影响、建筑风格保持、环境与生态保护、文化遗产保护、游客容量控制等。

7.6　新农村建设项目可行性研究侧重点

我国城市化发展迅猛，城市不断扩大，老的城乡结合部变成新城区后，新的城乡结合部又发展起来，这部分新区的建设应当有别于城市建设，按新农村建设的模式进行。新的《城乡规划法》明确了城市与镇的规划范围，二个规划范围都包括城乡边缘区。在城乡边缘区新的民用建筑群应当择优选址，符合规划的要求，涉及搬迁的要做好安置及补偿，要注意节地、节水，要关注污水及垃圾的集中处理，要注意保留农（林、牧）业生产必须的场地，要注意保留民风民俗。

新农村建设项目可行性研究应处理好以下关系：

1. 新农村建设与现代农业建设的关系，要注意防止和及时纠正忽视发展农业生产的倾向；

2. 新农村建设与村庄建设的关系，不能违背农民意愿、不讲条件、搞不切实际的大拆大建，更不能在新农村建设中搞形象工程；

3. 新农村建设与城镇化的关系，两者是统筹城乡发展、推进现代化进程的两个重要方面，相互促进、相辅相成；

4. 增加投入与创新体制机制的关系，特别是要探索建设项目的民主决策机制、建设资金的筹集和融资机制、项目建设的监督管理机制等；

5. 政府引导与农民群众为主体的关系，在发挥政府引导作用的同时，更要充分调动广大农民的积极性。当前和今后一个时期，各地要紧紧围绕提高农业竞争力这一主线，加快农业科技进步与创新，改善农业生产与物质装备条件，深化农业结构调整，提高农产品质量，转变农业经营方式并加强对农业的支持保护；

6. 以循环经济促进新农村建设。

7.7　地下构筑物项目可行性研究侧重点

本节所涉及的地下构筑物主要包括地下防空、地下停车、地下商场、半地下住宅等。有些地下构筑物是独立项目，有些不是独立项目。地下构筑物类可行性研究最主要的是安全，包括结构安全、防火安全、人行或车行通道安全、供电安全、通风、防渗、排水等。

地下构筑物项目可行性研究应符合住房和城乡建设部《城市地下空间开发利用管理规定》的有关要求，工程建设方案按照地下工程防水技术规范，突出地下防水和安全，并注意地下水开发利用保护方面的分析。

城市地下空间开发利用，地下工程建设中存在无法回避的高风险。可行性研究应侧重地下空间开发项目的风险分析。

7.8 利用国际金融组织和外国政府贷款民用建筑项目可行性研究侧重点

国际金融组织和外国政府贷款（以下简称“国外贷款”）主要包括借用世界银行、亚洲开发银行、国际农业发展基金会等国际金融组织贷款和外国政府贷款及与贷款混合使用的赠款、联合融资等投资项目。

国外贷款属于国家主权外债，按照政府投资资金进行管理。国外贷款主要用于公益性和公共基础设施建设，保护和改善生态环境，促进欠发达地区经济和社会发展。因此，利用国外贷款的项目建设要符合公益事业项目建设条件，符合申请贷款的国际金融组织和外国政府支持方向。

国外贷款项目可行性研究应符合国家发改委第28号令《国际金融组织和外国政府贷款投资项目管理暂行办法》和国家发展改革委办公厅《关于进一步改进外国政府贷款项目前期工作和加强实施监管的通知》(发改办外资［2008］1969号）要求的有关内容。

除一般项目可行性研究的内容外，国外贷款可行性研究还要着重叙述：

1. 利用外国政府贷款的目的和意义。

2. 贷款国别的选择和比较（外国政府贷款国别比选指引）方案。

3. 利用外资方案

（1）贷款来源和贷款条件：贷款机构、贷款国别、贷款使用领域、币种、利率、汇率、费率、贷款期限、还款期、宽限期；

（2）贷款类别的初步选择：一、二、三类的选择；

（3）贷款的借用、使用、担保和偿还责任；

（4）申请贷款额度、使用范围及比例，用于土建、设备、材料、咨询、培训等方面的资金安排；

（5）招标和采购要求及内容，贷款使用计划、比例，国内转贷和采购计划，贷款借、用、还过程的管理。

4. 国外贷款的偿还

（1）贷款偿还方式和计划；

（2）偿还资金的来源；

（3）项目自身的偿债能力（项目承担单位财务生存和发展能力；项目建设地地方财政能力）。

5. 风险预测和分析

侧重于国别风险、法律政策、市场、建设、外汇、利率、环保、资源等方面。

第 8 章　民用建筑项目评估与房地产项目经济评价方法

8.1　民用建筑项目评估

项目评估与可行性研究是任何投资项目前期两项必要且相互关联的工作，民用建筑项目也不例外。可行性研究是编制单位受投资人（政府或企业）的委托，以市场或社会需求研究为出发点，按照国家有关的政策，综合考虑资源条件、产业政策和行业规划，为投资人进行方案设计与选择。项目评估是咨询单位受政府或企业投资人或银行的委托，本着科学、客观、公正的态度，对项目可行性研究报告进行目标的合理性、规划的符合性、方案优选、数据与资料的可靠性、方法的科学性、结论的合理性等方面进行论证。

投资体制改革决定颁布后，不同的委托人对评估的重点要求不同。政府委托的评估项目，侧重于评估项目的外部影响，如项目的环境影响与社会影响，财政配套资金的满足程度等；银行委托的企业投资项目，重点评估融资主体的偿债能力；企业投资人委托的评估，重点评估项目的盈利能力、资金的流动性与财务风险等方面内容。

做好民用建筑项目评估，必须慎重选择评估单位。入选的评估单位应当有工程咨询执业资格；应当能遵循“公正、科学、可靠”的宗旨和“多谋、敢言、善断”的行为准则；在综合业务、组织管理和专业人才方面有实力。选择评估单位可以采用公开招标、邀请招标、征求意见书、两阶段招标、竞争性谈判和聘用专家等方式。

2004 年国务院发布了投资体制改革的决定，为我国工程咨询评价工作翻开了新的篇章。从投资主体将项目（包括民用建筑项目）分为政府投资项目和企业投资项目。在这种新形势下，民用建筑项目评估或评价应重点关注以下方面的问题：

1. 强调规划咨询和项目规划背景研究在项目前期论证中的重要性。

规划是为经济社会发展而制订的中长远蓝图，可以分为总体规划、区域规划和专项规划。

在新的投资体制下，各级政府将会十分重视规划对具体投资项目的导向作用。在项目评估论证中要抛弃“就项目论项目”的传统做法。孤立地“就项目论项目”，割裂投资项目与整体战略规划之间有机联系的传统做法将被摈弃。强调项目的提出应有其特定的总体规划、区域规划、专项规划或企业发展战略规划背景，强调从整体战略的角度来论证项目。

2. 重视需求评估和市场分析。

随着投资体制改革的深化，投资项目前期咨询应按照完善社会主义市场经济体制的要求，在国家宏观调控下充分发挥市场机制的作用，营造有利于各类投资主体公平、有序竞争的市场环境。

这就要求项目评估要关注国际、国内市场的融合和相互影响，加强市场需求预测、价格走势的分析、产品市场竞争能力分析以及市场风险分析，强调市场分析在项目的前期论证评价中的重要性，确保所投资的经营性项目确实属于市场真正需要的项目，以便减少盲目性，发挥市场对资源配置的基础性作用。

对于非经营性的民用建筑项目，要特别关注需求的评估。非经营性项目一般为基础设施和公益性项目，项目的建设与社会公众的利益密切相关。项目建成后能否真正满足社会公众的实际需要，成为对这类项目进行评估论证的重点。这类项目分析评价方法不同于一般经营性项目的市场调查和预测等分析研究，往往需要对项目的利益相关者进行调查、访谈，收集相关资料，了解社会需求，进行分析评价，以便论证项目建设的必要性。

3. 重视项目方案的内在逻辑分析

可行性研究及工程咨询评估报告从重视形式转变为重视内容。过去在可行性研究中存在“追求可批性、戏说可行性”的情况，一些可行性研究报告的编写，往往是一些大量的、繁琐的、甚至是无用的资料的堆砌，各部分之间缺乏内在的、统一的逻辑推理分析，不重视系统性及原因、结果，条件、目的等逻辑分析。

可行性研究报告等项目前期论证文件的编写，应强调投入与产出之间、项目直接目标与宏观目标之间，目标体系与评价指标之间，外部假设与配套条件之间的逻辑关系分析，通过可研报告各组成部分之间的逻辑关系分析和推理判断，最终得出项目是否可行的结论。

4. 不同类型项目前期论证研究各有侧重

过去的可行性研究报告包罗万象，内容十分繁杂。随着政府职能的转变，政府作为社会公共事务的管理者在履行公共管理职能时，对项目的审批、核准和备案的内容，与项目业主、投资者、贷款银行对项目关注的重点将会明显不同，从而对投资项目前期咨询的内容及侧重点提出不同的要求。

5. 企业投资项目强调要在有关政策规划指导下，从企业发展战略的角度论证项目建设的必要性。

投资体制改革，强调要彻底改革现行不分投资主体、不分资金来源、不分项目性质一律按投资规模大小分别由各级政府及有关部门审批的企业投资管理办法。

对于企业不使用政府性资金投资建设的项目，一律不再实行审批制，区别不同情况实行核准制和备案制。这种改革对企业投资行为的影响将是深远的。过去，企业编制可行性研究报告，其核心目的是为了获得政府有关部门的审批。

今后，政府不再直接审批企业投资项目的可行性研究报告，而是强调间接引导企业投资行为。这就要求企业在投资项目的前期论证中，不是从政府审批的角度，而是重点从企业自身发展战略的角度进行评价论证，分析项目的投资建设与有关政策规划及企业发展战略之间的关系，分析如何从实现企业发展战略目标的角度来筛选投资机会。

6. 方案比选与优化。

投资项目的工程技术方案比选和优化是项目前期论证的关键内容。投资项目可行性研究等前期论证的过程，就是通过不断进行各种局部方案和整体方案的比选优化，淘汰不可行方案，最终选择确定最优方案的过程。因此，没有多方案的比较和优化，就没有真正的可行性研究及工程方案的优化分析论证。

7. 重视投资项目的社会评价

政府投资项目和政府核准的企业投资项目，将重视社会评价在项目决策中的作用。如重视公众参与问题、利益相关者分析、社会公平问题、机构能力建设问题等。在工程项目的咨询评价中，要从项目可能产生的社会影响、工程项目与当地社会环境的相互适应性和社会可接受性等方面，判断项目的社会可行性，提出协调项目与当地的各种社会关系、规避社会风险、促进项目顺利实施的对策建议。

8. 重视投资项目的环境影响评价

在可持续发展理念及绿色经济的政策导向下，投资项目的咨询评价将会更加重视环境影响评价，不仅要分析投资项目可能产生的各种环境影响，而且还要试图将投资项目可能产生的环境影响进行货币量化分析，并将之纳入投资项目的经济分析框架体系之中去，以便为项目选择提供更可靠的决策依据，进行更全面的分析评价。

9. 强调可持续发展及提高资源利用效率的评价

可持续发展是21世纪世界各国普遍关注的重要议题。资源配置就是资源在各个领域中被科学组织占用和使用。由于资源可供给的有限性，因此寄希望于优化资源配置来提高资源利用效率。

可持续发展是综合考虑人口、环境、资源、经济和社会诸因素，并使之持续、健康、和谐、稳定地发展。在工程咨询评价中，对于资源开发性项目，尤其要注意其是否符合国家可持续发展战略，是否建立了一套比较完善的可持续发展方案。

重视对这些因素的分析评价，是保护资源环境，提高资源配置合理性，走可持续发展道路的必然要求。

10. 完善投资项目经济分析评价

政府投资项目和政府核准的企业投资项目，将重视经济外部性分析，以适应现代社会追求多元利益主体社会福利最大化的要求，从全社会的角度分析相关社会成员的经济费用和效益，利用费用效果分析或经济费用效益流量分析的方法，评价项目投资的资源配置效率，追求投资项目的公众效益最大化。

经济评价是从资源优化配置的角度来评价项目的经济可行性，而国家审批或核准项目的目的就是要确保社会经济资源能够得到合理的配置。从这一角度看，对项目的资源配置是否合理进行分析评价，即投资项目的经济分析评价，是非常重要的项目评价工作，尤其是国家投资建设的项目，利用国家资源和国有经济投资的项目，更应重视经济评价工作，以确保资源的优化配置。在项目评价中只重视财务分析，不重视经济分析，不符合投资体制改革的要求。

11. 重视政府资金介入的必要性及介入方式的研究

政府投资主要用于关系国家安全和市场不能有效配置资源的经济和社会领域，包括加强公益性和公共基础设施建设，保护和改善生态环境，促进欠发达地区的经济和社会发展，推进科技进步和高新技术产业化。同时，要求鼓励社会投资。

对于涉及公共利益的项目，除政府直接投资之外，还要设法创造条件，与盈利性机构合作，如采用国际通行的PPP模式等财务模式，推动公益性项目的市场化运作。在这种情况下，对政府资金介入的必要性及介入方式的研究论证就显得尤为必要。

12. 重视公益性项目建设和实施方式的分析评价

国内外的实践经验表明，如果没有一个良好组织起来的机构来负责项目建设、实施和运行管理，将很难实现预定的项目目标。在过去的政府投资项目前期论证中，常常不很重视组织机构和人员编制章节的评价论证。投资体制改革决定指出，要加强政府投资项目管理，改进建设实施方式。规范政府投资项目的建设标准，并根据情况变化及时修订完善。

决定特别提出，对非经营性政府投资项目加快实行“代建制”，即通过招标等方式，选择专业化的项目管理单位负责建设实施，严格控制项目投资、质量和工期，建成后移交给使用单位。因此，对政府投资的非经营性项目的投资方案论证，要重视及实施实施方案的研究论证。

13. 重视对投资项目的融资方案评价

为了适应我国投资项目融资主体多元化、融资渠道多样化、融资方式复杂化的要求，在今后的投资项目咨询评价中，将非常重视融资方案的分析论证，即对筹资方案的安全性、经济性和可行性进行评判和比较。

14. 企业投资项目强调从企业理财的角度进行财务分析

由于这次投资体制改革的主要目标之一就是将企业的投资决策权返还给企业，对于企业作为投资主体的项目，就要求运用现代企业理财的理论和方法，设计项目的财务方案，进行企业的资本预算管理和项目财务分析，按照现代企业财务制度的要求，设计投资项目财务评价的内容与方法。

要特别强调按照项目资本金制度及项目法人责任制的要求，从出资者的角度选择财务盈利能力评价指标，分析项目的不确定性及财务风险。同时，要求改变过去将“项目”与“企业”分割的做法，财务分析的重点将转变为从企业理财的角度，研究如何设计理想的投资模式和财务方案，实现企业价值最大化和股东权益最大化的目标，这就意味着投资项目财务分析的内容和方法体系应进行重大调整。

另外，对于大型企业或企业集团投资建设的项目，还将强调与资本运营有关的分析论证。

15. 投资项目应重视是否符合产业政策的评价分析

根据投资体制改革决定的要求，一方面要下放企业决策自主权，另一方面要规范企业的投资行为。各类企业都要严格遵守环境保护、国土资源、城市规划、安全生产等法律法规，严格执行产业政策和行业准入标准，不得投资建设国家禁止发展的项目。因此，对于企业投资建设的项目，应加强产业政策的导向和管理，从产业政策的角度论证项目建设的必要性和可行性。

16. 重视征地拆迁移民安置方案分析

投资建设项目常常涉及到征地拆迁和移民安置工作。在项目前期咨询论证中，要坚持以人为本，全面贯彻落实科学发展观。对于确需征地的投资项目，必须全面评价征地拆迁补偿、移民安置和收入恢复计划，保证被征地农民和被拆迁居户以及和受影响人群的生活水平不因项目建设而降低，保证依法足额和及时支付征地拆迁补偿费、安置补助费以及地上附着物和青苗补偿费等。

17. 重视投资项目节能分析

加强节能工作是深入贯彻科学发展观、缓解能源约束、减轻环境压力、保障经济安全、建设节约型和谐社会的一项重要措施，也是可持续发展的必然选择。

根据《国务院关于加强节能工作的决定》(国发〔2006〕28 号）和《国家发展改革委关于加强固定资产投资项目节能评估和审查工作的通知》(发改投资［2006］2787 号），节能评价应成为投资项目咨询论证的重要组成部分。

应本着合理利用能源、提高能源利用效率的原则，充分论证投资建设项目的用能标准和节能设计规范，分析能源消耗种类和数量、项目所在地能源供应状况、能耗指标、节能措施和节能效果等内容，从源头上杜绝能源的浪费、促进产业结构调整和产业升级，更好地实现经济社会可持续发展。

18. 强调风险分析的重要性

在项目的前期论证中，与“可行性”对应的概念，就是“不可行”。“不可行”就意味着有风险。因此，可行性研究就是通过不断地识别项目可能存在的各种风险，寻找规避风险的项目方案，从而确保项目具有可行性的过程。不重视风险分析，就是不重视项目“真正的”可行性论证。风险分析应贯穿于项目前期咨询评价的各个环节和整个过程。

8.2　房地产开发项目的特点

8.2.1　房地产与房地产项目

房地产包括土地、土地的改进和土地上改进三部分内容。土地为房屋建筑物提供地理位置、空间和支撑力；土地的改进为工商业区和住宅开发区的各种市政配套设施建设（路、电、水、气、污、话、报、平整土地）；土地上的改进指各种永久性的建筑。

房地产开发是房地产开发企业按照国家有关城市规划的要求，投资将生地（或毛地）开发成为能够适应工业建设和商业使用需要的熟地，然后建设普通住宅、公寓、宾馆、写字楼、商场、厂房、货场、停车场等各类建筑物及其配套设施，并通过这些建筑物的出售、出租和自营等经营手段，回收开发资金，并获取收益的过程。

房地产项目包括以下几类项目：用于居住用途、商业用途、办公用途、旅馆用途、餐饮用途、娱乐用途、特殊用途的项目以及土地开发项目。

8.2.2　房地产产品的特点

房地产产品有以下几方面特点：

1. 不可移动性。工农业产品是可以由一个地方运输到另一个地方，房地产产品固着在一个土地上，不可能移动，一个地方的房地产紧缺不可能由另一个地方的房地产来解决。

2. 单件性。在工农业生产中，同一块土地可以重复生产多个完全相同的产品；房地产产品与土地直接相连，同一宗土地不能重复支撑二件产品，这决定了房地产产品的单件性。

3. 保值性。土地是不可再生资源，用一块少一块，土地的稀缺性导致土地价格持续走高，并使以土地为基础的房地产产品的价格会持续走高，因而房地产产品有保值增值的性质。

4. 高价值性。由于房地产产品与土地相连，土地成本与建筑物的建筑成本加在一起成为房地产的开发费用，致使开发成本非常高。由于房地产产品的单件性，土地费不可像通用工业产品那样分别摊销到众多产品上，而是一次性的转移到房地产的开发成本。同时，房地产产品又不可能分拆出售或转让，出售或转让时是一次确定价格，所以单位房地产产品的价值非常高。

5. 产品生产的长期性。在单位时间内，如一天或一个月，工农业生产可以生产出许多个相同的产品，然而，单件房地产产品的生产周期相对较长，生产周期包括土地征用、平整、配套设施建设、土木工程建设、设备安装、内外装饰等，工期少则半年，多则数年，所以房地产产品具有生产的长期性。

8.2.3 房地产项目开发经营的特点

1. 开发过程的生产与投资双重性。

与工业生产一样，房地产产品在生产与销售过程中实现自己的价值；然而，房地产开发过程所用的时间相对较长，生产中占用的资金相对较多，与工业生产的“生产过程”有完全相同的含意，此外，产品本身具有固定资产的性质，买方将房地产的购买价格计入固定资产原值，因此，房地产开发过程具有工业生产与投资双重性。

2. 开发企业资产的流动性。

房地产开发企业有两大类资产：企业固定资产与流动资产。开发企业固定资产一部分为办公用房、建筑设备与运输设备等，另一部分为商业或服务业的自营用房与设备，固定资产只占开发企业总资产的一小部分。开发企业的流动资产指开发过程中的应收账款、存货与现金等。在建的和建成的商品房、出租房和周转房等都是开发企业的流动资产。

房屋是开发企业用于出售的“产品”，它具备一切商品的属性。房地产开发企业通过销售或出租房产，回收投资，实现增值。由于市场销售的不确定性，使得开发产品在出租、出售与周转用途之间不固定，因而使开发产品具有“待分配”的性质，从而使它们变成“存货”。

如果我们认可商品房为存货，而将出租房与周转房作为固定资产，则就与房地产企业开发经营的目标矛盾，等于把开发企业等同于建设单位或项目业主。建设单位与开发企业的本质区别在于房屋建设是满足自身需要而不是用于出售或出租。企业购建固定资产只是资产占用形式上的变化，将货币资金转化为固定资产；以变卖固定资产为主要经营活动则超出一般企业正常经营活动范围。按现行企业制度规定，企业固定资产变价出售收入在扣除清理费用后的净收入与账面净值之差计入当期损益，而不将它列为营业利润，这也说明了固定资产出售不能作为企业的正常经营范围。由此，从单位价值而言，出租房和周转房已经达到了固定资产的标准，但是它们并不是生产必须的要素，只有将其视为存货才能符合企业会计制度的基本要求。

土地使用权本身是属于无形资产，按现行企业准则，对于开发企业自用的固定资产占地，土地使用权费能区分开的，可以单列，不易区分的，可与固定资产统算；对于出售、出租与周转用房占地，土地使用权费应计入开发成本。

房地产开发成本是指在房地产开发过程中用于土地购置与整理，商品房、出租房与周转房建设过程中各项投资、成本与费用。这个开发成本不同于工业企业的总成本费用。在工业企业的总成本费用中包括代表固定资产投资费用回收的折旧与推销，但是在房地产开发项目中，出售、出租与周转房的开发成本中不存在折旧与摊销。

房地产开发项目中自用部分的开办费、以经营租赁方式租入的固定资产改良支出构成企业的其他资产。

基于以上论述，房地产开发项目的投资可以包括：开发产品成本、固定资产投资、无形资产与其他资产。

8.2.4　投入与产出的同步性

一般的工业项目产品的经营收入通常是在商品交换过程中实现的，有时甚至滞后一段时间。但是房地产产品由于其占用的资金量巨大，单体开发周期较长，所以就形成了预售惯例，即在实物交付前，或在生产过程中，就可以实现部分或全部经营收入。这使得房地产项目的投入与产出具有同步性。

8.2.5　房地产开发经营成本

由于房地产开发项目投入与产出具有同步性，以及房地产开发企业资产的流动性特点，根据计算项目经济效益时费用与收益范围对应的原则，必须引入一个房地产开发项目的经营成本，这个经营成本与一般工业项目的经营成本的概念完全不同。房地产开发项目的经营成本是指房地产产品销售、出租时，将开发产品成本按国家有关财务和会计制度的要求结转的成本。具体做法是按当期销售收入和租金收入占全部销售收入和租金收入的比例，计算本期应结转的开发产品成本。

8.3　房地产开发项目经济评价方法

根据上述理由，依据原国家计委1993年发布的《建设项目经济评价方法与参数》(第二版）的基本原理，2000年建设部发布了《房地产开发项目经济评价方法》。为贯彻国务院投资体制改革决定，2006年国家发展和改革委员会发布了《建设项目经济评价方法与参数》(第三版)，以适应市场经济体制下的投资分析。《方法与参数》第二版与第三版在财务分析方面修改了一些表格与术语，但是分析的基本原理相同。有鉴于此，2000年发布的《房地产开发项目经济评价方法》的基本原理仍然可以使用，只要适当修改部分财务报告就可以与《建设项目经济评价方法与参数》（第三版）配套。为便于读者使用，本章重录《房地产开发项目经济评价方法》的原文，同时附上作者修改后的表格，供读者使用。整套表格都经作者用若干案例实践，通过计算机软件的计算，结果完全符合2000年版的《房地产开发项目经济评价方法》的要求。2000年以后，我国财会制度又有些新规定，读者在使用房地产开发项目经济评价方法时，请注意与新制度规定的衔接。

房地产开发项目经济评价方法

目 录

第一章 总 则

第一条 房地产开发项目（以下简称房地产项目）经济评价，是房地产项目可行性研究的重要组成部分，是房地产项目决策科学化的重要手段。为了引导房地产业健康发展，减少房地产开发投资的盲目性，提高房地产项目经济评价质量，制定本方法。

第二条 房地产项目应根据社会经济发展的需要和城市总体规划的要求，运用微观效益分析与宏观效益分析相结合、定量分析与定性分析相结合、动态分析与静态分析相结合的方法，做好经济评价工作。

第三条 在房地产项目经济评价中，按照房地产项目未来获取收益的方式，可将房地产项目主要分为下列类型：

一、出售型房地产项目。此类房地产项目以预售或开发完成后出售的方式得到收入、回收开发资金、获取开发收益，以达到盈利的目的。

二、出租型房地产项目。此类房地产项目以预租或开发完成后出租的方式得到收入、回收开发资金、获取开发收益，以达到盈利的目的。

三、混合型房地产项目。此类房地产项目以预售、预租或开发完成后出售、出租、自营的各种组合方式得到收入、回收开发资金、获取开发收益，以达到盈利的目的。

第四条 房地产项目经济评价分为财务评价和综合评价。对于一般的房地产项目只需进行财务评价；对于重大的、对区域社会经济发展有较大影响的房地产项目，如经济开发区项目、成片开发项目，在作出决策前应进行综合评价。

第五条 财务评价应根据现行财税制度和价格体系，计算房地产项目的财务收入和财务支出，分析项目的财务盈利能力、清偿能力以及资金平衡状况，判断项目的财务可行性。

第六条 综合评价应从区域社会经济发展的角度，分析和计算房地产项目对区域社会经济的效益和费用，考察项目对社会经济的净贡献，判断项目的社会经济合理性。

第七条 房地产项目经济评价应在房地产市场调查与预测、房地产项目策划、房地产项目投资与成本费用估算、房地产项目收入估算与资金筹措的基础上进行。同时应注意对房地产项目进行不确定分析和多方案比选。

第八条 房地产项目经济评价的结论可以为房地产开发商服务，作为房地产开发商投资决策的依据；可以为政府管理部门服务，作为政府管理部门审批房地产项目的依据；可以为金融机构服务，作为金融机构审查贷款可行性的依据。

第九条 本方法适用于以房地产为主要产品作为商品进入市场交换和房地产开发商自营的房地产项目。其他房地产项目的经济评价方法也可参照使用。

第十条 房地产项目经济评价人员收集基础数据的准确性和选择参数的合理性，对房地产项目经济评价结论的正确性有着重要的影响，这就要求房地产项目经济评价人员具有较高的素质，以便在进行房地产项目经济评价时作出正确的分析和判断。

第二章 房地产市场调查与预测

第十一条 通过房地产市场调查与预测，了解房地产市场的过去和现状，把握房地产市场的发展动态，认识房地产市场的未来发展趋势，为分析和确定房地产项目建设的必要性、用途、规模、档次、时机、开发经营方式，以及估算收入、投资与成本费用等提供可靠的依据。

第十二条 房地产市场调查与预测的内容和方法，应根据房地产项目的用途、未来获取收益的方式及所在地区的具体情况确定。按照用途可将房地产项目主要分为下列类型：

一、居住用途的房地产项目，包括普通住宅、高档公寓、别墅等。

二、商业用途的房地产项目，包括商场、购物中心、商业店铺、超级市场、批发市场等。

三、办公用途的房地产项目，包括商务办公楼（写字楼）等。

四、旅馆用途的房地产项目，包括饭店、酒店、宾馆、度假村、旅店、招待所等。

五、餐饮用途的房地产项目，包括酒楼、美食城、餐馆、快餐店等。

六、娱乐用途的房地产项目，包括游乐场、娱乐城、康乐中心、俱乐部、影剧院等。

七、工业用途的房地产项目，包括厂房、仓库等。

八、特殊用途的房地产项目，包括停车楼等；

九、土地开发项目，是指在生地或毛地上进行三通一平等，将其开发成为建设熟地的房地产项目。

第十三条 房地产市场调查与预测包括房地产投资环境的调查与预测和房地产市场状况的调查与预测。

一、房地产投资环境的调查与预测。房地产投资环境的调查与预测应在国家、区域、城市、邻里的层次上进行。主要内容包括：政治、法律、经济、文化教育、自然条件、城市规划、基础设施等方面，对已经发生或将要发生的重大事件或政策对房地产项目的影响，要作出充分的了解和估计。

二、房地产市场状况的调查与预测。房地产市场状况调查与预测应在房地产投资环境调查与预测的基础上进行，主要内容包括：

1. 供求状况。包括相关地段、用途、规模、档次、价位、平面布置等的房地产的供求状况，如供给量、有效需求量、空置量和空置率等。其中供给量应包括已完成的项目、在建的项目、已审批立项的项目、潜在的竞争项目及预计它们投入市场的时间。

2. 房地产商品的价格、租金和经营收入。

3. 房地产开发和经营的成本、费用、税金等的种类及其支付的标准和时间等。

第十四条　房地产市场调查要根据调查的对象和内容，采用适当的方法。通常采用的方法有：普查法、抽样调查法、直接调查法、间接调查法。

第十五条　房地产市场预测一般分为定性预测和定量预测。

一、定性预测。定性预测主要是通过对历史资料的分析和对未来条件的研究，凭借预测人员实践经验和逻辑推理能力，对房地产市场未来表现的性质进行推测和判断。

二、定量预测。定量预测是在了解历史资料和统计数据的基础上，运用数学方法和其他分析技术，建立可以表现数量关系的数量模型，并以此为基础分析、计算和确定房地产市场要素在未来可能的数量。

第十六条　房地产市场预测的具体方法因预测的对象、内容、期限不同而有所不同。通常采用的方法有：

一、直观判断法，包括德尔菲法和专家小组法等。

二、历史引申法，包括简单平均数法、移动平均数法、加权移动平均数法、趋势预测法、指数平滑法和季节指数法等。

三、因果预测法，包括回归分析法和相关分析法等。

第三章　房地产开发项目策划

第十七条　房地产项目应进行系统的项目策划，以形成和优选出较具体的项目开发经营方案。

房地产项目策划主要包括项目区位的分析与选择，开发内容和规模的分析与选择，开发时机的分析与选择，开发合作方式的分析与选择，项目融资方式的分析与选择，开发完成后的房地产产品经营方式的分析与选择。

第十八条　房地产项目区位的分析与选择，包括地域的分析与选择和具体地点的分析与选择。

地域的分析与选择是战略性选择，是对项目宏观区位条件的分析与选择，主要考虑项目所在地区的政治、法律、经济、文化教育、自然条件等因素。

具体地点的分析与选择，是对房地产项目坐落地点和周围环境、基础设施条件的分析与选择，主要考虑项目所在地点的交通、城市规划、土地取得代价、拆迁安置难度、基础设施完备程度以及地质水文、噪声、空气污染等因素。

第十九条　房地产项目开发内容和规模的分析与选择，应在符合城市规划的前提下按照最高最佳利用原则（最高最佳利用是法律上允许、技术上可能、财务上可行、经过充分合理的论证，能够带来最高收益的利用），选择最佳的用途和最合适的开发规模，包括建筑总面积、建设和装修档次、平面布置等。此外，还可考虑仅将生地或毛地开发成为可进行房屋建设的熟地后租售的情况。

第二十条　房地产项目开发时机的分析与选择，首先应考虑开发完成后的市场前景，再倒推出应获取开发场地和开始建设的时机。并应充分估计到办理前期手续和征地拆迁的难度等因素对开发进度的影响。大型房地产项目可考虑分期分批开发（滚动开发）。

第二十一条　房地产项目开发合作方式的分析与选择，主要是考虑开发商自身在土地、资金、开发经营专长、经验和社会关系等方面的实力或优势程度，并从分散风险的角度出发，对独资、合资、合作（包括合建）、委托开发等开发合作方式进行选择。

第二十二条　房地产项目融资方式的分析与选择，主要是结合项目开发合作方式设计资金结构，确定合作各方在项目投资的资本金中所占的份额，并通过分析可能的投资来源和经营方式，对项目所需的短期和长期资金的筹措作出合理的安排。

第二十三条　开发完成后的房地产产品经营方式的分析与选择，主要是考虑近期利益和长远利益的兼顾、资金压力、自身的经营能力以及市场的接受程度等，对出售（包括预售）、出租（包括预租、短租或长租）、自营等经营方式进行选择。

第四章　房地产开发项目投资与成本费用估算

第二十四条　房地产项目总投资包括开发建设投资和经营资金

开发建设投资是指在开发期内完成房地产产品开发建设所需投入的各项费用，主要包括：土地费用、前期工程费用、基础设施建设费用、建筑安装工程费用、公共配套设施建设费用、开发间接费用、财务费用、管理费用、销售费用、开发期税费、其他费用以及不可预见费用等。

开发建设投资在开发建设过程中形成出售、出租目的的开发产品成本和自营自用目的的固定资产及其他资产，应注意开发建设投资在开发产品成本与固定资产和其他资产之间的合理分摊划转。

经营资金是指用于开发企业日常经营的周转资金。

开发期是指从房地产项目大量资金正式投入工程开始，到开发建设完成的期间。

第二十五条　开发产品成本是指房地产项目产品建成时，按照国家有关财务和会计制度转入房地产产品的开发建设投资。当房地产项目有多种产品时，可分别估算每种产品的成本费用，但应注意开发建设投资在不同开发产品之间的合理分摊。

第二十六条　经营成本是指房地产产品出售、出租时，将开发产品成本按照国家有关财务和会计制度结转的成本，主要包括：土地转让成本、出租土地经营成本、房地产销售成本、出租经营成本。

对于分期收款的房地产项目，房地产销售成本和出租经营成本可按其当期收入占全部销售收入和租金收入的比率，计算本期应结转的经营成本。

第二十七条 房地产项目开发建设完成后，可能形成一定比例的开发企业资产，主要包括固定资产、无形资产和递延资产。

一、固定资产包括开发企业办公用房、开发企业机器设备和运输设备，以及自营的商业和服务业用房等。

二、无形资产主要包括土地使用权等。

三、递延资产主要包括开发企业的开办费和租入固定资产的改良支出等。

第二十八条 房地产项目土地费用是指为取得房地产项目用地而发生的费用。房地产项目取得土地有多种方式，所发生的费用各不相同。主要有下列几种：划拨或征用土地的土地征用拆迁费、出让土地的土地出让地价款、转让土地的土地转让费、租用土地的土地租用费、股东投资入股土地的投资折价。

一、土地征用拆迁费。土地征用拆迁费分为：农村土地征用拆迁费和城镇土地拆迁费。

1. 农村土地征用拆迁费主要包括：土地补偿费、青苗补偿费、地上附着物补偿费、安置补助费、新菜地开发建设基金、征地管理费、耕地占用税、拆迁费、其他费用。

2. 城镇土地拆迁费主要包括：地上建筑物、构筑物、附着物补偿费，搬家费，临时搬迁安置费，周转房摊销以及对于原用地单位停产、停业补偿费，拆迁管理费和拆迁服务费等。

二、土地出让地价款。土地出让地价款是指国家以土地所有者的身份将土地使用权在一定年限内让与土地使用者，并由土地使用者向国家支付土地使用权出让地价款。主要包括向政府缴付的土地使用权出让金和根据土地原有状况需要支付的拆迁补偿费、安置费、城市基础设施建设费或征地费等。例如：以出让方式取得城市熟地土地使用权，土地出让地价款由土地出让金加上拆迁补偿费和城市基础设施建设费构成。

土地出让地价款的数额由土地所在城市、地区、地段、土地的用途以及使用条件、合同条件等许多方面的因素决定。许多城市对土地制定了基准地价，具体宗地的土地出让地价款要在基准地价的基础上加以适当调整确定。

三、土地转让费

土地转让费是指土地受让方向土地转让方支付土地使用权的转让费。依法通过土地出让或转让方式取得的土地使用权可以转让给其他合法使用者。土地使用权转让时，地上建筑物及其他附着物的所有权随之转让。

四、土地租用费

土地租用费是指土地租用方向土地出租方支付的费用。以租用方式取得土地使用权可以减少项目开发的初期投资，但在房地产项目开发中较为少见。

五、土地投资折价

房地产项目土地使用权可以来自房地产项目的一个或多个投资者的直接投资。在这种情况下，不需要筹集现金用于支付土地使用权的获取费用，但一般需要对土地使用权评估作价。

第二十九条 房地产项目前期工程费主要包括项目前期规划、设计、可行性研究，水文、地质勘测以及“三通一平”等阶段的费用支出。

项目规划、设计、可行性研究所需费用支出一般可按占项目总投资的一定百分比估算，也可按估计的工作量乘以正常工日费率估算。项目水文、地质勘测所需费用支出根据所需工作量估算。土地开发中，三通一平（通水、通电、通路、土地平整）工程费用根据实际工作量估算。

第三十条 基础设施建设费。基础设施建设是指建筑物2m以外和项目用地规划红线以内的各种管线和道路工程，其费用包括供水、供电、供气、排污、绿化、小区、道路、路灯、环卫设施等建设费用以及各项设施与市政设施干线、干管、干道的接口费用。一般按实际工程量估算。

第三十一条 建筑安装工程费是指建造房屋建筑物所发生的建筑工程费用、设备采购费用和安装工程费用等。在可行性研究阶段，建筑安装工程费用估算可以采用单元估算法、单位指标估算法、工程量近似框算法、概算指标估算法、概预算定额法，也可以根据类似工程经验进行估算。具体估算方法的选择应视资料的可获得性和费用情况而定。

当房地产项目包括多个单项工程时，应对各个单项工程分别估算建筑安装工程费用。

第三十二条 公共配套设施建设费是指居住小区内为居民服务配套建设的各种非营利性的公共配套设施（又称公建设施）的建设费用，主要包括：居委会、派出所、托儿所、幼儿园、公共厕所、停车场等。一般按规划指标和实际工程量估算。

第三十三条 开发间接费用是指房地产开发企业内部独立核算单位在开发现场组织管理所发生的各项费用。主要包括：工资、福利费、折旧费、修理费、办公费、水电费、劳动保护费、周转房摊销和其他费用等。

当开发企业不设立现场机构，由开发企业定期或不定期派人到开发现场组织开发建设活动时，所发生的费用可直接计入开发企业的管理费用。

第三十四条 管理费用是指房地产开发企业行政管理部门为组织和管理房地产开发经营活动而发生的各项费用。主要包括：行政管理人员工资、职工福利费、办公费、差旅费、折旧费、修理费、工会经费、职工教育经费、劳动保险费、待业保险费、董事会费、咨询费、审计费、诉讼费、排污费、绿化费、房地产税、车船使用税、土地使用税、技术转让费、技术开发费、无形资产摊销、开办费摊销、业务招待费、坏账损失、存货盘亏、毁损和报废损失以及其他管理费用。

如果房地产企业同时开发若干房地产项目，管理费用应在各个项目间合理分摊。

第三十五条 财务费用是指房地产开发企业为筹集资金而发生的各项费用。主要包括借款和债券的利息、金融机构手续费、代理费、外汇汇兑净损失以及其他财务费用。

第三十六条 销售费用是指房地产开发企业在销售房地产产品过程中发生的各项费用以及专设销售机构的各项费用。主要包括销售人员工资、奖金、福利费、差旅费、销售机构的折旧费、修理费、物料消耗、广告费、宣传费、代销手续费、销售服务费及预售许可证申领费等。

第三十七条 其他费用主要包括临时用地费和临时建设费、施工图预算或标底编制费、工程合同预算或标底审查费、招标管理费、总承包管理费、合同公证费、施工执照费、工程质量监督费、工程监理费、竣工图编制费、工程保险费等。

第三十八条 房地产项目投资估算中应考虑项目所负担的与房地产投资有关的各种税金和地方政府或有关部门征收的费用。主要包括：固定资产投资方向调节税、土地使用税、市政支管线分摊费、供电贴费、用电权费、绿化建设费、电话初装费、分散建设市政公用设施建设费等。在一些大中型城市，这部分税费已经成为房地产项目投资费用中占较大比重的费用。各项税费应根据当地有关法规标准估算。

第三十九条 房地产项目投资估算应考虑适当的不可预见费用。

第四十条 运营费用是指房地产项目开发完成后，在项目经营期间发生的各种运营费用。主要包括：管理费用、销售费用等。

第四十一条 修理费用是指以出租或自营方式获得收益的房地产项目在经营期间发生的物料消耗和维修费等。

第四十二条 房地产项目应根据可能的建设进度和将会发生的付款时间和金额编制资金使用计划表。在房地产项目可行性研究阶段，计算期可按年、半年或季度甚至月为单位，资金使用计划应按期编制。编制资金使用计划应考虑各种投资款项的付款特点，要考虑预收款、欠付款、预付定金以及按工程进度中间结算付款等方式对编制资金使用计划的影响。

第五章 房地产开发项目收入估算与资金筹措

第四十三条 房地产项目应在项目策划方案的基础上，制定切实可行的出售、出租、自营等计划（以下简称租售计划）。租售计划应遵守政府有关房地产租售的规定，与开发商的投资策略相结合。

第四十四条 房地产项目租售计划包括拟租售的房地产类型、时间和相应的数量、租售价格、租售收入及收款方式。

第四十五条 租售房地产的类型和相应的数量，应在房地产项目可供租售的房地产类型、数量的基础上确定，并要考虑租售期内房地产市场状况的变化对可能租售数量的影响。

第四十六条 租售价格应根据房地产项目的特点确定，一般应选择在位置、规模、功能和档次等方面可比的交易实例，通过对其成交价格的分析与修正，最终得到房地产项目的租售价格。

确定租售价格要与开发商市场营销策略相一致，在考虑政治、经济、社会等宏观环境对项目租售价格影响的同时，还应对房地产市场供求状况进行分析，考虑已建成的、正在建设的以及潜在的竞争项目对房地产项目租售价格的影响。

第四十七条 房地产项目的收入主要包括房地产产品的销售收入、租金收入、土地转让收入（以上统称租售收入），配套设施销售收入和自营收入。

一、销售收入和租金收入等于可供租售的房地产数量乘以单位租售价格。应注意可租售面积比例的变化对租售收入的影响；空置期（项目竣工后暂时找不到租户的时间）和出租率对租金收入的影响；以及由于规划设计的原因导致不能销售面积比例的增大对销售收入产生的影响。

二、自营收入是指开发企业以开发完成后的房地产为其进行商业和服务业等经营活动的载体，通过综合性的自营方式得到的收入。在进行自营收入估算时，应充分考虑目前已有的商业和服务业设施对房地产项目建成后产生的影响，以及未来商业、服务业市场可能发生的变化对房地产项目的影响。

第四十八条 确定收款方式应考虑房地产交易的付款习惯和惯例，以及分期付款的期数和各期付款的比例。

第四十九条 资金筹措计划主要是根据房地产项目对资金的需求以及投资、成本与费用使用计划，确定资金的来源和相应的数量。资金来源通常有资本金、预租售收入及借贷资金三种渠道。

第五十条 在进行房地产项目经济评价时，应按期编制销售收入、经营税金及附加估算表，租金收入、经营税金及附加估算表，自营收入、经营税金及附加估算表，投资计划与资金筹措表。

第六章 房地产开发项目财务评价

第五十一条 房地产项目财务评价是在房地产市场调查与预测，项目策划，投资、成本与费用估算，收入估算与资金筹措等基本资料和数据的基础上，通过编制基本财务报表，计算财务评价指标，对房地产项目的财务盈利能力、清偿能力和资金平衡能力进行分析。

第五十二条 应编制的基本财务报表主要有：现金流量表、资金来源与运用表和损益表。

基本财务报表按照独立法人房地产项目（项目公司）的要求进行科目设置；非独立法人房地产项目基本财务报表的科目设置，可参照独立法人项目进行，但应注意费用与效益在项目上的合理分摊。

第五十三条 现金流量表反映房地产项目开发经营期内各期的现金流入和现金流出，用以计算各项动态和静态评价指标，进行房地产项目财务盈利能力分析。

按照投资计算基础的不同，现金流量表一般分为：

一、全部投资现金流量表。该表不分投资资金来源，以全部投资作为计算基础，用以计算全部投资财务内部收益率、财务净现值及投资回收期等评价指标，考察房地产项目全部投资的盈利能力，为各个投资方案（不论其资金来源及利息多少）进行比较建立共同的基础。

二、资本金现金流量表。该表从投资者角度出发，以投资者的出资额作为计算基础，把借款本金偿还和利息支付视为现金流出，用以计算资本金财务内部收益率、财务净现值等评价指标，考察项目资本金的盈利能力。

三、投资者各方现金流量表。该表以投资者各方的出资额作为计算基础，用以计算投资者各方财务内部收益率、财务净现值等评价指标，反映投资者各方投入资本的盈利能力。

第五十四条 资金来源与运用表反映房地产项目开发经营期各期的资金盈余或短缺情况，用于选择资金筹措方案，制定适宜的借款及偿还计划。

第五十五条 损益表反映房地产项目开发经营期内各期的利润总额、所得税及各期税后利润的分配情况，用以计算投资利润率、资本金利润率等评价指标。

一、利润总额的计算

利润总额 = 经营收入 - 经营成本 - 管理费用 - 销售费用 - 财务费用 - 经营税金及附加 - 土地增值税

经营收入 = 销售收入 + 租金收入 + 自营收入

销售收入 = 土地转让收入 + 商品房销售收入 + 配套设施销售收入

租金收入 = 出租房租金收入 + 出租土地租金收入

经营税金及附加 = 营业税 + 城市维护建设税 + 教育费附加

经营成本 = 土地转让成本 + 商品房销售成本 + 配套设施销售成本 + 出租房经营成本

二、弥补亏损

房地产开发企业发生的年度亏损，可以用下一年度的所得税前利润弥补，下一年度税前利润不足弥补的，可以在五年内延续弥补；五年内不足弥补的，用税后利润弥补。

三、利润分配

房地产开发企业交纳所得税后的利润，一般按照下列顺序分配：

1. 弥补企业以前年度亏损。

2. 提取法定盈余公积金。法定盈余公积金按照税后利润扣除前项后的10%提取，法定公积金已达到注册资本的50%时可不再提取。

3. 提取公益金。

4. 向投资者分配利润。

第五十六条 财务盈利能力分析主要是考察房地产项目的财务盈利能力水平。根据房地产项目研究阶段、研究深度以及项目类型的不同，可以利用上述基本报表，有选择地计算下列评价指标：

一、财务内部收益率（FIRR）。房地产项目的财务内部收益率是指房地产项目在整个开发经营期内各期净现金流量现值累计等于零时的折现率。其表示式为：

$$\sum_{t=1}^{n}(CI-CO)_t(1+FIRR)^{-t}=0$$

式中 CI——现金流入量；

CO——现金流出量；

$(CI-CO)_t$——第 t 期的净现金流量；

n——开发经营期。

财务内部收益率可根据财务现金流量表中的净现金流量用试差法求取。在财务评价中，将求出的全部投资或资本金（投资者的实际出资额）财务内部收益率与投资者的最低满意收益率（*MARR*）比较，当 $FIRR \geqslant MARR$ 时，即认为其盈利能力已满足最低要求，在财务上是可以考虑接受的。

当计算求出的财务内部收益率以季节为期间时（半年时类同），应将其换算为以年为期间的财务内部收益率之后，再与企业最低满意收益率进行比较。其换算公式为：

$$FIRR_{年} = [(1 + FIRR_{季})^4 - 1] \times 100\%$$

二、财务净现值（FNPV）。财务净现值是指按照投资者最低满意收益率或设定的折现率（i_c），将房地产项目开发经营期内各期净现金流量折现到开发期初的现值之和。其表达式为：

$$FNPV = \sum_{t=1}^{n} (CI - CO)_t (1 + i_c)^{-t}$$

财务净现值可根据财务现金流量表计算求得。财务净现值大于或等于零的房地产项目，在财务上是可以考虑接受的。

三、投资回收期（主要适用于出租和自营的房地产项目）。投资回收期是指以房地产项目的净收益抵偿总投资所需要的时间。一般以年表示，并从房地产项目开发开始年算起。其表达式为：

$$\sum_{t=1}^{P_t} (CI - CO)_t = 0$$

投资回收期可根据财务现金流量表（全部投资）中累计净现金流量求得。其详细计算公式为：

$$投资回收期 = \left(\begin{matrix}累计净现金流量开始\\出现正值年份数\end{matrix} - 1\right) + \left(\begin{matrix}上年累计现金\\流量的绝对值\end{matrix} \div 当年净现金流量\right)$$

四、投资利润率。

$$投资利润率 = 年平均利润总额 \div 总投资 \times 100\%$$

五、资本金利润率。

$$资本金利润率 = 年平均利润总额 \div 资本金 \times 100\%$$

六、资本金净利润率。

$$资本金净利润率 = 年平均所得税后利润总额 \div 资本金 \times 100\%$$

第五十七条　房地产项目清偿能力分析主要是考察房地产项目开发经营期内各期的财务状况及偿债能力。

一、借款利息的计算。

1. 有效年利率：

$$有效年利率=[1+(r/m)]^m-1$$

式中 r——名义年利率；

m——每年计息次数。

2. 利息计算方法：

（1）按期计息时，为简化计算，假定借款发生当期均在期中支用，按半期计息，其后各期按全期计息；还款当期按期末偿还，按全期计息。每期应计利息的近似计算公式为：

$$每期应计利息=(期初借款本息累计+本期借款\div 2)\times 利率$$

（2）等额偿还本金和利息总额的计算公式：

$$A=I_c\times i(1+i)^n/[(1+i)^n-1]$$

式中 A——每期的还本付息额；

I_c——宽限期末固定资产投资和开发产品成本的借款本金或本息与初始经营资金借款本金之和；

i——期利率；

n——贷款方要求的借款偿还时间（由还款期开始计算）。

还本付息中偿还的本金和利息各期不等，偿还的本金部分将逐期增多，支付的利息部分将逐期减少，其计算公式为：

$$每期支付利息=期初本金累计\times 期利率$$

$$每期偿还本金=A-每期支付利息$$

$$期初本金累计=I_c-本期以前各期偿还本金累计$$

（3）等额还本，利息照付计算公式：

$$A_t=I_c/n+I_c\times[1-(t-1)/n]\times i$$

式中 A_t——第 t 期还本付息额

等额还本，利息照付：各期之间的本金及利息之和是不等的，偿还期内每期偿还的本金额是相等的，利息将随本金逐期偿还而减少；其计算公式为：

$$每期支付利息=期初本金累计\times 期利率$$

$$每期偿还本金=I_c/n$$

国外借款除支付银行利息外，还要另计管理费和承诺费等财务费用；为简化计算，可采用适当提高利率的方法进行处理。

二、借款偿还期的计算

1. 国内借款偿还期。

具有产品出租和自营的房地产项目，应计算国内借款偿还期。仅含产品出售的房地产项目一般可不计算国内借款偿还期。

国内借款偿还期是指在国家规定及房地产项目具体财务条件下，房地产项目开发经营期内使用可用作还款的利润、折旧、摊销及其他还款资金偿还房地产项目借款（I_d）所需要的时间。其计算公式为：

$$I_d=\sum_{t=1}^{P_d}R_t$$

式中　P_d——国内借款偿还期，从借款开始期计算；

R_t——第 t 期可用于还款的资金，包括：利润、折旧、摊销及其他还款资金。

借款偿还期可由资金来源与运用表及国内借款还本付息计算表直接计算；其详细计算公式为：

$$P_d = \frac{\text{借款偿还后开始}}{\text{出现盈余期数}} - \text{开始借款期数} + \left(\text{当期偿还借款额} \div \frac{\text{当期可用于}}{\text{还款的资金额}}\right)$$

以上结果是以期为单位，注意将其转换成以年为单位。

2. 国外借款偿还期。

涉及利用外资的房地产项目，其国外借款的还本利息，一般是按已经明确或预计可能的借款偿还条件（包括宽限期、偿还期及偿还方式等）计算。当借款偿还期满足贷款机构的要求期限时，即认为房地产项目具有清偿能力。

第五十八条　资金平衡分析主要是考察房地产项目开发经营期间的资金平衡状况。作为房地产项目开发经营的必要条件，各期累计盈余资金不应出现负值（即资金缺口）。如果出现资金缺口，应采取适当的措施（如短期贷款等）予以解决。资金平衡分析一般通过资金来源与运用表进行。

第五十九条　资金负债分析是考察房地产项目开发经营期间资产与负债的情况。各期资产应等于负债和所有者权益之和。如果资产不等于负债和所有者权益之和，则应检查其他基本报表。资产负债分析可通过资产负债表进行。

第七章　房地产开发项目不确定性分析

第六十条　房地产项目不确定性分析是分析不确定性因素对项目可能造成的影响，进而分析可能造成的风险。不确定性分析是房地产项目经济评价的重要组成部分，对房地产项目投资决策的成败有着重要的影响。房地产项目不确定性分析可以帮助投资者根据房地产项目投资风险的大小和特点，确定合理的投资收益水平，提出控制风险的方案，有重点地加强对投资风险的防范和控制。

第六十一条　房地产项目不确定性分析主要包括敏感性分析、临界点分析和概率分析；进行不确定性分析的因素主要有：租售价格、销售进度、出租率、开发周期、项目总投资、土地费用、建筑安装工程费、融资比例、融资成本等。

第六十二条　敏感性分析是通过、预计房地产项目不确定性因素发生的变化，分析对项目成败和经济效益产生的影响；通过确定这些因素的影响程度，判断房地产项目经济效益对于各个影响因素的敏感性，并从中找出对于房地产项目经济效益影响较大的不确定性因素。

房地产项目敏感性分析主要包括以下几个步骤：

一、确定用于敏感性分析的经济评价指标。通常采用的指标内部收益率，必要时也可选用其他经济指标。在具体选定时，应考虑分析的目的、显示的直观性、敏感性以及计算的复杂程度。

二、确定不确定性因素可能的变动范围。

三、计算不确定性因素变动时，评价指标的相应变动值。

四、通过评价指标的变动情况，找出较为敏感的变动因素，作进一步的分析。

进行房地产项目敏感性分析时，可以采用列表的方法表示不确定性因素的相对变动引起评价指标相对变动的幅度，也可以采用敏感性分析图对多个不确定性因素进行比较。

第六十三条　临界点分析是分析计算一个或多个不确定性因素变化时，房地产项目达到允许的最低经济效益时的极限值，并以不确定性因素的临界值组合显示项目的风险程度。单个不确定性因素临界值的分析计算可以采用列表或图解的方法。通常进行的临界点分析有：

一、最低售价和最低销售量、最低租金和最高空置率。售价和销售量是房地产项目重要的不确定性因素，能否在预定的价格下销售出预想的数量，通常是房地产项目成败的关键。最低售价是指房地产项目产品售价下降到预定可接受的最低盈利水平时的价格，售价低于这一价格时，项目盈利水平将不能满足预定的要求。最低销售量是指在预定的房屋售价下，要达到预定的最低盈利水平，所必须达到的销售量。最低售价与预测售价之间的差距越大，最低销售量与房地产产品商品量之间的差距越大，说明房地产项目抗市场风险的能力越强。

当房地产产品以出租为主时，可相应进行最低租金和最低出租率的分析。

二、最高土地取得价格。土地费用是影响房地产项目盈利性的重要因素，是重要的不确定性因素。最高土地价格是指在房地产项目销售额和其费用不变的条件下，保持预期收益水平所能承受的最高土地费用。当土地费用超过这一价格时，项目将无法获得足够的收益。最高土地取得价格与实际估测的土地价格之间差距越大，最高土地取得价格越高，房地产项目承受土地使用权价格风险的能力就越强。

三、最高工程费用。最高工程费用是指在预定销售额下，满足预期的项目收益要求所能承受的最高工程费用。当土地开发工程量不大时，最高工程费用是指最高建筑安装工程费用。最高工程费用与预测的可能工程费用之间差距越大，说明房地产项目承受工程费用增加风险的能力越强。

第六十四条　概率分析是使用概率研究预测不确定性因素对房地产项目经济效益影响的一种定量分析方法，通过预分析不确定性因素的概率分布，计算在不同概率分布条件下房地产项目经济评价指标的概率分布或期望值，说明房地产项目在特定收益状态下的风险程度。概率分析的一般步骤为：

一、列出需要进行概率分析的不确定性因素；

二、选择概率分析使用的经济评价指标；

三、分析确定每个不确定性因素的概率分布；

四、计算在给定的概率条件下经济评价指标的累计概率，并确定临界点发生的概率。

第八章　房地产开发项目方案比选

第六十五条　房地产项目方案比选是寻求合理的房地产开发方案的必要手段。

对于房地产项目策划中提出的各种可供选择的开发经营方案，应首先进行经济分析和计算，筛选出满足最低满意收益率要求的可供比较方案，并在此基础上进行方案比选。

第六十六条　在进行可供比较方案的比选时，应注意各方案之间的可比性，遵循费用与效益计算口径对应一致的原则，并根据项目实际情况，选择适当的经济评价指标作为比选指标。通常采用的房地产项目方案比选指标有：

一、差额投资内部收益率（ΔIRR）

差额投资内部收益率是两个方案各期净现金流量差额的现值之和等于零时的折现率。其表达式为：

$$\sum_{t=1}^{n}\left[(CI-CO)'_{t}-(CI-CO)''_{t}\right](1+\Delta IRR)^{-t}=0$$

式中　$(CI-CO)'_{t}$——投资大的方案第 t 期净现金流量；

$(CI-CO)''_{t}$——投资小的方案第 t 期净现金流量；

n——开发经营期。

在进行方案比选时，可将上述求得的差额投资内部收益率与投资者的最低满意收益率（MARR）进行比较，当 $\Delta IRR \geqslant MARR$ 时，以投资大的方案为优选方案；反之，以投资小的方案为优选方案。当多个方案比选时，首先按投资由小到大排序，再依次就相邻方案两两比选，从中确定优选方案。

二、净现值（NPV）

$$NPV=\sum_{t=1}^{n}(CI-CO)_{t}(1+i_{c})^{-t}$$

在进行方案比选时，以净现值大的方案为优选方案。

三、等额年值（AW）

$$AW=NPV\times i_{c}(1+i_{c})^{n}/\left[(1+i_{c})^{n}-1\right]$$

在进行方案比选时，以等额年值大的方案为优选方案。

第六十七条　当可供比较方案的开发经营期相同时，可直接选用差额投资内部收益率、净现值或等额年值指标进行方案比选。当开发经营期不同时，宜采用等额年值指标进行比选，如果要采用差额投资内部收益率指标或净现值指标进行方案比选，应首先对各可供比较方案的开发经营期和计算方法按有关规定作适当处理，然后再进行比选。

第六十八条　对于开发经营期较短的出售型房地产项目，也可直接采用利润总额、投资利润率等静态指标进行方案比选。

第六十九条　对效益相同或基本相同的房地产项目方案进行比选时，为简化计算，可采用费用现值指标和等额年费用指标直接进行项目方案费用部分的比选。

一、费用现值（PC）指标

$$PC=\sum_{t=1}^{n}(C-B)_{t}(1+i_{c})^{-t}$$

式中　C——第 t 期投入总额；

B——期末余值回收。

在进行方案比选时，以费用现值小的方案为优选方案。

二、等额年费用（AC）指标

$$AC = PC \times i_c(1+i_c)n/[(1+i_c)n-1]$$

在进行方案比选时，以等额年费用小的方案为优选方案。

第九章　房地产开发项目综合评价

第七十条　房地产项目综合评价是从区域社会经济发展的角度，考察房地产项目的效益和费用，评价房地产项目的合理性。

房地产项目综合评价包括综合盈利能力分析和社会影响分析。

第七十一条　综合评价中项目的效益是指房地产项目对区域经济的贡献，分为直接效益和间接效益。

一、直接效益是指在房地产项目范围内，政府能够得到的收益，一般包括下列方面：

1. 出让国有土地使用权所得的收益。

2. 因土地使用权转让而得到的收益，如土地增值税等。

3. 项目范围内的工商企业缴纳的税费，如房产税、土地使用税、车船使用税、印花税、进口关税和增值税、营业税、城市维护建设税及教育费附加、消费税、资源税、所得税等。

4. 项目范围内基础设施的收益，如供电增容费、供水增容费、排水增容费、城市增容费、电费、水费、电讯费等。

二、间接效益是指由房地产项目引起的，在项目直接效益中未得到反映的那部分效益。主要有：增加地区就业人口、繁荣地区商贸服务、促进地区旅游业发展等带来的收益。

第七十二条　综合评价中项目的费用是指区域经济为项目付出的代价，分为直接费用和间接费用。

一、直接费用是指在项目范围内，政府所花费的投资和经营管理费用。一般包括下列方面：

1. 征地费用。

2. 土地开发和基础设施投资费用。

3. 建筑工程和城市配套设施费用。

4. 经营管理费用。

二、间接费用是指由项目引起的，在直接费用中未得到反映的那部分费用。主要有：在项目范围外为项目配套的基础设施投资、为满足项目需要而引起的基础服务供应缺口使区域经济产生的损失等。当基础服务（如电力）供不应求时，为满足项目需求而使区域经济产生的损失，可用该项服务的当地最高价格计算。

第七十三条　综合评价应遵循费用与效益计算口径对应一致的原则，防止重复计算或漏算。例如：

一、具有行政职能的开发企业在开发过程中上缴政府的税费，如耕地占用税、建设期间的土地使用税等，在综合评价中应视作区域经济中的转移支付，不计为项目的效益或费用。一般商业性开发企业在开发过程中上缴政府的税费，在综合评价中应作为效益处理。

二、同类基础服务在不同情况下，可能使项目产生不同的效益和费用，对此应注意识别。以电力供应为例，见下表。

项目供电的效益与费用识别

电力供应特点	与供电有关的项目效果	
	效　　益	费　　用
电厂在项目范围外	供电增容费、电力销售收入减去电力购进支出	输变电投资、经营管理费用
电厂在项目范围内，由具有行政职能的开发企业投资经营	供电增容费、电力销售收入	全部电力投资、经营管理费用
电厂在项目范围内，由独立的电力公司投资经营	税费收入	无

第七十四条　盈利能力分析

一、综合评价盈利能力分析是根据房地产项目的直接效益和直接费用以及可以用货币计量的间接效益和间接费用，计算综合内部收益率（*CIRR*），考察房地产项目投资的盈利水平。

综合内部收益率是指房地产项目在整个计算期内，各期净费用效益流量现值等于零时的折现率。它反映房地产项目所占用资金的盈利率，是考察房地产项目盈利能力的动态评价指标。其表达式为：

$$\sum_{t=1}^{n}(CI-CO)_t(1+CIRR)^{-t}=0$$

经济内部收益率可根据综合评价现金流量表中的净现金流量用试差法计算求得，并可与政府的期望收益值或银行的贷款利率进行比较，判断项目的盈利能力。

二、综合评价盈利能力分析的主要报表是综合评价现金流量表。该表不分投资资金来源，以全部投资作为计算的基础，考虑直接与间接费用和效益，计算综合内部收益率，考察房地产项目的盈利能力。

第七十五条　社会影响分析是定性和定量的描述。难以用货币计量的间接效益和间接费用对房地产项目的影响。社会影响分析主要包括下列内容：

一、就业效果分析。就业效果分析主要是指考察房地产项目对区域劳动力就业的影响。如果当地并无就业压力，项目范围内主要使用外来劳动力，则不必进行就业效果分析。就业效果以就业成本和就业密度两项指标来进行描述，并可与当地的相应指标进行比较。

就业成本＝项目开发总投资（万元）÷项目范围内总就业人数

就业密度＝项目范围内总就业人数÷项目占地面积（m^2）

二、对区域资源配置的影响。

三、对环境保护和生态平衡的影响。

四、对区域科技进步的影响。

五、对区域经济发展的影响。主要包括：对繁荣商业服务的影响、对促进旅游业的影响、对发展第三产业的影响等。

六、对减少进口（节汇）和增加进口（创汇）的影响。

七、对节约及合理利用国家资源（如土地、矿产等）的影响。

八、对提高人民物质文化生活及社会福利的影响。

九、对远景发展的影响。

附表

项目总投资估算表（单位：万元） **附表 1**

序 号	项 目	总 投 资	估 算 说 明
1	开发建设投资	26690	
1.1	土地费用	1789	
1.2	前期工程费	684	
1.3	基础设施建设费	1332	
1.4	建筑安装工程费	7316	
1.5	公共配套设施建设费	2050	
1.6	开发间接费	0	
1.7	管理费用	146	
1.8	财务费用	1835	
1.9	销售费用	369	
1.10	开发期税费	0	
1.11	其他费用	116	
1.12	不可预见费	1380	
2	经营资金	363	
3	项目总投资	27053	
3.1	开发产品成本	17018	
3.2	固定资产投资	9673	
3.3	经营资金	363	

开发建设投资估算表（单位：万元） **附表 2**

序 号	项 目	开发产品投 资	分期计划进度					
			1	2	3	4	5	6
1	开发产品投资合计	17018	6090	5334	4603	627	364	0
1.1	土地费用	1789	1789	0	0	0	0	0
1.2	前期工程费	684	684	0	0	0	0	0
1.3	基础设施建设费	1332	1000	332	0	0	0	0
1.4	建筑安装工程费	7316	1522	3065	2730	0	0	0
1.5	公共配套设施建设费	2050	500	1000	550	0	0	0

续表

序号	项目	开发产品投资	分期计划进度					
			1	2	3	4	5	6
1.6	开发间接费	0		0	0	0	0	0
1.7	管理费用	146	35	35	35	21	20	0
1.8	销售费用	369	70	70	70	70	89	0
1.9	开发期税费	0		0	0	0	0	0
1.10	其他费用	116	50	50	16	0	0	0
1.11	不可预见费	1380	300	400	680	0	0	0
1.12	财务费用	1835	140	382	522	536	255	0
2	其中：不含财务费用投资额 占总投资的百分比	15183 89.22%	5950	4952	4081	91	109	0
3	其中：商品房开发成本 出租房开发成本	12342 4675						

投资计划与资金筹措表（单位：万元） **附表3**

序号	项目	合计	1	2	3	4	5	6
1	总投资	27053	15763	5633	4667	627	364	0
1.1	自营固定资产投资	9585	9585	0	0	0	0	0
1.2	自营资产投资借款建设期利息	88	88	0	0	0	0	0
1.3	自营资产投资方向调节税	0	0	0	0	0	0	0
1.4	自营资产经营资金	363	0	300	63	0	0	0
1.5	开发产品投资	17018	6090	5334	4603	627	364	0
	其中：不含财务费用	15183	5950	4952	4081	91	109	0
	财务费用	1835	140	382	522	536	255	0
2	资金筹措	27053	15763	5633	4667	627	364	0
	除借款外的各项资金	12576	6954	1509	3122	627	364	0
2.1	资本金	8463	6954	1509	0	0	0	0
	其中：付自营资产建设期利息	76	76					
2.2	预售收入	3692	0	0	3122	440	130	0
2.3	预租收入	421	0	0	0	187	234	0
2.4	其他收入	0						
2.5	借款	14478	8809	4125	1544	0	0	0
2.5.1	长期借款	14212	8797	3915	1500	0	0	0
	自营资产人民币长期借款	3000	3000					
	房地产人民币长期借款	10000	5000	3500	1500	0	0	0
	自营资产外币长期借款	46	46					
	房地产外币长期借款	100	50	50	0	0	0	0
2.5.2	自营资产投资建设期利息借款	12	12	0	0	0	0	0
2.5.3	经营资金人民币借款	254	0	210	44	0	0	0

销售收入与经营税金及附加估算表（单位：万元） **附表4**

序号	项目	合计	1	2	3	4	5	6
1	售房收入	18437	0	1208	4513	6531	4706	1480
1.1	可销售面积（m^2）	38314	0	13181	15218	9915	0	0
1.2	平均售价（元/m^2）		0	4581	4906	4974	0	0
1.3	销售比例（%）	100%	0%	34%	40%	26%	0%	0%
2	经营税金及附加	1014	0	66	248	359	259	81
2.1	营业税	922	0	60	226	327	235	74
2.2	城市维护建设税	65	0	4	16	23	16	5
2.3	教育费附加	28	0	2	7	10	7	2
3	土地增值税	890	0	61	220	312	225	73
4	商品房销售净收入	16532	0	1081	4044	5860	4222	1326

租房收入与经营税金及附加估算表（单位：万元） **附表5**

序号	项目	合计	1	2	3	4	5	6
1	租房收入	10449	0	0	0	2986	3732	3732
1.1	可出租面积（m^2）		0	0	0	9173	11467	11467
1.2	单方租金（元/m^2）		0	0	0	3255	3255	3255
1.3	出租率（%）		0%	0%	0%	80%	100%	100%
2	经营税金及附加	575	0	0	0	164	205	205
2.1	营业税	522	0	0	0	149	187	187
2.2	城市维护建设税	37	0	0	0	10	13	13
2.3	教育费附加	16	0	0	0	4	6	6
3	租金净收入	9875	0	0	0	2821	3527	3527
4	净转售收入	4021	0	0	0	0	0	4021

自营收入与经营税金及附加估算表（单位：万元） **附表6**

序号	项目	合计	1	2	3	4	5	6
	经营期达纲率		0	80%	100%	100%	100%	100%
1	自营收入（2+3）	30336	0	5056	6320	6320	6320	6320
2	商品销售收入（不含增值税）	9600	0	1600	2000	2000	2000	2000
	单价	元	10000	10000	10000	10000	10000	10000
	数量	万元	0	1600	2000	2000	2000	2000
3	营业收入	20736	0	3456	4320	4320	4320	4320
3.1	A1	2400	0	400	500	500	500	500
	单价	元	1000	1000	1000	1000	1000	1000
	数量	t	0	4000	5000	5000	5000	5000
3.2	A2	7488	0	1248	1560	1560	1560	1560
	单价	元	2600	2600	2600	2600	2600	2600
	数量	t	0	4800	6000	6000	6000	6000
3.3	A3	3600	0	600	750	750	750	750
	单价	元	2500	2500	2500	2500	2500	2500
	数量	t×次	0	2400	3000	3000	3000	3000

续表

序号	项　　目	合计	1	2	3	4	5	6
3.4	A4	7200	0	1200	1500	1500	1500	1500
	单价	元	3000	3000	3000	3000	3000	3000
	数量	m^2	0	4000	5000	5000	5000	5000
3.5	A5	19.2	0	3.2	4	4	4	4
	单价	元	2	2	2	2	2	2
	数量	t×次	0	16000	20000	20000	20000	20000
3.6	A6	28.8	0	4.8	6	6	6	6
	单价	元	6	6	6	6	6	6
	数量	车×次	0	8000	10000	10000	10000	10000
4	营业税金及附加	1179	0	196	246	246	246	246
4.1	营业税	5.00%	0	173	216	216	216	216
4.2	消费税							
4.3	城市维护建设税	7.00%	0	17	21	21	21	21
4.4	教育费附加	3.00%	0	7	9	9	9	9
5	商品销售增值税	4.00%	0	64	80	80	80	80

自营固定资产折旧估算表（单位：万元）　　**附表 7**

序号	项　　目	折旧期限	1	2	3	4	5	6
1	房屋、建筑物							
1.1	原值			6526	6526	6526	6526	6526
1.2	折旧费	20		310	310	310	310	310
1.3	净值			6216	5906	5596	5286	4976
2	机器设备							
2.1	原值			2427	2427	2427	2427	2427
2.2	折旧费	10		231	231	231	231	231
2.3	净值			2196	1966	1735	1504	1274
3	合计							
3.1	原值			8953	8953	8953	8953	8953
3.2	折旧费			541	541	541	541	541
3.3	净值			8412	7872	7331	6791	6250

自营无形资产与其他资产估算表（单位：万元）　　**附表 8**

序号	项　　目	摊销期限	1	2	3	4	5	6
	无形资产							
1	原值			550	550	550	550	550
2	摊销			59.5	59.5	59.5	59.5	52
3	净值			490.5	431	371.5	312	260

续表

序号	项 目	摊销期限	1	2	3	4	5	6
	场地使用权							
1	原值			500	500	500	500	500
2	摊销	10		50	50	50	50	50
3	净值			450	400	350	300	250
	工业产权及专有技术							
1	原值			30	30	30	30	30
2	摊销	4		7.5	7.5	7.5	7.5	
3	净值			22.5	15	7.5		
	其他无形资产							
1	原值			20	20	20	20	20
2	摊销	10		2	2	2	2	2
3	净值			18	16	14	12	10
	其他资产							
1	原值			170	170	170	170	170
2	摊销	5		34	34	34	34	34
3	净值			136	102	68	34	

自营总成本费用表（单位：万元） **附表 9**

序号	成本及费用名称	合计	1	2	3	4	5	6
1	商品采购成本费用	4800	0	800	1000	1000	1000	1000
2	营业（可变）费用	7447	0	1241	1552	1552	1552	1552
3	水电气等动力费用	125	0	21	26	26	26	26
4	工资及福利费	547	0	91	114	114	114	114
5	修理费	1109	0	222	222	222	222	222
6	折旧费	2703	0	541	541	541	541	541
7	摊销费	460	0	94	94	94	94	86
8	其他费用	1692	0	332	340	340	340	340
9	利息支出	343	0	190	106	16	16	16
	流动资金借款利息	75	0	13	16	16	16	16
	长期借款利息	267	0	177	90	0	0	0
	短期借款利息	0	0	0	0	0	0	0
10	总成本费用	19226	0	3531	3993	3903	3903	3895
	可变成本	12372	0	2062	2578	2578	2578	2578
	固定成本	6853	0	1469	1416	1325	1325	1318
11	经营费用	15721	0	2707	3253	3253	3253	3253

利润与利润分配表（单位：万元） **附表10**

序号	项目	合计	1	2	3	4	5	6
1	项目总经营收入	59222	0	6264	10833	15837	14758	11531
1.1	商品房销售收入	18437	0	1208	4513	6531	4706	1480
1.2	房地产租金收入	10449	0	0	0	2986	3732	3732
1.3	自营收入	30336	0	5056	6320	6320	6320	6320
2	房地产经营成本	12997	0	802	3013	4568	3392	1222
2.1	商品房经营成本	12342	0	802	3013	4381	3158	988
2.2	出租房经营成本（摊销）	655	0	0	0	187	234	234
3	出租房经营费用（含房产税）	2039	0	0	0	583	728	728
4	自营部分经营费用	15721	0	2707	3253	3253	3253	3253
5	自营部分折旧、摊销	3163	0	634	634	634	634	627
6	自营部分财务费用	343	0	190	106	16	16	16
7	经营税金及附加	3152	0	327	574	849	790	612
8	土地增值税	890	0	61	220	312	225	73
9	利润总额	20918	0	1543	3032	5622	5720	5001
10	弥补前年度亏损	0	0	0	0	0	0	0
11	应纳税所得额	20918	0	1543	3032	5622	5720	5001
12	所得税	6903	0	509	1001	1855	1888	1650
13	净利润	14015	0	1034	2032	3766	3832	3351
14	期初未分配利润	10724	0	0	791	2266	3445	4222
15	可供分配的利润	24739	0	1034	2823	6032	7277	7573
16	法定盈余公积金	1402	0	103	203	377	383	335
17	公益金	701	0	52	102	188	192	168
18	可供投资者分配的利润	22637	0	879	2518	5468	6702	7070
19	任意盈余公积金	2264	0	88	252	547	670	707
20	应付股利	20373	0	791	2266	4921	6032	6363
21	投资各方股利分配		0	0	0	1476	1810	6363
	A股东	4825	0	0	0	738	905	3182
	B股东	2895	0	0	0	443	543	1909
	C股东	1930	0	0	0	295	362	1273
22	期末未分配利润		0	791	2266	3445	4222	0
23	息税前利润		140	2115	3660	6173	5990	5017
24	息税折旧摊销前利润		140	3551	7307	11375	10016	6865

项目投资现金流量表（单位：万元） **附表11**

序号	项目	合计	1	2	3	4	5	6
1	现金流入	69856	0	6264	10833	15837	14758	22165
1.1	售房收入	18437	0	1208	4513	6531	4706	1480

续表

序号	项　　目	合计	1	2	3	4	5	6
1.2	租房收入	10449	0	0	0	2986	3732	3732
1.3	自营收入	30336	0	5056	6320	6320	6320	6320
1.4	净转售收入	4021	0	0	0	0	0	4021
1.5	其他收入	0	0	0	0	0	0	0
1.6	回收自营资产固定资产余值	6250		0	0	0	0	6250
1.7	回收自营业务经营资金	363		0	0	0	0	363
2	现金流出	46932	15535	8346	8192	5088	5105	4667
2.1	自营固定资产投资（不含建设期利息）	9585	9585	0	0	0	0	0
2.2	开发产品投资（不含财务费用）	15183	5950	4952	4081	91	109	0
2.3	经营资金	363	0	300	63	0	0	0
2.4	自营业务经营费用	15721	0	2707	3253	3253	3253	3253
2.5	出租房经营费用	2039	0	0	0	583	728	728
2.6	经营税金及附加	3152	0	327	574	849	790	612
2.7	土地增值税	890	0	61	220	312	225	73
3	所得税前净现金流量	22924	-15535	-2082	2640	10749	9653	17499
4	所得税前累计净现金流量		-15535	-17616	-14976	-4228	5425	22924
5	调整所得税		0	601	1330	2353	2258	1787
6	所得税后净现金流量		-15535	-2683	1310	8396	7394	15712
7	所得税后累计净现金流量		-15535	-18217	-16907	-8511	-1117	14595

资本金现金流量表（单位：万元）　　　　**附表 12**

序号	项　　目	合计	1	2	3	4	5	6
1	现金流入	69856	0	6264	10833	15837	14758	22165
1.1	售房收入	18437	0	1208	4513	6531	4706	1480
1.2	租房收入	10449	0	0	0	2986	3732	3732
1.3	自营收入	30336	0	5056	6320	6320	6320	6320
1.4	其他收入	0	0	0	0	0	0	0
1.5	回收固定资产余值	6250		0	0	0	0	6250
1.6	回收经营资金	363		0	0	0	0	363
1.7	净转售收入	4021	0	0	0	0	0	4021
2	现金流出	56101	6954	6962	10413	12922	12263	6587
2.1	资本金	8463	6954	1509	0	0	0	0
2.2	预售（租）收入用于开发产品投资	4113	0	0	3122	627	364	0
2.3	自营部分经营费用	15721	0	2707	3253	3253	3253	3253
2.4	出租房经营费用	2039	0	0	0	583	728	728
2.5	经营税金及附加	3152	0	327	574	849	790	612
2.6	土地增值税	890	0	61	220	312	225	73

续表

序号	项　　目	合计	1	2	3	4	5	6
2.7	所得税	6903	0	509	1001	1855	1888	1650
2.8	长期借款本金偿还	14224	0	1659	2137	5427	5000	0
2.9	流动资金借款偿还	254	0	0	0	0	0	254
2.10	借款利息支付	343	0	190	106	16	16	16
3	净现金流量	13755	-6954	-698	419	2915	2495	15579
4	累计净现金流量		-6954	-7652	-7233	-4318	-1823	13755

借款偿还表（单位：万元）　　**附表 13**

序号	项　　目	合计	1	2	3	4	5	6
1	长期借款偿还							
1.1	年初借款本息累计		0	8809	11064	10427	5000	0
	本金		0	8797	11064	10427	5000	0
	建设期利息		0	12	0	0	0	0
1.2	本年借款	14212	8797	3915	1500	0	0	0
1.3	本年应计利息	2190	228	559	613	536	255	0
	计入建设期利息	228	228	0	0	0	0	0
	计入生产期利息	1962	0	559	613	536	255	0
1.4	本年还本付息		217	2219	2749	5963	5255	0
	还本	14224	0	1659	2137	5427	5000	0
	付息	2179	217	559	613	536	255	0
1.5	年末借款本息累计		8809	11064	10427	5000	0	0
2	自营资产人民币长期借款							
2.1	年初借款本息累计	利率	0	3000	1537	0	0	0
	本金	5.095%	0	3000	1537	0	0	0
	建设期利息		0	0	0	0	0	0
2.2	本年借款	3000	3000	0	0	0	0	0
2.3	本年应计利息	308	76	153	78	0	0	0
	计入建设期利息	76	76					
	计入生产期利息		0	153	78	0	0	0
2.4	本年还本付息		76	1616	1616	0	0	0
	还本	3000	0	1463	1537	0	0	0
	付息	308	76	153	78	0	0	0
2.5	年末借款本息累计		3000	1537	0	0	0	0
3	房地产人民币长期借款							
3.1	年初借款本息累计	利率	0	5000	8500	10000	5000	0
	本金	5.095%	0	5000	8500	10000	5000	0

续表

序号	项　　目	合计	1	2	3	4	5	6
	建设期利息		0	0	0	0	0	0
3.2	本年借款	10000	5000	3500	1500	0	0	0
3.3	本年应计利息	1707	127	344	471	509	255	0
	计入建设期利息	127	127					
	计入生产期利息		0	344	471	509	255	0
3.4	本年按约定还本付息		127	344	471	5509	5255	0
	还本	10000	0	0	0	5000	5000	0
	付息	1707	127	344	471	509	255	0
3.5	年末借款本息累计		5000	8500	10000	5000	0	0
4	自营资产外币长期借款							
4.1	年初借款本息累计	利率	0	47	24	0	0	0
	本金	6.136%	0	46	24	0	0	0
	建设期利息		0	1	0	0	0	0
4.2	本年借款	46	46	0	0	0	0	0
4.3	本年应计利息	6	1	3	1	0	0	0
	计入建设期利息	1	1					
	计入生产期利息		0	3	1	0	0	0
4.4	本年按约定还本付息		0	27	25	0	0	0
	还本	47	0	24	24	0	0	0
	付息	4	0	3	1	0	0	0
4.5	年末借款本息累计		47	24	0	0	0	0
5	房地产外币长期借款							
5.1	年初借款本息累计	利率	0	50	100	51	0	0
	本金	6.136%	0	50	100	51	0	0
	建设期利息		0	0	0	0	0	0
5.2	本年借款	100	50	50	0	0	0	0
5.3	本年应计利息	15	2	5	6	3	0	0
	计入建设期利息	2	2					
	计入生产期利息		0	5	6	3	0	0
5.4	本年按约定还本付息		2	5	55	55	0	0
	还本	100	0	0	49	51	0	0
	付息	15	2	5	6	3	0	0
5.5	年末借款本息累计		50	100	51	0	0	0
6	利息备付率		0.6	3.8	6.0	11.5	23.5	0.0
7	偿债备付率		0.0	2.1	3.4	2.1	2.0	0.0

财务计划现金流量表（单位：万元）　　附表 14

序号	项　　目	合计	1	2	3	4	5	6
1	经营活动净现金流量	30517	0	2660	5784	8984	7874	5215
1.1	现金流入	59222	0	6264	10833	15837	14758	11531
1.1.1	营业收入	59222	0	6264	10833	15837	14758	11531
	售房收入	18437	0	1208	4513	6531	4706	1480
	租房收入	10449	0	0	0	2986	3732	3732
	自营收入	30336	0	5056	6320	6320	6320	6320
1.1.2	其他流入	0						
1.2	现金流出	28705	0	3604	5048	6852	6884	6317
1.2.1	经营成本	17760	0	2707	3253	3836	3982	3982
	自营部分经营费用	15721	0	2707	3253	3253	3253	3253
	出租房经营费用	2039	0	0	0	583	728	728
1.2.2	营业税金及附加	3152	0	327	574	849	790	612
1.2.3	土地增值税	890	0	61	220	312	225	73
1.2.4	所得税	6903	0	509	1001	1855	1888	1650
1.2.5	其他流出	0						
2	投资活动净现金流量	-27053	-15763	-5633	-4667	-627	-364	0
2.1	现金流入	0						
2.2	现金流出	27053	15763	5633	4667	627	364	0
2.2.1	建设投资	26690	15763	5334	4603	627	364	0
	自营固定资产投资	9585	9585	0	0	0	0	0
	自营固定资产建设期利息	88	88	0	0	0	0	0
	房地产投资（含财务费用）	17018	6090	5334	4603	627	364	0
2.2.2	增加流动资金	363	0	300	63	0	0	0
2.2.3	其他流出	0						
3	融资活动净现金流量	2584	15763	3784	2424	-6293	-6461	-6633
3.1	现金流入	27053	15763	5633	4667	627	364	0
3.1.1	资本金	8463	6954	1509	0	0	0	0
3.1.2	预售收入	3692	0	0	3122	440	130	0
3.1.3	预租收入	421	0	0	0	187	234	0
3.1.4	其他收入	0	0	0	0	0	0	0
3.1.5	建设投资借款	14478	8809	4125	1544	0	0	0
	自营资产长期借款	3394	3394	0	0	0	0	0
	自营资产经营资金借款	254	0	210	44	0	0	0

续表

序号	项目	合计	1	2	3	4	5	6
	房地产投资借款	10830	5415	3915	1500	0	0	0
3.1.6	短期借款	0	0	0	0	0	0	0
3.1.7	其他流入	0						
3.2	现金流出	24469	0	1849	2243	6919	6825	6633
3.2.1	自营利息支出	343	0	190	106	16	16	16
3.2.2	偿还长期债务本金	14224	0	1659	2137	5427	5000	0
	房地产长期借款本金偿还	10830	0	0	403	5427	5000	0
	自营资产长期借款本金偿还	3394	0	1659	1734	0	0	0
3.2.3	自营资产经营资金借款偿还	254		0	0	0	0	254
3.2.4	偿还短期借款	0		0	0	0	0	0
3.2.5	股利分配	9649	0	0	0	1476	1810	6363
3.2.6	其他流出	0						
4	净现金流量		0	811	3542	2065	1049	-1419
5	累计盈余资金		0	811	4352	6417	7466	6048

资产负债表（单位：万元） **附表 15**

序号	项目	1	2	3	4	5	6
1	资产	15763	20856	25439	22928	20315	17048
1.1	流动资产总额	6090	11817	17034	15157	13178	10538
1.1.1	应收账款	0	150	181	181	181	181
1.1.2	存货	6090	10833	12476	8534	5506	4284
1.1.3	其中：在建开发产品	6090	10622	12212	8271	5242	0
1.1.4	现金	0	24	25	25	25	25
1.1.5	累计盈余资金	0	811	4352	6417	7466	6048
1.2	在建工程	9673	0	0	0	0	0
1.3	固定资产净值	0	8412	7872	7331	6791	6250
1.4	无形及递延资产净值	0	627	533	440	346	260
2	负债及所有者权益	15763	20856	25439	22928	20315	17048
2.1	流动负债总额	0	85	106	106	106	106
2.1.1	应付账款	0	85	106	106	106	106
2.1.2	短期借款	0	0	0	0	0	0
2.2	借款	8809	11274	10681	5254	254	0
2.2.1	经营资金借款	0	210	254	254	254	0
2.2.2	固定资产投资借款	3394	1734	0	0	0	0
2.2.3	开发产品投资借款	5415	9330	10427	5000	0	0
	负债小计	8809	11359	10788	5360	360	106

续表

序号	项　　目	1	2	3	4	5	6
2.3	所有者权益	6954	9497	14651	17568	19954	16942
2.3.1	资本金	6954	8463	8463	8463	8463	8463
2.3.2	资本公积金	0	0	3122	3749	4113	4113
2.3.3	盈余公积金	0	243	800	1911	3156	4366
2.3.4	累计未分配利润	0	791	2266	3445	4222	0
	比率指标：						
	资产负债率（%）	55.88	54.46	42.41	23.38	1.77	0.62

第9章　民用建筑项目可行性研究方法

9.1　可行性研究方法的多样性

9.1.1　可行性研究业务的广泛性与分析方法的多样性

从投资项目周期看，在项目策划、识别、评估、实施、监督、后评价等阶段（或按我国目前的划分方法为项目建议书、可行性研究、可行性研究批准、初步设计、工程概算、施工、运行、竣工验收等阶段），工程咨询无一例外地都要介入或参与。

投资项目的前期、中期和后期咨询工作中，要涉及许多专业：从大的方面可以分为工程技术、环境保护与治理、经济、社会发展等；从具体项目来说，可能归属冶金、化工、造船、航空、机械、农业、渔业、林业、交通、能源、公共卫生、公共建筑、房地产开发等行业。每个方面都有具体的方法，如环境影响评价方法、经济评价方法、社会影响评价方法，每个专业也都有自己的工程技术评价方法，如化工技术评价、冶金技术评价、交通运输技术评价等等。

民用建筑可行性研究的内容包括市场研究、机会研究、竞争力分析、资源条件、技术工艺与设备选择、建筑与安装工程、项目选址、安全与卫生、经济评价、环境评价、社会评价、组织机构评价等方面的内容。

任何一项工程都有时间、地点、土方工程量、设备、材料等，这些指标大部分是可以计量的，是可以用数字表示其多少、大小。工程建设不可避免地要进行投资，要支付资金，大部分项目预期还有收入，产生经济效益，这就使相当一部分指标要在量化的基础上再度用货币进行度量，即货币化，给出以货币表示的数值。工程建设产生的影响是多方面，有些认识得比较深入，规律掌握得比较好，可以用定量的或货币化的方式进行表述，然而由于对客观事物的某一个或几个方面的认识还不深入，目前尚未能找到有效的方法给投资项目的一些影响进行量化，由于这些影响也对项目的成败起重要作用，所以要对这些影响进行定性的描述，比如不可预见的地震风险。在工程咨询工作中要坚持以定量分析与定性分析相结合，以定量分析为主的原则。

由于工程业务具有广泛性，工程时间跨度大，专业涉及面多，可行性研究使用的方法有多样性

9.1.2　可行性研究方法的分类

由于可行性研究使用领域、范围的多样性，使用方法非常多，可以按若干种标准进行分类：

1. 从规范思维方式划分，包括系统分析方式，利益相关者分析方式、逻辑框架方式、多指标综合分析方式、方案比较方式等。

2. 从规范操作方法划分，包括调查法、对比法、数学模型法、参与法、风险综合评价矩阵法。

3. 从分析指标能否数量化划分，包括定量分析方法、定性分析方法、定量与定性相结合的方法；

4. 从学科划分，包括财务分析法、经济分析法、社会评价法、环境影响评价法等专业方法。

5. 从适用面的广泛程度划分，包括通用方法、专用方法和行业方法。通用方法指适用于各行各业的一般方法，专业方法指在某个专业上都可使用的经济、环境与社会等领域专用的评价方法，行业方法指各行各业在工程技术方面专门的评价方法。

本章重点介绍适用于民用建筑可行性研究的通用方法，重点介绍一般书籍中鲜有介绍的方法，如系统分析方式，利益相关者分析方式、逻辑框架方式、多指标综合分析方式，简要介绍专业评价方法。行业工程技术方法可由各行业自行总结归纳。

9.1.3　可行性研究方法的选用原则

供可行性研究所使用的方法多种多样，令实际工作者眼花缭乱，各类研究人员的论文又不断地推出新的方法或对现有方法提出有“理论水平的改进”，更令实际工作者无所适从。因此，选用什么样的方法就是实际工作者面临的现实问题。笔者认为，可行性研究方法选用的基本原则为：原理科学、操作简单、形象直观、易学易用、数据来源客观、避免使用复杂的数学演算。这里特别要注意后面两点。现在的学术论文追求“理论水平”，使用过多的数学工具，不便于投资人与设计人员理解，自然也就不会有太多的用武之地。一些新的方法多数依赖专家判断，或专家意见统计分析，缺少客观事物的统计记录，使用分析结论是基于“主观判断”，缺少可信度。

9.2　思维方式

9.2.1　系统分析方式

系统分析是一种决策辅助技术。它采用系统方法清晰地描绘所研究的问题，对所研究的问题提出各种可行的解决方案或策略，进行定量或定性分析、评价和协调，帮助决策人选择行动方案。

系统分析法把事物当作一个整体来研究，把一个研究对象看作一个系统，从系统的、整体的观点出发，研究系统内部各个组成部分之间的有机联系、与外部环境的相互关系及变化过程。当然，系统分析方法也不排除对系统内的各个部分进行分解，但这种分解一般是与综合分析有机地结合。通过系统分析可以准确地诊断问题，深刻地揭示问题的起因，找出解决问题的可行方案。

系统分析的流程如图 9-1。

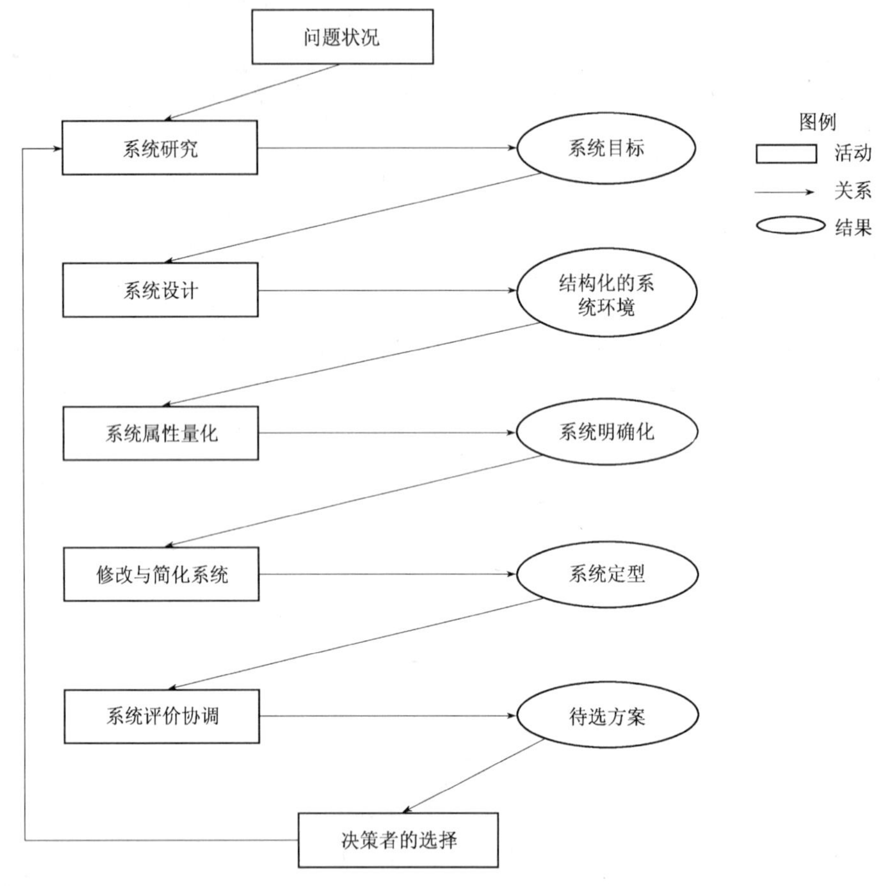

图 9-1 系统分析流程图

系统研究

系统研究的中心内容是从问题状况的分析过渡到确认系统目标的过程。在这个过程中，要了解由于外界的干预而引发的问题及其状况，选择合适的系统目标，同时要了解实现系统目标会受到的约束，评价现有问题的价值准则，实现目标可能选择的行动方案。

系统研究的基本过程和内容可以归结为问题发现、问题定义、问题诊断、目标确认4个阶段。问题发现指个体或组织意识到自己所处的困境或不令人满意的现状。问题定义是对问题状况属性的界定。问题诊断是在认识到问题的存在并对问题定义之后，对产生问题的原因进行探究。在进行原因诊断时，必然存在一条因果链，因果链的中断点往往就是问题的根源。找到问题的根源后，就可以确定目标。

决策者或分析人员从其所处的环境出发，一般只能凭直觉感受并提出问题，而且对问题的描述往往也概念化，难于满足技术性强的具体系统设计和量化的需要。只有在目标确定以后，系统目标所具有的性质才能满足系统设计、系统量化、系统评价和协调等后续工作的要求。一项没有正确目标或者具有错误目标的系统求解活动，等于做了一个错误问题的研究。

系统研究的过程也是信息搜集与处理过程。在问题发现、定义和描述过程中，首要的任务是搜集资料，其次是对资料进行整理，并按问题状况的特征进行比较，使其呈现出某种程度的结构化。结构化的资料才能利用现代信息技术，如数据库，进行多种方式的加工处理。

系统设计

系统设计的任务是采用合乎逻辑的设计过程和方法反映系统的行为特征与效果，充分与有效地扩展和掌握信息源的有效部分，减少信息源中不可知的部分，将系统环境、决策系统和目标特征等进一步结构化。

系统设计的目的在于反映现实系统环境因素和系统结构对于目标效果的影响。现实世界中的系统有些是较为简单且具有确定性的结构特征，有些是由众多人参与（或干预）的较为复杂的不确定性系统。后者的目标往往模糊不清，系统结构也不易确定，属于非结构化的系统。

系统设计成果展示了系统目标覆盖范围内的各个系统部件及其相互组合关系，描述系统环境、决策系统与目标之间的相互联系和影响，建立系统数据流程图和系统结构图。

系统量化

系统量化是应用数学和分析模式做工具，对系统结构进行属性的量化工作，如系统结构关系的表达式及参数识辨、系统优化解的求解、系统经济效果计算等。通过系统量化，进一步缩小了系统不可知部分信息。对于决策者而言，一方面减少信息量，另一方面可以部分地摆脱不熟悉专业知识的困扰。

系统量化的目的有三：为采用封闭的思维体系进行设计提供便利条件；确定系统的行为与目标之间的关系；将系统的行为特性以不同的类别或方式加以表达，归纳出与决策者有关的各个不同方案的性能指标，展示出各种方案对系统目标所产生的效果。

系统评价

系统评价是根据明确的系统目标、结构和属性，用有效的标准测定了系统的性质和状态，并依据一定的评价准则进行判定。具体地说系统评价是从技术、经济、社会、政治和环境等诸多方面对设计方案进行统筹、综合评价，全面考虑各种因素影响，权衡利弊得失。系统评价的程序如下：

明确被评价的系统对象；

明确被评价系统的目标和属性；

确定与系统属性和目标相关的评价准则；

采用适当的评价方法进行评价，并作出合理的分析。

系统协调

系统整体功能和效应的充分发挥有赖于系统与环境、目标和部件的相互关系与相互作用。系统的宏观结构和整体效应有可能反映出系统的整体功能不等于各子系统功能之和：整体功能大于或小于各部分子系统的功能。

系统协调的目的就是通过某种方法对被确定的系统重新进行组织或调控，使之从无序转为有序，让系统达到协同状态，系统协同状态越高，系统产生的功能和效应可能就越大，系统的负效应就会越小，系统产生的价值就越高。需要进行协调的系统一般都是子系统既有合作又有竞争。各子系统之间应构成一个由信息作为“中介”的反馈控制系统。当整体系统具有多个局中人（决策人）构成竞争决策模式时，应有第三方介入进行协调。

9.2.2 利益相关者分析方式

利益相关者分析最初见于项目的社会评价，随着社会进步，公平发展是与项目有直接或间接利益相关的群体或个人的基本要求，公平发展是实现项目目标的基本保证，公平发展已经成为国内外项目分析的基本原则。要实现公平发展就要进行项目利益相关者分析，特别是在项目前期。

（1）利益相关者

利益相关者（stakeholders）是指与规划或项目有直接利益关系的个人、群体或组织，或受到规划或项目产出直接或间接、正面或负面影响的个人、群体或组织，也可指对项目有正面或负面影响的个人、群体或组织。

实际工作中，对于不同的利益相关者可以使用不同的专业词汇。例如，受益人（beneficiaries）指由于项目的实施而以各种方式得益的人，受益人又可以进一步区分为目标群体（target group）与最终受益人（final beneficiaries），前者指受到项目直接正面影响的个体或实体，后者指在部门或社会层面从项目获得长远的利益的人群。又如，关键利益相关者（key stakeholders）会对项目产生显著影响且对项目成功有重要作用，主要利益相关者（primary stakeholders）受到项目活动的最终影响，次级利益相关者（secondary stakeholders）则与项目存在某些利益关系或对项目产生有限的影响。

利益相关者与项目可相互产生正面或负面的影响。为了极大化项目对社会与机构的效益，同时极小化其不利的影响，有必要对与项目有关联的群体、个人、机构进行综合的描绘。如果项目不考虑利益相关者的观点与需要，项目就很难实现其目标并具有可持续性。因此，必须从项目的一开始就识别并分析项目的利益相关者，发现他们在项目各个阶段的利益所在、存在问题以及潜在的能力，最终将利益相关者分析整合到项目的设计与管理之中。

利益相关者分析的作用是：阐述项目活动可能产生的收入分配影响与社会影响；识别现有的与潜在的利益冲突；寻找为缓解矛盾采取的适当策略；帮助确定规划或项目的长远目标和宏观影响，明确项目的最高目标和主要受益群体。

在利益相关者分析的4个作用中，确立项目目标是其最重要的作用。利益相关者分析是一个完全公开且不确定的过程。这里的“不确定”是指没有完全固定的模式，而是根据项目情况，具体问题具体分析。

（2）利益相关者分析的步骤

第1步，识别利益相关者。识别可能受到项目影响或者对项目有较大影响的全部利益相关者，包括个人、正式或非正式的利益群体，如专业人员、家庭、移民、管理部门、服务与实施机构等，有时还包括与拟议项目相关的其他项目。识别的结果可分门别类地列示。

在明确了利益相关者之后，要对上述群体要进一步进行分析，了解他们只是同质性的单元，还是由子项或部门组成。如果是后者，他们是否有特定的利益与问题。如果需要，这些子项亦应分列出来。

利益相关者识别的要点是了解各个利益相关者的观点或看法，项目对他们的直接与间接的有利影响与不利影响，他们之间的相互影响，这对于充分了解并阐述项目存在的问题是至关重要的。当然，社会性别也是利益相关者分析关注的重点问题，应当考虑男性与女性的利益可能存在显著的差异。

第 2 步，利益相关者分类。完成第一步以后，可按照一定的指标将利益相关者划分成不同的类别。图 9-2 就给出这样一种分类。将利益相关者分类的目的是从众多利益相关者中找出重要的利益相关者，然后对他们进行详细的分析。

第 3 步，详细分析入选的利益相关者。调查入选的不同利益相关者的角色、从项目中获得的利益或受到的损害、参与项目的权力与能力、协作或冲突的程度。

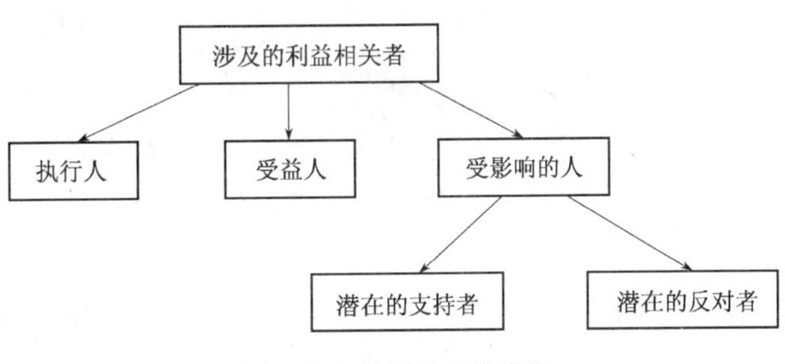

图 9-2　利益相关者分类图

利益相关群体分析的结果应明确表述，纳入项目设计之中，并应保证：

- 恰当地分配资源，使资源能满足项目实体的目标以及优先群体的需要；
- 适当地管理、协作和安排，鼓励利益相关者拥有或参与项目；
- 承认利益相关者的冲突，并在项目设计中得以明确表现出来。

第 4 步，设置优先权。在分析进程的某个时点，应当作出决定：项目应当以什么为目标，即谁的利益或观点优先考虑。最理想的状态是找到大多数利益相关者共同的意见，现实中是找到不同利益相关者折中或妥协的观点或利益，有时候，集中优先考虑核心利益相关者，而不是“谁也不负责任”地妥协，可能更合适。在确定目标时，对于哪个观点或利益要优先考虑应该达成一致意见并且公开透明。特别要注意确立优先度时可能会引发的潜在冲突。应当仔细考虑什么场合会引发冲突，如何避免或化解冲突，以及如果冲突不可避免或化解，它对项目有什么影响。

（3）利益相关者分析的工具

有许多方法支持利益相关者分析，常用的有利益相关者分析矩阵、SWOT 分析、维恩图与蛛网图等。在这些方法中选用一种或几种方法，完全要看项目的具体情况，特别是对什么信息有兴趣。

1）利益相关者分析矩阵

利益相关者分析首先识别利益相关者的各种特征，包括社会、经济、结构、组织、状态等特征，其次要分析因项目的实施会给各个利益相关者带来什么问题或什么利益，第三要分析各个利益相关者的潜能与不足，最后分析项目对他们或他们对项目的预期影响。分析结果可用一个矩阵来综合表述，见表 9-1：

水环境治理项目利益相关者矩阵 表 9-1

利益相关者	基本特征	利益所在及受到何种影响	对于变革的动力与能力	处理利益相关者利益的可能行动
渔民家庭	20000 个低收入家庭，小规模的家庭副业，有非正式的合作活动，妇女主动参与鱼的加工与销售活动	• 保持并改善他们的生存手段 • 污染影响鱼的产量与质量 • 家庭健康受到影响，特别是妇女与儿童	• 对于污染控制措施极其有兴趣 • 其薄弱的组织结构仅能给予有限的政治影响	• 能够支持组织与游说 • 实施工业污染控制措施 • 为妇女与男人寻找并开发其他收入来源
某行业	大规模地工业生产，生产管理混乱，没有工会组织，可对当局施加影响，环境记录不良	• 保持并增加利润 • 在一定程度上关注公共形象 • 特别关注实施环境管制对成本的影响	• 有财力也有技术使用新型清洁生产技术 • 改变现状的动力有限	• 增强它们对社会与环境影响的关注程度 • 施加政治压力以影响工业行为 • 强化并实施环境法律
居民	150000 户居民向河道丢弃垃圾排放污水，也将河水作为饮用水源，并从河中捕鱼食用	• 关注工业污染对水质的影响 • 想从自己的家中丢弃废物 • 想得到清洁的水	• 对于现有丢弃废物和排泄污水习惯对健康的影响认识不足 • 有潜力游说政府机构改善效率 • 表示出对改善废物管理支付费用的支付意愿	• 唤起居民注意他们自己的废物处置习惯 • 与社区和当地政府一道工作，讨论水与环境卫生问题
环境保护机构等	……	……	……	……

利益相关者分析的另一个重要方面是各个利益相关者之间的关系，这个关系可以用图 9-3表示。用图形表示各个利益相关者的关系非常形象、直观，便于项目团队讨论、分析与理解。

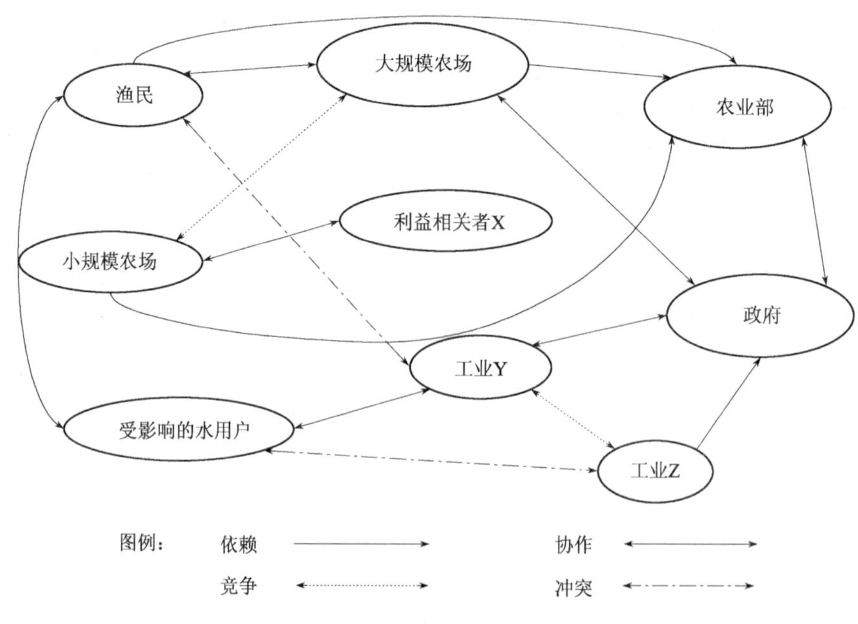

图 9-3 利益相关者关系图

2）维恩图

维恩图主要用于分析与表示主要利益相关者之间的关系，图9-4中圆圈的大小表示每个群体的能力和影响的大小，圆圈之间的距离表示不同群体之间的相对或交互关系的强弱。维恩图通常在目标群体中作为参与式工具，帮助他们理解彼此之间的关系。维恩图也可用于分析不同群体之间的矛盾与冲突。

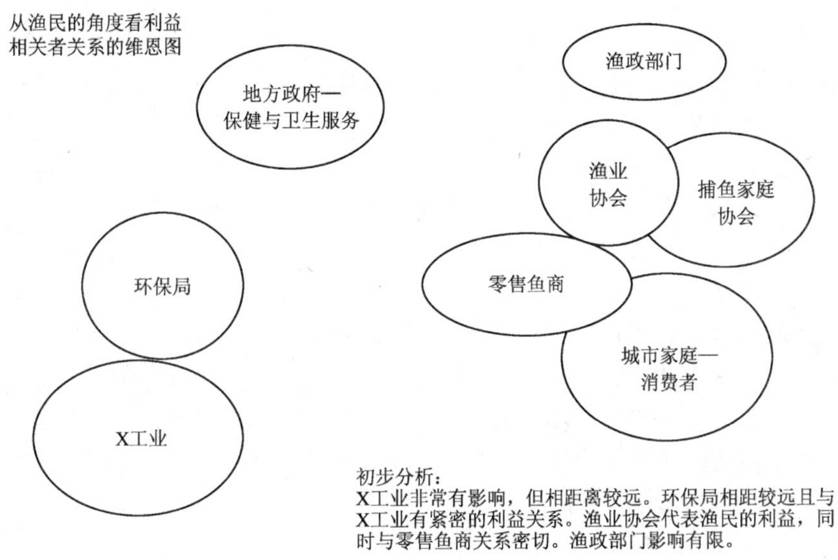

图9-4　水环境治理项目利益相关者维恩图

以上几种分析方法分别从不同的角度分析利益相关者。对于评估人员来说，有利益相关者分析矩阵可能就足矣，但是对于评估的目标群体或对象，后两种方法可能更为直观，便于理解复杂的关系，这样就会使他们更积极地参与项目，从而保证项目设计、运营能够成功。

9.2.3　逻辑框架方式

逻辑框架方式（Logical Framework Approach，LFA）是项目分析、计划和总结的综合方法，它由因果分析，目标群体（利益相关群体）分析和项目目标分析等三个过程以及一个逻辑框架矩阵组成。

（1）逻辑框架方式

1）思维助手。逻辑框架法被公认为是“一个思维助手，而不是创造性分析的替代物”。这就是说，逻辑框架不是具体的分析方法，但是它把不同层次或领域的分析方法与内容组成一个“逻辑上的闭环”，将项目活动提纲挈领地进行综合表述，用之于分析、管理一个项目活动。逻辑框架法虽然是发源于项目分析，但由于有“思维助手”这一特点，它还被广泛用于规划、项目、活动的策划、分析、管理与评价，在一些大型国际组织中还用于国家或部门战略的分析。

2）逻辑框架方式的作用。逻辑框架方式是项目设计与管理人员的一项重要工具，它在以下几方面有重要作用：分析项目准备阶段的现状；建立实现项目目标的逻辑层次；识别对实现项目目标存在的潜在风险；建立项目产出或结果的监督与评价机制；提供标准化的表述格式；在项目实施过程中进行监督与评价。

逻辑框架法是一组开放式的项目设计与管理工具，其灵活性体现它可根据项目的具体情况以及与其配合使用的其他工具的具体情况，对逻辑框架的结构进行修正，以满足具体情况的需要，这一点也是逻辑框架法应用的关键之点。

3）逻辑框方式的分析步骤

“逻辑框架方式”的分析过程由利益相关者分析、问题分析、目标分析、风险（条件）识别、策略选择等几个步骤组成。逻辑分析是一个反复、渐进的分析过程，换句话说，首先进行以上几个方面的初步分析，得到初步的逻辑结果，然后回过头再进行第二轮、第三轮或更多次的深入分析，最后得出同拟议项目有利益相关的群体共同认可的逻辑框架来。

问题分析（现状描述）

在进行逻辑框架分析时，我们有这样的直觉：需要某种干预时就会想到项目。需要干预就意味着有某些不理想的状况。干预或项目就是解决这些不理想的状况。逻辑框架法将这些“不理想的状况”转换并具体化为“问题”。问题分析就是对现状的分析。

问题分析主要是识别现状中的不利方面，为已经识别出的问题建立明确的“因果关系”，为此，需要做以下 3 个步骤的工作：

第 1 步，定义分析的框架与主题；

第 2 步，识别目标群体与受益人面临的问题；

第 3 步，用图形的方式（问题树 problem tree，或问题层次结构 hierarchy of problem）展现存在的问题，以利分析与阐述因果关系。

建立问题树

建立问题树的最好方法是参与法，即邀请利益相关者参加问题会商，提出各自的观点与意见，项目小组与利益相关者共同讨论，确定存在什么问题，引发问题的原因是什么，再将因果关系用图形清晰地表现出来。建立问题树的步骤如下：

第 1 步，将前述利益相关者招集在一起，征询他们的观点与感受，也可以召开研讨会，用头脑风暴法进行讨论，把优先考虑的问题逐一罗列出来。将全部问题罗列出来可能需要比较长的时间，这需要耐心与协商，决不可为了赶进度草草了事。有些情况下，对不同的利益相关者可以采用不同的方法。本步骤可以是完全开放的，即对于涉及的问题及其优先度不存在任何事先的限定；也可以通过对现有信息初步分析，并在与利益相关者进行初步磋商的基础上，定向为某“已知”的较高层次的问题或目标，如改善水质。

第 2 步，从上述活动识别出的问题中，选择起始问题（start problem）。如图 9-5 中，“大部分家庭与企业直接向河道内排放大量污水”就可以选作起始问题。起始问题应该是一种表象问题，并为大多数利益相关者认同的问题。

第 3 步，寻找与起始问题相关的问题。

第 4 步，建立因果的层次关系，将直接引发起始问题的问题放在下层；受起始问题直接作用的问题放在上层；既不会产生、也不会受直接作用的问题可放于同一层。

第 5 步，其他问题均依照“何事引发此事”的原则进行分类，如果有两个或多个因素共同发生作用，将它们放在同一层次上。

第 6 步，用因果箭头将问题相连，特别要注明关键的联系。

第 7 步，审视并检查图形的有效性与完整性，看看是否还有重要问题被忽略或遗漏，如果存在这样的问题，进行必要的补充。

第 8 步，将草图进行复制，留作记录，也可以分发给有关人士征求意见。

上述的分析结果用图形表示了某个问题对上层的效果（作用）以及引发该问题的下层原因。分析的目的是找出利益相关者高度关注的瓶颈问题，如图 9-5 中灰底色的文字框，并以此为基础确定项目的基本目标。

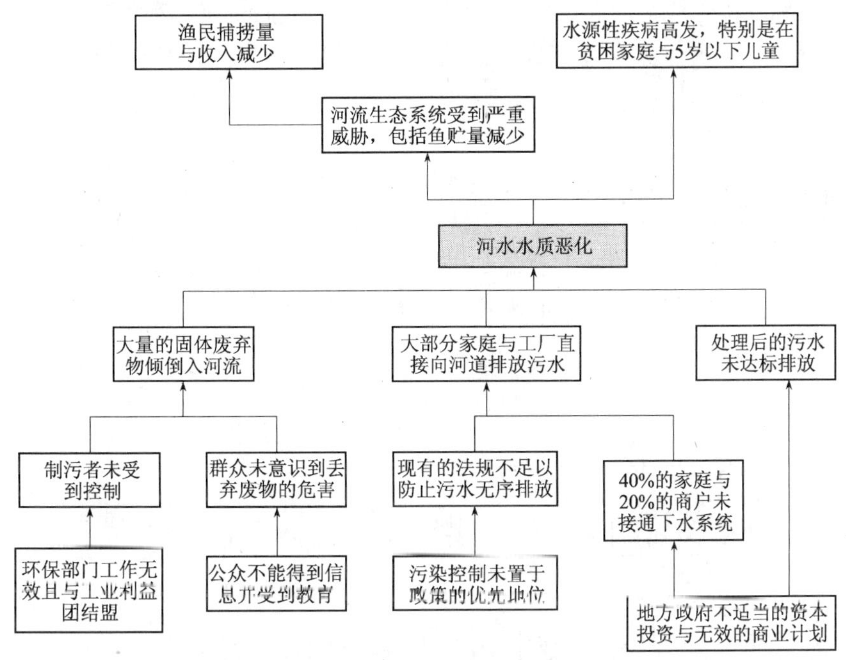

图 9-5　水环境保护项目问题树

问题树实际上是用图形表示项目负面的因果关系。例如在图 9-5 中，由于投资不足引至污水管网未接入家庭与工厂，管网问题又可上溯到家庭与工厂直接向河排放污水，污水直接排放又导致河水水质恶化，河水水质恶化进一步引发水源生疾病高发。每一个低层的文字框都是与其相连的高层文字框的原因，每个高层文字框都是与其相连的低层文字框的结果。在这个图中，“起始问题”为污水排放，其结果是水质变坏，其原因为管网不配套。管网不配套的原因又可追溯到投资不足。

目标分析（现实改善后未来情况的描述）

前述的问题分析是描述现有的不利情况，目标分析则是描述在解决现有问题后将要实现的情况。

目标分析要提出对现有不利情况的可能的解决方案，目标分析要将已经识别出的负面的情况（问题）通过画“目标树”转化为正面的情况。在目标树中，目标也用层次结构表示，前述关键问题的因果关系转化为目标之间的手段—结果（means-end）关系（即要实现什么目标必须做什么工作）。目标不仅反映未来的理想状态，而且必须是可以在实际工作中实现的（通常要定量化）。为保证关系转化的合理性，可直接从现存问题分析进行推演，而不能用其他方式推演。

目标分析的步骤为：

第 1 步：将问题分析列举的所有负面情况转化为可以实现的理想情况；

第 2 步：确立检查手段—结果关系，确保层次结构的有效性及完整性（将因果关系转化为手段-结果关系）；

第 3 步：如果有必要，可以修正陈述，增加与实现高层目标相关的新目标，删除不适合或不必要的目标。

同样，目标分析也应当向关键的利益相关群体进行咨询。前述利益相关者分析得到的信息亦应充分考虑。这样做可以有助于考虑目标的优先次序，评估某些目标能实现的程度，识别要实现理想结果可能需要补充的手段。

图 9-6 就是在图 9-5 的基础上将负面的因果关系转化成正面的促进关系。

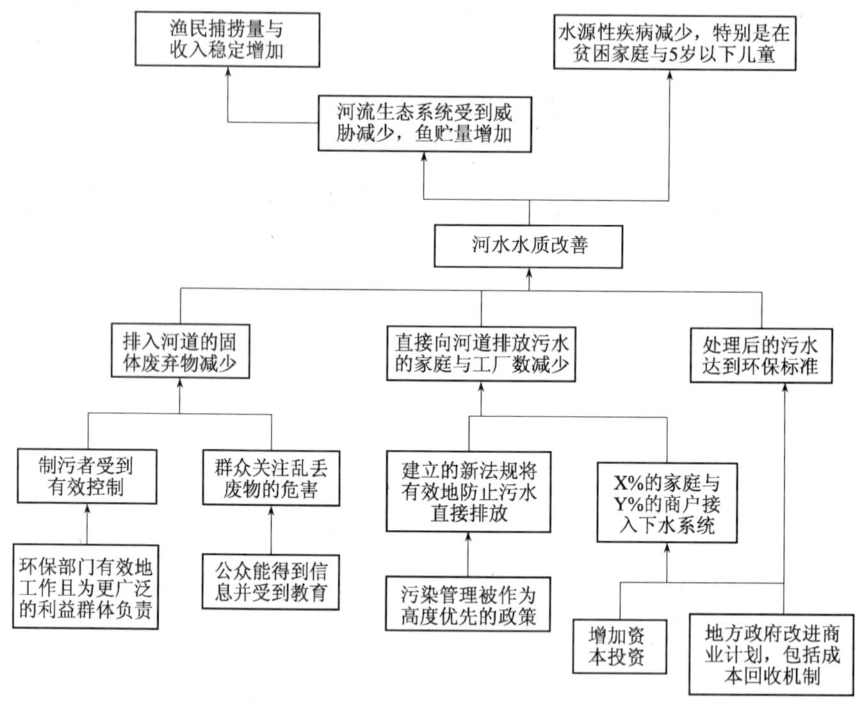

图 9-6 水环境保护项目目标树

回过头来再看看前述起始问题“大部分家庭与企业直接向河道内排放污水”，现在转化为“直接向河道内排放污水的家庭与企业数量减少”。“减少”的目标是定量目标，但是不能绝对化，例如“没有家庭与企业再向河道直接排放污水”，这种绝对的目标实际上也是不现实的。早期定量化的目标也可为以后确定监督指标提供帮助。

目标树形象地将未来理想状态用图形概括出来，同时也给出了成果实现的指标和手段，与问题树一样，目标树也是分析与表达思想的有利工具。

实施策略的选择（应对现实情况的方案选择）

在利益相关者分析、问题分析与潜在项目目标的识别过程中，也从不同的角度讨论了潜在的利弊，对这些方面深入地分析将有助于在详细设计前确定项目（或称干预）的规模，即我们选择什么样的干预策略。在上述目标分析的层次中，具有相同的类型但却有不同的目标被称之为不同的策略。

策略分析包括以下步骤：

第 1 步，识别你不想追逐或不可行的目标；

第 2 步，将目标进行分类，得出可能采取的策略，包括其子项；

第 3 步，根据已经确立的判定指标，确定哪一个策略是最优的策略；

第 4 步，最后确定项目的总体目标与具体目的。

实际工作中可根据工作量与规模，选择一组策略或单个策略，分别形成规划或项目。

图 9-7 所示的环境项目有两个可以采取的干预措施：垃圾处理与污水处理，前者防治垃圾污染，后者防治污水污染。两个干预措施可以分别立项，此时对于污水处理项目，垃圾处理的干预就应算项目范围外的工作，可将其排除在项目以外。但是，对于图 9-7 所示的环境治理工作，我们应注意到垃圾处理与污水处理两项目都是为了改善水质，垃圾堆放与污水排放同处一个地区，可以同时进行，而且会提高项目的效果，所以可将二种干预措施合并在一个环境项目中实施，此时也就不再有项目范围内外之分，亦无互相排斥的问题了。当然。还有一种选择：将污水处理与垃圾处理分别作为一个大的环境项目的子项目。采用何种策略要看项目的大小、实施机构的能力等因素。

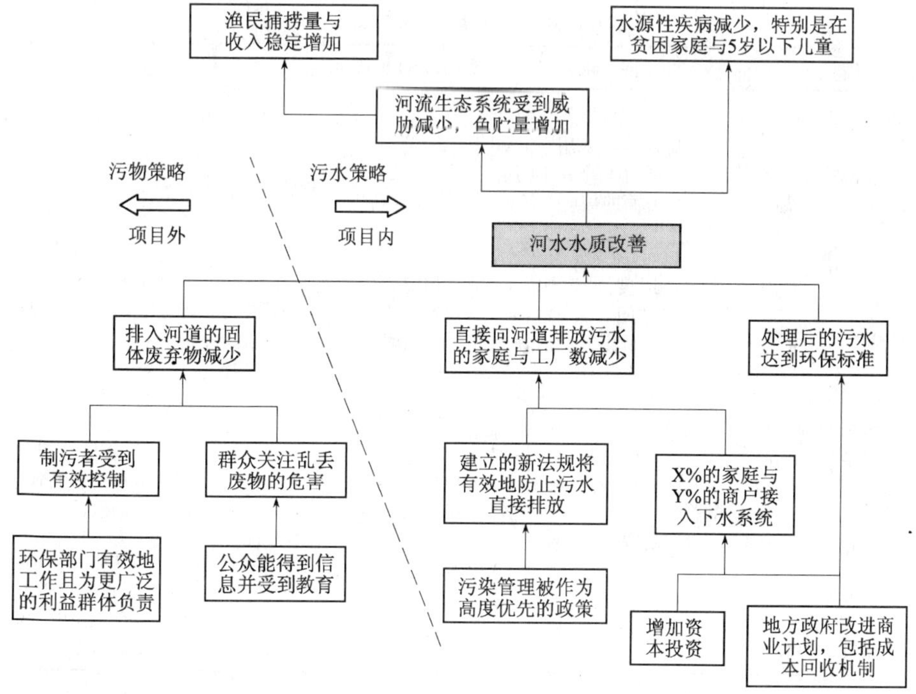

图 9-7　水环境保护项目决策树

实施策略的选择也不是一蹴而就的过程，我们不能机械地、单向地从一个步骤迈到另一个步骤，这样不可能找到最好的解决方案。在实际工作中，人们往往是通过创造性的、反复的过程选择一个方案，有时还包括思想上的“跳跃”过程，直至找到主要利益相关者大体满意的方案。

具体的干预措施一经选定，从目标树上可以确定各个层次的目标，这些目标就过渡到后面要介绍的逻辑框架矩阵（Logical Framework Matrix，Logframe）。

图 9-7 表示从两个策略中选择污水策略，而将未将污物策略包含到项目范围之内。选择哪一种策略要考虑问题的急迫程度、预算大小、政府政策的优先程度、人力资源、社会的受纳程度等方面的情况。

至此，我们介绍了逻辑框架法（Logical Framework Approach，LFA），从中读者可以体会到 LFA 的基本含义，它的确不是具体的公式、强制性的规则，它仅是分析现存问题、找出解决问题的途径、提出干预策略的思维模式。这些方式或思考问题的逻辑，与前面介绍的系统分析法有异曲同工的作用。

（2）逻辑框架矩阵

逻辑框架法的主要成果是逻辑框架矩阵（logframe matrix，是 logical framework matrix 的缩写），它是逻辑框架法的“产品”，逻辑框架矩阵是将逻辑分析过程的结果用标准的格式表述，它是在前述分析阶段把逻辑框架法当作一种工具的基础上进行开发而得出的。

1）逻辑框架矩阵的基本格式

逻辑框架分析（包括利益相关者分析、问题分析、目标分析、策略分析）的结果通过逻辑框架矩阵来表示。逻辑框架矩阵的基本格式是 4 行 ×4 列的矩阵，见表 9-2：

逻辑框架矩阵基本格式 **表 9-2**

项目描述	验证指标	验证手段（信息源）	重要的假设或风险
总目标（goal，overall objectives） 项目对大范围发展一在国家或部门层次一的贡献	度量为总目标作出持续贡献的程度。多用在后评价中。项目本身并不适合收集这方面的信息	信息源、信息采集方法以及相应的报告（包括由谁在何时以何种频度采集）	
目的（purpose） 项目结束时得到的开发成就，特别指目标群体所获得的益处	度量目的实现的程度，应包括适度详细的数量、质量与时间方面的信息。多用于项目完工和后评价之中	信息源、信息采集方法以及相应的报告（包括由谁在何时以何种频度采集）	不在项目管理与控制之下、且可能影响到目的与目标链接的假设
产出（outputs，results） 项目交付的直接的有形结果（产品或服务），且其大部分在项目的管理控制之下	度量产出（结果）提交的程度，应包括适度详细的数量、质量与时间方面的信息。多用于项目监督与评审之中	信息源、信息采集方法以及相应的报告（包括由谁在何时以何种频度采集）	不在项目管理与控制之下、且可能影响到结果与目的链接的假设
活动（activities） 为交付计划的结果必须进行的任务（工程措施）	执行的工作或任务。多用在监督过程之中	（有时在此概述需要使用的资源）	不在项目管理与控制之下、且可能影响到活动与结果链接的假设

2）逻辑框架矩阵的垂直逻辑

逻辑框架矩阵的垂直逻辑由第 1 列与第 4 列表示。

第 1 列：干预逻辑

拟议项目就是人类对现实世界的干预。从人类对现状的干预的范围与实施主体划分，干预可以分为若干层次，有宏观层次的干预，如国家调整利率、汇率；有微观层次的干预，如投资项目。在任何一个项目中，也存在着内在的干预层次，干预的层次就是项目的逻辑关系。从逻辑框架矩阵第 1 列的下面往上看，体现了拟议项目的手段—结果逻辑，也称干预逻辑，就有如下的“如果—就（则）”关系（if…then…）：

如果能提供适当的投入/资源，就可以采取若干活动；
如果某些活动已经进行，就应得出某些结果（产出）；
如果某些结果（产出）已经得到，就应实现项目目的；
如果项目目的已经实现，它就应对项目目标有所贡献。

将上面的逻辑关系反过来，我们又可以得出另一种逻辑关系：

如果我们想对目标有所贡献，则我们就必须实现项目的目的；
如果我们想实现项目目的，则我们必须交付若干具体的成果；
如果我们想交付成果，则我们必须实施若干具体的活动；
如果我们要进行具体的活动，则我们必须使用业经识别的投入或资源。

第 4 列：假设与风险

任何项目都会受到不在项目管理者直接、有效控制之下的因素影响，例如，农村项目与机构发展项目往往需要多个不同的利益相关者共同协作，有时资源匮乏、环境不稳定，有时还需要改变项目参与者的行为。由此可见，项目永远都不是孤立的，而是受外部环境影响或条件制约。

在逻辑框架矩阵中，对项目的成功有影响的、且不在项目管理者直接、有效控制之下的外部条件就是项目的假设。假设条件出现在逻辑框架矩阵的第 4 列，它也是逻辑框架矩阵垂直逻辑的另一重要组成部分。

图 9-8 用文字可以这样描述：

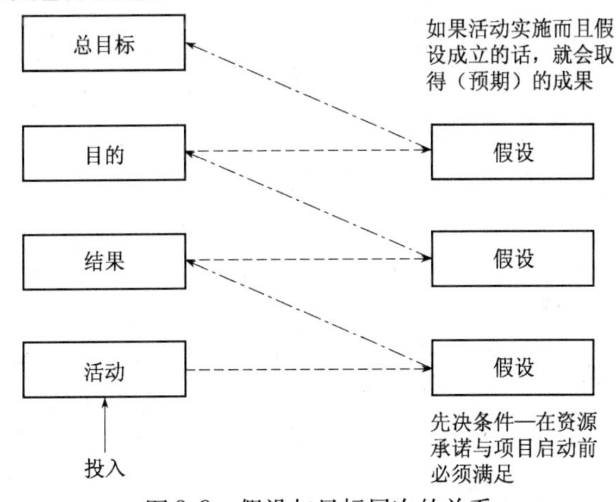

图 9-8　假设与目标层次的关系

一旦活动完成，且同级假设成立，则将取得结果；
一旦结果取得，且同级假设被满足，则将实现目的；

一旦目的实现，且同级假设被满足，则将会对总目标的实现作出贡献。

就污水治理项目而言，上面的假设可以这样描述：

如果项目产出能交付（避免废水污染的激励机制发挥作用+其他产出）且上游的水质保持稳定（正面描述的假设），则废水向河道的排放量将减少。

了解、评估与判断各个层次的假设是项目设计最重要的工作之一，不能实事求是地识别与评估假设往往会造成项目最终失败。

某些逻辑框架的使用者将第4列称之为“风险”。使用“风险”的目的在于提醒分析、设计与投资人：一旦条件未满足可能发生的危害，使用“假设”则是从正面描述能使项目顺利实施需要满足的条件。不管是使用“假设”还是使用“风险”，目的都是相同的：正确地评估与陈述项目受到的外部影响，用之改进项目设计。

由于逻辑框架矩阵必须保持概括性，它只能概括地陈述了项目可能面临的风险，但是它给未来深入进行项目风险评估、风险管理准备、可持续性分析以及可持续战略奠定了良好的基础。

3）逻辑框架矩阵的水平逻辑

一旦完成了逻辑框架矩阵的项目描述（第1列）与假设（第4列），我们就可以着手识别能被用来度量并报告项目目标实现程度的指标（第2列）与指标信息的来源（第3列）。由于2、3列分析是横向进行，且他们与第1、4列亦有内在联系，所以2、3列分析被称之为“水平逻辑分析”。

指标（indicator）

在一些文献中，指标也被称作“客观可验证的指标”（objectively verifiable indication），用它可以从数量、质量、时间（quantity，quality，time，QQT）等方面测度项目不同层次目的的实现程度，为项目实施监督与评价系统（monitoring & evaluation system）奠定基础，同时也向利益相关者提供透明的信息。所谓“客观、可验证”是指不同的人在使用这些指标进行监督与评价时都能得到同样的结果。它要回答项目的设计是否正在或已经完成了？如何验证项目是否成功？例如：如何知道今年受培训的教师增加了多少？如何知道培训对课堂教学产生了影响？如何度量加强社区管理能力的目的取得了进展？如何知道项目可持续获益？

指标的信息源（source of information）

指标的信息源，也称客观可验证的手段（objective means of verification），是指标的具体数值，或称信息、参数从何而来。在选择指标时就应考虑采集这些信息的手段与费用。有些时候设计人员可能希望从某些指标得到重要信息，但是要获取这些信息是不切实际的，可能需要复杂过程，而且费用太高。

在确定指标及其信息来源时，设计人员应关注“谁使用这些信息?”。一般的项目都是由项目所在地的利益相关者和有关的实施机构拥有，因此，他们反映的信息才是最重要的。指标不仅要反映投资人关心的问题，还要反映项目实施与管理者的需要。因此，在确定指标与信息源时，最好让项目所在地的利益相关者主导。

从项目管理者的角度，产出指标、目的指标以及相关的信息源是最重要的。表9-3是河水污染治理项目的目的指标及其信息来源的示意：

河水污染治理项目的目的指标及其信息来源　　表 9-3

项目描述	指　标	信　息　源
目的： 改善河水水质	指标：重金属化合物的浓度 数量：比 2003 年减少 25% 质量：满足国家发布的卫生与污染控制标准 时间：2006 年底	每周由当地环境保护与水利管理部门联合进行一次检测， 每月向地方政府报告一次

4）房地产开发项目逻辑框架矩阵

至此，我们介绍了逻辑框架矩阵的垂直逻辑与水平逻辑，作为一个小结，表 9-4 给出某经济适用房小区建设项目的逻辑框架矩阵，描述了项目的垂直逻辑与水平逻辑。

某经济适用房小区建设逻辑框架矩阵　　表 9-4

项目描述	可验证客观指标	验证手段	假设或风险
目标 改善低收入群体的居住条件 提高城市化水平	危改区居民的人均住房面积由 $5m^2$ 提高到 $20m^2$ 危改区居民使用三气及室内卫生设施	城市统计年鉴 城市建设年鉴	
目的 建设某经济适用房小区	2000 年初步建成 2005 年全部建成	工程竣工报告 入住小区居民调查报告	小区建设符合城市规划 危改区居民支持 居民收入持续稳定增长
产出 1. 300 万 m^2 多层楼房 2. 五万 m^2 小区道路 3. 100 万 m^2 绿地 4. 10km 双向车道 5. 5km 天燃气管道 6. 10km 供水管道 7. 15km 污水管道 8. 6km22kV 高压线路 9. 全日制中学一所、小学二所、幼儿园二所 10. 中型商场一座 11. 300 张床位医院一座	1. 2000 年 $50m^2$，2003 年 $150m^2$，2005 年 $100m^2$ 2. 2000 年 $2m^2$，2003 年 $2m^2$，2005 年 $1m^2$ 3. 2005 年全部绿地完成 4. 2000 年公路完成 5. 2000 年天燃气入区 6. 2000 年供水管入区 7. 2000 年污水管入区 8. 2000 年高压线入区 9. 2003 年商场建成 10. 2003 年学校建成 11. 2005 年医院建成	相关工程施工报告 相关工程监理报告 相关工程验收报告	经济适用房的土地政策 所有工程合同均按期、保质、保量完成
活动 1. 经济适用房小区规划 2. 征地、拆迁 3. 政府通过招标选择开发商 4. 开发商组织设计、施工、监理的招标 5. 设计 6. 施工	1. 征地面积、拆迁面积与人数、补偿标准 2. 参与投标的开发商数量、标书与开标日期 3. 投标单位数量、标书与开标日期 4. 工作量与完成时间 5. 工作量与完成时间	1. 规划文本与图纸 2. 征地、拆迁工作计划与补偿标准 3. 政府开发商招标文告 4. 开发商招标文件 5. 设计任务书	1. 政府规划、土地、建设等管理部门支持 2. 征地与拆迁补偿标准按市场行情确定 3. 建筑市场招标公开、公平 4. 设计、施工、监理单位的能力满足市场准入标准 5. 业主不发生重大变更

应当说，上面的逻辑框架矩阵还是个初步的结果，仍然需要进一步分析，要反复进行修正，同时要考虑执行这个项目计划所需的资源与费用。在逻辑框架分析中提出的资源能够满足项目需要，且费用在可控制与可支付的范围内，逻辑框架矩阵才算正式的结果。

（3）可行性研究报告与逻辑框架矩阵

1）可行性研究报告的内容

2004年国务院发布了投资体制改革决定，其主要贡献之一就是将我国的投资项目分为政府投资项目与企业投资项目，明确了两类投资项目的资金来源，改革了两类投资项目的管理模式。尽管两类投资项目的管理模式发生了非常大的变化，尤其是企业投资项目只向政府提供项目申请报告，但是可行性研究仍然是政府或企业投资决策的重要依据。

可行性研究报告一般包括必要性分析、需求分析与建设规模、场址选择、社会与法律环境、技术方案选择、土地利用及移民搬迁安置方案、资源利用与节约、环境影响评价、劳动安全卫生消防、组织机构与人力资源、项目实施进度安排、投资估算、资金筹措、财务分析、社会评价、不确定性分析、风险分析、结论与建议等内容。

项目的可行性研究过程就是项目设计过程，通常需要相当长的时间，要做许多方案的比选，也是一个反复优化的过程。可行性研究报告是项目设计过程的总结，也是后期设计的依据，一般情况下有数百页之多，它对于项目投资决策人而言显得臃长。因此，可行性研究报告都有一个摘要，概述可行性研究报告的主要内容，投资人则据此进行投资决策。一般项目的摘要通常也不低于10页，依然不是一目了然，需要仔细的阅读才能了解其要领。

2）从可行性研究报告向逻辑框架矩阵的过渡

实际上，利用可行性研究报告的内容，我们可以编制逻辑框架矩阵，请参见表9-5。

可行性研究报告内容与逻辑框架矩阵元素对应 表9-5

项目描述	指标	信息源	假设
GOAL 项目的必要性（对国家、地区、行业发展的影响）			
OBJECTIVE 项目的必要性（具体的服务对象） 需求分析与建设规模			行业规划、城乡规划
OUTPUT 工程成果 技术成果（指子项目的产出） 经济（财务）成果			场址选择（项目外部配套条件） 环境影响评价 社会评价 安全卫生与健康 不确定性分析
ACTIVITY 场址勘测与选择 投资估算 融资 移民安置 建筑安装 组织机构建立 项目实施进度计划	INPUT 人力 物力	COST 项目投资与资金使用计划	

这里我们只给出了可行性研究报告章节与逻辑框架矩阵元素的大致对应关系，将可行性研究的内容在逻辑框架矩阵中对号入座，没有列举相应的指标与信息源。其实，具体指标在可行性研究报告也都有详细的描述，只是信息来源在可行性研究报告中未曾包括。即

便这样，我们可以仍得出结论：可行性研究报告为编制逻辑框架矩阵提供了充分的信息。在我国投资项目后评价的实践中，后评价逻辑框架矩阵的基本资料也是项目前期的可行性研究报告。

3）逻辑框架矩阵比可行性研究报告具有的优势

逻辑框架矩阵与可研报告相比有如下优点：

首先，逻辑框架矩阵是从“外部”，从“高处”考察与分析项目，它给出了项目的基本框架。这就如同我们建设“框架式”建筑一样，“框架”一定，建筑物的高度、体量、功能就基本确定了。投资项目的框架一定，投资项目目标与结果也随之确定，所以它为投资人使用较合适。与逻辑框架矩阵相比，可行性研究更关注项目内部的、技术的、细致的东西，更适于工程技术人员使用。与可行性研究相比，项目的初步设计则更为详细、更为具体，更适合设计与施工单位与人员使用。

其次，可行性研究报告摘要与项目逻辑框架矩阵的功能基本相似，都是概述项目的设计，只是表述方式不同，前者用文字，后者用表格。相比而言，只要了解了逻辑框架矩阵的内部关系，逻辑框架矩阵对项目层次描述更为直观、更一目了然。

第三，逻辑框架矩阵的指标与信息源在可行性研究报告中一般都没有集中明示，逻辑框架矩阵给投资人提示的项目外部条件与风险一般也在可研报告中论述不足。

第四，逻辑框架矩阵将可研报告提供的关键信息格式化，为建立投资项目管理数据库提供极大的便利。数据库是格式统一的数字化信息的存储工具。逻辑框架矩阵一方面解决了可行性研究报告格式化的问题，另一方面又要求进行入逻辑框架的信息是简捷、有效，此外还提供了信息层次化分解的机制。这样使大量可行性研究报告的纲要性内容有可能使用现代信息技术综合存储，同时也便于项目决策人（特别是政府投资决策部门和大型企业集团）提取以前投资项目的资料，为当前或今后的项目决策提供参考资料。逻辑框架可行行研究报告的对比见表9-6。

逻辑框架矩阵与可行性研究报告对比 **表9-6**

项　　目	逻　辑　框　架	可行性研究报告
使用主体	最高（决策人）	投资人\设计\咨询
视角	项目外部	项目外部与内部
内容	宏观外部环境	配套条件\技术细节
表达形式	规范化\简约化	不规范化\表述繁琐
投入产出关系	逻辑关系表述严密	逻辑关系未表述清楚
监督指标	明确\详细\简练	不明确\不突出
指标验证	明确	不明确
配套条件	假设条件突出	配套条件不突出
建立过程	从策划起到项目实施完成止	从项目策划起到项目准备结束止
主要使用环节	决策\准备\实施\运营	决策\准备
信息量	适中	巨大
项目管理	最宜用	不易用
管理信息系统	最好的基本素材	不易直接使用

9.2.4 多指标综合分析方式

层次分析法（Analytic Hierarchy Process，AHP）是一种有重要影响且被广泛应用的定性分析定量化、定性分析与定量分析相结合的多目标决策分析方法。它采用指标成对比较的方法构造比较判断矩阵，利用求解与最大特征根相应的特征向量的分量作为相应权重系数的办法确定指标权重，并根据最低层次各指标权重和指标值对评估对象作出综合评估。

（1）基本原理

AHP决策分析方法的基本原理，可以用以下的简单事例分析来说明。假设有 n 个物体 A_1，A_2，…，A_n，它们的重量分别记为 W_1，W_2，…，W_n。现将每个物体的重量两两进行比较如表9-7：

n 个物体重比较 **表9-7**

	A_1	A_2	…	A_n
A_1	W_1/W_1	W_1/W_2	…	W_1/W_n
A_2	W_2/W_1	W_2/W_2	…	W_2/W_n
⋮	⋮	⋮		⋮
A_n	W_n/W_1	W_n/W_2	…	W_n/W_n

若以矩阵来表示各物体的这种相互重量关系，

$$A=\begin{pmatrix} W_1/W_1 & W_1/W_2 & \cdots & W_1/W_n \\ W_2/W_1 & W_2/W_2 & \cdots & W_2/W_n \\ \cdots & \cdots & \cdots & \cdots \\ W_n/W_1 & W_n/W_2 & \cdots & W_n/W_n \end{pmatrix} \tag{9-1}$$

A 称为判断矩阵。

若取重量向量 $W=[W_1, W_2, \cdots, W_n]^T$，则有：

$$AW=n\cdot W \tag{9-2}$$

W 是判断矩阵 A 的特征向量，n 是 A 的一个特征值。根据线性代数知识可以证明，n 是矩阵 A 的唯一非零的，也是最大的特征值。

上述事实告诉我们，如果有一组物体，需要知道它们的重量，而又没有衡器，那么就可以通过两两比较它们的相互重量，得出每一对物体重量比的判断，从而构成判断矩阵；然后通过求解判断矩阵的最大特征值 λ_{max} 和它所对应的特征向量，就可以得出这一组物体的相对重量。

这一思路提示我们——在复杂的决策问题研究中，对于一些无法度量的因素，只要引入合理的度量标度，通过构造判断矩阵，就可以用这种方法来度量各因素之间的相对重要性，从而为有关决策提供依据。这一思想，实际上就是AHP决策分析方法的基本思想，AHP决策分析方法的基本原理也由此而来。

（2）AHP决策分析方法的基本过程

AHP决策分析方法的基本过程，大体可以分为如下6个基本步骤：

1）明确问题。即弄清问题的范围，所包含的因素，各因素之间的关系等，以便尽量掌握充分的信息。

2）建立层次结构模型。在这一个步骤中，要求将问题所含的要素进行分组，把每一组作为一个层次，并将它们按照：最高层（目标层）——若干中间层（准则层）——最低层（措施层）的次序排列起来。这种层次结构模型常用结构图来表示（图9-9），图中要标明上下层元素之间的关系。

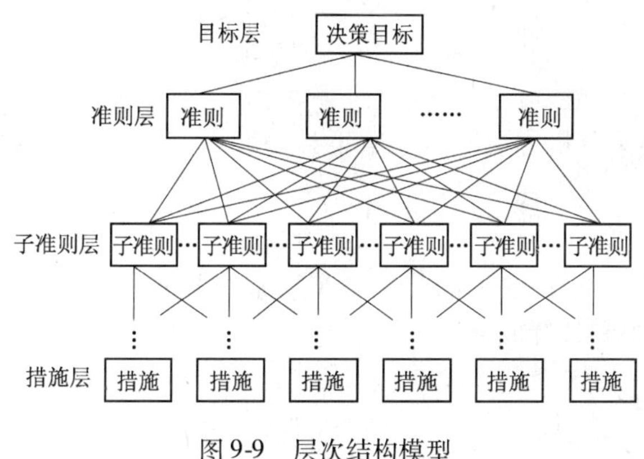

图9-9　层次结构模型

如果某一个元素与下一层的所有元素均有联系，则称这个元素与下一层次存在有完全层次的关系。

如果某一个元素只与下一层的部分元素有联系，则称这个元素与下一层次存在有不完全层次的关系。

层次之间可以建立子层次，子层次从属于主层次中的某一个元素，它的元素与下一层的元素有联系，但不形成独立层次。

3）构造判断矩阵。这一个步骤是AHP决策分析中一个关键的步骤。判断矩阵表示针对上一层次中的某元素而言，评定该层次中各有关元素相对重要性程度的判断。其形式如表9-8：

判断矩阵　　**表9-8**

A_k	B_1	B_2	…	B_n
B_1	b_{11}	b_{12}	…	b_{1n}
B_2	b_{21}	b_{22}	…	b_{2n}
⋮	⋮	⋮	…	⋮
B_n	b_{n1}	b_{n2}	…	b_{nn}

其中，b_{ij}表示对于A_k而言，元素B_i对B_j的相对重要性程度的判断值。

一般取1，3，5，7，9等5个等级标度，其意义为：1表示B_i与B_j同等重要；3表示B_i较B_j重要一点；5表示B_i较B_j重要得多；7表示B_i较B_j更重要；9表示B_i较B_j极端重要。而2，4，6，8表示相邻判断的中值，当5个等级不够用时，可以使用这几个数。

显然，对于任何判断矩阵都应满足：

$$\begin{cases} b_{ij}=1 \\ b_{ij}=\dfrac{1}{b_{ji}} \end{cases} \quad i,\ j=1,\ 2,\ 3\cdots n \tag{9-3}$$

一般而言，判断矩阵的数值是根据数据资料、专家意见和分析者的认识，加以平衡后给出的。

如果判断矩阵存在关系：

$$\left\{ b_{ij}=\frac{b_{ik}}{b_{jk}} \right. \quad i,\ j,\ k=1,\ 2,\ 3\cdots n \tag{9-4}$$

则称它具有完全一致性。

为了考察 AHP 决策分析方法得出的结果是否基本合理，需要对判断矩阵进行一致性检验。

4）层次单排序。

目的：确定本层次与上层次中的某元素有联系的各元素重要性次序的权重值。任务：计算判断矩阵的特征根和特征向量。

对于判断矩阵 B，计算满足：

$$BW=\lambda_{max}W \tag{9-5}$$

特征根和特征向量。在式（9-5）中，λ_{max}为判断矩阵 B 的最大特征根，W 为对应于 λ_{max}的正规化特征向量，W 的分量 W_i 就是对应元素单排序的权重值。

计算判断矩阵的最大特征根及其对应的特征向量，一般并不需要较高的精度，这是因为判断矩阵本身有相当的误差，应用层次分析法给出的层次中各种因素优先排序权值，从本质上也仅是表达了某种定性的概念。这里介绍最简单的和积法。

（a）将判断矩阵每一列正规化。

$$\bar{b}_{ij}=\frac{b_{ij}}{\sum_{k=1}^{n} b_{kj}} \quad i,j=1,2,\cdots,n \tag{9-6}$$

（b）每一列经正规化后的判断矩阵按行相加。

$$\overline{W}_i=\sum_{j=1}^{n}\bar{b}_{ij} \quad i=1,2,\cdots,n \tag{9-7}$$

（c）将向量 $\overline{W}=[W_1,W_2,\cdots,W_n]^T$ 正规化。

$$\overline{W}=\frac{\overline{W}_i}{\sum_{i=1}^{n}\overline{W}_j} \quad i=1,2,\cdots,n \tag{9-8}$$

所得到的 $\overline{W}=[W_1,W_2,\cdots,W_n]^T$ 即为所求的特征向量。

（d）计算判断矩阵的最大特征根 λ_{max}。

$$\lambda_{max}=\sum_{i=1}^{n}\frac{(AW)_i}{n\cdot W_i} \tag{9-9}$$

式中（AW）$_i$ 同样表示向量 AW 的第 i 个元素。

检验判断矩阵的一致性：

通过前面的分析，我们知道，如果判断矩阵 B 具有完全一致性时，$\lambda_{max}=n$。但是，

在一般情况下是不可能的。为了检验判断矩阵的一致性，需要计算它的一致性指标

$$CI = \frac{\lambda_{\max} - n}{n - 1} \tag{9-10}$$

在式（9-6）中，当 $CI=0$ 时，判断矩阵具有完全一致性；反之，CI 愈大，就表示判断矩阵的一致性就越差。

为了检验判断矩阵是否具有令人满意的一致性，需要将 CI 与平均随机一致性指标 RI（见表9-9）进行比较。

表 9-9

阶 数	1	2	3	4	5	6	7	8	9	10	11	12	13	14	15
RI	0.00	0.00	0.58	0.90	1.12	1.24	1.32	1.41	1.45	1.49	1.52	1.54	1.56	1.58	1.59

一般而言，1 或 2 阶的判断矩阵总是具有完全一致性的。对于 2 阶以上的判断矩阵，其一致性指标 CI 与同阶的平均随机一致性指标 RI 之比，称为判断矩阵的随机一致性比例，记为 CR。一般地，当

$$CR = \frac{CI}{RI} < 0.10 \tag{9-11}$$

时，就认为判断矩阵具有令人满意的一致性；否则，当 $CR > 0.1$ 时，就需要调整判断矩阵，直到满意为止。

5）层次总排序。利用同一层次中所有层次单排序的结果，就可以计算针对上一层次而言，本层次所有元素的重要性权重值，这就称为层次总排序。层次总排序需要从上到下逐层顺序进行。对于最高层而言，其层次单排序的结果也就是总排序的结果。

假如上一层的层次总排序已经完成，元素 A_1，A_2，…，A_m 得到的权重值分别为 a_1，a_2，…，a_m；与 A_j 对应的下一层次元素 B_1，B_2，…，B_n 的层次单排序结果为 $(b_{1j}, b_{2j}, \cdots, b_{nj})^T$，当 B_i 与 A_j 无联系时 $b_{ij}=0$；那么，B 层次的总排序结果见表 9-10。

表 9-10

层次 A ╲ 层次 B	A_1	A_2	…	A_m	层次 B 的总排序
	a_1	a_2	…	a_m	
B_1	b_{11}	b_{12}	…	b_{1m}	$\sum_{j=1}^{m} a_j b_{1j}$
B_2	b_{21}	b_{22}	…	b_{2m}	$\sum_{j=1}^{m} a_j b_{2j}$
⋮	⋮	⋮	…	⋮	⋮
B_n	b_{n1}	b_{n2}	…	b_{nm}	$\sum_{j=1}^{m} a_j b_{nj}$

显然：

$$\sum_{j=1}^{m} a_j b_{1j} = 1 \tag{9-12}$$

即层次总排序是归一化的正规向量。

6）层次总排序的一致性检验。

为了评价层次总排序结果的一致性，类似于层次单排序，也需要进行一致性检验。为此，需要分别计算下列指标：

$$CI = \sum_{j=1}^{m} a_j CI_j \tag{9-13}$$

上式中，

CI 为层次总排序的一致性指标；

CI_j 为与 a_j 对应的 B 层次中判断矩阵的一致性指标；

RI 为层次总排序的随机一致性指标。

令

$$CR = \frac{CI}{RI} \tag{9-14}$$

$$RI = \sum_{j=1}^{m} a_j RI_j \tag{9-15}$$

RI_j 为与 a_j 对应的 B 层次中判断矩阵的随机一致性指标；

CR 为层次总排序的随机一致性比例。

当 $CR < 0.10$ 时，则认为层次总排序的计算结果具有令人满意的一致性；否则，就需要对本层次的各判断矩阵进行调整，直至层次总排序的一致性检验达到要求为止。

7）层次分析法优点与局限性。

系统性。层次分析法把研究对象作为一个系统，按照分解、比较判断、综合的思维方式进行决策，成为继机理分析、统计分析之后发展起来的系统分析的重要工具。

实用性。层次分析法把定性和定量方法结合起来，能处理许多用传统最优化技术无法着手的实际问题，应用范围很广，同时，这种方法使得决策者与决策分析者能够相互沟通，决策者甚至可以直接应用它，这就增加了决策的有效性。

简洁性。具有中等文化程度的人即可以了解层次分析法的基本原理并掌握该法的基本步骤，计算也非常简便，并且所得结果简单明确，容易被决策者了解和掌握。

结果粗略。该法中的比较、判断以及结果的计算过程都是粗糙的，不适用于精度较高的问题。

主观性。从建立层次结构模型到给出成对比较矩阵，人主观因素对整个过程的影响很大，这就使得结果难以让所有的决策者接受。当然采取专家群体判断的办法是克服这个缺点的一种途径。

（3）某项目经济风险因素权重估算

1）风险因素识别

专家认为，影响项目财务可持续发展的风险因素主要是：收费收入减少，投资和运营成本增加，工期延长，建设资金短缺等。

A. 运营收入风险

a. 交通量

专家认为，交通量预测中存在着对综合运输方面的分析不够深入，经济发展速度取值偏高，诱增交通量取值偏低等问题，由此导致预测结果可能存在一定的偏差。风险分析专家从交通量预测所用基础数据的可靠性；经济发展的可能性，预测方法的正确性，弹性系数、交通量分配模型、诱增交通量确定的合理性等方面进行风险分析。

b. 收费标准

财务分析确定的收费标准，考虑了项目所在地区现行汽车过路过桥的收费标准、地方经济发展水平、人民生活水平对收费的承受能力是正确的，财务分析中按照运营期收费标准不变进行考虑，这种考虑是否与实际情况一致还值得研究。

B. 投资增加风险

主要考虑建设投资增加的风险。

C. 运营成本增加风险

拟建项目潜在的交通事故危险将造成项目运营成本的增加，项目公司的运营管理水平直接关系到投入运营后的正常安全运营、抢险救灾及运营效益。本项目建成后的运营管理，特别是日常检查、养护、病害处置和安全等方面的管理存在较大的风险。此外，电价的上涨对运营成本的提高都有一定的影响。

D. 工期延长风险

拟建项目按排四年工期存在一定的风险，经专家分析影响工期的主要风险因素是前期准备工作、施工组织与施工技术、贷款资金来源还不落实，资金是否能按期到位，三项风险因素会影响工期延长。

2）确定风险因素层次与权重

运用层次分析法的原理，将风险因素分为：Ⅰ、Ⅱ、Ⅲ、Ⅳ层，并赋予各层各风险因素权重。采用 *AHP* 方法和操作步骤，请有关专家对各风险专项和风险子项的重要程度进行比较，形成判断矩阵，通过计算处理，最后得出专项风险权重。

（1）建立风险因素层次表

财务可持续性风险因素的层次关系见表 9-11。

财务可持续性风险因素层次表　　**表 9-11**

Ⅰ目标	Ⅱ层因素	Ⅲ层因素	Ⅳ层因素
财务可持续性	运营收入	交通量	经济发展速度实现的可能性
			基础数据的可靠性
			预测方法的正确性
		收费标准	
	投资	建设投资	
	运营成本	运营组织管理	
		电价上涨	
		交通事故与灾害	
	工期	前期准备	
		施工组织与方法	
		资金筹措	

（2）权重的估计

用层次分析法解决同一层次因素的不同权重问题是非常有效。按照 1-9 标度法，聘请有关专家对各风险因素进行两两比较，并给出相应的标度值。各标度的含义见表 9-12。

各标度的含义　　表 9-12

标　　度	含　　义
1	表示两个因素相比，具有相同重要性
3	表示两个因素相比，一个因素比另一个因素稍微重要
5	表示两个因素相比，一个因素比另一个因素明显重要
7	表示两个因素相比，一个因素比另一个因素强烈重要
9	表示两个因素相比，一个因素比另一个因素极端重要
2，4，6，8	介于相邻两标度之间的情况

Ⅱ层风险因素权重：通过专家判断，项目财务可持续性的Ⅱ层风险因素运营收入、投资、运营成本、工期4个方面，通过两两比较，确定其重要程度，见表9-13。

Ⅱ层风险因素判断矩阵　　表 9-13

Ⅱ层风险	运营收入	投资	运营成本	工期	权重
运营收入	1	3	3	5	0.5
投资	1/3	1	1/3	3	0.16
运营成本	1/3	3	-1	3	0.26
工期	1/5	1/3	1/3	1	0.08
合计					1

经过计算 $CI=0.067$，$RI=0.9$，$CI/R1=0.0745<0.1$，经一致性检验，是可以接受的。

Ⅲ层风险因素权重：影响运营收入的风险因素，即Ⅲ层风险因素包括交通量、收费标准2个方面，两两比较，权重各占1/2。运营成本和工期风险因素判断矩阵见表9-14和表9-15。

Ⅲ层运营成本风险因素判断矩阵　　表 9-14

Ⅱ层风险	营组织管理	电价上涨	交通事故与灾害	权重
营组织管理	1	5	1	0.48
电价上涨	1/5	1	1/3	0.11
交通事故与灾害	1	3	1	0.41
合计				1

经过计算 $CI=0.015$，$RI=0.58$，$CI/R1=0.0251<0.1$，经一致性检验，是可以接受的。

Ⅲ层工期风险因素判断矩阵　　表 9-15

Ⅱ层风险	前期准备	施工组织与方法	资金筹措	权重
前期准备	0	1/4	1/5	0.10
施工组织与方法	4	1	1/3	0.28
资金筹措	5	3	1	0.62
合计				

经过计算 $CI = 0.043$，$RI = 0.58$，$CI/R1 = 0.0747 < 0.1$，经一致性检验，是可以接受的。

经汇总，形成以下财务可持续性风险因素层次分析汇总表，如表9-16。

财务可持续性风险因素层次分析汇总表 **表 9-16**

<table>
<tr><th colspan="2">Ⅰ层</th><th colspan="2">Ⅱ层</th><th colspan="2">Ⅲ层</th><th>Ⅳ层</th></tr>
<tr><th>目标</th><th>权重</th><th>因素</th><th>权重</th><th>因素</th><th>权重</th><th>因素</th></tr>
<tr><td rowspan="10">财务可持续性</td><td rowspan="10">1</td><td rowspan="4">运营收入</td><td rowspan="4">0.50</td><td rowspan="3">交通量</td><td rowspan="3">0.5</td><td>经济发展速度实现的可能性</td></tr>
<tr><td>基础数据的可靠性</td></tr>
<tr><td>预测方法的正确性</td></tr>
<tr><td>收费标准</td><td>0.5</td><td></td></tr>
<tr><td>投资</td><td>0.16</td><td>建设投资</td><td></td><td></td></tr>
<tr><td rowspan="3">运营成本</td><td rowspan="3">0.26</td><td>运营组织管理</td><td>0.48</td><td></td></tr>
<tr><td>电价上涨</td><td>0.11</td><td></td></tr>
<tr><td>交通事故与灾害</td><td>0.41</td><td></td></tr>
<tr><td>工期</td><td>0.08</td><td>前期准备</td><td>0.10</td><td></td></tr>
</table>

9.3 操作方法

9.3.1 调查法

（1）问卷法。设计咨询单位针对行业特点、项目特点、项目进行的阶段，围绕着一个特定的调查目的，设计出一系列问题，组成一个问卷，向社会公众或特定群体发放，以征求社会公众对某项目或事件的看法。反馈回来的问卷经过整理可以使调查人员了解公众的意向。这种调查法在项目立项过程和社会评价中多用，一般是一次性完成的。

（2）专家调查，也称德而菲法（Delphi）。项目咨询单位针对行业特点、项目特点、项目进行的阶段，围绕着一个特定的调查目的，设计出一系列问题，组成一个问卷，向业内专家发问，征求专家对某一事件的看法。专家反馈的意见要进行集中整理，把大多数专家对事件的看法形成第二个调查问卷，再度发给同一批专家征求意见，进行第二轮调查。第二轮调查的反馈结果也要再度进行集中整理，再次以多数专家的意见为依据，编制第三轮调查表，再发给同一批专家，请他们确认。

（3）现场调查。现场调查是工程咨询最重要的调查方法。任何一个工程都必须到项目所在地进行工程勘察，任何咨询业务都必须到现场了解第一手资料。现场调查可以采取两种形式：问卷调查与访谈调查。问卷调查是到现场之前，事先设计好调查提纲或问卷，在设计咨询人员到现场之前请项目管理人员事先准备材料。访谈调查则是设计咨询人员到现场后，与项目管理的有关专业人员进行面对面的访谈。访谈要事先准备提纲，也可根据情况临时更改会谈内容。访谈的好处是调查人员可以随时提出关心的问题，容易顺藤模爪，查找问题。工程设计、可行性研究评估、中间评价与后评价都要用现场调查。

（4）现场测量。现场调查除笔录与访谈外，还有一项重要的工作就是现场取样、测量或勘测。“耳听为虚，眼见为实”是中国的古训。实地取样、测量或勘测的数据是第一手资料，它既能反映项目的成就，也能揭示项目的不足。各专业工程咨询人员应掌握必要的测量技术，练就基本功，以保证并提高工程咨询质量。

（5）历史调查。有些项目不仅需要当前的资料（信息），还需要历史的资料，如水文、气象、地震资料。这些资料对于项目的安全性有起着至关重要的作用。由于历史久远，保存不一定完整，需要花一定的人力和物力去搜集与调查，相当部分需要工程设计与咨询人员自行查找。

（6）文案调查。也称二手调查，是通过各种媒体，如报刊、图书、杂志、政府公告、互联网、各类机构的管理信息系统等，搜集别人提供的、与项目有关的现有资料，为项目设计与决策提供翔实的辅助资料。

9.3.2 数学模型法

数学模型法是将复杂的自然、经济、社会问题中各种影响因素（自变量或外生变量）或被影响因素（因变量或内生变量）之间的关系用各类数学表达式表示的过程。

数学模型法听起来很高深、玄妙，但实际上是每天都在接触或使用。例如，中学生都知道的圆周长等于圆周率乘以圆的直径，$2\pi r$。周长是一个变量，半径 r 是一个变量，π 是一个经验数字，它确定了周长与半径之间的精确关系。祖冲之（公元 429 ~ 500 年）是我国南北朝时期杰出的数学家、天文学家，他在前人成就的基础上，经过刻苦钻研，反复演算，求出 π 在 3. 1415926 与 3. 1415927 之间，并得出了 π 分数形式的近似值，355/133，取为密率，是当时全世界最精确的估计值。

在工程咨询业中，技术上的公式是物理、化学、生物、信息技术等专业的数学模型，这些模型有些是经验公式，有些是数学演绎的结果，例如公路项目中常用的交通量模型，环境影响分析中用的剂量模型等。由于工程咨询涉及专业太多，各专业模型（公式）太多，本节就不做专门论述。

市场预测与经济环境预测一般用经济数学模型。市场预测一般是利用历史数据，通过数理统计的方法，如回归分析方法，确定自变量与因变量之间的数量关系，然后根据自变量的发展趋势，推算因变量的变化。这类数学模型一般称为行为模型。

另一类经济数学模型称为结构模型，它通过确定大量经济变量之间的数量关系，反映经济整体、一个地区或一个行业的运行规律，如投入产出模型、大型宏观经济计量模型，系统动力模型等，这类模型一般用作项目经济环境的预测。

9.3.3　对比法

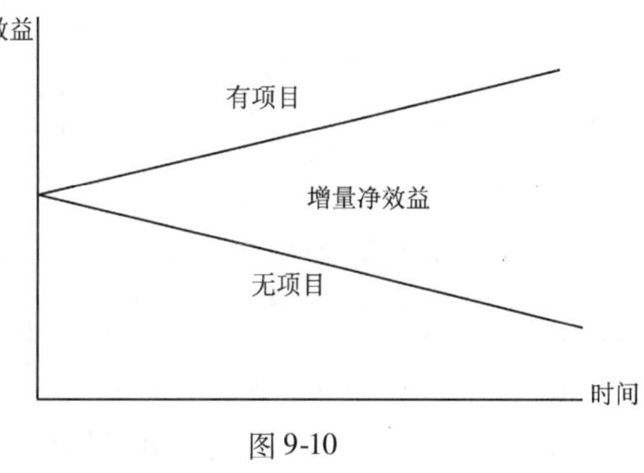

图 9-10

（1）有无对比。“有无对比法”是投资项目咨询评估最重要的法则。“无项目”是指不进行项目投资时的发展状况，例如，不进行农田改造，现有农田在未来若干年份的投入与产出数量。“有项目”是指进行项目投资后的发展状况，例如，进行农田改造后，农田的投入与产出数量。“有项目”与“无项目”的投入之差与产出之差就是项目投资的成果。有无对比是项目实施与运营过程中各个时点状态之比。投资在经济学中是属于边际增量。有项目与无项目之差就是投资项目的增量表示，边际增量产生的效果就是投资效果的直接度量。图 9-10 就是有无对比的示意图。

（2）前后对比。前后对比是项目开始之前的状态与项目完成之后某一时点的状态之比，如公路通车之前的年运量与公路通车后的当年运量之比。前后对比一般是项目开始之前的状态与有项目状态中个别时点的状态的比较，它不能说明在无项目时投入、产出和效益的情况，例如污水不治理，淮河流域的水质将持续恶化。

（3）横向对比。横向对比是同一行业类似项目投入、产出、成本、效益、技术水平、资源消耗、能源节约、环境保护等方面的指标进行比较。不同行业的项目一般不作横向比较，同一行业规模差距较大的项目一般也不作横向对比。横向对比多用于竞争力分析，也可用于行业发展研究。

（4）规制对比。规制包括政府部门制定的规章制度与经济合同，规制一般都有法律效力。

1）法律、法规，例如合同法、环境影响评价法、税法、会计法等。圆明园防渗工程未做环境影响评价，违反《环境影响评价法》。

2）政府政策，例如，国家为鼓励出口，对某些产品施行出口退税政策；由于外贸摩擦加剧，国家要求某些产品出口缴纳出口税，以限制产品出口，减少外贸摩擦。又如，2004 年 7 月国务院颁布了投资体制改革决定，其中规定国家发展与改革委员会每年根据产业发展政策，公布企业投资项目核准目录，列入目录的投资项目，一律经各级政府投资管理部门核准。

3）规划，如区域发展规划，行业发展规划，城镇发展规划。例如，房地产项目与城市发展规划的土地利用目的不符，建设行政主管部门就可以进行干预或处理。又如，江苏铁本钢铁有限公司违反行业发展规划，2004 年被国务院查处。

4）项目的各类批复文件，投资项目的各个政府批复文件是项目控制性文件。有些文件确定项目的合法性，企业投资项目核准申请报告、项目用地指标批复报告、环境影响评价批复报告；有些文件确定项目的经济合理性，如项目建议书批复报告、可行性研究批复报告、投资概算调整批复报告。

5）各类合同。在某种意义上来说，市场经济是合同经济，什么都要靠合同，合同具有法律效力，工程建设项目就更是如此。从项目可行性研究招标合同、项目设计招标合同、施工合同、监理合同、大型设备制造合同、通用设备采购合同、原材料采购合同。这些合同明确规定委托方对产出的要求，列出受托方的责任与义务。建筑工程公司是按靠合同要求进行施工和作业，项目监理就是靠合同对项目进行管理，项目后评价要依据合同执行情况进行检查与分析。工程咨询工作中要依据合同办事，依据合同检查工作，法院也要依据合同进行评判。

（5）基准对比。基准对比是将项目的可验证指标与规范性文件进行对比，以检验项目的合法性、合理性、科学性和有效性。在投资项目中常用的基准有以下几类：

1）工程建设规范，如建筑桩基技术规范、民用建筑电气设计规范、抗震规范等等。从2000年起，工程标准中的部分强制性条文是必须执行，不符合强制性条文的设计与施工视为违法行为，要受行政处罚，造成严重工程质量事故的要依法追究责任。工程咨询中要对工程是否符合工程建设规范进行检查或验证。

2）设备或产品标准。工程选用的设备和材料要符合设备标准与产品标准，如动力线的绝缘性能不能低于国家标准，住宅门窗的隔声、防渗功能应达到国家标准。项目产出要达国家标准，可饮用水水质应达国家标准，污水处理厂经处理后的污水要达到三类水水质，食品要达到国家卫生标准。有些产品的生产要达到国家安全与卫生强制性认证的要求，如药厂要通过国家GMP体系认证，其设备也要通过GMP认证，轿车要达到安全认证，汽车用玻璃要通过安全玻璃认证，等等。工程咨询中要对设备或产品依照标准进行检查或验证。

3）工程量清单计价规范与预算定额计价规范。工程量清单计价规范是2003年后国家推行的强制性工程建设规范，它为招标与投标双方规定了计算工程造价的规则，使业主有可能科学地计算工程实物量及招标的底价；使投标方能根据自己的实力，提出有竞争力的报价。预算定额计价由投标人计算工程量，再套用国家有关定额和费率计算工程造价的一种计价方式。工程咨询中投资审核的主要依据就是工程量清单计价规范与预算定额计价规范。咨询人员依此计算出分项投资与投资总额，作为项目分项投资与总投资的控制数。工程咨询人员可根据经验数据判断分项工程的综合单价是否在合理的范围内，并以此推断招投标结果的合理性。

4）环境污染标准。环境保护是21世纪全世界面临的重大挑战，我国政府历来重视环境保护问题，先后出台的多部有关环境的法律与法规，与此同时，为了在实际工作中有法可依，国家环境保护部发布了空气污染标准，水污染标准，噪声污染标准、核辐射安全标准等污染物排放标准，各项工程（包括民用建筑）都必须达标排放。

（6）历史对比。前后对比是现在与不远的过去，进行比较，历史对比是现在或未来的状态与过去很长一段时间状态的比较，如某城市GDP的增长。

（7）方案对比，或称体系对比。方案比较是工程咨询必须要用的方法。任何拟建项目在设计时一般都要选择若干可行的方案供投资人选择，可行方案包括技术工艺可行、厂址选择可行、环境保护与治理措施可行、安全卫生措施可行、设备选择可行、工程投资总额可支付、融资方案可行、工程效益可接受、工程风险能控制。这些信息是由各个专业的技术人员为投资人提供，投资人根据自身掌握的知识与信息，对多个目标同时进行比较，最终作出融资决策和投资决策。

9.3.4　参与方法

参与方法最早出现于项目的社会分析过程中，但在项目可行性研究中，特别是在民用建筑项目可行性研究中，越来越显现其重要性。参与式方法就是识别与项目有重要利益相关的群体，由利益相关者共同参与项目的规划、设计、实施、监督、验收、运行等项目环节，使项目从一开始就与利益相关者互相沟通，提高项目方案的透明度，有助于取得项目所在地利益相关者的理解、支持与合作，有利于规避项目风险。如在城市规划阶段，邀请城市用土地性质改变地块上的利益相关者参与，就可以倾听和吸收他们的意见，对城市规划作出必要的修正或改变，减少社会矛盾。

利益相关者参与项目的方式有以下几种：

1. 咨询式参与。项目主办方将项目方案中涉及影响当地居民生产、生活的有关内容，以调查问卷的方式，直接交给居民讨论，征询意见。

2. 邀请式参与。主办方邀请有代表性的项目利益相关者座谈，听取反馈意见。

3. 委托式参与。主办方将项目方案中特别需要当地居民支持、配合的事项，委托给当地政府或有关机构，组织利益相关者讨论，收集反馈意见。

4. 吸纳式参与。主办方吸纲有代表性的利益相关者直接参与项目设计、监督项目实施与运营活动。

每一种参与活动结束后，设计或咨询人员均应写出总结报告，报告要概述参与活动开展的情况；详细陈述主要的意见或诉求，如果有相反的意见，应将双方的观点都写清；有针对性地提出解决问题的方案。

9.4　定性分析法

定性分析的任务是首先识别影响投资项目成功的因素。如确定影响农作物产量的因素为降雨量、种子质量、日照时间、土壤肥力或酸碱性、化肥种类与施用量等。在识别了影响因素之后，对于那些能够量化的因素，利用已知的方法进行量化；对于目前尚无有效方法进行量化的因素，就需要工程咨询人员根据自己的知识和经验，用文字进行影响趋势分析或描述，例如 2003 年“非典”肆虐，公众对公共卫生的保障程度就只能用定性的估计。对于一些目前尚无公认的科学方法量化，但又迫切需要知道影响程度的因素，可以将业经识别的因素的影响效果大致分为 5 ~ 9 个等级，利用专家调查法征求意见，综合专家的反馈意见后，将原先只能定性分析的因素影响效果大致等级化。此外，还可以用模糊数学的方法将定性的分析定量化。

9.5　专业方法

从学科的角度，可行性研究又使用多种学科的分析方法，本书简单介绍经济评价、环境影响评价、社会评价和风险分析等几种方法。

9.5.1 经济评价方法

投资项目经济评价是工程咨询的重要组成部分，其功能是通过项目现金流量分析，判断项目经济上的合理性和财务上的可行性。经济评价的基本过程是：识别费用与效益要素；适当确定流量与价格（get flow right and get price right）；利用资金时间价值原理进行费用与收益的比较，测算项目的经济效益，根据项目的资金成本，判别项目在财务上的生存能力、偿债能力与盈利能力；根据全社会的经济折现率，判别项目在经济上的合理性。

在方法论上，经济评价的方法包括费用效果分析、费用效益分析、区域经济与宏观经济影响分析，不确定性分析与经济风险分析。

从使用货币的时间价值原理看，经济评价可以用折现现金流量分析与不折现现金流量分析，或用传统的称谓“动态分析与静态分析”。在投资项目工程咨询工作中，折现分析与非折现分析相结合，以折现分析为主；或动态分析与静态分析相结合，以动态分析为主。

经济评价方法详见国家发展和改革委员会2006年发布的《建设项目经济评价方法与参数》（第三版）。

9.5.2 环境影响评价

（1）环境影响评价是民用建筑可行性研究必要环节。

我国于2002年颁布了《环境影响评价法》，2004年国务院关于投资体制改革的决定从战略发展的高度明确指出政府主要“从维护经济安全、合理开发利用资源、保护生态环境、优化重大布局、保障公共利益、防止出现垄断等方面”评估与管理项目，大大提升了环境影响评价在项目前期工作中的地位。

民用建筑项目，尤其是大规模开发的房地产项目，会引起项目所在地自然环境、生态环境的变化，对环境状态、环境质量产生不同程度的影响。环境影响评价是在选择与确定项目位置和技术方案中，调查研究环境条件，识别和分析拟建项目影响环境的因素，研究提出治理和保护环境的措施，比选和优化环境保护方案。

（2）环境影响评价的基本要求

民用建筑项目应注意保护项目周围地区的水土资源、森林植被、文物古迹、风景名胜等自然环境。环境影响评价应坚持以下原则：

1）符合国家环境保护法律、法规和环境功能规划的要求。

2）坚持污染物排放总量控制和达标排放的要求。

3）坚持“三同时”原则，即环境治理设施应与项目的主体工程同时设计、同时施工、同时投产使用。

4）力求环境效益与经济效益相统一，在研究环境保护治理措施时，应从环境效益经济效益统一的角度进行分析论证，力求环境保护治理方案技术可行和经济合理。

5）注重资源综合利用，对环境治理过程中项目产生的废气、废水、固体废弃物，应提出回水处理和再利用方案。

（3）环境条件调查。

环境影响评价的一项重要工作是环境条件调查。环境调查是了解现状，目的在于确定环境影响评价的基本参考条件。民用建设项目环境条件主要调查以下几方面的状况：

1）自然环境。调查项目所在地的大气、水体、地貌、土壤等自然环境状况。

2）生态环境。调查项目所在地的森林、草地、湿地、动物栖息、水土保持等生态环境状况。

3）特殊环境。调查项目周围地区的名胜古迹、风景区、自然保护区等环境状况。

（4）环境影响因素分析。

在进行环境条件调查的基础上，识别或筛查项目对环境产生影响的因素，包括污染源的性质、地点、排放量、对环境造成什么样的不利影响及影响程度、被影响地区对污染的受纳程度或污染物排放容量等。

（5）环境保护措施。

在分析环境影响因素及其程度的基础上，按照国家有关环境保护的法律、法规和环境标准的要求，研究提出治理方案。如提出废气污染治理方案、废水污染治理方案、固体废弃物污染治理方案、景区保护方案等。一般的情况下要提出若干种治理措施，并进行方案比选，从中找出最优的方案。方案比选的主要内容为技术水平比选、治理效果比选、管理和监测方式对比、经济效益对比。

（6）环境影响经济分析。环境影响的经济分析是近年才发展起来的一门新学科，它的理论基础是新兴的“生态经济学”，其主要任务是“为环境产品（或服务）或环境质量变化的影响赋予货币价值”，并将这些已经货币化的环境效果或影响纳入项目的经济分析中，一并进行项目经济费用效果分析。环境影响经济分析中可以选用的直接市场评价法包括生产能力变动法、人力资本法、疾病成本法、机会成本法、重置成本法、影子项目法等；替代市场法包括防护支出法、旅行费用法、替代产品法与内涵价值法等；意愿调查法包括投标博弈法、模拟市场法、权衡博弈法、零成本选择法等。环境影响的经济分析可参阅机械工业出版社出版的《投资项目环境影响经济分析》。

9.5.3 社会分析方法

社会评价是分析拟建项目对当地社会的影响和当地社会对项目的适应性和可接受程度，评价项目的社会可行性。与经济评价和环境影响评价不同，社会分析主要采用定性的方法。按照世界银行最新的工作指南，社会分析要从5个方面着眼（Five Entries），或称为五方面的调查工作：社会多样性与社会性别；制度、法规和行为；利益相关者；参与；社会风险。社会分析不能成为“马后炮”，社会分析的成果应纳入项目设计之中，才能保证项目顺利执行，成功运作。从投资人的角度进行的社会分析被世行称为“社会评价”，社会评价也要应从“5个着眼点”出发。由于每个项目的时间、地点、社会经济环境、地理位置、涉及的利益相关群体都是大相径庭，所以，社会分析没有统一的模式，更注重具体问题具体分析。

（1）社会评价的作用与范围

社会评价旨在系统调查和预测拟建项目的建设、运营对社会产生的正负两方面的影响，分析项目所在地区的社会环境对项目的适应性和可接受程度。通过分析项目涉及的各种社会因素，评价项目的社会可行性，提出项目与当地社会协调关系，规避社会风险，促进项目顺利实施，保持社会稳定的方案。

进行社会评价有利于项目与所在地区利益协调一致，减少社会矛盾和纠纷，防止可能产生的不利社会影响和后果，促进社会稳定，有利于避免或减少项目建设和运营的社会风险，提高投资效益。

社会评价适用于那些社会因素较为复杂、社会影响较为显著、社会矛盾较为突出、社会风险较大的民用建筑项目。如需要大量移民搬迁的民用建筑项目。

（2）社会评价的主要内容

1）社会影响分析：分析项目对所在地区居民收入的影响，对所在地区居民生活水平和生活质量的影响，对所在地区居民就业的影响，对不同利益相关者的影响，对所在地区弱势群体利益的影响，对所在地区文化、教育、卫生的影响，对所在地区少数民族风险习惯和宗教的影响。

2）互适性分析：分析直接利益相关者对项目建设和运营的态度及参与程度，选择可以促使项目成功的利益相关者的参与方式，对可能阻碍项目存在与发展的因素提出防范措施；分析项目所在地各类组织对项目建设和运营的态度；分析项目所在地区现有技术、文化状况能否适应项目建设和发展。

3）社会风险分析：对可能影响项目的各种社会因素进行识别与排序，选择影响面大、持续时间长、容易引发较大矛盾的社会因素进行评估，并提出应对措施。

（3）社会评价的步骤与方法

社会评价的步骤一般为：首先调查了解项目所在地区社会环境，在此基础上识别对项目有重大影响的社会因素，最后根据社会影响可以接受且社会风险最小的建设地点、工程方案。

社会评价的主要方法为调查法、参与法、社会因素排序法等。

社会评价的方法可参考国家计委投资研究所与建设部标准定额研究所合编的《社会评价指南》与中国国际工程咨询公司编著的《中国投资项目社会评价》。

9.5.4 风险分析方法

风险分析包括风险识别、风险估计、风险评估与风险管理四个阶段。风险识别采用专家调查法进行分析与综合，确定重要的风险因素。风险估计一般要应用概率论与数理统计方法，对风险可能出现的概率与风险可能造成的危害进行估算，常使用的模型有概率树、蒙特卡洛模拟等。风险评估与风险管理则由设计人员或工程咨询人员进行定性的分析，关键是找出应对风险的措施。本书主要介绍风险综合评价矩阵法。

（1）风险分析内涵

投资项目经济风险是指由于影响项目进程的因素（风险因素）向不利方向变化的事件发生，使项目实施后偏离预期财务和经济效益目标。风险因素（事件）有两个最基本的要素：发生的可能性与变化的程度。这两个要素是相互独立的，每个要素刻画风险因素特性的一个方面，不能用一个代替另一个。

影响项目进程的风险因素可能不止一个，往往是多个，他们产生的不利事件可能不同时发生，也可能同时发生。风险因素必须是完全相互独立的，一个风险因素不能包含另一个风险因素的部分或全部。风险因素发生的事件也必须是统计意义上相互独立的。

项目经济风险（指经济指标的变化）是风险因素共同作用的结果，其发生的可能性与造成的损失与风险事件发生的可能性与变化幅度有直接联系。

经济风险分析是通过对风险因素的识别，采用定性或定量分析的方法估计各项风险因素发生的可能性及对项目的影响程度，揭示影响项目成败的关键风险因素，提出项目风险的预警、预报和相应的对策，为投资决策服务。经济风险分析的另一重要功能还在于它有助于在可行性研究的过程中，通过信息反馈，改进或优化项目设计方案，直接起到降低项目风险的效果。

（2）风险分析的步骤

风险分析的步骤包括风险因素识别、风险估计、风险评价与风险应对。

1）风险识别

识别风险因素就是确认对投资项目必定会带来不利影响的不可控因素。不可控指风险因素发生的时间不可控，发生的范围不可控，发生造成的损失一般不可预计。只能通过客观记录（如水文纪录）或主观调查（专家调查法）确定它发生的可能性或概率分布。

风险识别是风险分析的基础，需要运用系统论的方法对项目进行全面考察综合分析，找出潜在的各种风险因素，并对各种风险因素进行比较、分类，重点要确定各因素间层次关系，论证各个风险因素的独立性，初步判断其发生的可能性及变化程度，必要时按其重要性进行排队，或赋予权重。

投资项目的风险可能由多种因素触发，业经识别的风险因素也应当是相互独立的。如地震和蝗虫就是两个相互独立的风险因素，但是地震和由其引发的海啸就不是相互独立的风险因素。

风险识别应根据项目的特点选用适当的方法。常用的方法有问卷调查法、专家调查法、层次分析法等方法。一般情况下可以编制项目风险因素调查表，通过问卷调查或专家调查法完成，复杂情况下可以使用层次分析法。

2）风险估计

风险估计的任务就是根据风险识别的结果，对风险因素发生不利事件发生后项目风险发生的可能性（概率）与可能造成损失程度进行估计，即对风险事件的两个相互独立的性质进行定量的估计。

不同风险因素不利事件发生的可能性不会都遵循同一概率分布函数，如常用的正态分布函数。不同的风险因素往往遵循不同的概率分布，如投资可能遵从三角分布，产品销售价格可能遵从正态分布。风险因素的概率分布会影响到经济分析指标的概率分布，如果经济分拆指标只受一种风险因素影响，它的概率分析与风险因素的概率分布相同；如果经济分析指标受两种以上风险因素的影响，其概率分布就是几种风险因素共同作用的结果，实际工作中可以按已知的各个风险因素的概率分布，利用蒙特卡洛方法，进行情景模拟，估计经济指标的概率分布，并计算相关参数。

风险损失可以通过统计资料估计（如历史上水文统计资料），也可以通过专家调查估计。根据风险因素的性质，一般可将风险造成的损失，分为若干等级。

3）风险评价

风险评价就是根据风险因素的影响，评价项目指标向不利方向偏离程度与发生的可能性。风险评价一般可采用风险综合评价矩阵进行评估。根据风险因素发生的可能性及造成损失（影响程度）以及处理方式，可以形成表9-17的风险综合评价矩阵。

风险综合评价矩阵 表9-17

风险应对方式		风险影响的程度			
		严重	较大	适度	低
风险发生的可能性	高	K	M	R	R
	较高	M	M	R	R
	适度	T	T	R	I
	低	T	T	R	I

上表中各个单元的字母均代表着风险应对的方式，含意如下：

K（Kill）表示项目风险发生的可能性很高、造成的损失很严重，出现这类风险就要放弃项目；

M（Modify plan）表示项目风险可能性较高、影响较严重，需要修正拟议中的方案，通过改变设计或采取补偿措施等；

T（Trigger）表示风险影响较大，但发生的可能性很小，设定某些指标的临界值，指标一旦达到临界值，就要变更设计或对负面影响采取补偿措施；

R（Review and reconsider）表示风险影响适度，适当采取措施后不影响项目；

I（Ignore）表示风险低，可忽略。

落在该表左上角的风险会产生严重后果；落在这个表左下角的风险，发生的可能性相对低，必须注意临界指标的变化，提前防范与管理；落在该表右上角的风险影响虽然相对适度，但是发生的可能性相对高，也会对项目产生影响，应注意防范；落在该表右下角的风险，损失不大，发生的概率小，可以忽略不计。

一般说来，列出项目风险综合评价矩阵基本就可以对项目风险有一个总体的了解。然而，人们习惯上总是希望给出总体的"风险等级"。实际上，综合风险等级还是应当包括发生的可能性与损失程度这两个基本要素。为此，我们可以在层次分析法的基础上，利用加权矢量和的方法求出综合风险发生的可能性与影响程度①。

风险分析的目的是防范风险，提出应对风险的措施。像医生看病一样，不能只凭感觉上的表现下药，只有找到病根，才能药到病除。风险应对仅对不可分解的风险因素才有实际可操作性，对于综合风险不可能有操作性。综合风险或较高层次的风险只能提供一些概念性的东西，它对于风险的应对没有什么实际作用，最多也只是提出一些警告的信息。所以，投资项目的风险分析应把工作重点放在风险因素的分解（识别）与找出应对措施，不宜把过多的精力放在风险因素的合成上。

（3）风险综合分析实例②

某煤矿项目对其面临的风险因素与风险性质进行了如下的分析：

---

① 参见李明哲："投资项目多因素风险分析与加权矢量和"，北京：化工技术经济，2006.4.

② 参见住房和城乡建设部标准定额研究所《建设项目经济评价案例》，北京：中国计划出版社，2006.

1）资源方面的风险。对资源开发类项目而言，资源不可靠和资源条件差会给项目带来很大的损失，因此，从风险损失的严重性考虑，应属“很大”。井田内煤层赋存条件及地质条件表明，煤层开采条件比较优越，生产能力高，本项目从风险发生的可能性考察，应属“很小”。

2）市场方面的风险。市场风险主要表现在于煤炭产品销路不畅、价格低迷等，可导致产量和销售收入达不到预期的目标。市场风险是竞争性项目经常遇到的重要风险，从风险损失的严重性考虑，应属“较大”。但该项目利用优越的煤层资源条件，采用先进设备，实现高产高效，可有效降低生产成本，辅以现代化选煤厂的建设，可有效提高煤炭产品质量，增强产品在市场上的竞争力。因此，本项目市场风险发生的可能性“较小”。

3）工程、技术方面的风险。从工程、技术方面考察，项目内容均属煤矿建设的一般工程和设施，从风险损失的严重性考虑，工程、技术风险应属“一般”，从风险发生的可能性考察，本项目工程、技术风险应属“很小”。

4）投资及融资方面的风险。项目的 A、B 两投资方投融资能力较强，以往有较好的投资业绩，近年来利润逐年上升，公司具有较强的资金筹措能力。从风险损失的严重性考虑，投、融资风险应属“较大”，从风险发生的可能性考察，投、融资风险应属“很小”。

5）建设条件的风险。建设条件不落实，会给项目造成很大损失，从风险损失的严重性角度，应属“很大”。在设计中考虑了运输、能源、水源保证措施，使风险发生的可能性角度“很小”。

6）外部环境的风险。外部环境风险因素主要包括自然环境、经济环境和社会环境因素等。从风险损失的严重性考虑，外部环境风险应属“较大”，从风险发生的可能性考察，外部环境风险应属“很小”。

根据上述 6 类风险的属性，建立风险综合评价矩阵（表 9-18）。表中的数字代表风险因素，其在矩阵单元所对应的行代表该风险发生的可能性，所对应的列代表该风险损失的严重程度。从该矩阵可以看出，该煤炭项目的主要风险均处于表的左下方，总体上说，虽然风险可能造成损失偏大，但是发生的可能性较小，处理与防范及时是不会影响项目的实施与效益形成。

某项目风险综合评价矩阵　　表 9-18

综合风险等级		风险损失的严重性				
		很严重	严重	一般	较小	轻微
风险发生的可能性	很大					
	较大					
	一般					
	较小		2			
	很小	1、5	4、6	3		

附件　西部某省大剧院可行性研究案例

1. 总　　论

1.1　项目背景

1. 项目名称、承办单位、项目投资人

（1）项目名称：西部某省大剧院建设项目，以下简称“大剧院”

（2）承办单位：本项目由省文化厅承办，省文化厅组建大剧院建设项目指挥部，负责该项目建设与管理。

（3）项目投资人：省人民政府

2. 可行性研究报告编制的依据

（1）《国家“十一五”时期文化发展规划纲要》；

（2）《××省文化发展“十一五”规划》；

（3）国家发改委《投资项目可行性研究指南》；

（4）国家发改委、建设部《建设项目经济评价方法与参数第三版》；

（5）省发改委关于《大剧院项目建议书》的批复；

（6）《剧场建筑设计规范》JGJ 57—2000；

（7）《剧场、电影院和多用途厅堂建筑声学设计规范》（GB/T 50356—2005）；

（8）委托方提供的有关资料。

3. 项目提出的理由与过程、项目建设的必要性

（1）项目提出的理由与过程

××省是民族文化大省，党的十六大以来，省委、省政府紧紧围绕中央深化文化体制改革、加快文化产业发展的重大决策部署，充分发挥××省悠久厚重的历史文化资源、绚丽多姿的民族文化资源和得天独厚的自然资源优势，加快推进××省民族文化大省建设步伐，文学艺术持续繁荣，文化产业快速发展。“十五”期间，文化及相关产业收入年均增长27.5%，高于同期GDP增长速度。2007年，××省文化产业增加值达262.9亿元，占GDP的5.55%，2008年××省文化产业增加值达到300亿元，占GDP的5.8%，正在成为推进××省发展的第六大支柱产业。

然而，随着××省文化产业的快速发展，××地区现有剧场设施由于建盖年代久远，规模小，档次低，设施落后，交通拥挤，存在抗震、消防等安全隐患，目前没有一个剧场能够满足大型现代化、多功能文艺演出的要求，已制约着××省文化产业的发展。“十一五”时期是全面建设小康社会的关键时期，也是建设民族文化大省的重要时期，为充分展示××省民族文化的精品，打造国内外知名文化品牌，加强与国外高水平艺术团体交流，实施“走出去”战略，加快文化基础设施建设，更好地满足人民群众的精神文化生活需求。为大力发展××省文化产业提供完善的硬件设施，大剧院的建设已经迫在眉睫。

（2）项目建设的必要性

1）国家文化建设“十一五”规划的需要

国家在制定的文化建设“十一五”规划中指出：在文化发展过程中，要建立健全公共文化设施网络。以大型公共文化设施为骨干，以社区和乡镇基层文化设施为基础，优先安排关系人民群众利益的文化设施建设。建设一批代表国家文化形象的重点文化设施，完善大中城市图书馆、博物馆和文化馆（文化中心）建设。项目的建设符合“十一五”规划的要求。

2）推动××省向民族文化强省迈进的需要

建设民族文化大省，是根据党的十五大精神，结合××省实际，解放思想，大胆创新提出的××省跨世纪发展的三大战略目标之一，是有中国特色社会主义文化建设基本纲领在××省的具体实践。

2007年，××省开始推动“民族文化大省”向“民族文化强省”迈进，文化强省的建设，不仅应具备丰富的文化资源和文化内涵，还要有现代文化的亮点和与之相匹配的公共文化基础设施。项目建设后将成为××省的标志性建筑之一，为文化艺术展示提供大舞台，也必将推动向文化强省迈进的步伐。项目的建设是××省文化史上具有里程碑意义的大事，是××省由文化大省向文化强省迈进的重大基础设施。项目的建设不仅可以扩大××省的知名度和影响力，更可以彰显“文化是民族之魂”的魅力。

3）满足人民群众日益增长的精神文化需求的需要

胡锦涛总书记在十七大报告中发出了“推动社会主义文化大发展大繁荣”的号召，指出“当今时代，文化越来越成为民族凝聚力和创造力的重要源泉、越来越成为综合国力竞争的重要因素，丰富精神文化生活越来越成为我国人民的热切愿望”。因此，“要坚持社会主义先进文化前进方向，兴起社会主义文化建设新高潮，激发全民族文化创造活力，提高国家文化软实力，使人民基本文化权益得到更好保障，使社会文化生活更加丰富多彩，使人民精神风貌更加昂扬向上”。

随着经济建设的高速发展，人民群众对精神文化的需求日益增长。项目建成后，为文化艺术的展示提供一个窗口，在大剧院里，可以使人民群众享受到高雅艺术文化带来的高层次的文化艺术熏陶。

4）促进文化产业发展的需要

文化产业是国际上公认的朝阳产业。文化对经济和社会有着巨大的影响力和推动力，文化是招商引资的重要平台，是经济发展的推动力量。文化本身也是潜力巨大的产业。项目建成后，××省可以接纳国家级、世界级的文艺团体演出，也可以向外界展示××省特色文化，打开××省对外文化交流的窗口，促进文化产业的快速发展，提升××省文化产业竞争力。

5）展示丰富的××省民族文化需要

××省是我国少数民族最多的省份，全国有56个民族，除汉族外，人口在4000人以上的还聚居着26个民族，民族文化浓郁，以此为背景创造出了广受国内外关注的文化艺术精品。××省文化随着这些艺术作品的展示强势突进，国内外掀起了热闹的“××现象”。然而××省本土却没有能为××省文化提供展示的大舞台，有些大型演出因为场地受限，而陷入尴尬的境地。大剧院是展示××省民族文化的最佳舞台。

6）项目的建设是促进中外文化交流的需要

党的十七大提出，要加强对外文化交流，吸收各国优秀文明成果，增强中华文化的国际影响力。在××省文化“走出去”的同时，也需要引入国外优秀表演团体来××省表演，促进中外文化交流，活跃和繁荣演出市场，丰富人民群众的文化生活。××省尚未有具备A类演出条件的场所，无法邀请国外知名表演团体带给××省人民群众国际级艺术享受。本项目是要建设一个现代化的高层次表演场所，将能满足国内外各类歌剧、舞剧、音乐剧、大型歌舞、戏曲、话剧等大型舞台类演出的使用要求。项目建成后，在省内可以举行品味高雅、品质经典的文化艺术交流活动，××省人民可以不出省就轻易享受到国际级听觉和视觉盛宴，在丰富人民群众文化生活的同时也促进中外友谊的发展。

4. 项目范围

大剧院主体工程，动力、电气照明、给水排水、通风空调、消防、灯光音响、弱电系统等安装工程，舞台设备工程及室外工程。

1.2 工程概况

1. 项目拟建地点、建设规模和内容

（1）项目拟建地点：××市

（2）建设规模和内容：总用地面积80亩（1亩=666⁶m²），总建筑面积32300m²，大剧场1678座，多功能小剧场603座。

2. 主要建设条件

（1）项目建设条件

随着××城市规划的调整，省委、省政协、省高院、省公安厅一系列省级机关迁入南市区，使××城市重心南移。项目选址位于××主城与呈贡新区之间的走廊地带，处于新××市规划的中心城区范围内和“一核五轴，三层多心”布局结构的核心；人口总量控制和开发建设强度控制方面，处于人口总量与建设总量的高容量控制区、中高强度开发区。

（2）项目建设外部条件

① 文化产业是在全球化的背景下发展起来的一门新兴产业，被公认为21世纪的“朝阳产业”或“黄金产业”，正在朝着支柱产业的方向发展。中国自20世纪90年代起开始重视培养与发展文化产业，《中华人民共和国国民经济和社会发展第十个五年计划纲要》明确将发展文化产业列入国民经济发展规划之中。

② ××省，位于中华人民共和国西南边陲，改革开放以来，××省国民经济持续较快增长，经济结构调整步伐加快，非公有制经济在国民经济中的地位提高，股份制经济、个体私营经济发展迅速。工业经济增长明显加快，成为扭转经济增速走低的主导力量。

2008年，××省实现生产总值5700.10亿元，同比增长11.0%，增幅高于全国平均水平2个百分点。其中，第一产业实现增加值1020.94亿元，增长7.6%，第二产业实现增加值2451.09亿元，增长11.4%，第三产业实现增加值2228.07亿元，增长12.1%，增幅高于全国平均水平2.6个百分点。××省是最早提出建设文化大省的省份之一。××省文化产业发展迅速，不仅占到GDP的5%以上，已接近支柱产业的份额。

3. 所需资源及原材料的投入

当地有××钢铁厂和××水泥厂，钢材、水泥产量完全满足项目需求。项目紧邻市政主干道广福路，其全线铺设有地下综合管沟，电力、电信、自来水、煤气、消防、雨污水等管线齐全，各项市政设施配套完善，完全可以满足项目建设及运营的需要。

4. 工程设计方案

××省，地处中国西南边陲，人杰地灵，它集结了52个民族的居民，见证着26个世居民族生存发展的历史，呈现各民族大杂居、小聚居的分布格局，使得这片红土地上骄傲持久地绽放着绚丽多姿的民族文化之花。为此，建筑方案设计了一块晶莹剔透的“玉玲珑”，几个剧场像宝石般镶嵌在玉盘上，星星点点的天窗点缀其间，散发着璀璨光芒。它预示着民族大团结，以含珠蕴玉的包容之态，和谐之声，呼应着“和谐社会”的伟大理念。

大剧院以一个“圆”和西侧在建博物馆的“方”进行呼应，以玉璧的玲珑剔透和石林的突兀峥嵘相互呼应，以艺术的欢快柔美和知识的睿智方刚进行对比，以延绵河流和苍劲山川的建筑化写意构筑出××省的美好河山。

大剧院为一期工程，总建筑面积为32300m^2，其中地上面积27100m^2，地下面积5200m^2，地下停车100辆。大剧院包含一个综合性大剧场（座位数为1678座）和一个多功能小剧场（座位数为603座）以及相配套的管理及服务用房。地块的东侧和南侧预留了二期的建设用地，拟建设与大剧院功能相匹配的服务保障类和其他文化类设施。

5. 实施计划

项目的实施严格按照国家基本建设程序进行，实施进度计划如下：

2009年5月，完成项目立项申请及可研编制工作。

2009年6月~7月，上报可行性研究报告，并申请上级主管部门审批。

2009年8月~10月，完成方案招标及初设审批等工作。

2009年11月~2010年3月，完成施工图设计、舞台设计及设备采购等招投标。

2010年4月~2011年12月，完成主体工程施工。

2011年10月~2012年2月，舞台施工、室内外装修、室外及附属工程施工。

2012年3月~6月，舞台、音响、安防等设备安装，人员培训。

2012年6月底，工程竣工验收、试运行、交付使用。

6. 工程总投资及资金来源

项目投入总资金43990.14万元，其中：第一部分工程费用33201.90万元，第二部分工程建设其他费用6698.22万元，第三部分预备费3990.01万元，第四部分铺底流动资金100万元。

项目所需资金来源为：申请省财政划款30000万元，其余资金由省财政厅牵头通过盘活省文化系统内资产来筹集。

7. 项目预计效益

大剧院项目建成投入运营后，进一步加强××省与国内外的文化艺术交流，引进高雅艺术，极大地丰富××省人民群众的文化艺术生活，提高××省人民的艺术欣赏水平和文化素质，增加××省人文底蕴，培育文化艺术消费市场，努力打造“公益性”文化服务品牌。从而有利于形成××省良好的精神文明风气和人文艺术环境，推动文化强省的建设。

项目建成投入运营后，将成为××省高雅文化艺术的殿堂和中外文化交流的窗口。促进××省文化艺术事业的对外交流和发展，从而有利于在优化××省城市人文环境，提高××省城市文化品位，进一步整合××省内旅游、环境、人文等资源，扩大××省的对外影响力。

8. 主要技术经济指标

主要经济技术指标一览表

序 号	项 目 名 称	单 位	数 量	备 注
1	建设内容			
1.1	总建筑面积	m^2	32300	
	综合剧场	座	1678	
	多功能剧场	座	603	
	贵宾室	个	1	
	排练厅	个	3	
	化妆间	个	4	含大化妆间1个
	道具间	个	1	
	乐器间	个	1	
	服装间	个	2	
	制作室	间	8	
	乐器教室	间	2	
	声乐教室	间	2	
	舞蹈教室	间	3	
	乐队琴房	间	3	
	乐队休息室	间	1	
	办公室	间	5	
1.2	室外			
	道路广场	m^2	19063	
	室外绿化	m^2	18000	
	水面	m^2	6000	
1.3	停车位	个	100	
2	用地指标			
2.1	用地面积	亩	80	
2.2	容积率		0.51	
2.3	绿化率		33.8%	
3	项目总投资	万元	43990.14	
3.1	建安工程费用	万元	33201.90	
3.2	工程建设其他费用	万元	6698.22	
3.3	预备费	万元	3990.01	
3.4	铺底流动资金	万元	100.00	

1.3 项目综合评价

文化是一座城市的根与魂，是城市发展的“内动力”。大剧院项目的建设，将加快××省文化产业的发展，是发展先进文化、全面建设小康社会的迫切要求，是推动××省从民族文化大省向民族文化强省迈进的迫切需要，是满足人民群众日益增长的精神需求、展示××省文化，进行对外文化交流的需要。

大剧院建成后将成为××市文化设施的标志性建筑之一，为现代新××市增添一处新的文化景观，使××的城市文化色彩和氛围更加浓郁。该项目建成后，对于××省建设民族文化强省，展现××省丰富的民族文化，建设现代新××市具有重要的意义。

大剧院的建成，进一步完善了××省的文化基础设施，丰富了群众的文化生活，提升了城市的文化品位。同时，为国内外艺术团体搭建了一个了解××省认识××省的平台，是××省重要的中外文化交流窗口，是××省发展文化产业的重要基地。

项目是大型非盈利性公益项目，是高雅艺术的殿堂，而××省地处偏远地区，群众对于高雅艺术的文化消费尚处在培育期，消费能力低；大剧院虽有一定的营业收入，年收入约为2510万元，但大剧院每年需要日常运营成本899万元，演出成本3526万元，因此，还需要申请省级财政补贴2204万元/年，才能维持正常运营。

大剧院是“十一五”期间××省社会事业重点建设项目，建成后可满足歌剧、戏剧、舞剧、大型综艺、芭蕾、交响乐等文艺演出和对外文化交流及社会公益活动的需求，项目的建设是必要的。项目符合××市总体规划要求，建设方案经济合理，富有地方民族特色，规模适度，投资估算合理。

2. 产业政策与城乡规划

2.1 产业政策分析

1. 国家文化产业政策

党的十七大报告把“加强文化建设，明显提高全民族文明素质”作为全面建设小康社会的一项新要求，国家正在不断制定和完善改革配套政策，为文化建设提供强有力的政策支持。相继出台的一系列政策文件内容涉及鼓励经营性文化事业单位转企改制、扶持文化产业发展、构建公共文化服务体系、促进文化产品和服务出口、引导非公有资本进入文化产业、加强国有文化资产管理等。这些改革配套政策基本涵盖了文化体制改革和发展的重点领域和关键环节，为国家文化产业发展提供了有力的政策支持。

国家确定我国文化产业的发展目标是：在国家宏观调控下，市场机制在文化资源配置上的基础性作用得到充分发挥。文化产业各个门类结构合理、技术先进，形成一批实力雄厚、竞争力强的文化企业和有影响的文化品牌，建立一定规模的现代化文化产品生产、服务和销售网络，文化产业整体实力和竞争力明显增强，在国际市场上占有一定份额。文化产业增长速度明显高于国民经济增长速度，文化消费在日常消费中所占的比例明显提高。到2010年，形成比较完备的有利于文化产业发展的政策法规体系，形成比较发达的文化产品生产体系以及统一开放、竞争有序的文化市场体系，使文化产业成为国民经济的支柱产业和新的增长点。

“十一五”规划已经把文化产业作为调整经济结构的重要举措，并从中央到地方出台了一系列鼓励文化产业发展的政策措施。

国家在制定的文化建设“十一五”规划中指出：在文化发展过程中，要建立健全公共文化设施网络。以大型公共文化设施为骨干，以社区和乡镇基层文化设施为基础，优先安排关系人民群众利益的文化设施建设。建设一批代表国家文化形象的重点文化设施，完善大中城市图书馆、博物馆和文化馆（文化中心）建设。

为了促进文化产业稳步发展，国家先后出台了各项经济政策对文化产业的发展进行经济上的扶持；

（1）专款专用

（2）扶贫扶弱

（3）专项资金补助地方文化建设

（4）予取相补的“双边贸易”

（5）文化宣传的税收优惠

（6）捐赠反哺扩充文化建设力量

2. 地方文化产业政策

为贯彻落实十六大、十六届三中全会关于积极发展文化事业和文化产业、完善文化产业政策的精神，根据《云南民族文化大省建设纲要》和《中共××省委××省人民政府关于深化文化体制改革加快文化产业发展的若干意见》，大力促进文化产业发展，推进民族文化大省建设，认真落实国发〔2000〕41号《关于支持文化事业发展的若干经济政策的通知》的各项规定。××省制定了以下政策：

（1）财政政策

① 随着经济和财政收入的增长、各级财政应根据财力情况逐步加大文化事业投入，促进文化事业发展。

② 严格按照规定征收文化事业建设费。文化事业建设费纳入财政预算管理，用于支持重点文化事业发展。省级文化事业建设费对基层文化设施建设重点倾斜。

③ 各级财政视财力安排一定专款，设立“文化产业发展专项资金”，并制定相应的使用和管理办法，采取贴息、补助、奖励等方式，支持文化产业发展。对具有民族特色的文化产业项目可给予重点扶持。要积极吸纳社会资金和社会捐赠，逐步建立促进文化产业发展的多渠道、多元化投资机制。

④ 按照公共财政的要求，调整支出结构，转变财政投入方式，按文化单位不同性质，逐步采取贴息和事业补助等方式，实行不同的财政供给模式。

（2）投融资政策

① 重点公益性文化建设项目，应确保资金及时到位。鼓励自筹资金进行公益性文化设施的建设和改造，对有困难的单位省财政给予一定的贷款贴息。鼓励社会各界以多种形式资助公益性文化事业。

② 积极设立各级文化基金，拓宽基金来源渠道，通过吸纳境内外组织与个人捐助、赞助，提取适当彩票收入，文化税收返还等措施，不断扩大基金规模。继续做好体育彩票发行工作，完善彩票政策，积极探索发行文化产业其他彩票的可行性。通过股份制改造已实现投资主体多元化的文化企业，符合条件的可申请上市。

（3）税收政策

① 在西部大开发税收优惠政策执行期内，对以国家规定的鼓励类文化产业项目为主

营业务，且其当年主营业务收入超过企业总收入70%的，经税务机关审核确认，减按15%税率征收企业所得税。社会力量兴办的各种文化企业，在税收减免方面与国有文化企业一视同仁。

② 对由财政拨付事业经费的文化事业单位自用的房产、土地和车船，免征房产税、城镇土地使用税和车船使用税。文化企业纳税确有困难的，可向主管地方税务机关申请减免经营用土地和房产的城镇土地使用税、房产税。

③ 纪念馆、博物馆、文化馆（站）、美术馆、展览馆、书画院、图书馆、文物保护单位等，在自有场所举办的属于文化体育业税目征税范围的文化活动，取得的第一道门票收入免征营业税。

④ 经国家批准成立的报业、出版、发行、广电、演艺、电影、体育等集团，报经国家税务总局批准，可合并计算缴纳企业所得税。

⑤ 对新办或转制组建的报业、出版、发行、书报刊印刷、广电、电影、放映、演艺、体育等文化企业，自开业之日起，报经税务机关批准，免征3年企业所得税，免征5年城镇土地使用税。

⑥ 鼓励社会捐赠支持公益文化事业，社会力量通过国家批准设立的非营利性的公益组织或国家机关对宣传文化事业的捐赠，经税务机关审核后，可在年度企业应纳税所得额或个人应纳税所得额的一定比例内扣除。

（4）土地政策

① 依法简化文化企业用地的审批程序，在国家法律政策许可范围内优先安排用地，并降低相关费用。在符合城市规划、不改变土地批准用途的前提下，允许国有文化企业或单位在其原用地范围内自行提高土地利用率。

② 凡符合《划拨用地目录》(国土资源部2001年第9号令）的非盈利性公共文化（含图书馆、博物馆、纪念馆、陈列馆、文物保护设施、文化馆、青少年宫、青少年科技馆、青少年活动中心、儿童活动中心）用地，按划拨方式提供。盈利性的文化娱乐设施用地，应按《招标拍卖挂牌出让国有土地使用权的规定》（国土资源部〔2002〕第11号令），以招标、拍卖、挂牌出让方式提供。文化设施用地应统一纳入当地的土地利用总体规划和年度计划。

③ 国有文化单位采取“退二进三”和易地搬迁改造等方式产生的土地级差收益，实行“收支两条线”管理，以“先征后返”的方式优先返还文化单位专项用于公益性文化设施建设。

④ 文化事业单位改革中涉及土地资产处置的，按省国有企业改革的有关规定执行。改制后符合《划拨用地目录》的，以保留划拨方式处置。对应该实行有偿使用的，以国有土地使用权出让、租赁、作价出资（入股）等方式进行处置，并享受省国有企业改革的有关优惠政策。

（5）资产管理和经营政策

① 对国有文化资产的管理，纳入国有资产管理的统一体系，由省国资委代表省政府履行出资人职责。文化企业集团、资产经营管理公司等需要实行经营性国有资产授权经营的，在认真做好清产核资、资产评估、产权界定、非经营性资产剥离、不良资产核销等工作的基础上，报经省政府批准。有关部门可派驻监事会。授权经营企业原有行政管理和党

的领导关系不变。原有资产（包括有形资产和无形资产）经过清产核资后确认的国有净资产作为国有资本投入经营，授权企业对所属国有资产承担保值增值责任。文化事业单位独立核算的经营部门和商业运作项目可参照实行。

② 文化事业单位在转制过程中，要加强国有资产的管理，按规定做好资产清查、审计和资产评估等工作，对于清查出的资本损失按规定报经批准后进行核销。转制后，执行《企业会计制度》。在加强资产管理、搞好资产评估工作的基础上，文化企业可依据国家统一的清产核资政策，对以前年度发生的资产损失和不良资产，可依次冲减国有权益及国有资本金。

③ 转制为企业的出版，发行和广播影视单位，转制时可结合资产评估，对其库存积压待报废的出版物、存货作一次性处理，损失允许在净资产中扣除，不做相应的进项税额转出；转制后，对库存出版物的呆滞损失实行分年核价、提取提成差价的办法。年度商品盘亏数额，在规定范围内的，允许自行转账。

（6）工商管理和价格政策

① 对投资兴办文化企业，在政策许可范围内，减少行政审批环节，简化审批手续。办理工商登记注册时，实行专项服务，不得收取政策规定之外的任何附加费用。申办企业提交文件齐备后，各级工商行政管理机构须在 7 个工作日内核发《营业执照》。

② 积极鼓励和引导文化企业组建跨地区、跨行业、跨所有制的大型企业集团，实行我省文化企业的规模化经营。放宽组建集团的条件，文化企业母公司注册资本在 1000 万元（私营企业集团母公司 500 万元）人民币以上，有 3 个以上控股或参股企业且整个集团注册资金总额在 3000 万元（私营企业集团 1000 万元）人民币以上的，可以组建企业集团。集团名称可以不反映地区和行业特点，由母公司所在地的工商行政管理部门办理集团登记。

③ 放宽文化投资注册资本条件。凡从事文化开发、经营的文化企业，申办公司注册资本只需不少于 10 万元人民币。从事以上行业的个体工商户，不受资金限制。注册资本在 50 万元以下的有限责任公司，允许其注册资本在 3 年内分期注入，首期不低于所需注册资本的 1/2（私营企业不低于 10%）。注册资金在 50 万元人民币以上的，经登记机关上报省工商行政管理局核准，企业名称可以冠以“××”字样。在特殊情况下，允许利用国家软贷款资金作为注册资本金。

④ 国有文化企业转制后，可用原单位名称（去掉主管部门），或用符合企业名称登记管理规定的其他名称，注册为企业法人，注销原有事业法人。

⑤ 允许投资人以商标、品牌、技术、科研成果等无形资产评估作价，出资组建文化企业。作价入股占注册资本的比例，最高可达 40%，或由有关各方协商确定。

⑥ 长期资不抵债、扭亏无望、难以为继的国有文化企业单位，可向主管部门申请并经相关部门批准破产，按照企业破产法规执行。

⑦ 基础性公共广播电视服务的基本收视服务价格实行政府定价，广播电视有线网络提供的其他服务价格实行政府指导价，由企业按照政府规定的基准价及其浮动幅度，根据市场供求状况制定。除中小学教材价格实行政府定价外，文化企业可根据其经营成本和市场供求情况，依法自主确定报刊、书籍、演出、音像制品及其他文化经营服务项目价格。

（7）人员分流和收入分配政策

① 对本政策发文执行之日前男年满 55 周岁、女年满 50 周岁且工作年限满 20 年以上

的职工，或工作年限满30年以上的职工，由本人申请，经人事、劳动和社会保障部门批准提前退休的人员，转制时保留事业单位的养老、医疗待遇，所需资金按原渠道解决；对转制时距国家法定退休年龄5年以内的人员，在与本人协商一致的基础上，可以提前离岗，离岗期间的基本工资待遇不变，津贴按退休人员处理，单位和个人继续按规定缴纳各项社会保险费，达到国家法定退休年龄时，按企业办法办理退休手续。符合云科发〔2000〕003号文件规定退休条件人员，可参照该文件的规定办理退休并享受规定的退休待遇。

② 转制时，要按照《中华人民共和国劳动法》同原事业编制内的人员签订劳动合同。转制后，根据经营方向确需分流人员的，按照企业分流富余职工的办法妥善安置。

③ 转制后，执行国家和省现行的企业工资收入分配政策。企业工资总额和职工收入水平，在政府宏观调控下，由出资人授权企业根据当地工资指导线、劳动力市场指导价位和企业经济效益决定。企业可根据各自经营特点，制定工资收入与工作绩效挂钩的工资制度，根据职工工作业绩和实际贡献适当拉开差距。企业内部工资分配方案，须报经职工代表大会或职工大会审议通过。已实行股权多元化的，应在董事会设立专门机构，设计合理的员工薪酬制度。

④ 企业可探索实行经营者年薪制办法，把经营者与职工的收入分配分开考核。不允许经营者自己决定自己的收入分配。对已实行股权多元化的企业，经营者的选聘和收入分配要引入市场机制，并由董事会决定；国有控股及国有独资的企业，经营者的收入分配办法要按国家和省的现行有关规定执行。

⑤ 对现有工资性补贴、津贴、福利等项目进行清理，其中合理的部分纳入工资分配；对经营者在交通、通信等方面的服务消费，应结合相关制度改革，逐步纳入其个人收入，原事业编制内职工的住房公积金、住房补贴中由转制企业所属集团负担部分，转制后继续由集团拨付。

⑥ 有关部门根据文化企业劳动力市场价位，对转制后的企业的收入分配进行指导和调控。

（8）社会保障政策

① 凡纳入财政综合预算管理的文化事业单位，可按规定享受基本医疗保险、公务员医疗补助和住房公积金、住房补贴待遇。

② 转制为企业的单位应按企业的规定参加社会保险。转制前已经参加社会保险的，继续按原办法执行，有关社会保障机构负责做好衔接工作；转制前未参加社会保险的，从转制之月起参加社会保险。转制时在职人员符合国家和省规定认可的连续工龄，可以视同养老保险的缴费年限，不再补缴基本养老保险费。

③ 转制前已经离退休（含提前退休）的人员，原国家规定的离退休费待遇标准不变。转制后，离退休待遇支付和调整的具体办法，按劳社部发〔2000〕2号文、劳社部发〔2002〕5号文及相关政策执行。

④ 转制前参加工作、转制后退休的人员，基本养老金的计发和调整，按照企业的办法执行。在转制后，按企业办法计发的基本养老金，如低于按原事业单位退休办法计发的退休金，其差额部分采取加发补贴的办法解决，所需费用从基本养老保险统筹基金中支付，具体办法按劳社部发〔2000〕2号文的相关规定执行。

⑤ 转制后按照有关规定为职工建立企业年金和补充医疗保险，并通过企业年金妥善

解决转制时在职人员的养老待遇水平衔接问题。企业年金和补充医疗保险的实施办法按国家和我省的相关规定执行。

(9) 人才政策

各级党委、政府要切实尊重人才、尊重创造，转绕培养人才、吸引人才、用好人才三个环节，用事业造就人才，用环境凝聚人才，用机制激励人才，用法律保护人才。制定文化人才资源开发规划，实施引进和激励人才的优惠政策，安排必要的专项资金，加大人才培养和引进力度，尤其要加强本地化人才的培养。要运用市场机制合理配置人才资源。允许个人以其拥有的文化品牌、创作成果和科技成果、管理经验等作价入股，其持股比例最高可达40%。要采取科学合理的办法，重奖贡献突出的文化工作者。

3. 公共建筑项目有关产业政策

随着我国经济和社会快速发展，大型公共建筑日益增多，既促进了经济社会发展，又增强了为城市居民生产生活服务的功能。国家对大型公共建筑建设管理不断加强，逐步走上法制化轨道。

(1) 大型公共建筑工程建设，要贯彻落实科学发展观，推进社会主义和谐社会建设，坚持遵循适用、经济，在可能条件下注意美观的原则。要以人为本，立足国情，弘扬历史文化，反映时代特征，鼓励自主创新。要确保建筑全寿命使用周期内的可靠与安全，注重投资效益、资源节约和保护环境，以营造良好的人居环境。

(2) ××省对政府投资大型公共建筑工程的立项坚持科学决策和民主决策的原则。大型公共建筑工程的数量、规模和标准要与××省经济发展水平相适应。项目投资决策前，建设单位应当委托专业咨询机构编制内容全面的可行性研究报告；应当组织专家合理确定工程投资、建设规模以及其他重要技术、经济指标，并精心做好工程建设的前期工作。

(3) 省建设行政有关主管部门对政府投资的大型公共建筑工程可行性研究投资估算、初步设计概算和施工图预算的管理，严格执行经批准的可行性研究投资估算和初步设计概算，可行性研究报告批复的建设规模，原则上在初步设计等后续工作中不得突破。建设单位应积极推行限额设计，并在设计招标文件中予以明确。

(4) 大型公共建筑的布局要符合经批准的城市规划；大型公共建筑的方案设计必须符合所在地块的控制性详细规划的有关规定；做好城市设计，并作为建筑方案设计的重要参考依据。大型公共建筑设计要重视保护和体现城市的历史文化、风貌特色。

(5) 政府投资的大型公共建筑，建设单位应立足国内组织设计方案招标，避免盲目搞国际招标。组织国际招标的，必须执行我国的市场准入及设计收费的有关规定，并给予国内外设计单位同等待遇。

(6) 新建大型公共建筑严格执行工程建设节能强制性标准。贯彻落实《国务院关于加强节能工作的决定》，把能耗标准作为建设大型公共建筑项目核准和备案的强制性门槛，遏制高耗能建筑的建设。新建大型公共建筑必须严格执行《公共建筑节能设计标准》和有关的建筑节能强制性标准，建设单位要按照相应的建筑节能标准委托工程项目的规划设计，项目建成后应经建筑能效专项测评，凡达不到工程建设节能强制性标准的，有关部门不得办理竣工验收备案手续。

(7) 对非经营性政府投资项目推行"代建制"，即通过招标等方式，选择专业化的项目管理单位负责建设实施，严格控制项目投资、质量和工期，竣工验收后移交给使用单位。同时，对大型公共建筑，也积极推行工程总承包、项目管理等模式。建立和完善政府投资项目的风险管理机制。制定鼓励设计单位限额设计、代建单位控制造价的激励政策。

2.2　规划背景分析

根据《××市城市总体规划》(2008～2020)，××市今后的城市定位为：面向东南亚、南亚开放的门户城市，国家级历史文化名城，我国重要的旅游、商贸城市，西部地区重要的商贸城市之一，××省省会。××中心城区将进一步扩大，由××主城、呈贡新城和空港经济区组成，职能为××区域性国际化核心职能的空间载体，以行政、商贸、金融、旅游服务、文化等现代服务业为主的综合型城市。今后城市空间结构发展将围绕“一核五轴，三层多心”的布局展开，并建立包含15min中心城快速交通圈，45min都市快速交通圈，60min市域快速交通圈在内的三大快速交通体系。

拟建项目场址位于××主城与呈贡新城之间的走廊地带，处于新××规划的中心城区范围内和“一核五轴，三层多心”布局结构的核心；人口总量控制和开发建设强度控制方面，处于人口总量与建设总量的高容量控制区、中高强度开发区。项目建设用地属文化娱乐用地，符合城市土地利用规划要求。

2.3　项目目标

大剧院的建设在功能满足国内外大中型演出需要的基础上，体现××省的文化特色，与其他重大文化项目及周边环境整体协调，在满足人民精神文化需求的同时，成为我国西南地区城市公共文化设施的一大璀璨亮点，成为提升××省形象和吸引各方游客的标志性建筑，作为××省对外宣传的一个重要窗口，成为促进××省文化产业快速发展的生力军。

3. 现状、需求分析与建设规模

3.1　现状分析××市现有大、中型剧院11座

××省主要的文艺演出多安排在这些剧院里，这些剧院大多建设年代久远，设备设施条件落后，只适合小规模演出，无法满足大型歌舞剧目的上演。

3.2　市场需求分析

自2002年以来，××省充分发挥民族文艺演艺资源丰富的优势和特色，先后诞生了一大批文化艺术精品，歌舞有《云南映象》、《天地之上》、《丽水金沙》、《蝴蝶之梦》、《母亲河》、《小河淌水》、《香格里拉》、《梦幻彩云南》、《勐巴拉娜西》；话剧有《打工棚》，杂技有《挑战巅峰》、《浪桥飞人》。歌曲《一窝雀》、《海菜腔》、《打秧鼓》、《踩着云》，电影《红河三部曲》、《德拉姆》等，都令人目不暇接。“云南现象”一时全国瞩目，成为文化界最鲜活妖娆的文化样本，带动了全省文艺演艺业的发展，涌现出《蝴蝶之梦》、《香巴拉印象》、《澜沧江湄公河之夜》、《支花篮》等一大批经济效益、社会效益俱佳的舞台文艺精品。

《云南映象》创造了中国舞台阵容最大、巡演时间最长、所到城市最多、演出场次最多、上座率最高、票房收入最好的成绩，在两年时间里，演出400多场，演出收入达2000多万元，成为××省走向世界的最优秀作品。2007年，以云南百老汇之称的《梦·云南》继《云南印象》之后又一次掀起了××省走向世界的热潮；全国第一批非物质文化遗产保

护名录中，云南民族舞蹈列入8项，省级名录24项，在全国位居第一。

××省新一批文化产业项目和文艺精品正在不断推出：《翡翠凤凰》、《金凤花开》、《山间铃响马帮来》、《国歌》等一批云南题材影视作品正在紧张拍摄；《滇西1944》即将首映；红河三部曲的终结篇《红河》在云南举行全球首映式，向全国各大院线公映；与省外剧组合作拍摄的电视剧《我的团长我的团》在省内外电视台“零点”热播；杨丽萍继创造了“中国演艺界神话”的《云南映象》之后，又推出姐妹篇——大型原生态打击乐舞《云南的响声》，走上了全国巡演50场的商演之旅；刚刚结束的全国流行音乐创作大赛中，××省获得2金1铜和组织一等奖的好成绩，在全国各省区市中再一次领先；列入庆祝新中国成立60周年全国性系列文化活动的《首届中国聂耳音乐（合唱）周》6月12日在北京人民大会堂拉开序幕。蓬勃发展、精彩纷呈的云南文化产业，在全省进一步扩大改革开放、现代化建设和应对全球金融危机的寒流中，营造着奋发向上、化“危”为“机”、乘势而为的良好发展氛围。

××省创作了一大批有影响力的文化艺术作品，逐步树起了××民族文艺演艺品牌。但是由于××省至今没有一个上规模上档次的大剧院，致使一些大型演出没有条件进行，而邀请国内外知名乐团、艺术团前来表演对演出条件有比较严格的要求，××省现有剧院都无法达到要求，因此在本地的演出并不是很多，××艺术已走出去，但是还没能引进来。由于缺乏必需的硬件条件，与国内外的文化交流受到制约。

据统计，2007年××市属剧院各类演出场次累计466场，××艺术市场活跃，演出种类丰富。但虽然演出场次较多，但规模小。由于各剧院建盖年代久远、规模有限、演出场馆硬件设施不足，无法满足大型艺术团体、知名艺术团体演出，××省整体演出水平受限，高雅艺术无法在观众面前充分展现，无法满足××省人民文化艺术的需求。

3.3 建设规模

本项目建设一个大剧场和一个多功能小剧场。大型剧场满足歌剧、戏剧、舞剧、大型综艺、芭蕾、交响乐等演出的需要；多功能厅兼容室内乐、小型歌剧、实验剧、流行乐演出、时尚秀等功能的需要。总建筑规模32300m^2。

（1）大剧场：1678个座位；

（2）多功能剧场：603个座位；

（3）功能用房：贵宾厅1间、排练厅3个、大小化妆间共4间、另外设有道具间、乐器间、服装间、制作室、乐器教室、声乐教室、舞蹈教室、乐队琴房、乐队休息室、辅助用房、设备用房等。

按照《剧场建筑设计规范JGJ 57—2000》，该剧场为特大型，甲等剧场。

4. 场址条件

4.1 项目选址区域分析

项目建设用地位于××市南市区，广福路与昆洛路交汇处，新亚洲体育城、世纪城、彼岸、奥宸橙郡、银海畅园等大型居住社区相继建成，云大附中、附小、云师大世纪金源学校、官渡区中心医院、民生银行、富滇银行、建设银行、农业银行、世纪金源大酒店、新亚洲尼斯酒店、家乐福、苏宁电器、康盛电器城、螺蛳湾国际商贸城等入驻，区域内城市配套设施日趋完善。

地块东侧为我国西南地区最大的体育城—新亚洲体育城，北侧为有着厚重滇文化历史官渡古镇和大型住宅区世纪城，西北侧为官房集团开发的住宅小区，西侧和南侧为未开发用地。仅新亚洲体育城、世纪城两大居住社区，居住总人口已达17万余人，周边还分布着一些小型楼盘，这一区域人口迅速增长，初显规模。居住区配套有一定规模的商业街、大型农贸市场、超市、电影院、社区文化中心、派出所、幼儿园、学校、医院、超5星级国际大酒店，使这一区域成为一个继昆明主城、呈贡新城后的一大新城，被誉为昆明城市的新都心。

新亚洲体育城中的万人体育馆是昆明新建成的大型体育馆，是举办第七届全国残运会的主场馆，建成后除多次举办大型运动会外，还成功举办了渤骏之夜公益演唱会、齐秦演唱会、蔡琴演唱会、朗朗琴深昆明音乐会、2009维塔斯（vitas）昆明演唱会等多次大型演出活动，在这一区域形成了较强的文化氛围。

项目毗邻××省博物馆新馆和另一××省重大标志性文化设施建设项目—艺术家园区，同时，省文联云南艺术之家、××省科技大楼、青少年宫等一批重大建设项目将在近期启动，落户官渡古镇，几大文体公共建筑群建成后，必将带动文化产业的迅速发展，这里将逐渐发展成为新××的文化新中心。

4.2　场址条件

1. 工程地质与水文地质条件

项目区地块为二类建筑场地，拟建场地地势开阔平坦，区域无重大地质灾害，无滑坡、崩塌、泥石流、地面沉降、塌陷、地裂等现状，局部除存有一定厚度的杂填土及耕植土、软弱的泥炭质土土层外，无其他不良地质作用。场地稳定，适宜建设。

场地水位埋深2.00～2.40m，地下水为第四纪土层中的上层滞水及孔隙水两种类型。地下水对混凝土和钢筋混凝土中的钢筋无腐蚀性，对钢结构具弱腐蚀性。场地设计抗浮水位按地表下1.0m考虑。基坑开挖时，须采取适当的降水处理措施，同时勘察钻孔进行封堵。防止地下水涌入基坑。可采用坑内重力排水或集水坑排水，同时在坑壁四周设置挂网喷浆进行止水。在雨季施工时，水量会有较大的增加，为避免基坑开挖时出现粉土含砂层涌水量较大时，应在坑外四周采取帷幕止水措施。

2. 公共配套条件

项目区已做好三通一平工作。××市南市区基础设备完备，本项目水、电、燃气系统均由区内市政基础设施提供。大剧院场址周边有广福路、官宝路和规划道路，交通可达性好，同时，通讯等基础设施也配备完善，具备建设大型文化设施的条件。

3. 交通条件

项目场址位于××市南部，城市交通主干道广福路和次干道官宝路交叉口南侧，西南侧为规划道路。广福路向西与××市老城区相连，向东可连接昆洛路、昆玉高速，周边有171、12、31、154、161、165等多条公交线路。未来更有昆明城市轨道一期工程，××市惟一贯穿机场、火车站的直达轨道捷运线：1号线路经过，交通条件良好，为施工运输和建成后观演人员到达提供了便捷的交通条件。

4. 项目与城市规划关系

随着城市规划的调整，省委、省政协、省高院、省公安厅一系列省级机关迁入南市，让××市具备了向南发展的大方向，××市重心正在南移。在这个大方向的影响下，广福路成为连接新老城区名副其实的桥头堡。

项目选址位于××市主城与呈贡新区之间的走廊地带，处于××市规划的中心城区范围内和“一核五轴，三层多心”布局结构的核心；人口总量控制和开发建设强度控制方面，处于人口总量与建设总量的高容量控制区、中高强度开发区。

5. 建筑方案和公用工程方案

5.1 建筑方案设计

1. 建筑方案设计的指导思想和原则

（1）协调性原则。符合总体规划，与在建项目××省博物馆相协调。

（2）可操作性及因地制宜的原则。一次规划，分步建设，逐步实施。方案设计充分结合现状地形，地貌特点和当地人文环境，创造出具有特色的标志性、个性化文化艺术中心。

（3）可持续发展的原则。方案加强生态环境的建设，注意资源的保护与利用。强调社会化服务及资源共享，实现经济效益、社会效益和环境效益的均衡增长。做到规划宏观可控、微观可调、弹性发展。

（4）以人为本的原则。方案以人的活动和感知为出发点，控制好建筑的尺度及结构的合理性，充分关注的交通流线和公共空间活动，塑造良好的有特色的建筑空间形态，构筑具有视觉冲击力的生态型文化环境。

（5）节能环保原则。在建筑设计、施工过程中严格按照国家公共建筑节能设计标准进行。水体规划结合日用水量、雨水收集、再生水利用等方面问题，确定合理的水体面积，使整体方案具有完整性、新颖性，做到节能环保。

2. 建筑设计方案

本项目为××省大型公共建筑，方案设计采用国际邀请招标，经国内及云南省内专家评审后，最终从17家国内外竞标单位的方案中，选定同济大学建筑设计院的方案作为实施方案。

（1）方案设计理念

××省地处中国西南边陲，人杰地灵，它集结了52个民族的居民，见证着26个世居民族生存发展的历史，呈现各民族大杂居、小聚居的分布格局，使得这片红土地上骄傲持久地绽放着绚丽多姿的民族文化之花。为此，建筑方案设计了一块晶莹剔透的“玉玲珑”，几个剧场像宝石般镶嵌在玉盘上，星星点点的天窗点缀其间，散发着璀璨光芒。它预示着民族大团结，以含珠蕴玉的包容之态，和谐之声，呼应着“和谐社会”的伟大理念。

大剧院以一个“圆”和西侧在建博物馆的“方”进行呼应，以玉璧的玲珑剔透和石林的突兀峥嵘相互呼应，以艺术的欢快柔美和知识的睿智方刚进行对比，以延绵河流和苍劲山川的建筑化写意构筑出云南的美好河山。

（2）总平面布置

1）观演分区

将室外场地分为观众活动区和后勤演出区两大部分。前者提供观众集散和休息的场地，安排有车辆停放以及绿化，景观设施。后者为演员、内部管理人员出入区，同时也设有舞台设施装卸场地。

2）流线组织

观众人流主入口设于主立面处，进场、出场路线最为短捷，前广场作为集散、缓冲空间，然后再进入城市干道。

演员、工作人员、舞台设施运输均分别设有通道和出入口，互不干扰。

贵宾设有独立的车辆停放处，由单独入口进入剧场。

3）交通系统

① 道路系统：

地块城市相连的车行交通主要设置在地块西面及南面的规划道路上，地块北面相邻博物馆用地为两者共用的内部使用交通。城市主干道广福路主要结合城市广场设置，主要为步行交通体系。合理规划交通体系，使用地块与城市路网顺畅连接，成为城市交通体系中的有机组成部分。

地块设消防及辅助环路，保证各功能区之间联系，保证各组团建筑的可达性及满足功能及安全要求。

在路网的布局中，通过直线与曲线相结合，正向斜向相结合，做到步移景异，产生丰富的景观视觉效果。

② 静态交通：

采用少量地下停车与地面集中临时停车相结合的方式，停车场与博物馆在功能上相互补充和使用，资源利用最大化。

③ 步行路线设计：

建立宜人的人行及景观系统，结合地面广场设置室外演艺区。

4）绿化系统：

以“生态——绿化——可持续发展”作为绿化规划的原则，以点、线、面状的绿地来连接构成不同层次，不同形状的多功能绿地系统，其主要功能包括：防护功能、调节功能、美化功能、休闲功能等。

整个区域以面状绿化和线状绿化构成生态特色的重要景观，宜结合建筑和广场成片种植观赏价值，防风性较强的乔木。面状绿化通过道路两旁的线状绿化通达各组团的点状绿化，点状绿化是深入各建筑空间单元的呼吸场所，改变每个小环境的小气候，与环境的优化密切相关，是休闲的最佳场所，也是体现人文关怀的重要因素。面状绿化的具体设计中将考虑不同的主题构思，形成不同特色的景观。

（3）功能分区

剧场主要由演出部分、观众使用部分和辅助管理部分所构成。

1）演出部分：

演出部分包括舞台演出和演出准备两大部分，舞台演出部分设有：舞台（基本台）、侧台（副台）、乐池、舞台机械设备及电气设备等有关用房（灯光控制室、电声控制室等）等。

演出准备部分设有演员及演出活动服务的辅助用房（化妆室、服装室、更衣室、小道具室、候演室、卫生间、乐队休息室、剧团办公室、维修室、库房等），还设有排练厅、美工室等用房。

2）观众部分：

观众部分设有观众厅、门厅、休息厅、迟到等候厅、卫生间、衣帽间、咖啡厅等，两侧还设有贵宾厅及相应辅助用房和专用卫生间。

3）管理及辅助用房：

管理用房设有办公室、会议室、值班室、库房、售票亭等；辅助用房包括变配电间、空调机房等设备用房。

（4）舞台设计

1）大剧场

舞台采用“品”字形舞台形式，由一个主台、两个侧台和一个后台构成，舞台具备推、拉、升、降、转五大功能，可容纳三个管乐队的升降乐池。可迅速地切换布景。其中，主舞台有6个升降台，既可整体升降又可分别单独升降。舞台左、右侧台各有可以横向移动的车台，通过主舞台升降台互换位置，可以迁换场景。舞台顶部还设置了50多道吊杆和幕布，可以制造不同的演出场景。乐池面积为120m^2，可容纳90人的三管编制乐队，也可升至观众席水平位置变成观众席。在乐池中还特别为指挥设计了专用升降台。

舞台尺寸：台口宽度：18m；台口高度：12m；

主舞台台宽：32m；主舞台深：24m；台上净高32m；

左右侧台宽：18m；左右侧台深：21m；

后舞台台宽：24m；后舞台台深：18m；

舞台灯光：两道面光、两道耳光。

2）多功能小剧场

在我国剧场发展的热潮之下，关于剧场的运营成为值得关注的问题。一般剧场的经营主要依靠出租场地来达到收支平衡，因此提高剧场的年出租日的数量对于剧场经营尤为重要。

小剧场在设计中通过地面下的升降装置，使得剧场变化5种不同的观演方式——舞厅会场、终端式舞台、伸出式舞台、服装表演T型台、中心式舞台，实现小剧场的多功能使用，提高了效率。舞台采用多功能升降组合式舞台及坐椅系统，实现不同功能的剧场布置。

（5）后台设计

后台设有贵宾厅1间、排练厅3个、大小化妆间共4间、另外设有道具间、乐器间、服装间、制作室、乐器教室、声乐教室、舞蹈教室、乐队琴房、乐队休息室等。

（6）观众厅设计

观众厅平面为扇形平面，侧墙与中轴线水平夹角为9.5度。设有一层楼座，座位布置采用长排法，错位布置，排距105cm，座宽65cm，共有座位1600个，最远视距31.8m，地面坡度按每排升起计算。室内装修结合美学、声学处理，做到形式与功能的完美结合。

5.2　结构设计

1. 概述

大剧院项目包含一个综合性大剧场和一个多功能小剧场以及相配套的管理及服务用房。

本工程总建筑面积32300m，其中地上四层面积27100m，地下一层面积5200m，结构主屋面高度为21.60m，大剧场主舞台上空屋面高度为30.00m。

本工程抗震设防烈度为8度，设计基本地震加速度为0.20g，设计地震分组为第二组。建筑抗震设防类别为乙类，框架抗震等级为一级。本工程结构设计使用年限为50年，安全等级二级，耐火等级一级。地基基础设计等级为乙级，桩基设计等级为乙级。

2. 设计荷载

1）主要的楼屋面活荷载（标准值）

观众厅　3.0kN/m^2

休息厅、走廊、楼梯　3.5kN/m^2

演出舞台　4.0kN/m^2

演出道具、桌椅等贮藏间　5.0kN/m^2

业务、管理、后勤服务等办公用房　2.5kN/m^2

商店、展览厅　3.5kN/m^2

中、小会议室　2.5kN/m^2

化妆间　2.5kN/m^2

浴室、厕所、盥洗室　2.5kN/m^2

变电所、电气用房　7.0kN/m^2

光控、音控室、录音室　5.0kN/m^2

2）屋面均布活荷载标准值：

不上人的屋面　0.5kN/m^2

上人的屋面　2.5kN/m^2

3）舞台栅顶均布荷载标准值：

栅顶+吊杆挂重+设备管线等　10.0kN/m^2

4）观众厅屋顶均布荷载标准值：

检修马道+灯重+设备管线+吊顶等　2.0kN/m^2

5）特殊设备及特殊用房如空调机房、水泵房、风机房、屋顶设备等均按实际荷载取值。

3. 地011基基础设计

拟建场地的场地土地质分布勘探，应满足国家《岩土工程勘察规范》的要求。详细勘探应详细查明拟建场地范围内的地层结构及其变化规律、成因类型、时代、土的物理力学性质、不良地质现象的分布、水文地质条件等，为地基基础设计、地基处理和围护结构方案的确定提供岩土工程资料。

场地土土质较好的情况下，可考虑采用天然地基上的独立基础、条形基础和筏形基础，基础设计考虑地基土的强度、软弱下卧层的强度以及允许沉降。持力土层强度较差、土性软弱，无法满足设计强度及变形要求的情况下，可考虑采用桩基础（混凝土预应力管桩、灌注桩）。

基础及地下室部分结构超长，设计将考虑温度应变、混凝土收缩等多种因素，采取有效措施预防可能出现的超长裂缝。

4. 上部结构设计

本工程建筑平面呈圆形，直径约140m，建筑立面丰富，局部范围地下一层，地上1~4层不等。详见建筑平立剖面。

根据本工程的建筑特点及自然条件等确定，本工程结构采用不设缝整体设计。上部结构采用钢筋混凝土框架结构。梁柱节点采用双向刚接，剧场观众厅与舞台等大跨度钢结构与混凝土框架的连接采用铰接。

楼盖结构选型：楼盖采用混凝土梁板式布置，二、三层悬挑的楼座部分采用混凝土桁架承重。

屋盖结构体系选型：

a）观众厅屋盖：采用H型钢组成的平面桁架，桁架最大跨度约30m，桁架上弦结合建筑屋面体形采用折线形桁架，腹杆采用人字形布置，桁架支座设置在下弦，桁架上下弦之间可设置检修马道。各榀桁架之间同时设置上弦横向支撑、下弦横向支撑、竖向支撑、上下弦通长系杆等支撑体系以满足桁架稳定性的要求。屋盖楼板采用以压型钢板为底模的现浇钢筋混凝土楼板。

b）舞台屋盖：采用H型钢组成的平面桁架结构，并设置支撑体系以满足桁架稳定的要求。屋盖楼板同样采用以压型钢板为底模的现浇钢筋混凝土楼板。

c）局部大跨空间：采用实腹工字形截面刚架或空间管桁架，同时设置必要的支撑系统以满足结构的整体稳定性要求。

本工程平面开洞面积大，楼板局部不连续。抗侧力结构逐层减弱，且存在较多错层结构。为此，将采用多套计算分析软件，采用弹塑性理论仔细分析各结构构件在不同工况下的受力性能，同时将按《建筑抗震设计规范》GB 50011—2001 第 3.4.3 条等规定采取必要的抗震措施。本工程由于采用整体设计，建筑的长度与宽度均超出了《混凝土结构设计规范》GB 50010—2002 对现浇钢筋混凝土框架结构伸缩缝最大间距55m限值的规定。为此，主要考虑采取构造和施工措施来减少或抵抗温度、收缩产生的内力，并做必要的计算，具体措施如下：

a）在温度影响较大的部位提高配筋率，楼屋面板采用双层双向配筋，每层、每向配筋率不小于0.3%；

b）借鉴以往类似工程的经验，考虑在梁板混凝土中掺入聚丙烯单丝纤维，减少和微化混凝土裂缝；

c）加厚屋面隔热保温层，避免结构温度变化过于激烈；

d）混凝土浇筑采用后浇带分段施工，每隔40m左右设置一道施工后浇带，带宽800~1000mm，并采用早强、补偿收缩的混凝土浇灌，其强度等级提高一级。

e）施工时减少水泥用量和水灰比、掺入合适的外加剂、改善水泥和骨料的质量、降低混凝土终凝温度、高湿度养护等，以减少混凝土收缩应变。

5. 结构分析和计算

本工程拟采用中国建筑科学研究院编制的PKPM系列软件SATWE和由美国加州伯克利计算机与结构学院编制（由北京金土木软件技术有限公司引进）的建筑体系三维分析软件ETABS进行计算分析与设计。

5.3 公共工程配套

1. 建筑给水排水

（1）给水设计

1）水源：本工程采用市政水源，从广福路的市政给水干管上引入两条DN150的进水管进入建筑红线内，分别经两座水表井后，与基地管网相连接。

2）用水量

最高日用水约148.92m^3/d；最大小时用水量约为51.74m^3/h；平均小时用水量约为41.39m^3/h。计算见附表1。

用水量计算 **附表1**

用水部位名称	用水标准	单位	数量	用水时间（h）	时变化系数k	最大日（m^3/d）	最大时（m^3/h）	平均时（m^3/h）
观众	4	L/（人·场）	6843	12	1.35	27.37	3.08	2.28
演员淋浴	40	L/（人·次）	400	2	2	16.00	16.00	8.00
管理员工	60	L/（人·班次）	200	12	1.2	12.00	1.20	1.00
绿化及广场浇洒	2	L/（m^2·次）	37063	3	1	74.13	24.71	24.71
未预见水量	15%					19.42	6.75	5.40
总计						148.92	51.74	41.39

3）给水系统

室外由市政水源满足绿化喷灌、道路浇洒、室外水景等的供水、补水。

室内给水系统根据建筑的高度及市政水压的情况，同时考虑充分利用市政管网水压，本工程采用无负压变频供水机组供水，即当市政管网水压较高时直接由市政水压向室内供水，当城市用水高峰期市政管网水压较低时，则改由无负压变频供水机组供水，满足室内用水的需要。供水机组设于地下室内，室内管网采用下行上给布置，室内给水立管集中敷设于专用管井内，给水横支管均采用暗敷。

4）热水系统

化妆室、演职人员卫生间、淋浴室等，均设置卫生热水供应。设计小时耗热量848.6kW，热源采用节能环保的“太阳能+空气源热泵”供热装置，并设置电辅助加热装置提高供热保证率。

5）饮用水系统

前厅、休息厅均设置观众饮水装置，饮水定额按0.2L/（人·d）计。考虑剧场用水的随机性，保证饮用水水质，本工程饮用水采用外运桶装饮用水，各用水点设置冷、热两用饮用水水机，并配置相应的供电设施。

（2）排水系统

排水系统采用雨、污分流制。

1）污水系统

室内生活污、废水量按给水量的90%计，污、废水量约49.83m^3/d。

室内生活污、废水除地下室、机械化台仓底部等地势较低部位采用机械提升外，其余均靠重力直接排至室外污水管网。公共卫生间排水管均设置环形通气管和主、副通气立管等通气系统，提高排水能力及卫生质量。所有生活污、废水经处理后再排入中水处理站，经处理达标后回用，同时设置事故排出口，事故时也可直接排入市政污水管。

2）再生水系统

再生水处理站，采用以生物处理为主同时结合物化处理的成熟技术工艺深度处理后，达到《城市污水再生利用景观环境用水水质》GB/T 18921—2002的标准后，回用于卫生间冲厕、景观用水（补水）、绿化及道路浇洒，实现污水资源化，节约用水，降低物管运行成本。再生水处理站设于室外，处理规模50m³/d，处理工艺拟采用“ICEAS + CMF膜过滤”工艺，处理站采用全地下式，与室外景观协同考虑。

3）雨水系统

屋面雨水系统采用压力流（虹吸式）排水系统，提高排水能力减少雨水立管的设置。室外广场及庭院等雨水经雨水口、渗透管沟、入渗地面等排水及渗透设施后排入室外雨水管网，与屋面雨水一起进入雨水弃流池和蓄水池，除将污染较严重的初期雨水径流弃流直接排入市政雨水干管，其余雨水经适当处理后回用于景观水体。

雨水设计流量：$Q_s = q \cdot \psi \cdot F$

设计暴雨强度公式：

暴雨强度重现期：屋面取10年，室外广场及庭院取3年。雨水径流系数：屋面取0.9，室外综合取0.55。屋面降水历时5min。

（3）管材及保温

1）室内生活给水管采用薄壁不锈钢管，卡压式或环压式连接。

2）室内DN＜100消防管均采用热镀锌钢管，丝扣连接；室内DN＞＝100消防管采用无缝钢管，沟槽式连接，泵房内为法兰连接。

3）室外埋地低压给水管采用球墨给水铸铁给水管，内覆PE，胶圈接口连接；室外压力消防管管材同室内管材，但须做防腐处理。

4）室内排水管采用PVC-U排水管，室外埋地排水管采用埋地塑料排水管。

2. 建筑供电及电气

（1）设计范围及内容

1）高压供电系统。

2）低压配电系统。

3）灯光照明及应急疏散照明系统。

4）动力配电系统。

5）防雷及保护设计

6）通信系统

7）综合布线系统

8）安保技防系统

9）有线电视系统

10）背景音乐及消防广播系统

11）火灾自动报警及联动控制系统

12）舞台通信与监督系统

13）专业扩声系统

（2）负荷等级与供电电源

1）本工程一级负荷：应包括剧场的舞台照明、贵宾室、演员化妆室、舞台机械设备、消防设备、电声设备、电视转播、事故照明及疏散指示标志等；二级负荷：剧场观众厅照明、空调机房电力和照明等；三级负荷：不属于一、二级用电设备负荷均属三级负荷。

2）本工程供电电源采用10kV双回路供电，拟从城市供电网两个变电所分别引来

10kV 供电电源。10kV 供电线路采用交联电力电缆引入，在设备间设置配电室，配电室内分别设置两台 1600kVA 干式变压器供电。室内设置高低压配电室，10kV 系统配用中置式开关柜。10kV 外线环网供电由当地供电部门设计。

3）本工程低压配电系统采用单母线分段供电设置母线联络开关。重要负荷采用放射式直供电系统，一般负荷采用放射式链式混合供电方案。确保供电的可靠性。选用阻燃铜芯交联电力电缆作为配电干线，敷设方式为沿电缆桥架敷设。

本工程所有的一、二类负荷均在末级设置有双电源自动切换开关，以确保供电不间断。为确保事故时的供电，设置两台 660kW 柴油发电机组作为事故备用电源。柴油发电机组通过低压 ATS 自动切换开关分别投切到两段供电母线上，要求备用电源与市电间转换时间不大于 15s。柴油发电机组采取自动启动投入方式。

4）负荷计算，

本工程负荷估算：照明负荷为 636kW，大剧院舞台灯光照明负荷为 720kW，多功能厅舞台灯光照明负荷为 360kW，舞台机械动力设备负荷为 320kW，排烟通风设备动力负荷为 120kW，中央空调设备动力负荷为 680kW，供水排水设备动力负荷为 90kW，消防设备动力负荷为 260kW，

$$Pe = 3186\text{kW} \quad 取\ Kc = 0.65；\ \text{Cos}\varphi = 0.9 \qquad Pjs = 2071\text{kW}$$

5）电能计量

本工程总配电室高压配电柜内高压侧，采用高供高计，低压分表的计量方式。分部分设计量表。

（3）照明系统

1）照度标准：各部位按下列照度标准设计：

办公室：300lx

电梯厅：100lx

办公室走廊：100lx

设备机房：150lx

观众厅：350lx

贵宾室：200lx

化妆室：200lx

道具间：150lx

琴房：300lx

演奏厅：300lx

会议室：300lx

贮藏室：100lx

楼梯间：75lx

卫生间：100lx

门厅：200lx

2）办公室采用高光效嵌入式荧光灯，会议室采用嵌入式荧光灯和暖色调筒灯相结合的布灯方式。

3）控制机房、空调机房、地下车库等场所采用荧光灯。

4）配电室、消防泵房、消防控制室等重要机房应设置应急照明。

5）疏散走道及疏散楼梯设置应急疏散指示灯。

6）设计中所选用荧光灯具均采用高品质、节能型、高显色荧光灯管，并配高功率因数的电子镇流器，各类气体放电灯均需带功率因数补偿。

（4）动力系统

本工程所有动力设备均采用放射式直供电方式供电，控制设备均设置在现场控制箱中。

（5）防雷及保护设计

本工程属二类防雷建筑，防雷保护按二类防雷建筑设防。为防止直击雷、感应雷和大气过电压反击，本工程在低压进线处设置浪涌保护器，在机房等重要设备电源侧设置三级防雷保护装置。低压配电系统的接地方式采用“TN-S”系统。本工程采用防雷接地与保护接地、电子设备接地共用接地体的联合接地方式。利用建筑物基础及桩基内钢筋作为接地极，其接地电阻值不大于1Ω。

（6）通信系统

1）在地下一层设通信机房，话机容量暂考虑200门左右，除分机电话外，另配置一定数量的直线电话（包括中继线、直线、传真等）并在公共场所等处设有投币、磁卡电话。实际市话容量的申请数与接入方式将由业主以及电信公司协商确定。另外，由计算机机房直接引入6芯室外光缆作数据交换。

2）为解决大楼对无线电波的屏蔽作用，以保证移动通信的清晰与稳定，剧场内设有天线信号屏蔽装置，以确保演出不受干扰。此项系统的具体设计实施需与当地移动通信管理机构具体商谈，另行解决。

（7）综合布线系统

1）为满足本工程对通信与计算机网络的需要，根据先进性、开放性、可靠性、可扩充性的原则，将设计一套千兆位到用户的标准、灵活、开放的结构化布线系统。网络中心机房设和电话机房合并，布线系统的拓扑结构为星型方式，以放射性方式布线。层配线间内设19寸标准配线柜。

2）通信系统网络由电话总机房引大对数3类双绞无屏蔽铜缆至各层配线间，计算机网络由网络中心机房引光缆至各层配线间，由层配线间至各平面端口则采用5类4对双绞非屏蔽线（UTP）。信息端口基本为双孔型，满足一个工作区既有电话接口又有网络接口的需要。安装位置基本为墙面型，端口采用RJ45型。

（8）安保技防系统

1）安保系统的设置力求做到布局合理、控制严密、配置完善、技术先进，并且有扩充能力及发展余地。整个系统由多台高性能的黑白与彩色摄像机构成，其中室外及电梯内采用黑白摄像机；出入口、电梯厅、室内重要办公区走道均采用彩色摄像机。考虑到建筑物的整体美观和隐蔽性，摄像机的防护罩分别配置半球形、楔形等。

2）中央控制室设于一层消防中心内，系统主机采用48/12路微机矩阵主机，该主机可通过操作键盘对输入信号进行任意分组切换、点切及时序切换。也可对云台、变焦镜头进行各种姿态的遥控。画面输出除采用直接切换外，同时也配置了16画面分割器，以便对系统进行全面的观察和录像。

3）为了加强夜间的防范工作，底层门厅、重要通道、重要房间等处设有红外微波双鉴报警器。同时在各重要机房设门磁开关，以确保大楼的安全。

(9) 有线电视系统

有线电视信号拟由城市有线电视站引来，信号传输网络由同轴射频电缆和分支分配、放大组成。系统采用860MHz邻频双向传输。电视终端电平控制在63～75dB范围，图像质量主观评价不低于4级。

(10) 背景音乐及消防广播系统

1) 本工程公共广播系统平时播放背景音乐，当发生紧急情况时，自动切换到消防广播，以达到疏散人员的目的。作为背景音乐，共有音源3套，同时配一个紧急广播话筒，另外剧场的专业扩声系统也可与背景广播可以共享声源，系统可互联。

2) 主机采用微机控制，每层的一个防火分区为一个回路。带微电脑的控制设备可以预置火灾报警及报警解除广播的语音合成，显示操作提示，当接收到消防联动信号，可以按消防广播规范启动相应区域广播，其他区域可正常广播。系统采用定电压输出方式，传输电压采用70～100V。

3) 广播前端设备设在一层消防中心内。在剧场大厅内，对于高度小于12m的地方，安装嵌顶扬声器，扬声器功率为6W/90dB。实际使用中，根据层高调整变送器接头（3W，6W两种）。背景音响的输出电平由前端调试时控制。系统信噪比≥50dB，频率特性为80～8000Hz±3dB。

(11) 火灾自动报警及联动控制系统

本工程为二级保护对象，按集中报警系统设计火灾自动报警系统。

消防控制室设在一层，有直通室外的出口。消防控制室内设火灾报警控制主机、联动控制台、CRT显示器、打印机、紧急广播设备、消防直通对讲电话设备、电梯监控盘及电源设备等。

火灾控制器设置在剧场观众厅、舞台等无遮挡大空间设红外光束感烟探测器；排练厅、化妆室、办公、剧场技术用房和设备用房设智能型感烟探测器；其余办公等处设智能型感烟探测器、厨房设感温探测器；电动防火卷帘门两侧设感烟温探测器组。

主要出入口、楼梯间及电梯前室等处设手动报警按钮及消防对讲电话插孔。从一防火分区内任何位置到最临近的一个手动火灾报警按钮的距离不应大于30m。在消火栓箱内设消火栓报警按钮。消防控制室内联运控制台，可以实现下列控制及显示功能。

1) 消防泵的控制

2) 排烟风机制控制

3) 防火卷帘门的控制

4) 消防紧急广播系统的控制

5) 非消防设备的控制

消防控制室内设置消防直通对讲电话总机，除在各层的手动报警按钮设置消防对讲电话插孔外，在变配电室、水泵房、消防电梯轿箱、电梯机房、管理值班室等处设置消防直通对讲电话分机。

火灾确认后，切断有关部位的非消防电源，接通警报装置及火灾应急照明灯和疏散标志灯。低压出线回路及各单体各层主断路器均设有分励脱扣器。

火灾发生时，根据火灾情况及场所，由消防控制室发生指令，指挥电梯按消防程序运行；火灾确认后，控制所有电梯降至首层开门，除消防电梯外均切断电源。

(12) 舞台通讯与监督系统

本工程舞台监督主控台设在舞台内侧上场口，落地明装。主控台由舞台通讯系统四通道主机、话筒和舞台监督系统监视器组成。下列部位设置舞台通讯系统扬声器：贵宾室及其休息室，化妆、候场，舞台机械控制室，声控室，灯控室，便于舞台监督与上述部位联系。各化妆室走廊设一定数量的内部通话站，灯光音响设备用房、导演室设内部通话话机。

舞台监督还可通过公共广播系统的播功能对演职人员及各技术用房进行一般广播通知用。下列部位设置舞台监督系统监视器：后台化妆室、舞台机械控制室、声控室、灯控室、导演室，以实现演出时人员和设备的统筹管理。大堂、观众休息厅预留信号输出，以便播出剧场演出实况（不包括演职人员监视专用的舞台内信号），便于迟到和休息的观众收看。

（13）专业扩声系统

本工程观众厅扩声系统声学技术指标，以 GYJ25-86 中规定的音乐扩声一级指标为参考。

最大声压级：100～6300Hz 内平均声压级≥103dB；

传输频率特性：以 100～6300Hz 的平均值为 0dB，在此频带内 ±4dB；

传声增益：125～4000Hz 内平均值≥－8dB；

声场不均匀度：1000Hz&6300Hz≤8dB；100Hz≤10dB；

主观听音：清晰、音质良好。

3. 建筑通风空调

（1）设计范围

大剧院设置了一个大剧场和一个小剧场，暖通空调专业方案设计的范围是：集中空调系统、防排烟系统、机械通风系统。

（2）设计计算参数

1）室外计算参数

（a）夏季：大气压力 808.0hPa，空调计算干球温度 25.8℃，空调计算湿球温度 19.9℃，通风计算干球温度 23.0℃，室外平均风速 1.8m/s。

（b）冬季：大气压力 811.5hPa，通风计算干球温度 8.0℃，室外平均风速 2.5m/s。

2）室内计算参数

（a）冷暖空调

编　号	房 间 名 称	夏　季		新风量 (m^3/(h·P))	噪声标准 dB
a	大厅、公共空间、商店、展览	干球温度 (℃)	相对湿度 (%)	20	NC35
b	大剧场、小剧场	26	≤65	20	NC20
c	音响、录音、照明控制室	25	≤55	30	NC25
d	排练厅	25	≤55	20	NC25
e	会议室、教室（声乐、乐器、舞蹈）	25	≤65	20	NC30
f	贵宾室、办公室、化妆间、休息室等	25	≤65	30	NC35

注：恒温恒湿乐器储藏室的室内空气参数，按工艺要求设计。

（b）防排烟

编　号	部　　位	加压送风量或机械排烟量
a	大剧场、小剧场	单位面积机械排烟量 $90m^3/(h \cdot m)$　2 或换气次数 13 次/h，两者取大值
b	各层不满足自然防排烟要求的内走廊	单位面积机械排烟量 $60m^3/(h \cdot m)$　2
c	各层不满足自然防排烟要求的内区房间	单位面积机械排烟量 $60m^3/(h \cdot m)$　2
d	≥2000m　2 的地下机动车库	机械排烟量换气次数 6 次/h

注：大厅中庭、疏散楼梯间等，均按自然通风防排烟方式设计；如不满足自然通风防排烟技术要求时，将按照机械防排烟系统设计。

（c）机械通风

编　号	房　间　名　称	换气次数（次/h）	附　注
a	地下机动车库	6	送、排风
b	大剧场、小剧场	2～4	送、排风
c	音响、灯光控制室、操作间	15	送、排风
d	卫生间	10	排风
e	变配电间、调光距室	20～30	送、排风
f	乐器室、服装间、演出用品库、仓库、水泵房等机电用房	6～10	送、排风
g	控制室、电梯机房	10～15	排风或单元空调

（3）设计内容

1）集中空调系统

（a）集中空调冷源选择及其参数

根据该建筑的使用功能和建筑特点，本工程拟采用电驱动制冷的夏季空调冷源方式。冷水机组和各类辅机置于地下室空调冷源机房内，冷却塔置于自然通风条件良好的室外地面上或屋面上。

拟选用水冷螺杆式冷水机组数台，方形超低噪声逆流式冷却塔数台，冷冻水泵和冷却水泵数台（均为多用一备），1 台定压补水膨胀机组。

冷冻水系统都采用一次泵供水方式，根据空调负荷对冷水机组和热水机组进行台数控制，以达到节能的目的。

空调水系统采用二管制同程式系统，各路分配主管上设静态水力平衡阀、水平总干管上设压差水力平衡阀、空调末端机组支管上设动态水力平衡阀与电动阀。

冷水机组的制冷剂，将采用对地球环境不产生危害及污染的环保型冷媒，如 R-134a、R-407c、R410a 等工质。

（b）室内空调末端系统设计

在空调媒介为冷冻水的前提下，室内空调末端系统根据不同的场合采用不同的形式。设计中特别注意了室内通风换气和除湿的重要性。

大剧场，采用集中式空调系统，设有空调机房，由集中的组合式空调箱、送（回）风管、新（排）风管、多级消声器和散布的各种风口配件等组成，室内气流组织形式为下送（或侧送）上回，采用置换式下部送风口（或侧送风口），回（排）风口设在侧墙面上部，新风口为外墙防水百叶风口。

小剧场，采用集中式空调系统，设有空调机房，由集中的组合式空调箱、送（回）风管、新（排）风管、多级消声器和散布的各种风口配件等组成，室内气流组织形式为下送（或侧送）上回，采用置换式下部送风口（或侧送风口），回（排）风口设在侧墙面上部，新风口为外墙防水百叶风口。

为大、小剧场服务的组合式空调箱，设置在隔声防振性能良好的专用空调机房内，空调箱的主要组合段有：前消声器段、新回混合初效段、表冷器段、二次回风段、送风机段、中效过滤段、后消声器段。

空调通风系统的设计中，大、小剧场按听众区和舞台区分别设有相互独立的组合式空调箱。由于采用下送风，送风温差较小，空调箱内设有两次回风段，以控制下送风的温度在20℃左右，不影响人员的舒适度。

大、小剧场的室内气流组织，为置换通风方式，听众区采用椅脚或地面下送风（部分区域采用侧送风），舞台区采用地面下送风（均混有新风），回（排）风口设在侧墙上部和舞台空腔侧面，坐椅下和舞台下的空腔均用作为土建静压箱，排风风机采用变频风机，过渡季有可能实现全新风、全排风运行，以利用自然能源。

导播、音光控制、化妆、休息、贵宾、中庭、展览、会议、办公等辅助空间，也根据不同的场合采用不同的空调末端形式。中庭、展览等大型公共空间均采用集中式空调系统，设有空调机房，由集中的组合式空调箱、送（回）风管、新（排）风管、多级消声器和散布的各种风口配件等组成，室内气流组织形式为上送上回；休息、贵宾、办公等小型空间则采用半集中式空调系统，各层分别设有集中的新风空调机组及新风空调系统，分区或分室设置变风量空调器、风机盘管空调器，并设有各种风口配件等。室内气流组织形式为顶送顶回，采用平顶门铰百叶滤网回风口、双层百叶侧送风口或方形散流器等，构成各自空间的气流组织。

本工程的中央空调系统，均由BA系统自动控制，可根据负荷变化自动调节供量，空调末端设备可以由温控器控制电动水阀而调节冷量的需要，从而节约能量。在过渡季节，集中式的中央空调系统可采用全新风并配合可变风量的排风机系统一起运行，以充分利用自然能源。

每间贵重乐器贮藏室，均设有独立的风冷式恒温恒湿精密空调机，其室外机安装在通风并隐蔽的地方。

（c）空气热回收系统设计

空调末端空气侧热回收的主要形式是回收排风中的冷/热量用于预热空调新风。当室内采用集中式全空气空调系统时，空调箱可采用双风机和转轮式全热交换器，冬、夏季利用排风中的冷（热）量预冷（或预热）引入的新风；过渡季采用全新风运行，利用自然的免费能源。

（d）空调控制方式

本工程设置楼宇自控系统（BAS），统筹控制空调系统设备的启停和运转情况。采用分散控制，集中中央监视方式（用中央监视盘进行启停·监视·计测·设定变更等操作）

为提高运转效率，采用DDC（直接数据控制）方式、电气式、电子式等方式对各空调设备进行自动控制管理。空调机组可根据负荷变化自动调节供冷（暖）量，空调末端设备可以由温控器调节冷量的需要，从而节约能量。集中式中央空调系统可采用全新风运行，以利用自然能源。

• 主机控制：按负荷热量与末端方面要求流量来决定合适的台数〈台数控制〉，为使机组内每台机器运行时大致相当而自动调整运行优先顺序〈自动顺序控制〉，与冷冻机连动的水泵开关〈水泵联动控制〉。

• 水泵控制：按空调负荷流量决定运行台数〈台数控制〉，按末端空调的压差恒定来控制变频水泵的转速〈可变流量控制〉，将首端压差限制在一定范围的直通管的电动两通阀的控制〈直通控制〉。

• 热交换器控制：根据末端方面负荷热量及流量确定运行台数〈台数控制〉，为使机组内每台机器运行时间大致相当而自动调整运行优先顺序制〈自动顺序控制〉，保持送水温度一定而控制两通阀的开闭〈送水温度控制〉，按末端空调的压差恒定来控制水泵转速〈可变流量控制〉。

• AHU及PAU控制：以送风设定值为基准调控电动两通阀〈送风温度控制〉，以室内温度设定值为基准控制加湿器能力〈加湿控制〉。

• FCU控制：以室内温度设定值为基准决定电磁阀门的开闭（如比例或On-Off）〈室内温度控制〉、〈制冷/制热切换控制〉，同一空调区域设置集中控制器对FCU进行连动控制〈多台连动控制〉。

• 所有配套使用的系统运行需设置相应的连锁控制。

（e）单元式空调系统

本工程中有特殊用途要求或需要24h连续运行的房间，如贵重乐器储藏室、计算机主机房、消防控制室、值班室等，设置了恒温恒湿空调机或单元式空调机等。

2）室内声学及噪声控制

（a）通常原则

空调通风系统的噪声控制：主要采用隔声、隔振、消声、减震的措施，以实现开启空调及通风时噪声不大于28dB（A）。

对服务于大（小）排演厅或对其有影响的空调箱（器）、排风机（箱）配备弹簧减振基座或设置弹簧减振吊架，机房隔墙和内壁采取可靠的隔声、消声措施，并堵塞传声漏洞，以克服机组本体的振动和噪声。水管、风管与机组之间的接口处采用软接。

对风系统的噪声，采用多级消声器或消声弯头加以克服，风速取值较低（主风道低于5.5m/s，支风道低于3.5m/s，风口低于1.0m/s）。

（b）具体做法

• 机房

机房应该由混凝土结构构成。

机房的位置应设置在远离贵宾室、排练室和会议室等需要安静空间的地方。当条件不允许的时候，则必须提供充分的声音隔绝措施，如双层混凝土墙/楼板等。

机房的楼板应致密以加强其刚度。所有机房的楼板都应大于200mm的厚度。

机房的顶棚和墙壁应设有吸声物质，如管道衬里（50mm厚玻璃纤维棉）类的物质。

分配足够的空间以安装吸声管道，比如带有管道衬垫的弯头或消声器。要考虑到由通过开向室外的百叶窗和开口带来的噪声影响。门必须是隔声门。

- 管道空间

管道空间的壁应由混凝土结构构成。

在机房和管道空间之间必须考虑充分的声音隔绝措施。

通道门应该是隔声门。

- 风扇

选择平稳安静的风扇。

注意不要选择有太多预留功率的风扇。

风扇的转速不应大于1000r/min。

从风扇排入相关管道的噪声应该在进入管道之前就被控制到令人满意的强度等级。

- 管道运行

管道的运行应主要研究如何平滑稳定的分配气流上。

任何管道都不应被设置在吵闹的地方，如新风井和排风井处。

带有噪声的管道不应穿越音乐厅等安静空间的顶棚和墙壁。

所有为安静房间服务的管道都应设置25mm厚的管道衬里。

管线排布应规划足够数量的合理转角。弯头应设置50mm厚的玻璃纤维棉衬里。两个弯头之间的距离应保证大于3倍的管道宽度。

所需要的带有50mm厚管道衬里的弯头的数目不应集中设置在一个地方，举例来说，如果需要6个弯头，则他们应该被平均的分配，3个弯头设在机房，1个弯头设在管道空间，3个弯头设在终端房间内。

两个安静的房间（假设已经安静）被同一根管道连接起来，在两个房间之间应设置必要数量（通常是2或3）的弯头（带有50mm管道衬里）。

- 对安静空间中空气气流扰动噪声的考虑

为防止气流扰动噪声，管道中的空气流速应该按以下控制：

主要的大风管：小于7m/s；

中等的风管：小于5m/s；

末端风管：小于3m/s。

为防止在带有格栅的回风管道口处引起气流扰动的噪声，气流速度应被控制在1m/s以下。

- 风管、管道和机器的噪声与振动隔绝

当一根吵闹的管道出现在安静的空间或一根安静的管道出现在一个吵闹的空间的时候，该管道必须以隔声材料包扎。

所有的风扇都应被设置在设备间或风机房。当无法避免的时候，风扇应被设置在带有50mm厚管道衬里的隔声空腔内。空腔的材料应由计算决定。

所有旋转的机器如风扇（包括应急风扇）都应安装在具有弹性的支撑系统上。弹性支撑系统的自然共振频率不应大于5Hz。

所有的泵都应设置在重量是泵自身重量1.5~2.0倍的混凝土板上。混凝土板应被安装在带有弹性的支撑系统上。弹性支撑系统的自然共振频率不应大于5Hz。

- 管道的穿越应设置弹性支撑系统，安装要求如下：

尺寸：在一个长边上超过500mm长的所有管道，包括排烟管道。

所有圆管，包括消防喷淋管。

风管位置：设备机房的所有的墙壁、楼板和顶棚。

需要安静的房间的所有墙壁、楼板及顶棚。

圆管的位置：建筑内部的所有墙壁、楼板和顶棚。

• 需要安静的房间周围的抽水马桶和不同种类的洗涤槽等的所有给水排水管道均设置弹性系统。

• 其他事项

冷却塔设置在具有弹性的支撑系统上。弹性支撑系统的自然共振频率应该小于5Hz。

来自周围建筑的新风口和废气排放口的噪声也应该被纳入考虑范围。如有必要，建议添加带有消声器或消声弯头的减噪设施。

排烟管道可能会成为室外和室内需要安静的房间之间的一个传声通道。设置超过3层带有50mm吸声棉衬里的弯头或具有可观降噪效果的消声器。

3）防排烟系统

大、小剧场均设有以耐高温（280℃）排烟风机箱、常闭多叶排烟口（控制30m的排烟距离）和排烟防火阀（耐高温280℃）为主的机械排烟系统。

火灾时电动或手动打开着火区或着火层的排烟风口，280℃时排烟口和排烟防火阀自动熔断关闭，输出信号关闭排烟风机箱。耐高温排烟风机均位于专用机房内或屋面上。

根据《建筑设计防火规范》中的有关规定，不能满足自然通风防排烟要求的各层内走廊（回廊）、封闭房间等处，均设有各自独立的消防机械排烟系统，高温（低噪声）排烟（风）风机箱（耐高温280℃）和排烟用防火阀（常开，着火时开，至280℃关）设置在屋面上，并与电气消防报警系统连锁，采用自然进风的补风方式。

各防烟分区交界处，均设有固定式或电动式挡烟垂壁。

大厅中庭、疏散楼梯间等，均按自然通风防排烟方式设计，如不满足自然通风防排烟技术要求时，将按照机械防排烟系统设计。

地下机动车库设置机械排烟系统，与平时机械排风系统兼用，高温（低噪声）排烟（风）风机箱（耐高温280℃）和排烟用防火阀（常开，着火时开，至280℃关）设置在专用风机房内。

4）机械通风系统

大、小剧场、会议室等公共场所、各层卫生间、无窗内区房间、储藏室、机电设备用房、变配电间等等产生污浊空气和发热量、发湿量大的场所，均设置了各自独立的机械通风或机械排风系统，排风系统包括送（排）风风机（箱）、送（排）风管、消声器和风口等，并在必要处设有防烟防火调节阀以及电气控制系统。

地下室机动车库设有机械通风系统，包括排风风机箱、排风管、消声器和排风口等，废气高空排放，补风为车道自然进风方式。

其他需要排除污浊空气或余热、余湿的房间、场所，也设有机械排风系统。

5）管材和保温

（a）空调风管和普通送、排风管均采用镀锌钢板制作，其壁厚按《通风与空调工程施工及验收规范》的有关规定选用。高温排烟风管壁厚按“建筑设计防火规范”的有关规定选用。

(b) 空调水管用料为当管径≥100mm 时采用无缝钢管镀锌二次安装，当管径 < 100mm 时采用镀锌钢管，冷凝水管、排水管和给水管均采用镀锌钢管。

(c) 空调风管保温采用离心玻璃棉板材，用料厚度取 30mm，防潮层采用复合夹筋铝箔。冷冻水管保温采用橡塑管套，用料厚度取 25 ~40mm；冷凝水管保温亦采用橡塑管套，用料厚度取 15mm。

(d) 空调送、回、新、排风管上均设有按国标 97K130-1《ZP 型片式消声器、ZW 型消声弯管》图集制作的消声器和消声弯管以及消声静压箱。

(e) 风管软接头均采用“不燃带钢丝玻璃纤维硅树脂复合并采用双面保护凸缘卷边与钢板结合型”的防火软接头。

6) 消防措施

采用不燃、难燃或阻燃的设备和材料，如空调风管的保温材料采用离心玻璃棉，空调水管的保温材料采用难燃 B1 级橡塑管套等。必要处设置排烟口（常闭，着火时开，280℃关）、排烟防火阀（常闭，着火时开，280℃关）或排烟用防火阀（常开，着火时开，280℃关）、防烟防火调节阀（常开，着火时或 70℃关）等消防风阀，这些阀门均可手动或自动复位，并与消防报警系统连锁。

在空调系统的送风和回风总管上穿越防火墙处均设有防火调节阀。排烟风管用料加厚并考虑耐热材料敷设。

4. 声学设计

(1) 大剧场

1678 人大剧场主要功能为歌剧、芭蕾舞和综合文艺演出，建筑声学要求有要求有合适的混响时间及其频率特性、丰富的早期反射声和侧向反射声、声场分布均匀扩散。

1) 声学设计技术参量

(a) 设计混响时间

满场混响时间可控制在 1.6 ±0.1s

(b) 声场不均匀度

在自然声源的条件下，大剧场大厅内声场不均匀度应≤ ±4dB，最大与最小声压级差值≤6dB。

(c) 本底噪声允许值

空场情况下，空调系统设备长运转条件下，大剧场本底噪声

设计值为：大剧场≤NR25；

2) 大剧场体形及扩散

大剧场体形在自然声条件下充分利用声源的有限能量，使观众席上能得到的较强的早期反射（80ms 内到达的反射声）和足够的响度，提高音乐厅的明晰度，来自观众厅两侧墙面的侧向反射声能有利于提高音乐的空间感。体型设计中避免可能出现的音质缺陷，如回声、颤动回声等，为此要求控制反射声的时间的强度分布，避免长时间反射声给音质带来的不利影响。根据该大剧院的容量和主要功能确定体形为“马蹄型”，该体形有利于观众厅各位置上得到较为均匀的反射声分布，改善厅内的声场均匀度克服了大容量大剧院后排声场强度不足的缺点，结合池座地面的升起使乐池的声反射更容易到达观

众席的每个位置上。这也是该体形被世界上许多音质优良的大型剧院所采用的原因。

（2）多功能小剧场

小剧场声学功能定位于：戏曲、话剧、文艺演出、中小型会议等为主的多功能剧场。声学设计根据使用功能的特点，以语言清晰度为重点，在各种使用条件下，使厅内各位置上具有较高的清晰度，对此设计混响时间较短。同时，针对多功能剧场的体形——矩形的特点在后墙面和侧墙面配置适当的吸声处理，作为控制厅内混响时间和防止产生回声、颤动回声等声学缺陷的措施。

声学设计技术参量

1）设计混响时间

满场混响时间可控制在 1.1 ±0.1s

2）声场不均匀度

多功能小剧场声场，不均匀度应△LP≤ ±3dB，最大与最小声压级差值≤6dB。

3）本底噪声允许值

空场情况下，空调系统设备正常运转条件下，多功能小剧场的本底噪声设计值为：≤NR30。

（3）噪声控制

控制剧场背景噪声，一方面在设计中提高维护结构、墙体、楼板及门窗等构件的隔声量，同时对于室内机械设备、空调系统的噪声进行必要的声学处理。

1）墙体隔声：根据大剧院内各个空间的不同使用功能，设计分隔这些空间的墙体具有不同的空间声隔声性能，以计权隔声量来表示（R’w）。

（R’w）≥42dB 的墙体包括：不与舞台相邻辅助用房及小于 70dBA 噪声源空间的墙体；

（R’w）≥52dB 的墙体包括：大剧场和小剧场维护墙体；排练厅、声控室等的墙体；

（R’w）≥62dB 的墙体包括：大剧场、小剧场与走道之间的墙体，大剧场舞台等墙体；

2）门窗隔声：剧场和小剧场入口均采用声闸结构，提供隔声量，产生噪声的设备机房门的隔声量要求大于等于 40dB，声光控。制室的观察窗要求隔声量为 35dB 以上，采用双层玻璃，中间留有 100mm 以上空气层。

3）合唱、戏剧和歌剧排练厅因设置在侧舞台的后舞台的上方，为防止使用中噪声通过结构向大剧场的传递，设计中采用地面浮筑结构，提高排练厅撞击声的隔声量。

4）设备房间噪声：对于设备机房的噪声控制将根据最大容许噪声指标，采取吸声、隔振等综合措施。

5）空调系统声：根据空调管路系统的布置及风量风速的大小设计消声器，为防止气流噪声的影响，风管道中的风速控制在 5m/s 以内，出风口的风速小于 2m/s。

6. 土地利用及移民搬迁安置方案

6.1 土地利用分析

1. 项目用地方案

项目建设用地位于××市广福路与官宝路交汇处南侧，该用地已由××市土地储备中心收储，××省文化厅通过划拨方式取得了该地块土地使用权。地块号530111106-529-001-10102，地块面积：181676.18m²（约272.51亩），地类（用途）为文化娱乐用地。该项目用地符合国家产业政策及供地政策。

2. 合理利用土地方案

土地是极其宝贵的稀缺资源，针对××市土地资源日益紧缺的现状，依据节约、集约利用土地的原则，根据项目的建设规模和特点，除主体建筑外，项目还要考虑人流集散广场、机动车、非机动车的停放场地、景观绿化及附属配套设施用地。

按照××市规划局"建设用地条件通知单"，本项目的规划建设条件为：

控制指标：容积率：小于0.6

建筑密度：小于20%

绿化率：大于30%

停车位：大于5车位/100座

实施方案容积率为0.51，建筑密度为19.3%，绿化率为33.8%，停车位为148个，符合规划部门要求。

6.2 拆迁及移民安置分析

该地块为××市官渡区矣六乡官渡街道办事处土地。经××市土地储备中心收储为建设用地，场地三通一平已完成，场地内无建筑物和构筑物，因此不涉及拆迁和安置问题。

7. 资源利用与节约

7.1 建筑节能

根据中央建设节约型社会的要求，省政府强调搞好资源节约与综合利用，实现经济增长方式的根本转变，是促进经济社会可持续发展和人与自然和谐的根本保证，节约资源是贯彻中央提出建设节约型社会的发展趋势，项目的节能措施是对建设节约型社会的有力保障。

大剧院项目属于大型公共建筑，鉴于各省市大剧院建设和运行情况，大剧院如果按常规模式建设，未来能耗将会很大，导致运营成本高。在项目设计中，集合各种生态高科技，参考国内其他大剧院建筑节能成功案例，进行生态节能方案设计。

（1）在项目建筑材料、装饰材料选用时，考虑选用本身带有隔声、吸声、隔热、保温等效果的材料，如混凝土加气砌块隔声砖、复合屋面、双层换气幕墙等。使建筑节能的效果达到最大化。

（2）采用舞台余热回收系统，将舞台、灯光产生的大量热能回收，用于剧场空气除湿，以提高空气品质，增加舒适度。

（3）××地区全年太阳辐射强度大，为消除太阳辐射的不利因素，根据项目的地理位置，设置智能太阳追踪可调机翼板式外遮阳板设施。据测算，采用此技术，能够有效遮挡80%的太阳辐射。既提高了室内舒适度，又有效避免了高辐射带来的室内升温所导致的能量消耗。

（4）太阳辐射能源是免费的绿色可再生能源，利用大剧院部分建筑屋面，在不破坏外立面效果的前提下，适当铺设太阳能集热板，为演艺人员、剧院服务人员提供太阳能热水服务，充分利用免费无任何污染的绿色能源——太阳能，符合国家再生能源法。

（5）充分利用××市属“温和地区VB区”的气候特点，合理设置新排风系统，减少空调系统运行时间。

（6）优化供热，通风与空调系统，舞台采用独立分层空调系统，划分合理的空调区域，可灵活调节及启停。

（7）设置温控及计算系统，对控制系统和运行系统进行合理优化。

（8）选择能效比较高空调系统并同时关注制冷设备的综合部分负荷系数。

在项目的建设中，生态节能系统的设计以××市的气候特点为依据，尽量利用该地区气候优势，采用多项先进节能技术措施，力求将大剧院的整体能耗降至最低，争取达到国家《公共建筑节能设计标准》中节约能耗50%的基础上再多节能15%～30%。

7.2　节约用电

本项目能耗主要是电能。剧院建筑耗电主要是照明、音响、舞台设备、控制设备、空调、安防、信息化设备等设备用电，其余为剧院内其他用电设备、器具及部分家用电器、照明灯具等。

拟采用以下节电措施：

（1）所有电器设备均选用节能、低损耗的新型产品。

（2）所有电器设备在设备采购时避免淘汰产品，优先购置建筑节能技术先进的产品或新型节能产品。

（3）合理选择配电线路和线型，优化线路布设方案。

（4）照明节能：

首先，照度确定从实际出发。参照规范，定位合理，避免追求高标准。其次采用高光效、高显色、长寿命的光源。配用高效照明器，同时提倡使用绿色照明光源。另外，剧院的人工照明都是按照晚上设计的。有些区域，例如：观众休息厅，订票厅等白天也要经常使用以补充天然光的不足。但当天然光较亮时，又经常忘记关灯。除了合理的布置灯具。最根本的措施就是采用人工照明的自动控制。使用光电传感器，控制灯具的开关，当天然光不足时，自动开灯，光线充足时，自动关灯，合理节电。

7.3　节约用地

大剧院是大型公共建筑，除主体建筑外，项目要考虑观众人流与演员、布景线路的分离，互不干扰。在发生火灾等情况下能让观众及工作人员迅速疏散至安全地带，并便于消防操作。还应布置人流集散广场、机动车、非机动车的停放场地、绿地、水池、雕塑等建筑小品，形成优美的宜人环境。实施方案综合考虑了以上要素，做好功能分区明确，人流、车流便捷，人流集散、消防通道等满足规范、城市规划、消防、交通管理等要求，使土地达到最大化的合理使用，从而节约了土地资源。

7.4　节约用水

本工程建设方案执行国家颁布的节水政策，从建筑设计、设备选型等方面力求满足工程节水要求。合理开发、优化配置、高效利用水资源，大力提高水资源管理水平和水资源利用效率与效益，推动社会经济全面协调可持续发展，实现人与自然的和谐。

（1）选用节水型卫生洁具及配水件。

（2）公共卫生间采用感应式水嘴和感应式大小便器冲洗阀。

（3）采用再生水回用技术，减少污水排放量，充分利用水资源。

（4）采取雨水利用技术，实现雨水资源化，节约用水。

（5）生活饮用水水池（箱）与消防水池分开设置，保证生活饮用水水质。

（6）生活给水采用无负压变频供水机组供水，不设屋顶生活饮用水箱，防止二次污染水质，且节能。

（7）供热系统采用“太阳能+空气源热泵”系统，节能环保。

（8）室内污水排水管道系统设置专用通气管，改善排水水力条件和卫生间的空气卫生条件。

7.5 建筑材料的节约

（1）加强对施工中建筑材料节约的管理，建立和完善节材管理体系。

（2）由主要负责人主管节材工作，明确相应的管理机构、工作人员和工作制度。

（3）制订并组织实施针对本项目的节材规划、计划、技术措施，完善原材料科学管理、降低产品单耗以及提高原材料利用率等工作。

（4）采用节材的新技术、新工艺、新材料、新设备，加强原材料的综合利用和合理代用，以降低工程建设中或投产后原材料的消耗。

8. 环境影响评价

8.1 项目场址环境现状

场址位于××市广福路与关宝路交汇处南侧。

（1）空气环境：该项目区域属于大气环境质量二类区，执行《环境空气质量标准》GB 3095—1996 二级标准。

（2）声环境质量：由于在评价区域内无大型工业企业，声环境质量较好。声环境质量达 GB 3096—93《城市区域环境噪声标准》一类区标准。

（3）场址周围没有工业区，无工业污染源。

8.2 环境影响因素识别

1. 建设期间的环境影响因素

本项目施工时将产生粉尘、噪声及废气等各类污染物，建设期间会对周围环境造成一定的影响，建设期间所产生的各项污染是整个工程的高污染期。

（1）废气：建设项目施工期在运进沙石、水泥、地基开挖时产生扬尘，扬尘以无组织排放的形式，借助风力在施工现场引起空气环境中总悬浮颗粒物（TSP）指标升高。另外，施工机械会有燃油烟气产生，燃油烟气中含有少量的烟尘、SO_2、NO_2、CO 及 CH 等。

（2）废水：施工时产生的废水含大量泥沙、水泥等，产生量不定。另外，施工人员有少量生活废水产生，主要污染物为 COD_{cr}、氨氮、磷酸盐、动植物油及悬浮物等。污水排放方式为随机分散，无组织间断排放。

（3）固体废物：施工中产生的固体废物为弃土（石）、废弃建筑材料及生活垃圾。

（4）噪声：施工期间由于使用推土机、打桩机、电锯、电钻、混凝土振捣机、运输等机械，产生一定的噪声污染，源强约为 75～100dB（A），其特点是具有突发性和间歇性。

2. 运营期间的环境影响因素

（1）废气：项目运营期间主要废气排放为各种工程车辆的尾气排放。

（2）固体废弃物：项目运营期间主要固体废弃物为废旧的工程材料及生活固体废弃物。

（3）废水：项目运营期间主要废水为生活废水。

（4）噪声：大剧院是人们休闲、娱乐的场所，如果隔声效果不佳，会对周边居民的生活产生噪声影响。

8.3　环境治理方案

1. 建设期间的环境治理方案

（1）施工工艺：严格按照建筑管理部门施工环保管理规定进行文明施工。

（2）施工废水：施工排水或降雨需通过导排沟收集入专设的沉淀池，可回用或排放。

（3）施工粉尘：为减少施工期建筑扬尘，对施工场地需采取洒水抑尘措施，运输车辆应封闭、且上路前用高压水冲洗车轮。同时还应对被运输车辆污染的道路进行及时的清扫、冲洗；主体建筑物施工时立面用草席、安全网及防尘帷幕，进行全封闭施工，减少粉尘的传播和飞扬。

（4）施工噪声：施工期内应严格控制施工时间，合理调整高噪设备的使用时间或采取临时隔声屏障，使建筑施工期间施工场地产生的噪声满足《建筑施工场界噪声限值》（GB 12523—90）规定。

（5）施工期水土流失：在基础开挖过程中，应做到开挖出来的土石方及时清理、运往弃渣场，不能及时清运的弃渣，在大风或降雨季节应使用土工布及时覆盖，避免产生水土流失。在施工期，需一定量的土方回填，施工方只能向持有土料和石料开采许可证的料场购买土料和石料。植草、种树等绿化工作应按主体工程施工进度分段同步进行，对不能同步进行的部分，应对裸露的地表或覆土地段用土工布覆盖，避免产生水土流失。

（6）光及振动污染防治：晚间施工照明应对光源加设遮光罩，对小型产噪声设备设置单独的隔声间，减少光及振动的影响。

（7）工程的装修：工程的内外装修应注意文明施工，推广清洁施工方式，提倡封闭施工，合理安排施工时间。同时及时清运建筑垃圾，并应采用环保型装饰材料。

（8）管理制度：在施工合同上加大对环保措施的执行力度，责任落实到人。

2. 运营期间的环境治理方案

（1）废气：汽车尾气和异味：汽车尾气主要自来车辆驶入、驶出时排放的少量尾气，其中含 CH、NO_2、CO 等少量污染物，通过大量的室外绿化来净化周围的空气。

（2）固体废弃物：生活垃圾设固定堆放点，根据垃圾的不同种类，设置不同的垃圾收集分类和垃圾收集方式，由环卫部门统一集中处理。收集、运输采用密闭式方法，且必须到达环保标准。

（3）废水：按照当地基础设施建设工程的规范要求，主体工程设计中必须设置雨污分流系统，雨水经排水沟（管）排入地表水体，废水经过相应处理达到三级标准后排入市政排水管网，对地表水环境影响不大。

（4）噪声：设计时考虑隔声、降噪、减震等处理；合理组织各种车流、人流关系，使通行顺畅，减少噪声对居民生活区及周围环境的影响。

8.4　环境保护设施及投资

项目总投资 43990.14 万元，其中环保投资 750 万元，占建安投资的 1.7%，环保设施及投资详见下表：

序 号	项 目 名 称	金额（万元）
1	绿化及景观	375
2	化粪池	15
3	中水系统	65
4	雨、污分流排水系统及排水管网	80
5	垃圾收集系统	15
6	噪声治理设备	200
合 计		750

9. 劳动安全卫生消防

9.1 劳动安全危害因素及危害程度分析

项目施工期间，施工安全生产将是主要安全因素，包括施工安全用电、各工种安全生产、高空作业安全管理等。

项目运营期间，主要安全因素包括：用电安全、消防安全、人员疏散安全等。

9.2 安全防范措施

为保证项目建成投入使用后符合职业安全卫生的要求，保障劳动者在劳动过程中安全与健康，项目实施过程必须符合国家的有关法规、标准的规定。设计过程中不仅考虑建筑设计的先进性，经济合理性，同时结合卫生、防火防爆安全等方面进行全面的综合研究。从安全卫生角度出发，对可能存在的不安全因素采取行之有效的预防措施。安全与卫生技术措施和设施要与主体工程同时设计、同时施工、同时投产使用。

首先对建筑物的耐火等级、防火措施、安全疏散等设计严格执行设计规范要求。其次施工过程采取必要的安全措施，如挂安全网、垂直封闭等。还要加强工作人员的安全意识，保证各项工作安全有序的完成。

9.3 消防

1. 设计依据

（1）《中华人民共和国消防条例》

（2）《建筑设计防火规范》GB 50016—2006

（3）《建筑灭火器配置设计规范》GB 50140—2005

（4）《建筑内部装修设计防火规范》GB 50222—95（2001 年修订版）

（5）《火灾自动报警系统设计规范》（GBJ 116—88）

2. 消防设计

（1）消防系统设置及用水量

本工程属人员密集的公众聚集场所，发生火灾时容易造成大量人员伤亡及财产损失，应重点设防。本工程消防系统设有消火栓系统、闭式自动喷水灭火系统、雨淋系统、防护冷却水幕系统、大空间智能型主动喷水灭火系统、二氧化碳气体灭火系统、灭火器，各系统消防水量见下附表2。

消防用水量计算 **附表 2**

消防用水名称	设计流量（L/s）	火灾延续时间（h）	一次灭火水量（m^3）
室外消火栓系统	30	2	216
室内消火栓系统	15	2	108
闭式自动喷水灭火系统	30	1	108
雨淋系统	150	1	540
防护冷却水幕系统	30	3	324
大空间智能型主动喷水灭火系统	15	1	54

根据上述消防水量计算，本工程室外消防水量为 216m^3，室内消防水量为火灾时需要同时开启的上述各消防系统的用水量之和，即 Q 室内 = 108 × 10 ÷ 15 + 108 + 540 + 324 = 1044m^3。（注：室内消火栓用水量考虑各消防系统需要同时开启的因素，按 10L/s 的标准进行计算。）

（2）消火栓系统设计

1）室外消火栓系统

室外消火栓采用低压消防给水系统。室外消火栓用水量由市政总进水管上所设的三座室外消火栓提供（市政消火栓若在本建筑保护范围内可计入室外消火栓数量），每支室外消火栓出水量按 10 ~ 15L/s 计，室外消火栓采用地上式，设置间距不大于 120m。另外室外水景水池可作为室外辅助消防用水水源。

2）室内消火栓系统

室内消火栓采用临时高压消防给水系统。在室内各层均设有室内消火栓箱（带消防卷盘），消火栓按室内同层任何部位均有两支消火栓水柱同时到达布置。室内消火栓系统供水主泵设于消防泵房内，一用一备，消防泵房及其贮水池设置在地下室内，消防贮水池储存有 1044m^3 的室内消防用水，另外在建筑的屋顶设 20m^3 的屋面消防水箱（消防系统合用），保证消防前 10min 的消防用水。并在室外设 1 套水泵接合器供室内消火栓系统补水用。

（3）闭式自动喷水灭火系统

在观众厅的门厅内、净空高度不超过 8m 的观众厅和休息厅、舞台上部（屋顶采用金属构件时）、化妆室、道具室、贮藏室和贵宾室等部分均设置闭式自动喷水灭火系统，系统按规范 GB50084-2001（2005 年版）的中危险 I 级要求设防，设计喷水强度为≥6L/min · m^2，作用面积≥160m^2，作用时间 1.0h，最不利点喷头工作压力≥0.05MPa。在消防泵房内设有自喷系统供水主泵，一用一备，屋顶设有 20m^3 的屋面消防水箱（消防系统合用）及增压稳压装置（为保证顶层喷头的工作压力满足要求），保证消防前 10min 的消防用水，在室外设 2 套水泵接合器为系统补水用。喷头采用玻璃球闭式喷头，有吊顶处采用装饰型喷头，无吊顶处采用直立型喷头，喷头公称动作温度采用 68℃。

（4）雨淋系统

在舞台葡萄架下设置雨淋系统，设计喷水强度为≥16L/(min · m^2)，作用面积≥260m^2，作用时间 1.0h。雨淋系统供水主泵设于消防泵房内，屋顶设有 20m^3 的屋面消防水箱（消防系统合用）及增压稳压装置，保证消防前 10min 的消防用水，在室外设 10 套水泵接合器为系统补水用。喷头采用开式洒水喷头。系统在设置自动开启的同时，还设置现场手动快速开启装置。

（5）防护冷却水幕系统

在舞台口的防火幕上部，设置防护冷却水幕系统对其进行冷却保护，设计喷水强度为≥1.0L/(s·m^2)，喷头工作压力≥0.1MPa，作用时间3.0h。供水泵设于消防泵房内，屋顶设有20m^3的屋面消防水箱（消防系统合用）及增压稳压装置，保证消防前10min的消防用水，在室外设2套水泵接合器为系统补水用。喷头采用水幕喷头。系统在设置自动开启的同时，还设置现场手动快速开启装置。

（6）大空间智能型主动喷水灭火系统

在净空高度超过8m的观众厅和休息厅等部分均设置大空间智能型主动喷水灭火系统进行保护，系统配置自动扫描射水高空水炮灭火装置，单个水炮标准喷水流量5L/s，单个水炮标准保护半径≤20m，系统供水管网与闭式自动喷水灭火系统综合设置。

（7）二氧化碳气体灭火系统

低压配电室、高压配电室、发电机房设置二氧化碳气体灭火系统。系统采用全淹没组合分配式高压CO_2灭火系统，系统按最大一个防护区容积进行设计，系统与火灾报警系统联动，要求能实现3种启动方式：a. 自动灭火；b. 手动灭火；c. 应急机械手动。

（8）建筑灭火器配置

按《建筑灭火器配置设计规范》(GB 50140—2005）进行配置，火灾类型为A类，灭火器设置按中等危险级，灭火剂采用磷酸铵盐干粉。

3. 消防安全措施

（1）舞台防火

舞台设有防火措施：防火幕、防火墙、上部设出烟口、消防控制室等。

（2）人流组织与安全疏散

剧场安全出入口数量及疏散宽度满足规范，全部人员疏散时间小于5min。

9.4 卫生

施工期间保持建筑工地周边的环境卫生，建筑垃圾统一堆放、统一运输，运输时应采取必要的防污染措施，运输机械应满足要求，避免运输过程中垃圾泄漏污染道路。

10. 项目实施进度安排

10.1 建设工期

项目建设于2009年5月开始，2012年6月竣工。

10.2 项目实施进度安排

建设的项目严格按照国家基本建设程序进行，实施进度计划如下：

2009年5月，完成项目立项申请及可研编制工作。

2009年6月~7月，上报可行性研究报告，并申请上级主管部门审批。

2009年8月~10月，完成方案招标及初设审批等工作。

2009年11月~2010年3月，完成施工图设计、舞台设计及设备采购等招投标。

2010年4月~2011年12月，完成主体工程施工。

2011年10月~2012年2月，舞台施工、室内外装修、室外及附属工程施工。

2012年3月~6月，舞台、音响、安防等设备安装，人员培训。

2012年6月底，工程竣工验收、试运行、交付使用。

10.3　项目实施进度表

工程项目实施进度横道线图

序号	项目名称	2009年					2010年						2011年						2012年		
		4	6	8	10	12	2	4	6	8	10	12	2	4	6	8	10	12	2	4	6
1	项目立项申请及可研编制工	—																			
2	上报审批		—																		
3	方案招标、初设、审批			—	—																
4	施工图设计、舞台设计、设备、采购招标					—	—	—													
5	主体工程施工							—	—	—	—	—	—	—	—	—	—	—			
6	舞台施工、室内外装修、室外附属工程																—	—	—		
7	设备安装、调试及人员培训																			—	—
8	竣工验收、试运行																				—

11. 项目组织机构和人员培训

11.1　项目组织机构

为加强重点项目的管理，保证建设项目的工程质量和按期竣工，提高项目投资效益和管理水平，促进剧院建设又好又快发展，达到项目建设的预期目标，由省文化厅组建大剧院项目指挥部，负责该项目建设管理。项目指挥部下设项目前期部、计划财务部、合同管理部、设备采购部、施工管理部、工程造价部、质量安全部等7个部门。

项目建成后，在原项目指挥部的基础上组建大剧院管理有限公司，代表政府行使业主管理权，全权负责管理大剧院资产及运营管理，经营管理采用“政府补贴、目标管理、公司自主经营、自负盈亏”的方式，公司下设5个管理部门：(1) 市场营销中心；(2) 管理运营中心；(3) 艺术教育交流中心；(4) 行政管理中心；(5) 工程物业管理中心。

11.2　人员培训

大剧院建成后，将引进现代化的科学管理，为适应需要，应配备有综合素质较高的员工。因此，需要对员工进行各种培训，不断提高业务工作能力，正常操作和维护舞台机械设备、楼宇智能化管理系统、计算机管理信息系统、剧院管理信息系统，以确保大剧院的正常运行。

员工培训应在大剧院建设期间即开始进行。培训方式可以派出去、也可以请进来。管理人才可以采取派出去委托式培训，操作人员可以在当地培训，也可以由设备供应厂家进行培训，这样大剧院建设后才能正常运营。新进员工要进行岗前培训，掌握技术后才能上岗；在岗员工也要培训，不断提高管理、技术、业务水平，保证大剧院的安全运营。

12. 投资估算与资金筹措

12.1 投资估算

本估算编制范围包括：建筑工程、装饰装修工程、给排水及消防工程、电气工程、通风空调工程、设备工程、室外场地及绿化工程。

按照《投资项目可行性研究指南》的规定，将建设投资的估算分为工程费用、工程建设其他费用、预备费和铺底流动资金4个部分分别估算。工程费用又分为建筑工程费用、设备及安装工程费用和其他费用3个部分。工程建设其他费用又分为土地使用费、建设单位管理费、项目前期咨询费、勘察设计费、环境影响咨询服务费、水土保持评价费、施工图审查费、招标代理费、竣工决算审查费、工程监理费、工程保险费等。

经估算，本项目建设总资金为43990.14万元。

1. 第一部分建设工程费用33201.90万元，其中主体工程31563.14万元，室外及附属工程1638.76万元。

2. 第二部分工程建设其他费用6698.22万元。

3. 预备费3990.01万元。

4. 铺底流动资金100万元。

12.2 资金来源与融资方案

项目所需资金43990.14万元，资金来源为：申请××省财政拨款30000万元，其余资金由省财政厅统筹盘活省艺术剧院和省花灯剧团资产来筹集。

12.3 运营期财政补贴方案

项目为大型公益性建设项目，有营业收入，但运营成本较高，无盈利能力，需要申请政府财政补贴。经过测算，为了维持大剧院正常运营，需要申请省级财政补助2204万元/年，另外每5年还需申请大修费用补助2344万元。

大剧院运营期采用“财政补贴、目标管理、自主经营、自负盈亏”的经营管理形式，剧院经营管理方与省政府签订协议，双方就剧院管理、运营、财政补贴等相关事宜进行约定，政府对经营管理方下达经营管理目标，并进行量化考核。完成管理目标，省政府下拨相应年度财政补贴。

13. 经济分析

13.1 基础数据与参数选取

1. 确定计算期23年，其中建设期主要集中在前3年，运营期20年。

2. 本项目属于有营业收入的非盈利性公共建设项目，按照《建设项目经济评价方法与参数》第三版，重点考察项目的财务生存能力、成本和社会目标。

3. 税金，按有关规定计取。

13.2 运营收入

本项目运营收入主要有剧院经营收入和财政补贴收入。

1. 剧院经营收入

剧院经营收入主要包括门票收入、咖啡厅收入、纪念品收入以及其他收入。

（1）门票收入

省文化厅对大剧院管理有限公司实施目标管理，预计大剧场和多功能剧场每年可完成各类演出100场，其中：每年度A类演出占总演出场次20%，B类演出占总演出场次50%，C类演出占总演出场次30%。

上座率按A类演出65%、B类演出60%、C类演出50%进行测算，年平均票价A类按280元/张测算，B类按180元/张测算，C类按100元/张。运营期年门票销售收入2404万元。

（2）咖啡厅收入

咖啡厅收入按观众人数的10%估算，人均消费20元，咖啡厅收入26万元/a。

（3）纪念品销售收入

演出纪念品销售收入按观众人数的10%估算，人均消费30元，纪念品销售收入40万元/a。

（4）其他收入

其他收入主要为剧院场租收入，按40万元/a测算。

2. 财政补贴收入

国家对剧院项目的财政补助分为管理人员工资及福利补贴、燃料动力费用补贴、管理运行费用补贴、大修费用补贴、演出场次补贴等部分。本项目财政补贴为：

（1）大剧院为事业单位编制，本项目运营后管理人员编制初步确定为100人，管理人员工资及福利补贴：按人均3000元/月计算，年人员工资及福利补贴为360万元。

（2）燃料动力费用补贴：主要指电费补贴，本项目每年用电量初步测算为800万度，按0.48元/度计算，燃料动力费用补贴为384万元。

（3）管理运行费用补贴：管理运行费用主要包括清洁费用、服务用品、员工餐费、交通费用、差旅费用、会议费用、公众保险、外来剧团食宿费等，每年补贴费用暂按250万元/年估算。

（4）大修费用补贴：本项目大修费用主要包括设备大修费和翻新装修费，设备大修费按设备原值的10%计算，翻新装修费按500元/平方米估算，按每5年大修一次计算，每次大修费用为2344万元。

（5）演出场次补贴：A类演出每演一场财政补贴17万元，B类演出每演一场财政补贴12万元，C类演出每演一场财政补贴9万元。

13.3　运营成本

本项目经营成本主要包括日常运营成本、演出成本、折旧摊销费、大修费用、咖啡厅成本、演出纪念品成本、其他成本。

1. 日常运营成本包括工资及福利、经常修理费、保洁费、燃料及动力费。

工资及福利：年人员工资及福利补贴为360万元。

经常修理费：按固定资产原值的2%估算，经常修理费为87万元/a。

保洁费：保洁费按建筑面积每年25元/m^2估算，每年保洁费用约为68万元。

燃料及动力费：本项目每年用电量初步测算为800万度，按0.48元/度计算，燃料动力费用补贴为384万元。

2. 演出成本包括演出人员出场费、演出人员差旅费、宣传费。

演出人员出场费：A类演出，60%为国外团体，出场费按70万元/场，40%为国内团体，出场费按20万元/场；B类演出，40%为国外团体，出场费按40万元/场，60%为国内团体，出场费按12万元/场；C类演出均为国内团体，出场费按8万元/场。

演出人员差旅费：每年演出场次100场，费用平均按10万/场估算。

宣传费：演出前的广告宣传等费用按照经营收入的5%计算。

3. 折旧摊销费

固定资产按20年折旧，残值为5%，无形资产和递延资产按10年平均摊销。

4. 大修费用

主要包括设备大修费和翻新装修费，设备大修费按设备原值的10%估算，翻新装修费按500元/m^2估算，按每5年大修一次计算，每次大修费用为2344万元。

5. 咖啡厅成本

按咖啡厅收入的50%估算，为13万元/a。

6. 演出纪念品成本

按纪念品销售收入的70%估算，为28万元/a。

7. 其他成本

按其他收入的90%估算，为36万元/a。

13.4 财务生存能力分析

通过财务分析计算，为了维持大剧院正常运营，需要申请省级财政补助2204万元/a，另外每五年还需申请大修费用补助2344万元。

综上所述，本项目为大型公益性建设项目，有营业收入，但运营成本较高，无盈利能力，需要申请政府财政补贴。

13.5 经济分析结论

项目的建设主要是满足人民群众日益增长的精神需求、展示云南文化，进行对外文化交流，推动云南向文化强省转变，丰富人民群众精神文化，不以盈利为目的。

14. 社会评价

14.1 项目对社会的影响分析

项目建设期间，为当地居民增加就业机会，促进建筑业及相关行业的发展。

项目建成后并不直接对居民收入产生影响，但可以满足人民群众日益增长的精神文化需求，促进国民素质的提高，加快××省的文化产业发展进程，为××省与国内外文化进行交流提供平台。项目建成后可以用××特色的艺术表演吸引更多的外地和本地游客，借助文化产业推动旅游产业的发展，为××省旅游增加又一亮点。

项目建成运营期间，区域内人流量增大，对交通产生一定的压力。但项目地处广福路和昆洛路两大交通主干道，交通疏散能力较强，只要做好场内交通组织设计，疏导人流与车流的分散，避免交通流向冲突，即可很好解决人流量增大带来的交通压力。

社会影响分析表

序号	社 会 因 素	影响的范围、程度	可能出现的后果	措施
1	对居民收入的影响	一般	一般	
2	对居民生活水平与生活质量的影响	较大	生活水平和质量改善	
3	对居民就业的影响	一般	一般	
4	对不同利益群体的影响	一般	一般	
5	对脆弱群体的影响	一般	一般	
6	对地区文化、教育、卫生的影响	较大	推进文化发展	
7	对地区基础设施、社会服务质量和城市化进度的影响	较大	加速城市化进程	
8	对少数民族风俗习惯和教育的影响	一般	一般	

14.2　项目与所在地区的互适性分析

项目建成后，将吸引更多的国内外艺术团体来××省进行文化交流活动，向人民群众展现异国、异地文化，向国内外友人展示××省特色文化，进一步丰富群众的文化生活，受利群体众多。

社会对项目的适应性和可接受程度分析表

序号	社会因素	适应程度	可能出现的问题	措施建议
1	不同利益群体	基本适应	项目建设期间可能对周围的环境造成一定的影响	加强施工环境监控，采取措施减少环境和噪声污染
2	当地组织机构	政府参与，可适应		
3	当地技术文化条件	可以适应		

14.3　社会风险分析

项目的建设基本不存在社会风险，但应作好施工和运营期的管理工作，尽量减少对周边居民日常生活的影响，处理好由此产生的各种矛盾，以避免由此产生的社会风险。

社会风险分析表

序号	风 险 因 素	持续时间	可能导致的后果	措 施 建 议
1	移民安置问题	无	无	在项目建设期间做好环境保护工作，减少对新区环境的污染，不影响新区的进一步建设
2	民族矛盾、宗教问题	无	无	
3	弱势群体支持问题	短	轻微	
4	受损补偿问题	无	无	

14.4　社会评价结论

大剧院的建设主要是推动云南向文化强省转变，丰富人民群众精神文化。项目主要功能是承担社会公益性演出、对外文化交流、人民群众艺术表演等，具有显著的社会效益。大剧院的建设受益群体范围较广，社会影响力较大。本项目建成后，将有利于提高人民群众的生活质量，促进城市文化建设，促进我省旅游发展和经济社会发展，项目与所在地具有较强的互适性。项目负面影响极小，项目可行。

15. 风险分析

15.1 风险因素识别

1. 资金风险

建设资金的风险首先是因工程方案变动而引起的工程量增加、工期延长，人工、材料、机械台班费、各种费率、利率的提高。

2. 技术风险

技术方面的风险主要指项目采用先进技术和新技术应用上的可靠性和适用性等存在不确定性，可能给项目带来的风险。

3. 工程风险

工程风险主要包括方案、工程地质、施工与工期等存在的各种不确定性给项目带来的风险。

4. 市场风险

大剧院是高雅艺术的殿堂，而云南地处偏远地区，人民群众对于高雅艺术的文化消费尚处在培育期，消费能力与发达城市相比较低，给大剧院经营上带来一定的风险。

15.2 风险评估

根据风险因素对投资项目影响程度的大小，采用风险矩阵方法，将风险程度分为微小风险、较小风险、一般风险、较大风险和重大风险。

风险因素和风险程度分析表：

序号	风险因素名称	风险程度				
		微小风险	较小风险	一般风险	较大风险	重大风险
1	资金风险				√	
2	技术风险			√		
3	工程风险			√		
4	市场风险			√		

15.3 风险防范对策

1. 资金风险的对策

要以设计阶段为控制重点，优化设计方案，实施限额设计。在工程项目建设的过程中，实施工程造价全过程控制与管理。要有效地控制工程造价，应该从组织、技术、经济、合同与信息管理等多方面采取措施，做好全过程的工程造价管理。

2. 工程技术风险的对策

严格按照基本建设程序，通过招投标，选择有实力的设计单位和施工单位，在工程实施过程中，实行项目责任制、监理责任制，确保工程按时按质完成交付使用。

3. 市场风险的对策

为了让人民群众领略到“阳春白雪”的魅力，文化产业主管部门及文化企业尽可能多地组织普及音乐会、古典艺术欣赏讲座，以优惠的价格、精明的市场操作、贴心的市场定位，让普通市民享受高质量的节目，搭建一个“亲近高雅艺术的平台”。

16. 研究结论与建议

16.1　研究结论

文化是一座城市的根与魂，是城市发展的“内动力”。大剧院项目的建设，将加快××省文化产业的发展，是发展先进文化、全面建设小康社会的迫切要求，是推动××省从民族文化大省向民族文化强省迈进的迫切需要，是满足人民群众日益增长的精神需求、展示云南文化，进行对外文化交流的需要。

大剧院建成后将成为××市文化设施的标志性建筑之一，为城市增添一处新的文化景观，使××市的城市文化色彩和氛围更加浓郁。

大剧院的建成，进一步完善了××省的文化基础设施，丰富了群众的文化生活，提升了城市的文化品位。同时，为国内外艺术团体搭建了一个了解××省、认识××省的平台，是××省重要的中外文化交流窗口，是××省发展文化产业的重要基地。

项目是大型非盈利性公益项目，是高雅艺术的殿堂，而××地处偏远地区，群众对于高雅艺术的文化消费尚处在培育期，消费能力低；大剧院虽有一定的营业收入，年收入约为2510万元，但大剧院每年需要日常运营成本899万元，演出成本3526万元，因此，还需要申请省级财政补贴2204万元/a，才能维持正常运营。

大剧院是“十一五”期间××省社会事业重点建设项目，建成后可满足歌剧、戏剧、舞剧、大型综艺、芭蕾、交响乐等文艺演出和对外文化交流及社会公益活动的需求，项目的建设是必要的。项目符合××城市总体规划要求，建设方案经济合理，富有地方民族特色，规模适度，投资估算合理。项目的建设是可行的。

16.2　问题与建议

1. 项目属于政府投资重大建设项目，需要加强对项目资金的监管，建立专账、专人负责、专款专用，加强财务核算，严格审计制度，加强审计、监察工作。在项目的建设过程中应加强对项目的管理工作，保证建设资金合理、安全使用，提高投资效益，确保工程质量。要对项目进行定期检查，跟踪服务全过程监督。为了确保建设工期和质量，以及资金的合理使用，实行项目法人责任制。

2. 项目在下一阶段设计、施工中，应严格按照国家基本建设程序进行，严格控制建设规模和建设标准，通过规范的招投标，选择有类似设计经验的设计单位进行方案设计，选择有实力的施工企业进行施工，节省并完成本项目的建设投资。项目在初步设计阶段应进一步优化方案，从严控制用地规模，集约、节约利用土地。

3. 吸取国内已建成剧院经验教训，以经济、实用为基础，避免奢华浪费之风；剧院外墙建议减少玻璃幕墙的使用，避免光污染；在建设过程中多采用节能型、环保材料，将项目建设成生态节能型公共建筑，改善建筑物的室内热舒适环境，节约建筑运营成本。

4. 大剧院景观应与省博物馆新馆的景观相协调，建筑风格相协调。

5. 大剧院周围应创造便捷、综合的公共交通，能适应大量的交通集散。划定一定的范围，建构步行系统的网络，疏解无关过境交通。

附表

1. 建设投资估算表

建设投资估算表

序号	估算表编号	工程名称或费用名称	估算价值(万元)				技术经济指标			备注
			建筑工程费	设备及安装工程费	其他费用	合计	单位	数量	单位价值(元)	
一		第一部分工程费用								
	(一)	文化艺术中心(大剧院)								
	1	土建及装修工程								
	1.1	土建工程	5962.00			5962.00	m^2	27100	2200	
	1.2	室外装修	5420.00			5420.00	m^2	27100	2000	
	1.3	室内装修	4878.00			4878.00	m^2	27100	1800	
		小计	16260.00			16260.00	m^2	27100	6000	37.0%
	2	给排水工程								
	2.1	给排水及消火栓系统		460.70		460.70	m^2	27100	170	
	2.2	自动水喷淋等灭火系统		325.20		325.20	m^2	27100	120	
	2.3	气体消防系统		100.00		100.00	项	1.00	1000000	
	2.4	太阳能热水		80.00		80.00	项	1.00	800000	
		小计		965.90		965.90	m^2	27100	356.42	2.2%
	3	电气工程								
	3.1	变配电系统		542.00		542.00	m^2	27100	200	
	3.2	动力系统		487.80		487.80	m^2	27100	180	
	3.3	照明系统		298.10		298.10	m^2	27100	110	
	3.4	舞台灯光系统		800.00		800.00	项	1.00	8000000	
	3.5	舞台扩声系统		100.00		100.00	项	1.00	1000000	

续表

序号	估算表编号	工程名称或费用名称	估算价值(万元)				技术经济指标			备注
			建筑工程费	设备及安装工程费	其他费用	合计	单位	数量	单位价值（元）	
	3.6	音响系统		500.00		500.00	项	1.00	5000000	
	3.7	演出管理系统		100.00		100.00	项	1.00	1000000	
	3.8	火灾自动报警及消防联动系统		176.15		176.15	m^2	27100	65.00	
	3.9	背景音乐及紧急广播系统		108.40		108.40	m^3	27100	40.00	
	3.10	楼宇自动控制系统		94.85		94.85	m^2	27100	35.00	
	3.11	综合布线系统		108.40		108.40	m^3	27100	40.00	
	3.12	安全防范系统		108.40		108.40	m^2	27100	40.00	
	3.13	一卡通管理系统		80.00		80.00	m^3	1.00	800000	
	3.14	大屏显示及触摸屏查询系统		100.00		100.00	m^2	1.00	1000000	
		小计		3604.10		3604.10	m^2	27100	1329.93	8.2%
	4	通风空调工程								
	4.1	中央空调系统		2168.00		2168.00	m^2	27100	800	
		小计		2168.00		2168.00	m^2	27100	800	4.9%
	5	设备工程								
	5.1	舞台设备及其控制系统		6000.00		6000.00	项	1.00	60000000	
	5.2	自动扶梯		220.00		220.00	部	4.00	550000	
	5.3	电梯		250.00		250.00	部	5.00	500000	
	5.4	大剧院座椅		201.36		201.36	座	1678	1200	
	5.5	多功能剧场座椅		36.18		36.18	座	603	600	
		小计		6707.54		6707.54	m^2	27100	2475.11	15.2%
	（二）	地下室								
	1	土建工程	1560.00			1560.00	m^2	5200	3000	

续表

序号	估算表编号	工程名称或费用名称	估算价值（万元）				技术经济指标			备注
			建筑工程费	设备及安装工程费	其他费用	合计	单位	数量	单位价值（元）	
	2	给排水及消防工程		28.60		28.60	m^2	5200	55	
	3	电气工程		52.00		52.00	m^2	5200	100	
	4	智能化停车系统		100.00		100.00	项	1.00	1000000	
	5	自动水喷淋系统		18.20		18.20	m^2	5200	35	
	6	火灾自动报警系统		15.60		15.60	m^2	5200	30	
	7	通风工程		83.20		83.20	m^2	5200	160	
		小计	1560.00	297.60		1857.60	m^2	5200	3572.31	
	（三）	室外及附属工程								
	1	道路广场	533.76			533.76	m^2	19063	280	
	2	水景	120.00			120.00	项	1.00	1200000	
	3	室外绿化	450.00			450.00	m^2	18000	250	
	4	室外小品	150.00			150.00	项	1.00	1500000	
	5	室外给排水管网工程		75.00		75.00	项	1.00	750000	
	6	室外电力管线及照明		100.00		100.00	项	1.00	1000000	
	7	灯光夜景工程		100.00		100.00	项	1.00	1000000	
	8	中水处理		110.00		110.00	项	1.00	1100000	
		小计	1253.76	385.00		1638.76				3.7%
		第一部分费用小计	19073.76	14128.14		33201.90	m^2	32300	10279.23	75.5%
二		第二部分工程建设其他费用								
	1	土地使用费			4053.33	4053.33				
	2	建设单位管理费			298.62	298.62				

续表

序号	估算表编号	工程名称或费用名称	估算价值(万元)				技术经济指标			备注
			建筑工程费	设备及安装工程费	其他费用	合计	单位	数量	单位价值（元）	
	3	项目前期咨询费			55.26	55.26				
	4	勘察费			78.00	78.00				
	5	设计费			1066.08	1066.08				
	6	环境影响咨询服务费			17.64	17.64				
	7	水土保持评价费			33.20	33.20				
	8	施工图审查费			159.91	159.91				
	9	招标代理服务费			166.01	166.01				
	10	竣工结算审查费			99.61	99.61				
	11	工程监理费			480.96	480.96				
	12	工程保险费			99.61	99.61				
	13	员工培训费			90.00	90.00				
		小计			6698.22	6698.22				15.2%
		第一、二部分工程费用合计	19073.76	14128.14	6698.22	39900.12				
三		预备费								
	1	基本预备费　10%			3990.01	3990.01				
	2	涨价预备费								
		小计			3990.01	3990.01				9.1%
四		铺底流动资金			100.00	100.00				0.2%
		合计	19073.76	14128.14	10788.23	43990.14	m^2	27100	16232.52	100%
		投资比例	43.3€%	32.12%	24.52%	100.00%				

2. 资金使用计划与资金筹措表

资金使用计划与资金筹措表

货币单位:万元

序号	项目名称	分类	合计	计算期																						
				1	2	3	4	5	6	7	8	9	10	11	12	13	14	15	16	17	18	19	20	21	22	23
1	投资进度	比例	100%	32%	32%	36%																				
		金额	43990	14013	13943	16035																				
1.1	土地费用	比例	100%	100%																						
		金额	4053	4053																						
1.2	建安投资	比例	100%	25%	35%	40%																				
		金额	33202	8300	11621	13281																				
1.3	其他费用	比例	100%	25%	35%	40%																				
		金额	6635	1659	2322	2654																				
1.4	流动资金	比例	100%			100%																				
		金额	100			100																				
2	资金筹措		43990	14013	13943	16035																				
2.1	资产置换		13990	4013	3943	6035																				
2.2	财政拨款		30000	10000	10000	10000																				

3. 营业收入估算表

营业收入估算表

序号	项目名称		合计	计算期																						
				1	2	3	4	5	6	7	8	9	10	11	12	13	14	15	16	17	18	19	20	21	22	23
1	门票收入		48083				2404	2404	2404	2404	2404	2404	2404	2404	2404	2404	2404	2404	2404	2404	2404	2404	2404	2404	2404	2404
1.1	A类演出	演出场次	400				20	20	20	20	20	20	20	20	20	20	20	20	20	20	20	20	20	20	20	20
		座位数					2281	2281	2281	2281	2281	2281	2281	2281	2281	2281	2281	2281	2281	2281	2281	2281	2281	2281	2281	2281
		上座率(%)					65%	65%	65%	65%	65%	65%	65%	65%	65%	65%	65%	65%	65%	65%	65%	65%	65%	65%	65%	65%
		票价					280	280	280	280	280	280	280	280	280	280	280	280	280	280	280	280	280	280	280	280
		收入	16606				830	830	830	830	830	830	830	830	830	830	830	830	830	830	830	830	830	830	830	830
1.2	B类演出	演出场次	1000				50	50	50	50	50	50	50	50	50	50	50	50	50	50	50	50	50	50	50	50
		座位数					2281	2281	2281	2281	2281	2281	2281	2281	2281	2281	2281	2281	2281	2281	2281	2281	2281	2281	2281	2281
		上座率(%)					60%	60%	60%	60%	60%	60%	60%	60%	60%	60%	60%	60%	60%	60%	60%	60%	60%	60%	60%	60%
		票价					180	180	180	180	180	180	180	180	180	180	180	180	180	180	180	180	180	180	180	180
		收入	24635				1232	1232	1232	1232	1232	1232	1232	1232	1232	1232	1232	1232	1232	1232	1232	1232	1232	1232	1232	1232
1.3	C类演出	演出场次	600				30	30	30	30	30	30	30	30	30	30	30	30	30	30	30	30	30	30	30	30
		座位数					2281	2281	2281	2281	2281	2281	2281	2281	2281	2281	2281	2281	2281	2281	2281	2281	2281	2281	2281	2281
		上座率(%)					50%	50%	50%	50%	50%	50%	50%	50%	50%	50%	50%	50%	50%	50%	50%	50%	50%	50%	50%	50%
		票价					100	100	100	100	100	100	100	100	100	100	100	100	100	100	100	100	100	100	100	100
		收入	6843				342	342	342	342	342	342	342	342	342	342	342	342	342	342	342	342	342	342	342	342
2	咖啡厅收入	观看人数	2645960				132298	132298	132298	132298	132298	132298	132298	132298	132298	132298	132298	132298	132298	132298	132298	132298	132298	132298	132298	132298
		餐饮人数	264596				13230	13230	13230	13230	13230	13230	13230	13230	13230	13230	13230	13230	13230	13230	13230	13230	13230	13230	13230	13230
		人均消费					20	20	20	20	20	20	20	20	20	20	20	20	20	20	20	20	20	20	20	20
		收入	529				26	26	26	26	26	26	26	26	26	26	26	26	26	26	26	26	26	26	26	26

续表

序号	项目名称		合计	计算期																						
				1	2	3	4	5	6	7	8	9	10	11	12	13	14	15	16	17	18	19	20	21	22	23
3	纪念品销售收入	观看人数	2645960				132298	132298	132298	132298	132298	132298	132298	132298	132298	132298	132298	132298	132298	132298	132298	132298	132298	132298	132298	132298
		购买人数	264596				13230	13230	13230	13230	13230	13230	13230	13230	13230	13230	13230	13230	13230	13230	13230	13230	13230	13230	13230	13230
		人均消费					30	30	30	30	30	30	30	30	30	30	30	30	30	30	30	30	30	30	30	30
		收入	794				40	40	40	40	40	40	40	40	40	40	40	40	40	40	40	40	40	40	40	40
4	其他		800				40	40	40	40	40	40	40	40	40	40	40	40	40	40	40	40	40	40	40	40
小计			50206				2510	2510	2510	2510	2510	2510	2510	2510	2510	2510	2510	2510	2510	2510	2510	2510	2510	2510	2510	2510
			(46851)				-1991	-1991	-1991	-1991	-4335	-1991	-1991	-1991	-1991	-4335	-1991	-1991	-1991	-1991	-4335	-1991	-1991	-1991	-1991	-1991

4. 补贴收入估算表

补贴收入估算表

序号	项目名称		合计	计算期																						
				1	2	3	4	5	6	7	8	9	10	11	12	13	14	15	16	17	18	19	20	21	22	23
1	工资及福利补贴		7200				360	360	360	360	360	360	360	360	360	360	360	360	360	360	360	360	360	360	360	360
2	燃料动力费补贴		7680				384	384	384	384	384	384	384	384	384	384	384	384	384	384	384	384	384	384	384	384
3	管理运行费用补贴		5000				250	250	250	250	250	250	250	250	250	250	250	250	250	250	250	250	250	250	250	250
4	大修费用补贴		7032								2344					2344					2344					
5	演出场次补贴		24200				1210	1210	1210	1210	1210	1210	1210	1210	1210	1210	1210	1210	1210	1210	1210	1210	1210	1210	1210	1210
5.1	A类演出	演出场次	400				20	20	20	20	20	20	20	20	20	20	20	20	20	20	20	20	20	20	20	20
		每场补贴	340				17	17	17	17	17	17	17	17	17	17	17	17	17	17	17	17	17	17	17	17
		收入小计	6800				340	340	340	340	340	340	340	340	340	340	340	340	340	340	340	340	340	340	340	340
5.2	B类演出	演出场次	1000				50	50	50	50	50	50	50	50	50	50	50	50	50	50	50	50	50	50	50	50
		每场补贴	240				12	12	12	12	12	12	12	12	12	12	12	12	12	12	12	12	12	12	12	12
		收入小计	12000				600	600	600	600	600	600	600	600	600	600	600	600	600	600	600	600	600	600	600	600
5.3	C类演出	演出场次	600				30	30	30	30	30	30	30	30	30	30	30	30	30	30	30	30	30	30	30	30
		每场补贴	180				9	9	9	9	9	9	9	9	9	9	9	9	9	9	9	9	9	9	9	9
		收入小计	5400				270	270	270	270	270	270	270	270	270	270	270	270	270	270	270	270	270	270	270	270
小计			51112				2204	2204	2204	2204	4548	2204	2204	2204	2204	4548	2204	2204	2204	2204	4548	2204	2204	2204	2204	2204
			(45946)				-2297	-2297	-2297	-2297	-2297	-2297	-2297	-2297	-2297	-2297	-2297	-2297	-2297	-2297	-2297	-2297	-2297	-2297	-2297	-2297

5. 固定资产折旧及无形资产摊销估算表

固定资产折旧及无形资产摊销估算表

序号	项目＼年份	合计	计算期																					
			1	2	3	4	5	6	7	8	9	10	11	12	13	14	15	16	17	18	19	20	21	22	23
1	固定资产																								
	原值	43502				43502																			
	当期折旧费					2066	2066	2066	2066	2066	2066	2066	2066	2066	2066	2066	2066	2066	2066	2066	2066	2066	2066	2066	2066
	净值					41435	39369	37303	35236	33170	31104	29037	26971	24905	22838	20772	18706	16639	14573	12507	10440	8374	6308	4241	2175
2	无形资产及其他资产																								
	原值	389				389																			
	当期摊销费					39	39	39	39	39	39	39	39	39	39										
	净值					350	311	272	233	194	155	117	78	39	0										
3	合计																								
	原值	43890				43890																			
	当期折旧摊销费					2105	2105	2105	2105	2105	2105	2105	2105	2105	2105	2066	2066	2066	2066	2066	2066	2066	2066	2066	2066
	净值					41785	39680	37575	35469	33364	31259	29154	27049	24943	22838	20772	18706	16639	14573	12507	10440	8374	6308	4241	2175

6. 经营成本估算表

经营成本估算表

序号	项目名称	合计	计算期																					
			1	2	3	4	5	6	7	8	9	10	11	12	13	14	15	16	17	18	19	20	21	22	23
1	日常运营成本	17975				899	899	899	899	899	899	899	899	899	899	899	899	899	899	899	899	899	899	899	899
1.1	工资及福利	7200				360	360	360	360	360	360	360	360	360	360	360	360	360	360	360	360	360	360	360	360
1.2	经常修理费	1740				87	87	87	87	87	87	87	87	87	87	87	87	87	87	87	87	87	87	87	87
1.3	保洁费	1355				68	68	68	68	68	68	68	68	68	68	68	68	68	68	68	68	68	68	68	68
1.4	燃料及动力	7680				384	384	384	384	384	384	384	384	384	384	384	384	384	384	384	384	384	384	384	384
2	演出成本	70510				3526	3526	3526	3526	3526	3526	3526	3526	3526	3526	3526	3526	3526	3526	3526	3526	3526	3526	3526	3526
2.1	演出人员出场费	48000				2400	2400	2400	2400	2400	2400	2400	2400	2400	2400	2400	2400	2400	2400	2400	2400	2400	2400	2400	2400
2.2.1	A类演出出场费	20000				1000	1000	1000	1000	1000	1000	1000	1000	1000	1000	1000	1000	1000	1000	1000	1000	1000	1000	1000	1000
2.2.2	B类演出出场费	23200				1160	1160	1160	1160	1160	1160	1160	1160	1160	1160	1160	1160	1160	1160	1160	1160	1160	1160	1160	1160
2.2.3	C类演出出场费	4800				240	240	240	240	240	240	240	240	240	240	240	240	240	240	240	240	240	240	240	240
2.2	演出人员差旅费	20000				1000	1000	1000	1000	1000	1000	1000	1000	1000	1000	1000	1000	1000	1000	1000	1000	1000	1000	1000	1000
2.3	宣传费	2510				126	126	126	126	126	126	126	126	126	126	126	126	126	126	126	126	126	126	126	126
3	大修费用	7032								2344					2344					2344					
3.1	设备大修费	2967								989					989					989					
3.2	翻新装修费	4065								1355					1355					1355					
4	咖啡厅成本	265				13	13	13	13	13	13	13	13	13	13	13	13	13	13	13	13	13	13	13	13
5	纪念品成本	556				28	28	28	28	28	28	28	28	28	28	28	28	28	28	28	28	28	28	28	28
6	其他成本	720				36	36	36	36	36	36	36	36	36	36	36	36	36	36	36	36	36	36	36	36
	经营成本	97058				4501	4501	4501	4501	6845	4501	4501	4501	4501	6845	4501	4501	4501	4501	6845	4501	4501	4501	4501	4501

7. 利润与利润分配表

利润与利润分配表

序号	项目名称	合计	计算期																				
			1	2	3	4	5	6	7	8	9	10	11	12	13	14	15	16	17	18	19	20	21	22	23
1	营业收入	50206				2510	2510	2510	2510	2510	2510	2510	2510	2510	2510	2510	2510	2510	2510	2510	2510	2510	2510	2510	2510
2	营业税金及附加	2761				138	138	138	138	138	138	138	138	138	138	138	138	138	138	138	138	138	138	138	138
3	经营成本	97058				4501	4501	4501	4501	6845	4501	4501	4501	4501	6845	4501	4501	4501	4501	6845	4501	4501	4501	4501	4501
4	补贴收入	51112				2204	2204	2204	2204	4548	2204	2204	2204	2204	4548	2204	2204	2204	2204	4548	2204	2204	2204	2204	2204
5	利润总额	1499				75	75	75	75	75	75	75	75	75	75	75	75	75	75	75	75	75	75	75	75
6	弥补以前年度亏损																								
7	应纳税所得额																								
8	所得税																								
9	净利润	1499				75	75	75	75	75	75	75	75	75	75	75	75	75	75	75	75	75	75	75	75

8. 财务计划现金流量表

财务计划现金流量表

序号	项目名称	合计	计算期																					
			1	2	3	4	5	6	7	8	9	10	11	12	13	14	15	16	17	18	19	20	21	22	23
1	经营活动净现金流量	1275				75	75	75	75	75	75	75	75	75	75	75	75	75	75	75	75	75	75	75	75
1.1	现金流入	101318				4714	4714	4714	4714	7058	4714	4714	4714	4714	7058	4714	4714	4714	4714	7058	4714	4714	4714	4714	4714
1.1.1	营业收入	50206				2510	2510	2510	2510	2510	2510	2510	2510	2510	2510	2510	2510	2510	2510	2510	2510	2510	2510	2510	2510
1.1.2	增值税销项税额																								
1.1.3	补贴收入	51112				2204	2204	2204	2204	4548	2204	2204	2204	2204	4548	2204	2204	2204	2204	4548	2204	2204	2204	2204	2204
1.1.4	其他流入																								
1.2	现金流出	99819				4639	4639	4639	4639	6983	4639	4639	4639	4639	6983	4639	4639	4639	4639	6983	4639	4639	4639	4639	4639
1.2.1	经营成本	97058				4501	4501	4501	4501	6845	4501	4501	4501	4501	6845	4501	4501	4501	4501	6845	4501	4501	4501	4501	4501
1.2.2	增值税进项税额																								
1.2.3	营业税金及附加	2761				138	138	138	138	138	138	138	138	138	138	138	138	138	138	138	138	138	138	138	138
1.2.4	增值税																								
1.2.5	所得税																								
1.2.6	其他流出																								
2	投资活动净现金流量	-43990	-14013	-13943	-16035																				
2.1	现金流入																								
2.2	现金流出	43990	14013	13943	16035																				
2.2.1	建设投资	43990	14013	13943	16035																				
2.2.2	维持运营费																								
2.2.3	增加流动资金																								
2.2.4	其他流出																								

续表

序号	项目名称	合计	计算期																					
			1	2	3	4	5	6	7	8	9	10	11	12	13	14	15	16	17	18	19	20	21	22	23
3	筹资活动净现金流量	43990	14013	13943	16035																				
3.1	现金流入	43990	14013	13943	16035																				
3.1.1	项目资本金投入	43990	14013	13943	16035																				
3.1.2	建设投资借款																								
3.1.3	流动资金借款																								
3.1.4	债券																								
3.1.5	短期借款																								
3.1.6	其他流入																								
3.2	现金流出																								
3.2.1	各种利息支出																								
3.2.2	偿还债务本金																								
3.2.3	应付利润																								
3.2.4	其他流出																								
4	净现金流量	1499				75	75	75	75	75	75	75	75	75	75	75	75	75	75	75	75	75	75	75	75
5	累计盈余资金					75	150	225	300	375	450	525	600	675	750	825	900	975	1050	1125	1200	1275	1350	1424	1499

9. 舞台机械设备估算表

舞台机械设备估算表

序　号	设　备　名　称	数　　量	单价（万元）	总价（万元）
1	升降乐池台	1	120	120
2	台口防火幕	2	40	80
3	大幕机	1	50	50
4	假台口	1	26	26
5	电动吊杆	54	8	432
6	灯光吊杆	4	5	20
7	天幕灯杆	1	8	8
8	天幕吊杆	1	8	8
9	侧吊杆	2	6	12
10	二道幕机构	1	8	8
11	侧灯光吊笼	8	7	56
12	单点吊机	10	20	200
13	主舞台升降台	8	150	1200
14	侧车台	12	40	480
15	侧补偿台	12	30	360
16	侧辅助升降台	12	20	240
17	车载转台	2	250	500
18	后辅助升降台	2	25	50
19	多功能升降组合式舞台及座椅系统	1	250	250
20	舞台机械控制系统	1	1800	1800
21	舞台幕布	1	100	100
			总计	6000

附图

1. 建筑方案效果图

3. 剖面图

各层平面布置图
后勤工作人员入口
货物入口
商业人流入口
VIP观众入口
观众入口
艺术交流入口
主台
侧台
后台
乐池
静压仓
存衣间
门厅
门厅
饮料处
艺术品商店
书店
艺术沙龙
售票处
操作间
静压箱
舞台
贵宾室
大化妆间
乐器间
消防控制
男服装间
女服装间
男厕所
女厕所
道具间
布景临时储藏室
草地
草地
水面
水面
76.00°
12.00°
12.00°
-0.30
底层平面
本层建筑面积10210m²
地上总建筑面积27100m²
总建筑面积32300m²

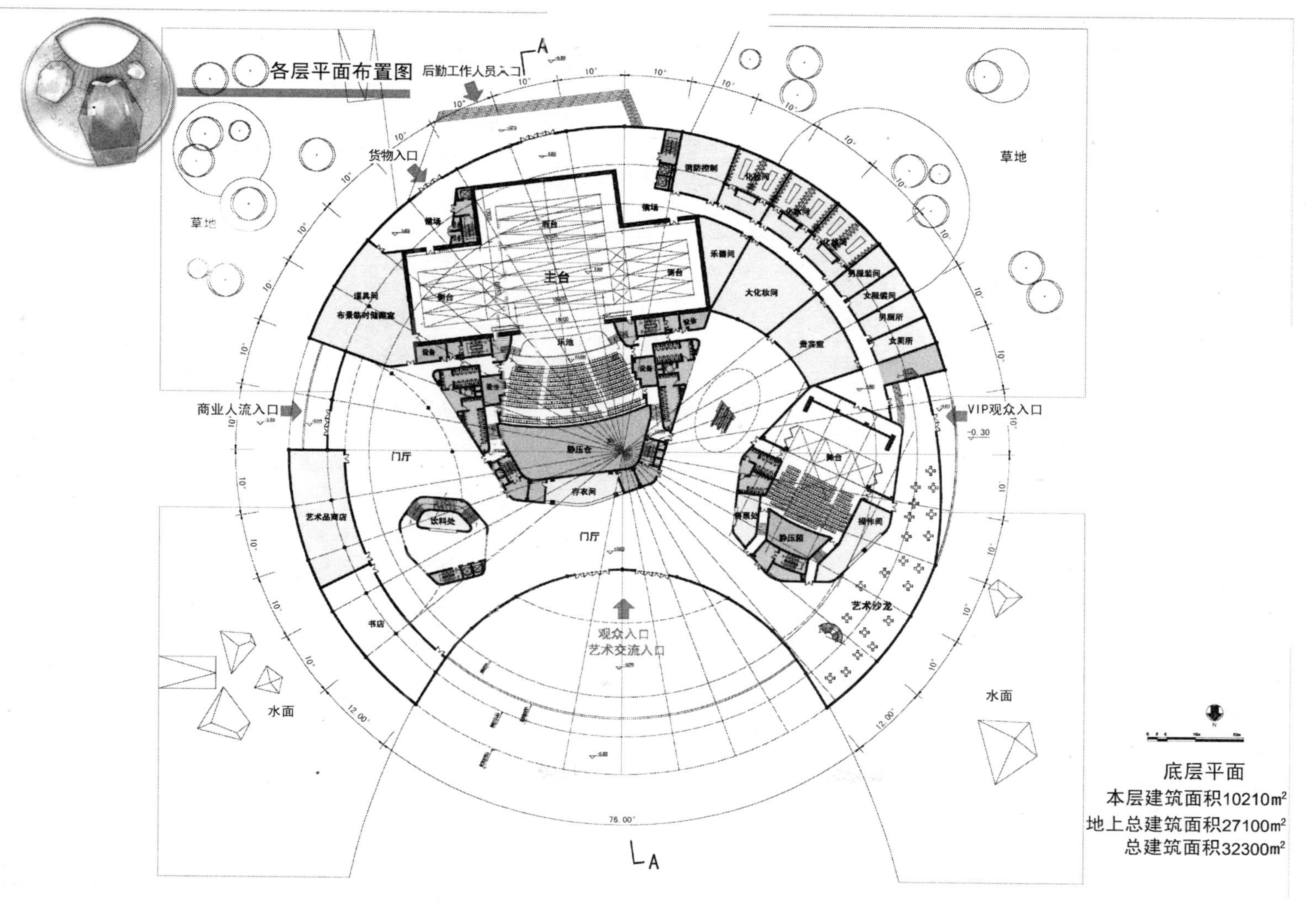

2. 各层平面布置图

剖面图

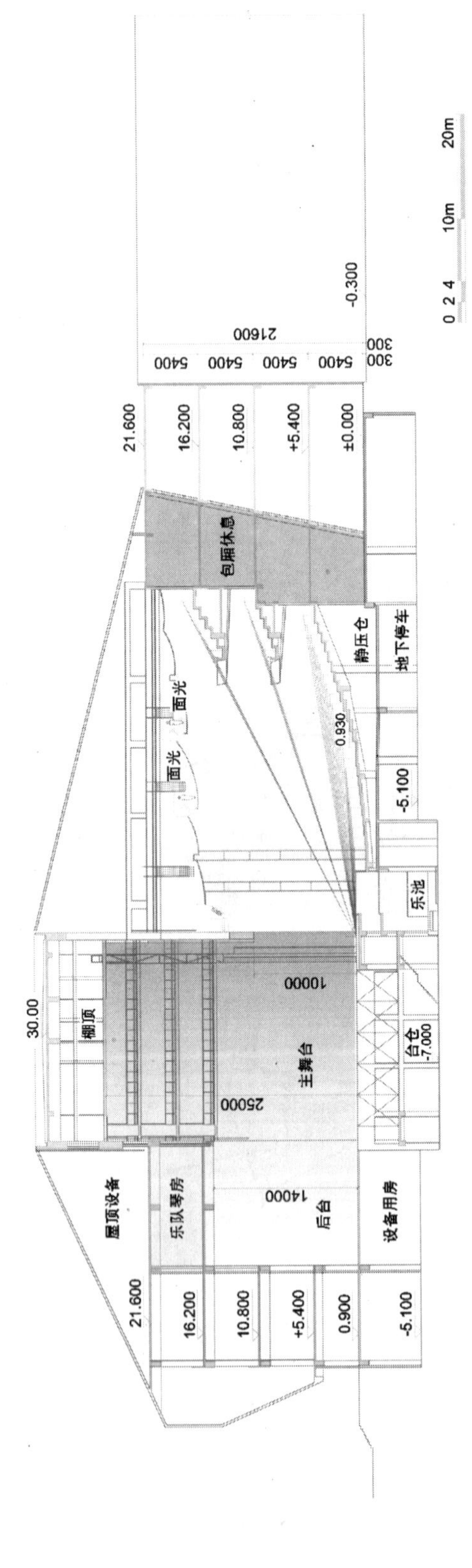

剖面图

第二部分

民用建筑快速报价

第1章　民用建筑项目投资估算

1.1　投资估算的作用和内容

投资估算是工程项目建设前期的重要工作内容，也是设计、咨询单位为业主提供工程造价咨询服务的主要业务之一。其编制速度快慢，质量能否达到基本要求，对工程项目的取舍有着重要影响。

1.1.1　民用建筑项目投资估算有以下几个方面的作用：

1. 满足工程项目投资策划和融资的需要。做任何一件事情都要有一个设想，有一个取舍和决策过程。搞工程建设是一项投资多、内容复杂、涉及面广的工作，因此业主在确定投资前，对建设一个什么项目，要花多少投资以及如何融资等等，都要进行周密的策划和决断，而投资估算是进行这一工作的重要环节，是拟建项目投资决策的重要依据。

2. 满足可行性研究报告的需要。可行性研究的重要内容之一是投资估算部分，该部分数据的正确、可靠和符合工程实际，对正确分析论证项目起着决定性作用。

3. 是设计任务书的主要内容。某些未编制可行性研究报告的民用建筑项目，要求在设计任务书中列出投资估算。

4. 满足工程设计招投标和城市建筑方案设计竞选的需要。在国家颁布的工程设计招标投标办法中，规定了项目设计投标单位报送的投标书中，应包括方案设计的图纸、说明、建设工期、工程投资估算和经济分析；建设部颁发的《城市建筑方案设计竞选管理试行办法》中也规定了投资的内容和深度要求。

5. 满足限额设计的需要。投资估算经确定后，即成为限额设计的依据，用以对各设计专业实行投资切块分配，作为指导和控制设计的尺度或标准。

6. 满足国家和地方编制长远规划和年度计划的需要。不少重要民用建筑项目和房地产开发项目，需要在地方发展规划和年度计划中反映，投资估算是编制这些规划和计划中不可缺少的手段，也是编制基本建设投资规模的依据。

1.1.2　投资估算的内容及深度

1.1.2.1　投资估算的编制内容

工程建设项目的建设投资一般应包括从筹建至竣工验收的全部建设工程费用，其中包括建筑工程费、安装工程费（以下这两项统称建筑安装工程费），设备和工器具及生产家具购置费用，工程建设其他费用以及预备费用。

由于民用建筑工程规模的不同，工程项目和费用内容也有差异。一个整体性民用建筑项目（如住宅小区、体育中心、学校、医院等），应包括建筑红线以内的征购土地、拆迁、平整场地费用，主体工程、室外工程（如大型土石方、道路、广场、管线、构筑物和庭院绿化等），以及建设单位管理费等其他费用。如仅仅是一个单项或几个单项的民用建筑工程项目，其规模可能较小，投资估算的内容也可能有所不同，但建筑安装工程等基本费用以及业主要求包括的其他费用等是不可缺少的内容。

在建设部颁发的《城市建设方案设计竞选管理试行办法》及其附件《城市建筑方案设计文件编制深度规定》中，投资估算只反映一个建设项目所需全部建筑安装工程投资，却不包括其他费用。

有时业主只委托一个单项工程项目建筑安装费用的投资估算，这时便可依照业主的要求编制投资估算。

总之，投资估算的内容要根据业主的要求和工程涉及的范围而确定。

投资估算文件一般应包括投资估算编制说明及投资估算表。

1.1.2.2 投资估算的编制深度

由于投资估算的编制阶段、编制依据和用途的不同，投资估算的编制深度也随之有所差别，因此只能根据不同要求而定。一般来说投资估算的编制深度要与项目建议书和可行性研究报告的相应要求相适应。

项目建议书阶段应有建设投资估算书，其内容应包括建设投资（工程费用）、工程建设其他费用、预备费用，以及建设期贷款利息等。

可行性研究报告阶段应编制总投资估算书，其中对于主要工程项目应分别编制每个单位工程的投资估算，然后再汇总成一个单项工程的投资估算。对于对投资有重大影响的主体工程应估算出分部分项工程量，参考相关综合定额（概算指标）或概算定额，编制主要单项工程的投资估算。对于次要项目和附属工程可简化编制一个单项工程的投资估算（其中包括土建、给水排水、采暖通风、空调、消防、电气等）。对于其他费用则也应按单项费用编制。根据需要与可能，也可编制比单位工程更细一些的投资估算，如土建工程中再分成基础、主体结构、建筑装修等不同投资；锅炉房、空调机房、变配电站等附属工程，可分为建筑工程和设备的投资估算等。

1.1.2.3 影响投资估算准确性的因素

投资估算是一件十分繁杂的工作，有很多因素影响估算的准确性。主要因素有：

1. 工程项目的内容和复杂程度。编制投资估算时，必须充分了解工程项目的组成和复杂程度，努力做到不漏项、不重项，对于项目的建设标准、使用功能、结构特征、建筑设备等都要周密考虑，力求符合实际。

2. 工程所在地的自然条件，如建设场地条件、工程地质、水文地质、地震烈度、人文景观、环境保护等因素的影响。

3. 工程所在地的建筑材料供应情况、价格水平、施工协作条件等因素。

4. 近几年工程造价变动情况及建设周期。

5. 建设地点所在地区劳动力、各种税收及城市基础设施情况。

6. 设计深度及设备材料选型。

1.1.3 投资估算的误差率

投资估算由于受各种因素的影响，以及编制阶段的不同，因此其准确程度不可能与编制设计概算、施工图预算等相提并论，但对于满足建设前期确定投资还是可以达到要求的。投资估算的误差率一般为：

投资项目前期各阶段对投资估算误差的要求 表 1-1

序 号	投资项目前期阶段	投资估算误差率	序 号	投资项目前期阶段	投资估算误差率
1	机会研究阶段	±30%以内	3	可行性研究阶段	±10%以内
2	项目建议书阶段	±20%以内	4	评估阶段	±10%以内

1.2 民用建筑项目投资构成

1.2.1 我国现行建设投资的构成

按照我国投资主管部门“国家发展和改革委员会”的规定（见《建设项目经济评价方法与参数》（第三版）），项目总投资包括建设投资、建设期利息和流动资金三项。其中建设投资由工程建设费用（包括建筑工程费、安装工程费，设备和工器具及生产家具购置费用），工程建设其他费用，以及预备费用组成。在建筑业的实际工作中，习惯上将建筑工程费和安装工程费统称建筑安装工程费。本书将沿用这一称谓。

1.2.1.1 建筑安装工程费

是指建设单位支付给从事建筑、安装工程施工单位的全部费用，包括用于建筑物的建造及有关的准备、清理等工程的费用，设备的安置、装配工程的费用。它是以货币表现的建筑安装工程的价值。其特点是必须通过兴工动料、增加附加值才能实现。

1.2.1.2 设备及工器具购置费

是指按照建设项目设计文件要求，建设单位（或其委托单位）购置或自制达到固定资产标准的设备费用，以及新建、扩建项目配置的首套工器具及生产家具所需的费用。

1.2.1.3 工程建设其他费用

是指未纳入以上两项的，由项目投资支付的为保证工程建设顺利完成和交付使用后能够正常发挥效用而发生的各项费用的总和。

1.2.1.4 预备费

包括基本预备费和价差预备费。基本预备费是指初步设计及概算内难以预料的工程和费用。价差预备费是指建设项目在建设期间内由于人工、设备、材料、施工机械价格及费率、利率、汇率等变化引起工程造价变化的预留费用。

1.2.1.5 建设期贷款利息

是指建设项目使用投资贷款，在建设期内应计算的贷款利息。

1.2.1.6 流动资金

是指运营期内长期占用并周转使用的营运资金，不包括运营中需要的临时性营运资金。为了保证项目建成后正常运营，国务院《关于固定资产投资项目试行资本金制度的通知》（国发［1996］35号）中规定，在投资项目总投资中具有权益资金性质的项目资本金中，必须单列铺底流动金（作为计算资本金基数的总投资，是指投资项目的固定资产投资与铺底流动资金之和）。

1.2.2 建筑安装工程费用的构成

1.2.2.1 建筑安装工程费用概述

在工程建设中，建筑安装工作是创造价值的生产活动。建筑安装工程费用作为建筑安装工程价值的货币表现，亦被称为建筑安装工程造价，它由建筑工程费用和安装工程费用两部分组成。

（1）建筑工程费用

1）各类房屋建筑工程费和列入房屋建筑工程造价的供水、供暖、供电、卫生、通风、空调、煤气等设备费用及其装设、油饰工程的费用，列入建筑工程造价的各种管道、电力、电信和电缆导线敷设工程和费用。

2）设备基础、支柱、工作台、烟囱、水塔、水池等构筑物以及金属结构工程的费用。

3）为施工而进行的场地平整，工程和水文地质勘察，原有建筑物和障碍物的拆除，施工临时用水、电、气、路，完工后的场地清理，环境绿化、美化等工作的费用。

（2）安装工程费

1）生产、动力、起重、运输、传动和医疗、实验等各种需要安装的机械设备的装配费用，与设备相连的工作台、梯子、栏杆等装设工程的材料费和安装费，附设于被安装设备的管线敷设工程和被安装设备的绝缘、防腐、保温、油漆等工作的材料费和安装费。

2）为测定安装工程质量，对单个设备进行单机试运转和对系统设备进行系统联运无负荷试运转工作的调试费。

1.2.2.2 建筑安装工程费的构成

建筑安装工程费由直接费、间接费、利润、税金组成。见图 1-1。

（1）直接费

由直接工程费和措施费组成。

1）直接工程费：

是指施工过程中支出的构成工程实体的各项费用，包括人工费、材料费、施工机械使用费。

① 人工费，是指为直接从事建筑安装工程施工的生产工人支出的各项费用。内容包括：

A. 基本工资：是指发放给生产工人的基本工资。

B. 工资性补贴：是指按规定标准发放的物价补贴，煤、燃气补贴，交通补贴，住房补贴，流动施工津贴等。

C. 生产工人辅助工资：是指生产工人年有效施工天数以外非作业天数的工资，包括职工学习、培训期间的工资，调动工作、探亲、休假期间的工资，因气候影响的停工工资，女工哺乳时间的工资，病假在 6 个月以内的工资及产、婚、丧假期的工资。

D. 职工福利费：是指按规定标准计提的职工福利费。

E. 职工补充社会保险费

F. 生产工人劳动保护费：是指按规定标准发放的劳动保护用品的购置费及修理费等。

② 材料费，是指施工过程中耗费的构成工程实体的原材料、辅助材料、构配件、零件、半成品的费用。内容包括：

A. 材料原价（或供应价格）。

B. 材料运杂费：是指材料自来源地运至工地仓库或指定堆放地点所发生的全部费用。

C. 运输损耗费：是指材料在运输装卸过程不可避免的损耗。

D. 采购及保管费：是指为组织采购、供应和保管材料过程中所需要的各项费用。包括：采购费、仓储费、工地保管费、仓储损耗。

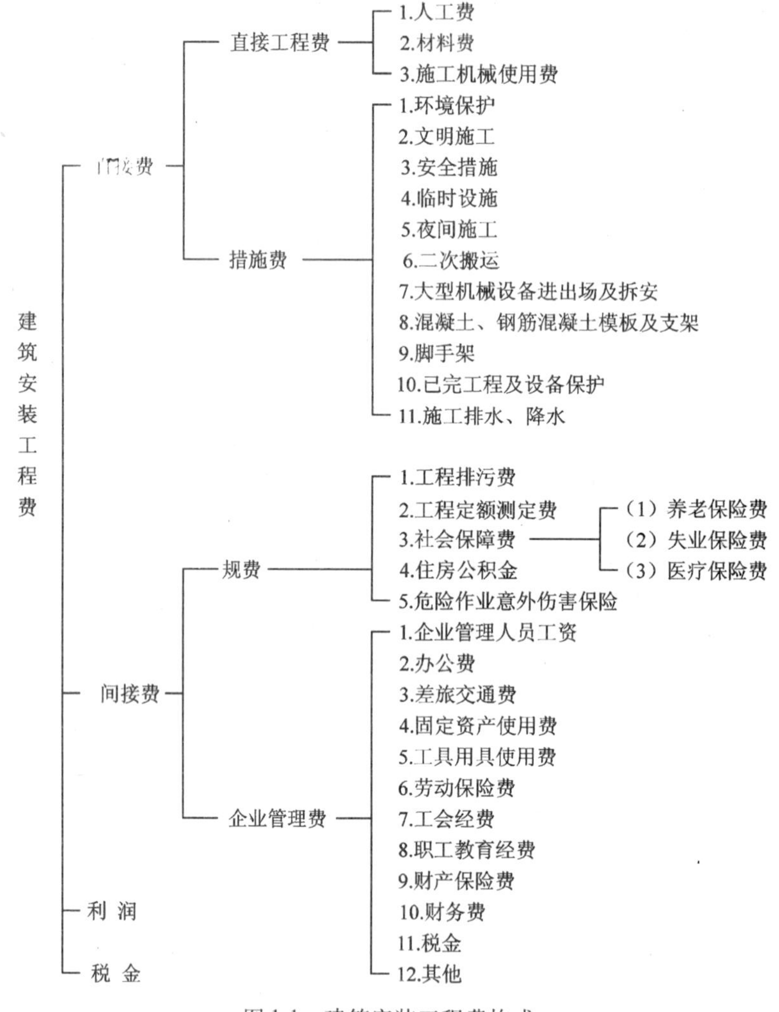

图 1-1 建筑安装工程费构成

E. 检验实验费：是指对建筑材料、构件和建筑安装物进行一般鉴定、检查所发生的费用，包括自设实验室进行实验所耗用的材料和化学药品等费用。不包括新结构、新材料的实验费和建设单位对具有出厂合格证明的材料进行检验，对构件做破坏性实验及其他特殊要求检验实验的费用。

③ 施工机械使用费，是指使用施工机械作业所发生的机械使用费、台班费以及机械安拆费和场外运费。

施工机械台班单价应由下列 7 项费用组成：

A. 折旧费：指施工机械在规定的使用年限内，陆续收回其原值及购置资金的时间价值。

B. 大修理费：指施工机械按规定的大修理间隔台班进行必要的大修理，以恢复其正常功能所需的费用。

C. 经常修理费：指施工机械除大修理以外的各级保养和临时故障排除所需的费用。包括为保障机械正常运转所需替换设备与随机配备工具附具的摊销和维护费用，机械运转中日常保养所需润滑与擦拭的材料费用及机械停产期间的维护和保养费用等。

D. 安拆费及场外运费：安拆费指施工机械在现场进行安装与拆卸所需的人工、材料、机械和试运转费用以及机械辅助设施的折旧、搭设、拆除等费用；场外运输指施工机械整体或分体自停放地点运至施工现场或由一施工地点运至另一施工地点的运输、装卸、辅助材料及架线等费用。

E. 人工费：指机上司机（司炉）和其他操作人员的工作日人工费及上述人员在施工机械规定的年工作台班以外的人工费。

F. 燃料动力费：指施工机械在运转作业中所消耗的固体燃料（煤、木柴）、液体燃料（汽油、柴油）及水、电等。

G. 养路费及车船使用税：指施工机械按照国家规定和有关部门规定应缴纳的养路费、车船使用税、保险费及年检费等。

2）措施费：是指为完成工程项目施工，发生于该工程施工前和施工过程中非工程实体项目的费用。内容包括：

① 环境保护费：是指施工现场为达到环保部门要求所需要的各项费用。

② 文明施工费：是指施工现场文明施工所需要的各项费用。

③ 安全施工费：是指施工现场安全施工所需要的各项费用。

④ 临时设施费：是指施工企业为进行建筑工程所必须搭设的生活和生产用的临时建筑物、构筑物和临时设施费用等。临时设施包括：临时宿舍、文化福利及公用事业房屋与构筑物，仓库、办公室、加工厂以及规定范围内道路、水、电、管线等临时设施和小型临时设施。临时设施费用包括：临时设施的搭设、维修、拆除费或摊销费。

⑤ 夜间施工费：是指因夜间施工所发生的夜班补助费、夜间施工降效、夜间施工照明设备摊销及照明用电等费用。

⑥ 二次搬运费：是指因施工场地狭小等特殊情况而发生的二次搬运费用。

⑦ 大型机械设备进出场及安拆费：是指机械整体或分体自停放场地运至施工现场或由一个施工地点运至另一个施工地点，所发生的机械进出场运输和转移费用以及机械在施工现场进行安装、拆卸所需的人工费、材料费、机械费、试运转费和安装所需的辅助设施的费用。

⑧ 混凝土、钢筋混凝土模板及支架费：是指混凝土施工过程中需要的各种钢模板、木模板、支架等支、拆、运输费用及模板、支架的摊销（或租赁）费用。

⑨ 脚手架费：是指施工需要的各种脚手架搭、拆、运输费用及脚手架的摊销（或租赁）费用。

⑩ 已完工程及设备保护费：是指竣工验收前，对已完工程及设备进行保护所需费用。

⑪ 施工排水、降水费：是指为确保工程在正常条件下施工，采取各种排水、降水措施所发生的各种费用。

（2）间接费

由规费、企业管理费组成。

1）规费：是指政府和有关权利部门规定必须缴纳的费用（简称规费）。包括：

① 工程排污费：是指施工现场按规定缴纳的工程排污费。

② 工程定额测定费：是指按规定支付工程造价（定额）管理部门的定额测定费。

③ 社会保障费：

A. 养老保险费：是指企业按规定标准为职工缴纳的基本养老保险费。

B. 失业保险费：是指企业按照国家规定标准为职工缴纳的失业保险费。

C. 医疗保险：是指企业按照规定标准为职工缴纳的基本医疗保险费。

④ 住房公积金：是指企业按照规定标准为职工缴纳的住房公积金。

⑤ 危险作业意外伤害保险：是指按照建筑法规定，企业为从事危险作业的建筑安装施工人员支付的意外伤害保险费。

2）企业管理费：是指建筑安装企业组织施工生产和经营管理所需费用。内容包括：

① 管理人员工资：是指管理人员的基本工资、工资性补贴、职工福利费、劳动保护费等。

② 办公费：是指企业管理办公用的文具、纸张、账表、印刷、邮电、书报、会议、水电、烧水和集体取暖（包括现场临时宿舍取暖）用煤等费用。

③ 差旅交通费：是指职工因公出差、调动工作的差旅费、住勤补助费，市内交通费和误餐补助费，职工探亲路费，劳动力招募费，职工离退休、退职一次性路费，工伤人员就医路费，工地转移费以及管理部门使用的交通工具的油料、燃料、养路费及牌照费。

④ 固定资产使用费：是指管理和实验部门及附属生产单位使用的属于固定资产的房屋、设备仪器等的折旧、大修、维修或租赁费。

⑤ 工具用具使用费：是指管理部门使用的不属于项目固定资产的生产工具、器具、家具、交通工具和检验、试验、测绘、消防用具等的购置、维修和摊销费。

⑥ 劳动保险费：是指由企业支付离退休职工的异地安家补助费、职工退职金、6 个月以上的病假人员工资、职工死亡丧葬补助费、抚恤费、按规定支付给离休干部的各项经费。

⑦ 工会经费：是指企业按职工工资总额计提的工会经费。

⑧ 职工教育经费：是指企业为职工学习先进技术和提高文化水平，按职工工资总额计提的费用。

⑨ 财产保险费：是指施工管理用财产、车辆保险。

⑩ 财务费用：是指企业为筹集资金而发生的各种费用。

⑪ 税金：是指企业按规定缴纳的房产税、车船使用税、土地使用税、印花税等。

⑫ 其他：包括技术转让费、技术开发费、业务招待费、绿化费、广告费、公证费、法律公证费、审计咨询费等。

（3）利润：是指施工企业完成所承包工程获得的盈利。

（4）税金：是指国家税法规定的应计入建筑安装工程造价内的营业税、城市维护建设税及教育费附加等。

1.2.3 设备及工器具购置费的构成

（1）设备、工器具费用构成概述

设备、工器具费用是由设备购置费用和工器具、生产家具购置费用组成的，它是固定资产的重要部分。根据2006年财政部发布的企业会计准则第4号—固定资产，固定资产是指同时具有下列特征的有形资产：

A. 为生产商品、提供劳务、出租或经营管理而持有的；

B. 使用寿命超过一个会计年度。使用寿命，是指企业使用固定资产的预计期间，或者该固定资产所能生产产品或提供劳务的数量。

设备购置费是指为工程建设项目购置或自制的达到固定资产标准的设备、工具、器具的费用。新建项目和扩建项目的购置或自制的全部设备、工具、器具，不论是否达到固定资产标准，均计入设备、工具器具购置费中。

设备购置费 = 设备原价或进口设备到岸价 + 设备运杂费

工器具及生产家具购置费是指新建项目或扩建项目初步设计规定所必须购置的不够固定资产标准的设备、仪器、工卡模具、器具、生产家具和备品备件的费用，其一般计算公式为：

工器具及生产家具购置费 = 设备购置费 × 定额费率

（2）设备原价的构成与计算

1）国产标准设备原价。国产标准设备是指按照主管部门颁布的标准图纸和技术要求，由我国设备生产厂批量生产的，符合国家质量检验标准的设备。国产标准设备原价一般指的是设备制造厂的交货价，即出厂价。如设备系由设备成套公司供应，则以订货合同为设备原价。有的设备有两种出厂价，即带有备件的出厂价和不带有备件的出厂价。在计算设备原价时，一般按带有备件的出厂价计算。

2）国产非标准设备原价。非标准设备是指国家尚无定型标准，各设备生产厂不可能在工艺过程中采用批量生产，只能按一次订货，并根据具体的设计图纸制造的设备。非标准设备原价有多种不同的计算方法，如成本计算估价法、系列设备插入估价法、分部组合估价法、定额估价法等。无论使用哪种方法，都应该使非标准设备计价的准确度接近实际出厂价，并且计算方法要简便。

3）进口设备购置费由进口设备货价、进口从属费用及国内运杂费组成。进口设备货价按交货地点和方式不同，分为离岸价（FOB）与到岸价（CIF）两种价格。进口从属费用包括国外运费、国外运输保险费、进口关税、进口环节增值税、外贸手续费、银行财务费和海关监管手续费。国内运杂费包括运输费、装卸费和运输保险费等。

进口设备按离岸价计价时，应计算设备运抵我国口岸的国外运费和国外运输保险费，得出到岸价。计算公式为：

进口设备到岸价 = 离岸价 + 国外运费 + 国外运输保险费

其中：　国外运费 = 离岸价 × 运费率（或国外运费） = 单位运价 × 运量

国外运输保险费 = （离岸价 + 国外运费） × 国外保险费率

进口设备的其他几项从属费用通常按下面公式估算：

进口关税 = 进口设备到岸价 × 人民币外汇牌价 × 进口关税率

进口环节增值税 =（进口设备到岸价 × 人民币外汇牌价 + 进口关税 + 消费税） × 增值税率

外贸手续费 = 进口设备到岸价 × 人民币外汇牌价 × 外贸手续费率

银行财务费 = 进口设备货价 × 人民币外汇牌价 × 银行财务费率

海关监管手续费 = 进口设备到岸价 × 人民币外汇牌价 × 海关监管手续费率

海关监管手续费是指海关对发生减免进口税或实行保税的进口设备实施监管和提供服务收取的手续费。全额征收关税的设备，不收取海关监管手续费。

国内运杂费按运输方式，根据运量或者设备费金额估算。

1.2.4 工程建设其他费用的构成

工程建设其他费是指从工程筹建起到工程竣工验收交付使用止的整个建设期间，除建筑安装工程费和设备、工器具购置费以外的，为保证工程建设顺利完成和交付使用后能够正常发挥效用而发生的各项费用的总和。主要内容有：

（1）建设用地费

是指建设项目通过划拨或土地使用权出让方式取得土地使用权，所需土地征用及迁移补偿费或土地使用权出让金。

1）根据征用建设用地面积、临时用地面积、按建设项目所在省（市、自治区）人民政府制定颁发的土地征用补偿费、安置补助费标准和耕地占用税、城镇土地使用税标准计算。

2）建设用地上的建（构）筑物如需迁建，其迁建补偿费应按迁建补偿协议计列或按新建同类工程造价计算造价。建设场地平整中的余物拆除清理费在“场地准备及临时设施费”中计算。

3）建设项目采用“长租短付”方式租用土地使用权，在建设期间支付的租地费用计入建设用地，在生产经营期间支付的土地使用费应进入营运成本中核算。

（2）与项目建设有关的其他费用

1）建设管理费：

① 建设单位管理费：是指建设项目从立项、筹建、建设、联合试运转、竣工验收交付使用及后评价等全过程管理所需费用。内容包括：

A. 建设单位开办费：是指新建项目为保证筹建和建设工作正常所需的办公设备、生活家具、用具、交通工具等购置费用。

B. 建设单位经费：是指包括工作人员的基本工资、工资性津贴、职工福利费、劳动保护费、劳动保险费、办公费、差旅交通费、工会经费、职工教育经费、固定资产使用费、工具用具使用费、技术图书资料费、生产人员招募费及培训费、工程招标费、合同契约公证费、工程咨询费、法律顾问费、审计费、业务招待费、排污费、竣工交付使用清理及竣工验收费、竣工图编制费、后评价费、房产税、车、船使用税、印花税以及电话初装费等。

② 工程监理费：是指建设单位委托工程监理单位对工程实施监理工作所需费用。

③ 工程质量监督检测费：依据国家强制性标准、规范、规程及设计文件，对建设工程的地基基础、主体结构和其他涉及结构安全的关键部位进行现场监督抽查所需的费用。

2）建设项目前期工作咨询费：是指建设项目专题研究、编制和评估项目建议书、编制和评估可行性研究报告，以及其他与建设项目前期工作有关的咨询服务费。

3）研究实验费：是指为本建设项目提供或验证设计参数、数据资料等进行必要的研究试验费，以及设计规定在施工中必需进行的试验、验证所需费用，包括自行或委托其他部门研究试验所需人工费、材料费、试验设备及仪器使用费，支付的科技成果、先进技术的一次性技术转让费。

4）勘察设计费：是指委托勘察设计单位进行工程水文地质勘察、工程设计所发生的各项费用。包括：工程勘察费、初步设计费（基础设计费）、施工图设计费（详细设计费）、设计模型制作费等。

5）环境影响评价费：是指按照《中华人民共和国环境保护法》、《中华人民共和国环境影响评价法》等规定，为全面详细评价本建设项目对环境可能产生污染或造成重大影响所需的费用。

6）劳动安全卫生评价费：是指按照劳动部《建设项目（工程）劳动安全卫生监察规定》和《建设项目（工程）劳动安全卫生与预评价管理办法》的规定，为预测和分析建设项目存在的职业危险、危害因素的种类和危险危害程度，并提出先进、科学、合理可行的劳动安全卫生技术和管理对策所需费用。

7）场地准备及临时设施费：是指建设场地准备费和建设单位临时设施费。建设场地准备费是指建设项目为达到工程开工条件所发生的场地平整和对建设场地余留的有碍施工建设的设施进行拆除清理的费用。建设单位临时设施费是指为满足施工建设需要而提供到场地界区的、未列入工程费用的临时水、电、气、道路、通信等费用，建设单位临时建构筑物搭设、维修、拆除或者建设期间租赁费用，以及施工期间专用公路养护费、维修费。

8）引进技术和引进设备其他费：

① 引进项目图纸资料翻译复制费。

② 备品备件测绘费。

③ 出国人员费：是指为引进技术和进口设备出国考察、设计联络和国外培训等发生的费用。包括：制装费、差旅费、生活费等。

④ 外国技术人员来华费：是指为安装进口设备、引进国外技术等聘用外国技术人员指导所发生的费用。包括：技术服务费、国外技术人员的工资、生活补贴、差旅费、医药费、住宿费、招待费等。

⑤ 银行担保及承诺费。

9）工程保险费：是指建设项目在建设期间根据需要，实现工程保险部分所需费用。包括以各种建筑工程及其在施工过程中的物料、机器设备为保险标的的建筑工程一切险，以安装工程中的各种机器、机械设备为保险标的的安装工程一切险，以及机器损坏保险等。

10）联合试运转费：是指新建企业或新增加生产工艺过程的扩建企业在竣工验收前，按照设计规定的工程质量标准，进行整个车间的负荷或无负荷联合试运转发生的费用支出大于试运转收入的亏损部分。

11）特殊设备安全监督检验费：是指施工现场组装的锅炉及压力容器、压力管道、消防设备、燃气设备、电梯等特殊设备，由安全监察部门按照有关安全监察条例和实施细则以及设计技术要求进行安全检验，应由建设项目支付的、向安全监察部门缴纳的费用。

12）市政公用设施费：是指使用市政公用设施的项目，按照项目所在地省一级人民政府有关规定建设或缴纳的市政公用设施建设配套费用，以及绿化工程补偿费用。

13）专利及专有技术使用费：是指建设项目使用国内外专利和专有技术支付的费用。包括：国外技术及技术资料费、引进专利、专有技术和技术保密费；国内专利和专有技术使用费；商标使用费、特需经营权费。

（3）与未来企业生产经营有关的费用

1）（经营）准备费

是指新建或新增经营规模的项目，为保证竣工交付使用进行必要的生产（经营）准备所发生的费用。费用内容包括：

①（经营）人员培训费，自行培训、委托其他单位培训人员的工资、工资性补贴、职工福利费、差旅交通费、劳动保护费等。

② 经营单位提前进入参加施工、设备安装、调试以及熟悉设备性能等人员的工资、工资性补贴、职工福利费、差旅交通费、劳动保护费等。

2）办公和生活家具购置费

是指为保证新建、改建、扩建项目初期正常使用和管理所必须购置的办公和生活家具、用具的费用，其中改、扩建项目所需的办公和生活用具购置费应低于新建项目。其范围包括办公室、会议室、资料档案室、阅览室、文娱室、食堂、浴室、理发室、单身宿舍和设计规定必须建设的其他项目等家具用具购置费。

1.2.5 预备费的构成及计算公式

（1）我国现行规定的预备费

我国现行规定的预备费包括基本预备费和价差预备费两类。

1）基本预备费

是指在项目实施中可能发生但在项目前期阶段难以预料的支出，需要事先预留的费用，一般包括下列费用：

① 在批准的初步设计范围内，技术设计、施工图设计及施工过程中增加的工程和费用；设计变更、局部地基处理等增加的费用。

② 一般自然灾害造成损失和预防自然灾害所采取的措施费用。实行工程保险的工程项目费用应适当降低。

③ 竣工验收时为鉴定工程质量对隐蔽工程进行必要的挖掘和修复的费用。

基本预备费计算方法是以各单项工程费与工程建设其他费用之和按相应费率计算。

2）价差预备费

是指在项目建设期间由于预计价格等变化引起工程造价变化的预留范围，费用内容包括：人工费、设备费、材料费、施工机械费价差，建筑安装工程费及工程建设其他费用调整，利率汇率调整等。

价差预备费的估算应根据国家或行业主管部门的具体规定和发布的指数计算，其计算公式为：

$$P = \sum_{t=1}^{n} I_t[(1+f)^m \times (1+f)^{0.5} \times (1+f)^{t-1} - 1]$$

式中 P——价差预备费，元；

n——建设期，年；

I_t——估算静态投资额中第 t 年投入的工程费用，元；

f——年涨价率，%；

m——建设前期年限（从编制估算到开工建设，单位：年，如果不能确定可取值为0）；

t——年度数；

（2）世界银行预备费规定

世界银行在建设项目投资构成中所规定的预备费则比我国上述规定更宽，包括：

1）建设成本上升费

2）未明确项目的准备金，用于在估算时不可能明确的潜在项目，它在每一个组成部分中均单独以一定的百分比确定，并作为概算的一项单独列出。

3）不可预见准备金，这项准备金反映了物质、社会和经济的变化。这些变化预计会使成本估算增加，尽管这一估算是达到了一定程度的完整性和符合所考虑的项目种类的技术标准的。它是一种贮备，可能不动用。

1.2.6　建设期投资贷款利息的计算依据

建设期财务费用是指建设期内为筹集建设项目资金发生的各项费用。

内容包括建设期间投资贷款利息、企业债券发行费、国外借款手续费及承诺费、汇兑净损失、金融机构手续费以及为筹措建设资金发生的其他财务费用。

编制方法是根据建设项目筹集资金的具体办法、金额和银行贷款利率、手续费率及其他有关现行规定计算。其中：建设期贷款利息可按以下方法计算：

1）国内借款建设期利息：假定贷款发生当年均在年中支付，按半年计息，其后年份按全年计息：还款当年按年末还款，按全年计息，计算公式如下：

$$\text{国内贷款建设期利息}=\text{各年应计利息之和}$$

$$\text{各年应计利息}=(\text{本年年初贷款本息累计}+\text{本年贷款额}/2)\times\text{年利率}$$

2）国外贷款建设期利息：国外贷款（包括国内外币贷款）的利息计算与国内贷款类同。国外贷款除支付银行利息外，还要计算在贷款中所发生的必要费用，如管理费、代理费、杂费及承诺费等财务费用，为简化计算，可采用适当提高利率的方法进行处理。

1.2.7　工程造价构成及计算程序

根据《工程造价计价与控制》（全国造价工程师执业资格考试培训教材之二，2009年版）的介绍，世界银行、国际咨询工程师联合会（FIDIC）将项目总建设成本（相当于我国的工程造价）统一规定为直接建设成本、间接建设成本、应急费和建设成本上升等4部分组成。

将世界银行对这四部分的规定具体内容与国家发展和改革委员会2006年发布的《建设项目经济评价方法与参数》（第三版）陈述的建设投资进行详细对照，可以得出结论：直接建设成本大体相当于工程建设费用，间接成本大体相当于工程建设其他费用，应急费大体相当于基本预备费，建设成本上升大体相当于涨价（价差）预备费。

也就是说，项目的建设投资大体上相当于国际组织定义的工程造价。如果前文“相当于我国的工程造价”成立，项目的建设投资内含大体上相当于我国目前使用的工程造价的内含。工程造价与项目建设投资只是在不同经济范畴内对同一事物的不同称谓。项目建设投资是从出资人的角度考察项目的资本费用，多用于项目前期工作；工程造价往往是从实施单位的角度考察项目预计或实际发生的费用，多用于项目实施阶段。

工程造价是业主（投资人）在项目竣工之前与竣工之时支付给项目参与单位的总费用，包括前期研究的费用（如可行性研究报告、工程设计、工程咨询），还包括项目开工直至试生产的费用。从世行等国际组织定义的项目总建设成本的支付内容可以看出，总建设成本不包括支付给债权人（金融机构）的费用。工程造价支付的主体是投资人，费用的受体是不包括金融机构在内的众多参与单位。

建设期利息是项目筹措并占用债务资金，在建设期发生的利息。建设期利息由投资人支付给债权人，而不是支付给项目具体的参与单位，因此它不应是工程造价的组成部分。按照会计制度规定，建设期利息应当资本化，不管在建设期是否偿还，均计入项目固定资产。

我国现行建设工程造价的构成及计算程序见表1-2。

建设工程造价构成及计算程序表 **表1-2**

工程费用	费用项目	参考计算方法
1. 建筑安装工程费	直接工程费	Σ（实物工程量×概预算基价+其他直接费）
	间接费	（直接工程费×取费定额）或（人工费×取费定额）
	利润	［（直接工程费+间接费）×利润率］或（人工费×利润率）
	税金	（直接工程费+间接费+利润）×规定的税率
2. 设备、工器具费用	设备购置费（包括备品备件）	设备原价×（1+设备运杂费率）
	工器具及生产家具购置费	设备购置费×费率
3. 工程建设其他费	建设管理费	［1.+2.］×建设管理费费率
	建设用地费	按有关规定计算
	建设项目前期工作咨询费	依据委托合同及规定计算
	研究实验费	按照研究实验内容和要求进行编制
	勘察设计费	依据委托合同及规定计算
	环境影响评价费	依据委托合同及规定计算
	劳动安全卫生评价费	依据合同或建设项目所在地劳动行政部门规定标准计算
	场地准备及临时设施费	［1.+2.］×费率+拆除清理费
	引进技术和设备其他费	按有关规定计算
	工程保险费	按有关规定计算
	联合试运转费	联合试运转费用支出－联合试运转收入>0计取
	特殊设备安全监督检查费	按有关规定计算
	市政公用设施费	按有关规定计算
	专利及专有技术使用费	按专利使用许可协议和专有技术使用合同规定计列
	生产准备及开办费	设计定员×生产准备费指标（元/人）
4. 预备费	基本预备费	［1.+2.+3.］×费率
	价差预备费	按规定计算

1.3 民用建筑项目投资估算的编制依据和方法

1.3.1 投资估算的编制依据

（1）项目建议书、可行性研究报告（或设计任务书）的方案设计。

（2）投资估算指标、概算指标、技术经济指标。

（3）造价指标。

（4）类似工程概预算。

（5）设计参数，包括各种建筑面积指标，能源消耗指标等。

（6）工程所在地概、预算定额及其单价。

（7）当地材料、设备预算价格及市场价格。

（8）当地工程取费标准，如其他直接费、现场经费、间接费、利润、税金以及与建设有关的其他费用标准等。

（9）现场情况，如地理位置、地质条件、交通、供水、供电、市政设施条件等。

（10）其他参考数据，如建设工期、材料、设备运杂费率、施工水平、劳动力就业情况等。

1.3.2 投资估算的编制方法

（1）采用投资估算指标、概算指标、技术经济指标编制。

目前各地编制的各种概算指标大都是以每$1m^2$或$100m^2$建筑面积为单位，指标内容包括工程特征、定额直接费分析表、工程量分析表、材料分析表。技术经济指标的内容一般为工程概况、主体建筑特征、概预算编制依据、主要经济指标、每$100m^2$主要材料消耗量、每$100m^2$土建工程实物工程量及造价。这些指标大都以单项工程编制，其中包括配套的土建、给水排水、采暖空调、电气、消防、燃气等单位工程的内容。

编制投资估算时，根据使用功能和建筑类型套用类似工程的指标，对某些应换算、调整的内容进行调整后，即为所需的投资估算。

辅助项目及构筑物等则一般以建筑面积“m^2”或“座”等为指标，包括的内容与主体建筑基本相同，套用及调整方法也同上。

（2）采用单项工程造价指标编制

主要适用于投资设想或项目建议书阶段较粗的估算，或用于建设项目中的附属配套项目。目前各地对各类民用建筑都编有每$1m^2$建筑面积的有一定幅度的单项工程造价指标（包括土建、水、暖、电等），大多数设计和工程咨询单位也汇集了这方面的数据资料，供编制投资估算使用。采用时可根据建设标准和结构类型套用，如需调整、换算也可根据年份、地区间差异，按当地规定系数调整，也可根据自己经验加以换算。

（3）采用类似工程概、预算编制

应对拟套用的已建工程概、预算或标底，建设规模、建设标准、结构类型等进行了解，基本相似时方可套用。套用时对局部不同用料或做法应加以必要的换算。对不同年份间在造价水平上的差异也可加以调整。

（4）采用市场询价方法编制

这种方法主要适用于建筑设备安装工程和专业分包工程。如电梯、电话总机、保龄球、桑拿浴、喷泉等设备，可直接向厂商询价作为估算投资依据。询价内容可包括设备费，运杂费、安装费等，也可只询问设备制造费，其他部分再另行计算。

（5）采用分部工程综合估算法

这种方法为解决当前数量大、标准悬殊、建筑功能复杂的各类民用建筑的单位投资估算提供一种重要手段。其方法是积累和掌握较多的各种民用建筑单位工程造价指标，速估工程量指标和设计参数（如各类民用建筑的单位热耗、冷耗、用电量等指标），根据各单位工程的特点，分别采用各自的单价，快速综合编制出所需投资估算。

采用这种方法应不断积累和掌握各种造价指标，随时了解各类工程的市场动态和价格变化，采用系数加以调整，同时也要通过实际工程经常测算并调整各种指标的幅度，以提高其精确程度。

（6）采用近似概算编制法

这种方法适用于设计方案达到一定的深度，主要工程量能够计算出来，零星工程采用加系数的方法计算。

土建工程能算出基础、柱、梁、板、屋盖、墙体、门窗、楼地面、特殊装饰等的工程量，其余占20% ~30%的造价，给水排水主要卫生设备和消防器材计算出来，其余占25% ~35%的系数；通风、空调把设备算出来，其余占30% ~50%系数；采暖把散热器算出来，其余占45% ~55%的系数；电气可按每1m^2造价计算。

室外工程投资估算。建筑红线内的室外工程包括：道路、土石方、广场、围墙、大门、绿化、给水排水、动力管线、输电线路、煤气管线、照明、建筑小品等，在方案设计阶段均不够具体，通常只能按占全部建筑物、构筑物造价之和的8% ~17%估算，高级宾馆、写字楼等由于建筑标准高，投资大，一般占3% ~5%。

以上介绍的几种常用的投资估算方法，可视具体条件灵活运用，也可用一种方法估算，用另一种方法校核。

（7）价差预备费的估算。有些工程根据当时市场物价变动情况，需要考虑物价变动因素而增减的费用。价差预备费的估算方法见前节。

第2章　民用建筑项目的快速报价

做任何一件事情，都要有一个设想，有一个决策的过程。开发建设民用建筑项目一般来说事先都有一个投资策划阶段，也就是说我要进行这项建设，要花多少投资，有没有盈利，经营成本如何等等都要加以考虑分析和决断，这时就需要有一个投资估算。但在投资策划阶段和初步可行性研究阶段，一般没有设计方案，只能凭掌握的数据资料和经验来估算所需投资，而且时间要求很急，往往业主马上就要求提供数据，所以称为“快速报价”。在国外称为数量级估算或称“拍脑袋”估算、比例估算、“球场”估算等。民用建筑快速报价大部分可采用上述各种投资估算方法，本章简要介绍几种更加简便的估价方法。

需要事先声明的是：本章及第3章“投资估算、快速报价的常用数据”中所提供的价格数据，除特别注明的以外，均根据北京地区2009年在建项目的资料整理。

2.1　单元估算法快速报价

按使用功能和营业能力指标，来估算一个项目的全部投资或建筑安装工程部分投资。如：

（1）新建一座500病床的综合医院，找到其投资估算指标为31.5～36.75万元/病床（多层一般标准），其中建筑安装工程为21～24.5万元/病床，则全部投资为15.750～18.375万元，其中建筑安装工程投资为10500～12250万元。

另外一种估算方法为先计算医院的建筑安装部分投资，然后再推算土地征购及其他费用和投资等。

500病床，每床位建筑面积为60～70m^2，

则500×(60～70)=30000～35000m^2

按每1m^2 建筑安装工程费用3500元计（多层一般标准）

则500病床医院建筑安装工程投资为:(30000～35000)×3500=10500～12250万元

（2）新建一座300间客房的中等规模的三星级旅游酒店，估算其建筑安装工程部分需要多少投资。

三星级酒店每间客房面积指标一般80m^2 建筑面积，每1m^2 建筑面积造价为5000～6000元。

$$300\times80\times(5000\sim6000)=12000\sim14400\text{ 万元}$$

300间客房的酒店共计建筑安装工程投资约为12000万元～14400万元。

若需要估算全部投资，再按当地和工程实际情况估算土地征购、前期工作、建设单位管理费、工器具购置费以及不可遇见费等等，然后与建筑安装工程费合计即为全部投资。

（3）新建一座10000m^2 营业面积的大型百货商场，估算其建筑安装工程部分投资。

按一般情况大型百货商场，其每1m^2 营业面积尚需配套建设仓储面积0.6m^2，辅助面

积0.4m^2，每1m^2建筑安装工程造价4200～5000元（多层一般标准）。

10000m^2营业面积的百货商场的建筑安装工程部分投资为：

10000（营业面积）+6000（仓储面积）+4000（辅助面积）

=20000m^2建筑面积

20000×（4200～5000）=8400～10000万元

2.2 单位指标估算法快速报价

这种方法适用于估算每一单位工程投资，然后再计算每1m^2建筑面积综合造价和建筑物的全部投资。例如估算一个二室一厅高层城市住宅的建筑安装工程投资，其计算程序如下：

每1m^2高层住宅造价

土建部分造价	1500元
装饰部分造价	430元
给水排水造价	75元
采暖通风造价	47元
照明	83元
通信及电视天线	55元
天然气	15元
电梯	75元
消防	38元
安防	8元
合计	2326元/m^2

二室一厅一般标准的建筑面积80～90m^2

（80～90）×2326=18.61～20.93万元

二室一厅住宅建筑安装工程造价为：18.61～20.93万元/户

以上数据资料可通过地方有关部门公布或单位积累资料取得。也可参照本书有关章节提供数据推算。

2.3 土建工程快速报价

土建工程快速报价可通过类似工程概算、预算或决算数据求取，也可采用该项目的建筑安装工程造价求取。通过北京地区建筑安装工程造价测算，住宅土建工程一般为建筑安装工程造价的70%～80%，办公楼、商店工程为50%～75%，医院工程为60%～80%。

2.4 建筑设备快速报价

2.4.1 自动喷洒消防工程快速报价

对于消防要求较高的工程，如公共建筑、厅堂、地下建筑等，目前采用自动喷洒消防设计。该部分设计为独立管道系统，包括管道、喷洒头、消防水箱、水泵及湿式报警等，每个喷头可控制消防面积 $40m^2$ 左右，每 $1m^2$ 投资约为 80～120 元。

2.4.2　中水处理设备快速报价

为了节约用水，目前大型公共建筑如宾馆、饭店、公寓、医院等建筑均需设有中水处理设备，以利于水的重复利用，达到节水的目的。中水设备包括中水处理装置、消毒加药装置、加压、稳压及提升泵、玻璃钢水箱、过滤器及池槽等。目前，采用国产设备约为每 $1m^2$ 建筑面积 20～30 元，（其中设备费占 80%～85%，管道及安装费 15%～20%）；或根据中水日处理量，由专业设计人员提供设备的规模、型号、台数，按市场价格加一定的运杂费按实估算。

2.4.3　采暖工程快速报价

（1）采用耗热量（W 或 kW）指标估算

首先确定该建筑物的耗热量，可自参考数据表中查出单位面积指标（也可由专业设计人员提供），再乘以单位耗热量造价估算指标，即为该建筑物每 $1m^2$ 建筑面积的采暖工程投资，最后乘以全部建筑面积，即为全部投资。单位耗热量造价估算指标，一般热媒为 95/70℃，室温为 18℃的温水采暖。以采用 4 柱 760 铸铁暖气片为例，约 470～600 元/kW（以习惯概念合 0.55～0.70 元/kcal/h）；利用城市供热管网热源为 70～80/55～60℃者，约 730～860 元/kW（以习惯概念合 0.85～1.00 元/kcal/h）。

（2）采用散热器近似量估算

在求出该建筑物总耗热量的基础上，先算出所确定的散热器数量，再利用散热器所占全部采暖工程的大致造价比重（一般约为 50%～60%），求出所需投资。

【例】北京地区　砖混结构办公楼，建筑面积 $5000m^2$，采用 95/70℃温水采暖和 4 柱 760 铸铁散热器，窗户较大，每 $1m^2$ 热指标选用 90W，求暖气投资：

$$总耗热量\ 90W \times 5000 \div 1000 = 450kW$$

查 4 柱 760 铸铁散热器每片的散热量当热媒为 95/70℃，室温为 18℃的温水采暖时，为 0.139kW，则其

$$散热器数量 = 450/0.139 = 3237\ 片$$

每片概算单价 25.71 元。

$$散热器价值 = 3237 \times 25.71 \times 1.4（取费系数）= 116512.58\ 元$$

散热器价值占全部暖气工程造价 50%。

$$暖气工程投资 = 116512.58\ 元 \div 50\% = 233025\ 元$$

折合每 $1m^2$ 单价 = 233025 ÷ 5000 = 46.61 元（符合实际情况）

折合每 1kW 单价 = 233025 ÷ 450 = 517.8 元（在指标范围内）

2.4.4　空调通风工程的快速报价

（1）集中空调工程

宜采用空调冷负荷量（kW）指标估算。首先采用参考数据表中所示每 $1m^2$ 建筑面积冷负荷估算指标，乘以该工程的建筑面积，求出总冷负荷量（或由专业设计人员提供，如

空调系统既供冷又供热时，以供冷指标为准）。再参考表 2-1 所示每 1kW 集中空调投资参考指标，即可算出全部空调投资。

【例】某 300 间客房的合资旅游饭店，建筑面积为 20000m^2，需采用冷水机组的集中空调设备，试估算其投资费用：

总冷负荷量 = 20000m^2 × 114W ÷ 1000 = 2280kW，可套用 1200kW 以上的投资指标，取为 3400 元/kW，则：

$$空调投资 = 2280kW \times 3400 元 = 775.2 万元$$

$$每 m^2 造价 = 775.2 万元 \div 20000m^2 = 387.6 元/m^2$$

此数符合当前相应工程的实际造价。

每 1kW 集中空调投资参考指标　　表 2-1

冷量（kW）	投资指标（元/kW）	其中各部分所占比例（%）				说　明
		机房	风机盘管	新风空调	冷却塔	
甲类建筑						1. 甲类建筑包括高级饭店、研究楼、实验楼等；乙类建筑包括高级影剧院、会堂楼
60 以内	5200 ~ 5700	41 ~ 45	28 ~ 32	18 ~ 22	6 ~ 8	
60 ~ 120	4900 ~ 5400	35 ~ 39	34 ~ 38	17 ~ 21	7 ~ 9	
120 ~ 240	4600 ~ 5100	31 ~ 35	36 ~ 40	19 ~ 23	7 ~ 9	2. 本表适用于夏季室温 24 ~ 29℃，采用制冷机组系统，不适用于采用整体空调器装置
360 ~ 480	4300 ~ 4800	26 ~ 30	40 ~ 44	21 ~ 25	6 ~ 8	
600 ~ 720	4000 ~ 4500	22 ~ 26	42 ~ 46	23 ~ 17	6 ~ 8	
1200 以内	3700 ~ 4200	20 ~ 24	46 ~ 50	19 ~ 23	8 ~ 10	
1200 以上	3400 ~ 3900	18 ~ 22	48 ~ 52	21 ~ 25	6 ~ 8	3. 设计冷量与表列有出入时，可套用数量接近的或低一档指标
乙类建筑						
120 ~ 240	4500 ~ 4900	39 ~ 43		46 ~ 50	10 ~ 12	
360 ~ 480	4200 ~ 4600	37 ~ 41		50 ~ 54	8 ~ 10	4. 设计中如无冷源设备（机房部分）或不需冷却塔者，套用时可减少这些部分投资
600 ~ 720	3900 ~ 4300	35 ~ 39		51 ~ 55	9 ~ 11	
1200 以内	3600 ~ 4000	36 ~ 40		49 ~ 53	10 ~ 12	

注：1. 上表指标中不包括自动控制设备的投资，应另行由专业单位报价计列。如无条件，可参考本章 2.4.13（1）楼宇自控系统投资估算的内容估算。

2. 冷量较大的空调投资指标中的主要设备大都是合资或进口产品。

3. 上表的制冷设备以水冷机组为准，如采用风冷机组，则应取消冷却塔部分的投资，但总的投资应增加 20% ~ 30%。

（2）非集中式空调工程

当前，有些新建公寓、别墅为便于住户自己选择空调设备，同时也可节省投资，常采用非集中式空调设备，有些改造的商业性建筑、整体建筑面积不大，为便于快速施工，早日投入营业，也大都采用这样的空调设备，尚无指标可套，宜由专业设计人员提供设备的规模、型号、产地及台数，按市场价格加一定的运杂费按实估算。如无条件，也可按市场商品设备的供冷性能及价格估算（如一台分体式国产空调的价格约 2000 ~ 3000 元，可供 15 ~ 20m^2 的居室使用等）。

（3）单纯通风工程

系指人防或地下室通风，或卫生间、厨房的通风等。

1）人防通风：主要包括手摇、电动两用通风机、过滤器及过滤吸收器等设备及相应的排风管道。其投资约为 180 ~ 230 元/m^2 人防面积。

2）卫生间、厨房或其他通风：一般无现成指标可套，宜按设备估算投资。如有风管及零件者，可另加 30% ~40% 估算。

2.4.5 强电工程快速报价

（1）变配电（间或站）设备（10kV 以下）及安装工程

包括变压器、高低压开关柜、负荷开关、低压配电盘等主要设备的安装和电缆及其桥架等的敷设，计量单位以变压器的容量（kVA）计算。容量的估算可按第 3 章民用建筑用电量参考指标，或由设计人员提供，然后再以下列指标估算投资（此项工程如由当地电力专业单位安装时，其投资应以专业报价为准）：

1）干式变压器（或环状供电）200 ~ 350 元/kVA

2）一般变压器 160 ~ 230 元/kVA

3）配电设备（无变电设备）130 ~ 150 元/kW

4）备用应急柴油发电机组（按需另加）：

① 设备容量按总用电量的 20% 估算（单位需折成 kW，即 kVA/1.25）

② 投资指标：国产者　1700 ~ 2200 元/kW，

　　　　　　进口者　2800 ~ 3500 元/kW。

注：投资指标是 2009 年实际价格，包括安装等全部费用在内，设备容量大小与投资成反比例。

5）变配电站的建筑安装工程（单独建立的房屋建筑）约为设备安装投资的 1/3。

（2）照明工程

1）采用造价估算指标，见表 2-2。

一般民用建筑照明工程单方投资参考表　　表 2-2

序　号	工　程　名　称	元/m²	附　　注
1	多层砖混住宅	60 ~ 75	1. 本表为 2009 年北京地区的投资水平 2. 灯具均以一般日光灯为准
2	高层现浇住宅	75 ~ 85	
3	中小学	55 ~ 90	
4	托儿所、幼儿园	55 ~ 65	
5	办公楼	80 ~ 90	
6	教学楼	80 ~ 90	
7	理化楼	90 ~ 105	
8	科研楼	80 ~ 90	
9	图书馆	105 ~ 130	
10	电影院	105 ~ 130	
11	食堂	55 ~ 65	
12	旅馆	90 ~ 105	
13	大型商场	100 ~ 120	
14	仓库（单层）	35 ~ 45	
15	仓库（多层）	40 ~ 55	
16	体育馆	105 ~ 130	
17	会展中心	110 ~ 135	

2）采用灯具近似量估算

如方案设计深度较深，可以根据建筑面积从表2-3中估出灯具的近似数量，然后套用相应的概算定额单价和间接费等综合费用，另加管线配电箱、插座、开关等投资，即可估出全部照明工程的投资。管线、配电箱、插座等的投资，以中等民用工程采用钢管铜芯暗配为例约为50~60元/m^2

每100m^2建筑面积照明灯具用量参考指标 **表2-3**

序号	工程类别	灯具数（个）	序号	工程类别	灯具数（个）
1	中学	7~8	7	化验室	9~10
2	小学	7~8	8	食堂、厨房	6~8
3	办公楼	6~8	9	商场	6~8
4	住宅	10~12	10	剧场	7~8
5	集体宿舍	8~10	11	体育场	9.5~10.5
6	医院	10~12	12	浴室	6~8

3）动力配线（电力）工程

即民用建筑中有动力设备如电梯、水泵、冷冻机、锅炉鼓风机等需要敷设的电源配线部分。由于它与建筑无相应关系，而与设备容量和设点有关，因此宜以每千瓦的造价指标估算。动力部分所需的设备容量可从第3章民用建筑用电量参考指标，乘以每千瓦的造价指标（一般约500~700元/kW，千瓦量少者可套用上限，反之套用下限值），即为动力配线所需投资。

4）防雷接地（避雷）工程

一般6层以下的多层建筑可不考虑，但对于较重要的多层或低层民用建筑应考虑。目前设计中大都利用结构构件的钢筋（如柱子等）作为接地线，因此其投资很低，一般仅8~12元/m^2建筑面积。

2.4.6 弱电工程快速报价

（1）电视公用天线、闭路电视和卫星接受电视天线安装工程

电视共用天线可按每平方米建筑面积计算。一般约为5~8元/m^2。内部可放录像的一般闭路电视，可在公用天线的基础上增加录像机、控制器、调制器及导频信号发生器等设备的费用，一般每平方米建筑面积约10~15元。如要求有摄像机、电影电视机等较高级设备者，则在上述一般闭路电视基础上，应另行按实增加设备投资。卫星接收天线的投资，每平方米建筑面积约为15~20元。

（2）防灾报警系统

包括感温、感烟探测器、集中报警器等设备以及管线敷设等，一般4m以内层高的建筑。每40m^2设一个探测器，每平方米建筑面积约为30~40元。如采用进口成套设备或增加自动控制设备，则中上等级工程约为55~70元/m^2，高级工程可高达70~90元/m^2。此项工程将由专业单位承担，应按其报价为准。

（3）广播音响系统

包括扩音机、扬声器（音箱）、广播分线箱、床头控制柜（适用于宾馆）以及管线等，

一般民用建筑，按每平方米建筑面积估算，约为35～50元/m²，中上等旅馆约为55～70元/m²。

（4）保安（闭路）监视系统

一般为黑白保安闭路电视系统，包括摄像机、监视器、视频选择器、录像机、控制台等设备和相应的零配件、管线等，较高级的工程采用成套设备并包括安装（安装费约5%～10%），一般可按每平方米设监视部分的建筑面积估算，星级宾馆约为40～50元/m²；大型超级市场、综合楼约为25～35元/m²；住宅约为5～10元/m²。

2.4.7 电梯及自动扶梯安装工程快速报价

（1）电梯

一般分客梯、货梯、医用梯及杂物梯等种类。它们有不同的载重量（通常客梯为1000kg，货梯为2000kg，医用梯为1600kg，杂物梯为200～500kg等）、不同的速度（一般客梯、医用梯交流调速为1.6～1.7m/s，交流双速为0.63～1m/s，货梯交流双速为0.5m/s，客梯直流高速为2.5～3.15m/s等）、不同的层站（一般每层一站）以及不同的装潢档次。根据这些不同的品种、规格及质量要求，由设计人员提出清单，然后通过厂家询价，将其单价加运杂费、安装费等进行估算。安装费目前有两种估算方法：一种是按当地概、预算定额及取费标准计算；另一种是制造厂安装。为了掌握电梯的大概价格，下面介绍电梯的基准价格计算表2-4。

电梯基准价格计算表　　　　**表2-4**

序　号	品种、规格	速度（m/s）	层　站	每层站差价（万元）	基准价格（万元）/载重量（kg）			
					550kg	630kg	800kg	1000kg
1	乘客电梯 FJTK	1.0	10/10	0.8	15.00	15.50	16.00	16.50
		1.5	10/10	0.8	15.50	16.00	16.50	16.80
		1.75	10/10	0.8	/	/	16.80	17.00
序　号	品种、规格	速度（m/s）	层　站	每层站差价（万元）	基准价格（万元）/载重量（kg）			
					1000kg	1250kg	1350kg	1600kg
2	高速电梯 乘客电梯 FJTK	2.0	20/20	1.20	26.00	28.00	30.00	33.00
		2.5	20/20	1.20	27.00	29.00	31.00	34.00
序　号	品种、规格	速度（m/s）	层　站	每层站价差（万元）	基准价格（万元）/载重量（kg）			
					550kg	630kg	800kg	1000kg
3	无机房电梯 TKWJ	1.0	5/5	0.80	/	15.75kg	16.25kg	16.75kg
		1.5	5/5	0.80	/	16.75kg	17.25kg	18.00kg
		1.75	5/5	0.80	/	17.75kg	18.75kg	19.00kg
序　号	品种、规格	速度（m/s）	层　站	每层站价差（万元）	基准价格（万元）/载重量（kg）			
					630kg	800kg	1000kg	1600kg
4	医用电梯	1.0	5/5	1.00	/	/	/	17.50
		1.5	5/5	1.00	/	/	/	18.00
		1.75	5/5	1.00	/	/	/	19.00

续表

序 号	品种、规格	速度（m/s）	层 站	每层站价差（万元）	基准价格（万元）/载重量（kg）			
					550kg	630kg	800kg	1000kg
5	观光电梯 FJTG	1.0	5/5	1.00	/	17.50	18.00	18.50
		1.5	5/5	1.00	/	18.00	18.50	18.80
		1.75	5/5	1.00	/	/	18.80	19.00
序 号	品种、规格	速度（m/s）	层 站	每层站价差（万元）	基准价格（万元）/载重量（kg）			
					2000kg	3000kg		
6	载货电梯 FJH	0.5	2/2	1.00	14.00	15.00		
		1.0	2/2	1.00	15.50	16.50		

（2）自动扶梯及自动人行道

分600mm、800mm和1000mm三种，层高一般在4.5m以内者为通常规格，超高者需另行加价。自动扶梯及自动人行道基准价格表见2-5。

自动扶梯及自动人行道基准价格表 **表 2-5**

序号	品种、规格	角度	提升高度	每延长米差价（万元）	基准价格（万元）/梯级高度（mm）			
					600mm	800mm	1000mm	
1	自动扶梯	30°	4.5	1.50	15.50	16.00	17.50	
		35°	4.5	1.50	15.00	15.50	17.00	
序号	品种、规格	角度	提升高度	每延长米差价（万元）	基准价格（万元）/梯级高度（mm）			
					600mm	800mm	1000mm	
2	自动人行道 LFP	11°	4.5	2.00	22.00	22.50	23.50	
		12°	4.5	2.00	21.50	22.00	23.00	

此外，再计算电梯安装工程投资时一般尚需计算税金（包括设备本身及安装费部分）。

2.4.8 锅炉设备安装工程的快速报价（见表2-6、表2-7、表2-8）

根据某锅炉厂2009的报价，估算出成套锅炉的投资。安装费为锅炉费的30%。

全自动燃气铸铁蒸汽锅炉价格表 （单位：元/台） **表 2-6**

规 格 型 号	适用燃料	单位	价格（元）	备 注
ZZS0.358-0.1-Q-RK、215000kcal/h	燃气	套	115300	含：主机、循环泵、补水泵、烟筒、油箱、水箱、水处理
ZZS0.525-0.1-Q-RK、315000kcal/h	燃油	套	133800	同上
ZZS0.441-0.1-Q-RK、265000kcal/h	燃油	套	123600	同上
ZZS0.217-0.1-Q-RK、130000kcal/h	燃气	套	96000	同上
ZZS0.283-0.1-Q-RK、170000kcal/h	燃油	套	110100	同上
ZZS0.283-0.1-Y-RK、170000kcal/h	燃油	套	105500	同上
ZZS0.217-0.1-Y-RK、130000kcal/h	燃气	套	94300	同上
ZZS0.167-0.1-Y-RK、100000kcal/h	燃油	套	88900	同上

续表

规　格　型　号	适用燃料	单位	价格（元）	备　　注
ZZS0.358-0.1-Y-RK、215000kcal/h	燃油	套	110800	同上
ZZS0.525-0.1-Y-RK、315000kcal/h	燃气	套	127600	同上
ZZS0.441-0.1-Y-RK、265000kcal/h	燃气	套	120900	同上

立式燃油蒸汽锅炉　（单位：元/台）　**表 2-7**

产品规格型号	锅炉本体	吊装包装	司炉工具	锅炉水泵	仪表阀门	锅炉烟囱	锅炉炉排	分汽（水）缸	合　计
LHG0.05-0-AII-11	48334	308	107	1958	2750	4125	660	1100	59342.00
LHG0.05-0-AII-10	39724	286	96	1958	2420	3217	605	1078	49385.00
LHG0.05-0-AII-9	32477	286	96	1958	2200	2887	440	990	41334.00
LHG0.05-0-AII-8	26785	286	96	1958	1980	2475	330	946	34856.00

立式蒸汽锅炉　（单位：元/台）　**表 2-8**

产品规格型号	锅炉本体	吊装包装	锅炉水泵	仪表阀门	锅炉烟囱	日用油箱	分汽（水）缸	合　计
LHS1.0-0.4-YC（1.0T/h）-A	119680	1100	3300	2640	1980	1980	1540	132220.00
LHS1.0-0.4-YC（1.0T/h）-B	119680	1100	3300	2640	3960	1980	1540	134200.00
LHS1.0-0.4-YC（0.7T/h）-A	98296	990	3300	2420	1760	1650	1430	109846.00
LHS1.0-0.4-YC（0.7T/h）-B	98296	990	3300	2420	3740	1650	1430	111826.00
LHS1.0-0.4-YC（0.5T/h）-A	82005	880	3080	2200	1595	1100	1320	92180.00
LHS1.0-0.4-YC（0.5T/h）-B	82005	880	3080	2200	3465	1100	1320	94050.00
LHS1.0-0.4-YC（0.3T/h）-A	75405	825	3080	2090	1265	880	1320	84865.00
LHS1.0-0.4-YC（0.3T/h）-B	75405	825	3080	2090	2750	880	1320	86350.00
LHS1.0-0.4-YC（0.2T/h）-A	59543	770	3080	1980	1155	550	1100	68178.00
LHS1.0-0.4-YC（0.2T/h）-B	59540	770	3080	1980	2420	550	1100	69443.00
LHS1.0-0.4-YC（0.1T/h）-A	46970	660	3080	1760	990	330	990	54780.00
LHS1.0-0.4-YC（0.1T/h）-B	46970	660	3080	1760	2145	330	990	55935.00

注：产品型号为 B 型的烟囱材质为不锈钢。

2.4.9　煤（燃）气工程

煤（燃）气工程用于住宅、公寓和宾馆、餐厅等民用建筑的燃料供应。一般管道、阀门及煤（燃）气表的每平方米建筑面积造价，城市住宅 8～15 元，综合楼 10～25 元，商业建筑 3～10 元。由于一些公共建筑内部使用差异较大，可根据类似工程造价推算。目前各大中城市室内外煤（燃）气工程都由煤（燃）气专业设计、施工单位承担，可向其咨询报价。厨房灶具、开水炉等设备，由于标准档次不同，其造价可另行计算。

2.4.10　桑拿设备的投资估算

桑拿设备还可分桑拿浴、蒸汽浴及冲浪浴三种，按人数多少档次确定价格。目前国内有专业单位从事次项业务。现介绍北京某开发中心提供的设备规格、相关配件（见表2-9）及价目表（见表2-10）。

设备及相关配件简表 **表2-9**

<table>
<tr><th></th><th></th><th>型　号</th><th>规格（mm）</th><th>人　数</th><th>功　率</th></tr>
<tr><td rowspan="2">桑拿浴</td><td>桑拿房</td><td>S0810
S1212
S1515
S2020
S2025</td><td>800×1000×2040
1200×1200×2040
1500×1500×2040
2000×2000×2040
2500×2000×2040</td><td>1~2
2~4
4~6
6~8
8~10</td><td>1.5kW
3kW
6kW
9kW
12kW</td></tr>
<tr><td>配　件</td><td colspan="4">桑拿炉、桑拿石、恒温控制器、沙漏计时器、温湿度计、木制门窗、灯罩、地台板、枕石、长木勺子、坐椅、木桶</td></tr>
<tr><td rowspan="2">蒸汽浴</td><td>蒸汽房</td><td>2B
4B
6B
8B
10B</td><td>1950×600×2350
1950×1200×2350
1950×1800×2350
1950×2400×2350
1950×3000×2350</td><td>2
4
6
8
10</td><td>3kW
6kW
9kW
12kW
15kW</td></tr>
<tr><td>配　件</td><td colspan="4">蒸汽炉（电子感应水位调节系统、温度感应断路设计、感应炉胆、蒸汽压力安全阀）；玻璃钢座身；无蓬式防漏保温胶边；强化玻璃门；铝合金框；闭门器；通风气口；可调节铝质地架；保温空气层；低压保护系统、防干烧保护系统、停水保护系统、多功能地台</td></tr>
<tr><td rowspan="3">冲浪浴</td><td colspan="5">冲浪池规格根据客户要求决定</td></tr>
<tr><td>附属备件</td><td colspan="4">循环系统；全自动高速水泵连摩打及隔发器；全自动池水消毒系统；全自动高速水力按摩喷嘴；进给气系统；全自动过滤沙缸
池身器材；池道满水器；回水索器；按摩喷射龙头；主排水器
加热及制冷系统；全自动水冷或风冷式自动恒温制冷机组件，连保险掣及控制箱；全自动压力循环式电热水炉、附件自动恒温器、保险掣及控制箱</td></tr>
<tr><td>备用配件</td><td colspan="4">水池管道；阀门、电掣箱、电线；一套连水泵、摩打等</td></tr>
</table>

价　目　表 **表2-10**

（1）桑拿屋

型　号	规格（mm）	人　数	全　套　（元）
S0810-1	1000×1000×2040	1~2	5800
S1212-2	1200×1200×2040	2~4	7000
S1515-3	1500×1500×2040	4~6	9800
S2020-4	2000×2000×2040	6~8	13000
S2025-5	2500×2000×2040	8~10	15800

（2）蒸汽屋

型　号	规格（mm）	人　数	全　套　（元）
2B	1950×600×2350	2	13000
4B	1950×1200×2350	4	15000
6B	1950×1800×2350	6	17800
8B	1950×2400×2350	8	21000
10B	1950×3000×2350	10	26000

续表

（3）冲浪浴

人　　　数	单　　　价　（元）
2	15600
4	34800
6	43200
8	58800
10	70800
冲浪浴不含池身与过滤缸，规格根据客户要求确定 估算时另加总包管理费 2% ~5%。	

2.4.11　游泳池

可分为室内和室外游泳池两种。标准游泳池尺寸为 25m ×50m，水深为 2 ~3m，包括钢筋混凝土池底、池壁、防水、瓷（锦）砖贴面、栏杆、排水沟等。可按每平方米游泳池面积计算。一个标准游泳池土建造价可按 1500 ~1800 元/m^2 估算，给水排水管道及各种进排水设施 270 元/m^2，游泳池水过滤设备为 20 ~35 万元/套。

标准游泳池造价：1875 ~2250 元/m^2

如果建在室内，要根据室内建筑标准、装修标准增加造价。

2.4.12　洗衣设备

洗衣设备包括洗衣机（有全自动及普通非自动洗衣机两种）、脱水机（专为非自动洗衣机配套使用）、烘干机熨平机等主要设备以及万用压熨机、工作服整熨机、干洗机等其他洗涤设备。目前上海、山东、广州等地均有国产专业生产厂家生产各种洗衣设备，一般高级宾馆则大都选用美国或法国进口的全自动洗涤设备。根据每天的干脏衣物的数量（kg）及洗衣设备的性能选定各种洗衣设备型号及台数。各类民用建筑的干脏衣物数量指标如表 2-11 所示。根据设计确定的每天的洗衣设备的生产能力总重量，再按每千克的洗衣设备投资指标，即可估算出洗衣设备的投资。目前进口洗衣设备的投资约为 400 ~500 美元/kg。每天生产能力达 200 ~300kg 的全套洗、烘、熨、干洗等设备，可达 600 ~700 美元/kg。

民用建筑干洗赃衣物数量指标　　　　**表 2-11**

序　　号	建筑物名称	计算单位	干脏衣物数量（kg）
1	旅馆、招待所	每床位每月	10 ~30
2	宾馆、饭店	每床位每月	30 ~50
3	中小型综合医院	每床位每天	50 ~60
4	大型综合医院	每床位每天	70 ~90
5	疗养院	每人每月	30 ~50
6	休养院	每人每月	50 ~70
7	托儿所、幼儿园	每一小孩每月	30 ~40

注：1. 洗衣房每月工作天数为 25d，每天实际工作按 7h 计算（一班制），也有每天采用两班制为生产能力的，其中工作时间每班为 6h。

2. 目前一般酒店的干脏衣服数量提高到 2kg/（床·d），星级酒店则提高到 2.5 ~3.0kg/（床·d）。

2.4.13 自动化控制系统

当前在公共建筑中（如写字楼、宾馆、公寓、医院等）都设有较全的空调、消防、电气等生活设施，从而也相应产生了对这些设施的自动化控制的需要。自动化控制较全的号称“5A型”智能化管理（即5种自动化控制）。“5A”包括：楼宇（BA）、信息（MA）、通信（CA）、办公（OA）及消防（FA）等。

楼宇自控系统（BAS）主要是以空调（包括制冷及热交换）为主，以及电气（包括变配电、发电机组、灯光控制、电梯、防灾报警、共用电视天线等）、给水排水、消防等设备的自动控制系统。

其余的信息、通信、办公等的自动控制系统则是以综合布线系统（PDS）来达到自控的目的。

自控系统的快速报价，也可分为楼宇自控系统（BAS）和综合布线（PDS）系统两部分。此项投资一般以多少“控制点”及“信息点”为单位计价。目前各大城市都有专业公司报价承包，在建设前期如无条件能确定多少“点”并请专业公司报价，可按下述方法进行估算。

（1）楼宇自控系统（BAS）的快速报价

写字楼、宾馆、公寓、医院等建筑的全套楼宇自控系统（含空调、给水排水、电气）投资约为每平方米建筑面积60～80元，仅空调自控约为40～50元/m^2，如商场、剧场、展览馆等大空间建筑则分别按上述投资的70%估算（以上适用建筑面积2～6万m^2），小于此范围则须按上述投资增加30%。

（2）综合布线系统（PDS）快速报价

综合布线的内容只包括配线系统所用的各种电缆、连接件及输出口等，不包括各种办公设备如计算机、复印机及传真机等。综合布线的投资估算可按多少“信息点”计算，标准较高的写字楼等建筑约为7～8m^2建筑面积摊一个点，一般标准则约为10m^2/点，其投资约为500～600元/点，也可折合为50～60元/m^2建筑面积。

2.4.14 厅堂音响设备

一般200～400m^2厅堂设计配置上具有扩声系统、视频系统、监视系统、灯光系统及卡拉OK电声乐队演奏的条件等承包价约为：

① 简单小型配置　　15万元
② 一般型配置　　30万元
③ 专业级配置　　50万元
④ 豪华级配置　　60万元

2.4.15 住宅对讲系统（见表2-12、表2-13）

可视对讲系统材料清单及报价　　表2-12

序号	产品名称	单位	数量	产地	单价	合价
1	可视门口机	台	1	深圳	1680.00	1680.00
2	数码电源	台	3	深圳	560.00	1680.00

续表

序　　号	产品名称	单　　位	数　　量	产　　地	单　　价	合　　价
3	解码器	台	20	深圳	255.00	5100.00
4	可视分机	台	120	深圳	690.00	82800.00
5	分机电源	台	20	深圳	355.00	7100.00
6	视频分配器	台	20	深圳	475.00	9500.00
7	信号线	m	2400	北京	1.20	2880.00
8	视频线	m	2400	北京	1.60	3840.00
9	电源线	m	2400	北京	1.20	2880.00
10	联网主干线	m	150	北京	5.6	840.00
11	PVC 线槽	m	850	北京	3.90	3315.00
12	合　计					121615.00

注：按1幢塔楼120户计算。

A　材料设备费　121615.00
B　工程安装费 AX30%　36484.50
C　工程造价 A+B　158099.50
D　税金 C×3.41%　5391.19
E　工程总造价　163490.69
F　平均单价　1362.42 元/户

非可视对讲系统材料清单及报价表　　表 2-13

序　　号	产品名称	单　　位	数　　量	产　　地	单　　价	合　　价
1	可视门口机	台	1	深圳	1680.00	1680.00
2	数码电源	台	3	深圳	560.00	1680.00
3	解码器	台	20	深圳	255.00	5100.00
4	分　机	台	120	深圳	98.00	11760.00
5	信号线	m	2400	北京	1.20	2880.00
6	视频线	m	2400	北京	1.60	3840.00
7	电源线	m	2400	北京	1.20	2880.00
8	联网主干线	m	150	北京	5.60	840.00
9	PVC 线槽	m	850	北京	3.90	3315.00
10	合　计					33975.00

注：按1幢塔楼120户计算。

A　材料设备费　33975.00
B　工程安装费 A×30%　10192.50
C　工程造价 A+B　44167.50
D　税金 C×3.41%　1506.11
E　工程总造价　45673.61
F　平均单价　380.61 元/户

2.5　室外工程快速报价

包括大型土方（竖向布置）、道路、广场、围墙、大门、庭院绿化、上下水管道、暖气管沟、管道、庭院路灯、电缆线路（包括强弱电）等。在方案设计阶段均尚不够具体，通常只能按占全部建筑物、构筑物投资（包括设备）之和的5% ~10%估算。凡总平面占地面积较小或上述包括的内容较少者可取下限值，反之取上限值；如占地面积很大者（如小区住宅、综合大学等整体民用建筑项目），也可采用大于10%的指标（如12% ~15%）。高级宾馆、公寓等，由于其建筑物标准高，投资大，在较大城市中占用总图面积一般不大，其室外工程投资比例就相应降低，一般仅3% ~5%左右。

如设计方案深度较深，设计人员可提出大致的挖填土方量，道路、广场面积，围墙的长度，管线长度及各自的做法和规格时，则可采用编制概算的办法来确定相应的投资。有时，部分项目如土方、道路等的面积、长度，由于设计比较具体可以估算计算，而部分项目如管线等，在设计尚不具体时，可同时采用部分按概算办法计算和部分以建筑物、构筑物的投资之和的百分数计算相结合的办法估算，然后将两部分相加，得出全部室外工程的投资。

对于园林绿化工程，如有条件能单独计算面积时，在北京地区可根据不同档次的绿化标准，采用以下综合估算单价（不另取费）确定投资：

园林绿化工程综合估算单价 **表2-14**

高档绿化工程（包括花草、树木、假山、水池、花架等）	240 ~ 280元/m^2	道路另加200元/m^2
中档绿化工程（包括花草、树木、铺地等）	130 ~ 150元/m^2	道路另加80 ~ 100元/m^2
一般绿化工程（只包括花草、树木）	50 ~ 60元/m^2	道路另加50 ~ 60元/m^2
园林木结构建筑、筒瓦屋面	2500 ~ 2800元/m^2	
琉璃瓦屋面	2800 ~ 3100元/m^2	

第3章　投资估算、快速报价的常用数据

3.1　常用设计参数

3.1.1　各类民用建筑面积参考指标　见表3-1

各类民用建筑面积参考指标　　表3-1

序　号	名　称		单　位	建筑面积（m^2）	备　注
1	城市住宅	一室一厅	户	60 ~ 70	
		二室一厅	户	80 ~ 90	
		三室一厅	户	100 ~ 120	
		四室二厅	户	150 ~ 200	
2	集体宿舍		人	10 ~ 20	
3	行政办公		人	10 ~ 15	
4	科研建筑		人	30 ~ 50	
5	旅馆酒店		间	48 ~ 120	三星级 $80m^2$，四星级 $100m^2$，五星级 $120m^2$
6	饮食建筑		座	3.5 ~ 5.6	一级 $5.6m^2$，二级 $4.5m^2$，三级 $3.5m^2$
7	剧场		座	2 ~ 6	甲等 $5 \sim 6m^2$，乙等 $4 \sim 5m^2$，丙等 $2 \sim 3m^2$
8	电影院		座	1.6 ~ 2.6	甲等 $2.6m^2$，乙等 $2.1m^2$，丙等 $1.6m^2$
9	百货商场		m^2	例：10000	其中：营业面积占50%，仓储面积占30%，辅助面积占20%
10	综合医院		床	60 ~ 70	
11	中医院		床	70 ~ 90	
12	妇幼保健院		床	36 ~ 41	
13	疗养院		床	35 ~ 55	
14	小学校		生	6 ~ 7	
15	中学校		生	7.5 ~ 8.5	
16	高等院校		生	21 ~ 40	医、体科上限，财经、政法科下限
17	图书馆		万册	55 ~ 85	藏书册数少者上限，多者下限
18	幼儿园		生	9 ~ 11	
19	车库		辆	110 ~ 113	多层与地下停车库面积指标
20	铁路客运站		人	2.74 ~ 4.36	人指旅客最高聚集人数
21	铁路客运站		人	（小型）2.9 ~ 9 （中型）2.8 ~ 2.9	人指旅客最高聚集人数

3.1.2 民用建筑单位面积用电量参考指标 见表 3-2

民用建筑单位面积用电量参考指标表 表 3-2

序号	建筑物名称		用电量（W/m^2）	附注
1	住宅	低档	30	
		中档	40	
		高档	50	
2	旅馆	低档	60	
		中档	80	
		高档	100	
3	办公楼	一般	80	
		高级	120	
4	集体宿舍	低档	30	
		高档	50	
5	医院、疗养院	低档	60	
		中档	80	
		高档	100	
6	高等学校		40～60	
7	中小学		20～30	别墅 60～80
8	体育场	观众	60	
		运动员	40	
9	体育馆		60～100	
10	商店	一般	60～120	
		高级	120～200	
11	幼儿园		30	
12	食堂	一般	30～50	
13	高级餐厅		60～100	
14	图书馆		70	
15	公寓	一级	50	
		高级	70	
16	影剧院		80～120	
17	车库		20～30	

注：1kW 视同 1kVA 计算。

3.1.3 每 m^2 建筑面积供暖热负荷估算指标 见表 3-3

民用建筑供暖热负荷估算指标 表 3-3

建筑类型	qr（W/m^2）
住宅	50～70
别墅（1～2 层建筑）	100～125
办公	60～80
医院	65～80
试验楼	68～98
旅馆	60～70
影剧院	90～115
图书馆	45～75
幼儿园	65～80
学校	60～80
商店	65～75
礼堂	115～160
食堂	115～140
体育馆	115～160

3.1.4　每 m^2 建筑面积空调冷负荷估算指标　见表 3-4

民用建筑空调冷负荷估算指标 q1（W/m^2）　　**表 3-4**

建筑类型及房间名称		室内人数	建筑负荷	人体负荷	照明负荷	新风量	新风负荷	总负荷 q1
		人/m^2	W/m^2	W/m^2	W/m^2	m^2（人·h）	W/m^2	W/m^2
旅游旅馆	客房	0.1004	60	7	16～20	50	27	114
旅游旅馆	酒吧、咖啡	0.50	35	70	12～20	25	136	256
旅游旅馆	西餐厅	0.5	40	84	12～20	25	136	277
旅游旅馆	中餐厅	0.67	35	116	12～20	25	190	360
旅游旅馆	宴会厅	0.8	30	134	12～20	25	216	410
旅游旅馆	中庭、接待	0.13	90	17	60	18	24	191
旅游旅馆	小会议室	0.4	60	43	18～23	30	92	235
旅游旅馆	大会议室	0.5	40	88	18～23	30	190	358
旅游旅馆	理发、美容	0.25	50	41	50	25	67	208
旅游旅馆	健身房、保龄球	0.2	35	87	20	30	130	272
旅游旅馆	弹子房	0.2	35	46	30	30	65	176
旅游旅馆	棋牌室	0.05	35	63	40	25	136	274
旅游旅馆	舞厅	0.33	20	97	20	30	119	256
旅游旅馆	办公	0.1	40	14	18～23	30	27	131
旅游旅馆	商店、小卖部	0.2	40	31	35～45	18	40	151
旅游旅馆	科研、办公楼	0.25	40	28	18～23	30	43 130	151
商场	底层	1.0～1.2	35	160	35～45	20	104	365
商场	二层	0.83	35	128	35～45	20	65	307
商场	三层及三层以上	0.5	40	80	35～45	20	174	225
影剧院	观众席	2	30	228	15	20	216	447
影剧院	休息厅	0.5	70	64	20	30	55	370
影剧院	化妆室	0.25	40	35	50	20	65	180
体育馆	比赛馆（看台）	0.4	35	65	40	20	86	205
体育馆	观众休息厅	0.5	70	27.5	20	30	68	203
体育馆	贵宾室	0.13	58	17	30	50	27	173
图书馆、阅览室		0.1	50	14	30	25	68	121
展览厅、报告厅		0.25	58	31	20	25	136	177
会堂、报告厅		0.5	35	58	40	25	54	269
公寓、住宅		0.1	70	14	20	50		158
医院	高级病房							110
医院	一般手术室							150
医院	洁净手术室							300
医院	X 光、CT、B 超							150
餐馆								300

注：1. 中庭层高按 4.5m 计，若层高不同，可按每增高 2m，总负荷增加 20% 估计。
　　2. 本表总负荷为瞬时最大负荷。

3.1.5 民用建筑热水所需供热量参考指标 见表3-5

民用建筑热水所需供热量参考指标表 表3-5

建筑物名称	单位	供热量（kW）	每单位折合建筑面积（m^2）	说明
住宅	人·d	1.512~2.326	15~18 20~23	设有沐浴设备 （高值有浴缸）
集体宿舍				
低档	人·d	0.488~0.674	6~7	有盥洗室
中档	人·d	0.674~0.977	6~7	有盥洗室及浴室
旅馆、招待所				
低档	床·d	0.488~0.977	11.5~13	有盥洗室
中档	床·d	0.988~1.977	15~18	有盥洗室及浴室
较高	床·d	1.977~2.907	30~38	客房设有浴室
高级宾馆客房	床·d	2.907~3.837	40~45	
医院、疗养院				
低档	床·d	0.581~1.163	42~45	有盥洗室
中档	床·d	1.163~2.326	46~48	有盥洗室及浴室
高档	床·d	2.907~3.488	50~52	病房设有浴盆
门诊部、诊疗所	病人·次	0.099~0.157	4~5	
公共浴室	人·次	0.988~1.977		有淋浴、浴盆、池及理发室
理发室	人·次	0.099~0.233		
洗衣房	每kg干衣	0.291~0.488		
公共、营业食堂	人·次	0.081~0.116	4~5	
企业、机关、学校、居民食堂	人·次	0.058~0.099	1.8~2.0	
幼儿园、托儿所	儿·d	0.291~0.582	5.7~6.4	有住宿
幼儿园、托儿所	儿·d	0.163~0.291	5.7~6.4	无住宿
运动员体育场淋浴	人·次	0.488		

注：1. 热水水温度按65℃计算，冷热水温差按50℃计算。
2. 最高日用热水时间按3h计算。

3.1.6 民用建筑日用给水量参考指标 见表3-6、表3-7

住宅最高日生活用水定额及小时变化系数表 表3-6

住宅类型		卫生器具设置标准	用水定额（最高日）（L/（人·d））	小时变化系数
普通住宅	Ⅰ	有大便器、洗涤盆	85~150	3.0~2.5
	Ⅱ	有大便器、洗脸盆、洗涤盆和洗衣机、热水器和沐浴设备	130~300	2.8~2.3
	Ⅲ	有大便器、洗脸盆、洗涤盆、洗衣机、家用热水机组或集中热水供热和沐浴设备	180~320	2.5~2.0
别墅		有大便器、洗脸盆、洗涤盆、洗衣机、家用热水机组和沐浴设备	200~350	2.3~1.8

宿舍、旅馆和公共建筑生活用水定额及小时变化系数　　表 3-7

序号	建筑物名称	单位	最高日生活用水定额（L）	使用时数（h）	小时变化系数 K_h
1	宿舍 Ⅰ类、Ⅱ类、 Ⅲ类、Ⅳ	每人每日 每人每日	150～200 100～150	24 24	3.0～2.5 3.5～3.0
2	招待所、培训中心、普通旅馆 设公用盥洗室 设公用盥洗室、淋浴室 设公用盥洗室、淋浴室、洗 衣室 设单独卫生间、公用洗衣室	每人每日 每人每日 每人每日 每人每日	50～100 80～130 100～150 120～200	24	3.0～2.5
3	酒店式公寓	每人每日	200～300	24	2.5～2.0
4	宾馆客房 旅客 员工	每床位每日 每人每日	250～400 80～100	24	2.5～2.0
5	医院住院部 设公用盥洗室 设公用盥洗室、沐浴室 设单独卫生间 医务人员 门诊部、诊疗所 疗养院、休养所住房部	每床位每日 每床位每日 每床位每日 每人每班 每病人每次 每床位每日	100～200 150～250 250～400 150～250 10～15 200～300	24 24 24 8 8～12 24	2.5～2.0 2.5～2.0 2.5～2.0 2.0～1.5 1.5～1.2 2.0～1.5
6	养老院、托老所 全托 日托	每人每日 每人每日	100～150 50～80	24 10	2.5～2.0 2.0
7	幼儿园、托儿所 有住宿 无住宿	每儿童每日 每儿童每日	50～100 30～50	24 10	3.0～2.5 2.0
8	公共浴室 淋浴 浴盆、淋浴 桑拿浴（淋浴、按摩池）	每顾客每次 每顾客每次 每顾客每次	100 120～150 150～200	12 12 12	2.0～1.5
9	理发室、美容院	每顾客每次	40～100	12	2.0～1.5
10	洗衣房	每 kg 干衣	40～80	8	1.5～1.2
11	餐饮业 中餐酒楼 快餐店、职工及学生食堂 酒吧、咖啡馆、茶座、卡拉 OK 房	每顾客每次 每顾客每次 每顾客每次	40～60 20～25 5～15	10～12 12～16 8～18	1.5～1.2
12	商场 员工及顾客	每 m^2 营业厅面积每日	5～8	12	1.5～1.2
13	图书馆	每人每次	5～10	8～10	1.5～1.2
14	书店	每 m^2 营业厅面积每日	3～6	8～12	1.5～1.2
15	办公楼	每人每班	30～50	8～10	1.5～1.2

续表

序号	建筑物名称	单位	最高日生活用水定额（L）	使用时数（h）	小时变化系数 K_h
16	教学、实验楼 中小学校 高等学校	每学生每日 每学生每日	20～40 40～50	8～9 8～9	1.5～1.2 1.5～1.2
17	电影院、剧院	每观众每场	3～5	3	1.5～1.2
18	会展中心（博物馆、展览馆）	每 m^2 展厅面积每日	3～6	8～16	1.5～1.2
19	健身中心	每人每次	30～50	8～12	1.5～1.2
20	体育场（馆） 运动员淋浴 观众	每人每次 每人每次	30～40 3	4 4	3.0～2.0 1.2
21	会议厅	每座位每次	6～8	4	1.5～1.2
22	航站楼、客运站旅客	每人次	3～6	8～16	1.5～1.2
23	菜市场地面冲洗及保鲜用水	每 m^2 每日	10～20	8～10	2.5～2.0
24	停车库地面冲洗水	每 m^2 每次	2～3	6～8	1.0

注：1 除养老院、托儿所、幼儿园的用水定额中含食堂用水，其他均不含食堂用水。
2 除注明外，均不含员工生活用水，员工用水定额为每人每班40L～60L。
3 医疗建筑用水中已含医疗用水。
4 空调用水应另计。

3.1.7 民用建筑热水用量参考指标 见表3-8

民用建筑热水用量参考指标表 **表3-8**

序号	建筑物名称	单位	各温度时最高日用水定额（L）			
			50℃	55℃	60℃	65℃
1	住宅 有自备热水供应和淋浴设备 有集中热水供应和淋浴设备	每人每日 每人每日	49～98 73～122	44～88 66～110	40～80 60～100	37～73 55～92
2	别墅	每人每日	86～134	77～121	70～110	64～101
3	单身职工宿舍、学生宿舍、招待所、培训中心、普通旅馆 设公用盥洗室 设公用盥洗室、淋浴室 设公用盥洗室、淋浴室、洗衣室 设单独卫生间、公用洗衣室	每人每日 每人每日 每人每日 每人每日	31～94 49～73 61～98 73～122	28～44 44～88 55～88 66～110	25～40 40～60 50～80 60～100	23～37 37～55 46～73 55～92
4	宾馆、客房 旅客 员工	每床每日 每人每日	147～196 49～61	132～176 44～55	120～160 40～50	110～146 37～56
5	医院住院部 设公用盥洗室 设公用盥洗室、淋浴室 设单独卫生间 门诊部、诊疗所 疗养院、休养所住房部	每床每日 每床每日 每床每日 每人每日 每床每日	55～122 73～122 134～244 9～16 122～196	50～110 66～110 121～220 8～14 110～176	45～100 60～100 110～200 7～13 100～1602	41～92 55～92 101～184 6～12 92～146
6	养老院	每床每日	61～86	55～77	50～70	46～64

续表

序号	建筑物名称	单　位	各温度时最高日用水定额（L）			
			50℃	55℃	60℃	65℃
7	幼儿园、托儿所 有住宿 无住宿	 每人每日 每人每日	 25~49 12~19	 22~44 11~17	 20~40 10~15	 19~37 9~14
8	公共浴室 淋浴 淋浴、浴盆 桑拿浴（淋浴按摩池）	 每人每次 每人每次 每人每次	 49~73 73~98 85~122	 44~66 66~88 77~110	 40~60 60~80 70~100	 37~55 55~73 66~91
9	理发室、美容院	每人每次	12~19	11~17	10~15	9~14
10	洗衣房	每千克干衣	19~37	17~33	15~30	14~28
11	餐饮厅 营业餐厅 快餐店、职工及学生食堂 酒吧、咖啡厅、茶座、卡拉房	 每人每次 每人每次 每人每次	 19~25 9~12 4~9	 17~22 8~11 4~9	 15~20 7~10 3~8	 14~19 7~9 3~8
12	办公楼	每人每班	6~12	6~11	5~10	5~9
13	健身中心	每人每次	19~31	17~28	15~25	14~23
14	体育场（馆）运动员淋浴	每人每次	31~43	28~39	25~35	23~34
15	会议厅	每位每次	2~4	2~4	2~3	2~3

3.1.8　民用建筑变压器装置参考指标　见表3-9

民用建筑变压器装置参考指标　　表3-9

建筑类别	装置指标（VA/m²）
住宅建筑	20~50
公寓建筑	40~70
旅馆建筑	60~100
办公建筑	50~100
商业建筑	一般：60~120 大中型：90~180
体育建筑	60~100
剧场建筑	80~120
医疗建筑	60~100
教学建筑	大专院校：30~60 中小学校：20~30
展览建筑	80~120
演播室	500~800
汽车停车库	8~15

3.1.9 民用建筑日用煤气量参考指标 见表3-10

民用建筑日用煤气量参考指标表 表3-10

序号	类别	单位	用气量指标
1	住宅	MJ/（人·a）（1.0×10kcal/（人·a））	2721～3140（65～75）
2	职工食堂	MJ/（人·a）（1.0×10kcal/（人·a））	1884～2303（45～55）
3	饮食业	MJ/（座·a）（1.0×10kcal/（座·a））	7955～9211（190～220）
	托儿所、幼儿园		
4	全托	MJ/（人·a）（1.0×10kcal/（人·a））	1884～2512（45～60）
	日托	MJ/（人·a）（1.0×10kcal/（人·a））	1256～1675（30～40）
	旅馆、招待所		
5	有餐厅	MJ/（床位·a）（1.0×10kcal/（床位·a））	3350～5024（80～120）
	无餐厅	MJ/（床位·a）（1.0×10kcal/（床位·a））	670～1047（16～25）
6	高级宾馆	MJ/（床位·a）（1.0×10kcal/（床位·a））	8374～10467（200～250）
7	医院	MJ/（床位·a）（1.0×10kcal/（床位·a））	2931～4187（70～100）
8	理发	MJ/（人·次）（1.0×10kcal/（人·次））	3.35～4.19（0.08～0.1）

注：1. 日用煤气量每日平均按4h计算，如超时可按比例增加。
2. 煤气热值均按城市煤气低热值4200kcal/m^3 计算。

3.2 部分城市民用建筑建筑安装工程造价 见表3-11

部分城市民用建筑建筑安装工程造价参考指标（元/m^2） 表3-11

	石家庄	南京	武汉	西安	兰州	北京	上海	沈阳
1 住宅								
低层一般标准	800	1300	910	800	1500	1500	1500	1500
低层高标准	900	1700	1150	1000	1800	3200	4000	2800
多层一般标准	750	1400	1040	900～1000	1200	1500	1400	1500
多层高标准	850	1800	1270	1000～1200	1700	4000	4000	3600
高层一般标准	1600	1800	1530	1700～1800	2300	2500	2200	2800
高层高标准	1800	2500	1760	1900～2000	3000	4000	6000	3500
2 宿舍								
多层一般标准	720	1300	1150	950～1000	1300	1500	1500	1500
高层一般标准	1500	1700	1380	1100～1200	2000	2200	2000	2200
3 办公楼写字楼								
多层一般标准	800	1800	2630	2000～2500	1800	2600	3000	2600
多层高标准	900	2500	3250	2800～3200	2700～3000	3500	4000	3600
高层一般标准	1600	2000	3420	2500～3000	2500	3500	4500	3600
高层高标准	2800	2800	4640	3500～4000	3800	5000	7000	4500
4 宾馆酒店								
多层一般标准	1500	2200	2650	3000	2500	3000	3500	3500
高层一般标准	2100	2600	3780	4000	3200	4000	4000	4500
三星级	4000	3500	4860	5000～6000	4000～5000	5500	6500	5000
四星级	6000	4600	6580	6000～7000	6000～7000	7000	8000	6000
五星级	8000	5800	8850	7000～8000	8000～10000	8000	9000	7000
5 商店								
多层一般标准	1700	1800	2750	2500～3500	1800	2800	2500	2600
多层高标准	2300	2500	3920	3500～4500	2800	3600	3000	3800
高层一般标准	1600	2000	3430		2500	3000	4000	3000
高层高标准	2800	2800	4850		3600	5000	5000	4500

续表

	石家庄	南京	武汉	西安	兰州	北京	上海	沈阳
6　中小学校								
多层一般标准	1500	1600	1740	1600～1800	1600	2500	2500	2500
多层高标准	2000	2100	2250	1800～2200	2000	3200	4000	3800
7　医院								
多层一般标准门诊楼	3500	2400	2920	2400～3200	2100	3500	3500	3500
多层一般标准医技楼	4000	2500	2950	2400～3200	2500	4000	5000	4000
多层一般标准住院部	3000	2800	3420	2600～3000	2300	3000	4000	3000
高层一般标准住院部	3600	3500	3950	3600～4300	4500	4000	5000	4000

3.3　主要材料消耗指标及各类造价参考数据

3.3.1　民用建筑工程材料消耗参考指标　见表 3-12

民用建筑工程主要材料消耗参考指标　表 3-12

工程名称	结构类别	每平方米材料消耗		
		钢材（kg）	水泥（kg）	木材（m^3）
高层住宅	内浇外挂	80～90	215～225	0.03～0.04
高层住宅	框架	80～90	205～215	0.04～0.05
高层住宅	滑升	70～80	215～225	0.04～0.05
高层住宅	全装配	60～65	220～230	0.03～0.04
多层住宅	砖混	35～45	120～130	0.04～0.05
托幼	砖混	20～25	140～150	0.04～0.05
中小学	砖混	25～30	150～160	0.04～0.05
教学楼	砖混	25～30	160～170	0.04～0.05
教学楼	框架	80～90	210～230	0.04～0.05
图书馆	框架	100～110	210～230	0.05～0.06
办公楼	砖混	30～35	160～170	0.04～0.05
办公楼	框架 15 层以下框架	90～95	210～220	0.05～0.06
办公楼	16～20 层 框架 21～25 层	95～110	260～280	0.08～0.09
办公楼	框架 26～30 层	100～120	280～300	0.10～0.12
实验楼	砖混	30～35	170～180	0.05～0.06
实验楼	框架	80～100	220～240	0.06～0.07
食堂	砖混	30～35	170～180	0.04～0.05
计算机房	砖混	25～30	190～200	0.06～0.07
医院	砖混	35～40	240～260	0.05～0.06
医院	框架	80～100	260～270	0.08～0.09
冷库	框架	100～110	320～340	0.03～0.04
商业楼	砖混	35～40	160～180	0.05～0.06
商业楼	框架	80～100	230～250	0.06～0.07
书店	砖混	35～40	210～220	0.05～0.06
书库	砖混	40～50	150～160	0.04～0.05

续表

工程名称	结构类别	每平方米材料消耗		
		钢材（kg）	水泥（kg）	木材（m^3）
邮局	砖混	35~40	180~190	0.04~0.05
商店	砖混	35~40	180~190	0.04~0.05
旅馆	砖混	35~40	150~160	0.04~0.05
旅馆	框架	80~90	220~240	0.08~0.09
高层饭店	框架	85~95	270~300	0.09~0.10
浴池	砖混	35~40	150~170	0.04~0.05
淋浴	砖混	30~40	150~160	0.04~0.05
外交公寓	砖混	25~30	170~190	0.07~0.08
外交公寓	高层框架	80~90	220~230	0.08~0.09
小型使馆	砖混	30~35	250~280	0.10~0.12

3.3.2 民用建筑结构部分造价参考指标 见表3-13

结构部分造价参考指标 **表3-13**

序号	项目	计量单位	估算指标（元）
1	五级人防或地下室	地下面积 m^2	1500~2000
2	四级人防	人防面积 m^2	2200~2500
3	基础（条、柱基、满堂基础等或其综合）	土建造价%	8~12
4	上部框架结构	上部建筑面积 m^2	400~650
5	上部砖混结构	上部建筑面积 m^2	160~250

注：本造价指标均不含其他直接费及现场经费（一般列入全部土建工程造价内），但已包括间接费及利税。

3.3.3 民用建筑给水排水工程单方造价 见表3-14

民用建筑给水排水工程单方造价参考指标 **表3-14**

序号	项目	单价	附注
1	多层砖混住宅	45~60	给水排水工程中包括一般消防设施
2	高层全现浇住宅	55~80	
3	中小学	30~40	
4	托儿所、幼儿园	50~60	
5	办公楼（一般标准）	30~40	
6	教学楼	30~40	
7	理化楼	50~60	
8	科研楼	60~80	
9	图书馆	30~40	
10	电影院	50~60	
11	食堂	70~80	
12	社会旅馆	90~110	
13	商业服务楼	45~55	
14	车库	30~40	
15	仓库（单层）	20~30	
16	仓库（多层）	30~40	

3.3.4　民用建筑每 100m² 建筑面积主要工程量指标　见表 3-15

民用建筑每 100m² 建筑面积主要工程量指标　　表 3-15

序号	项　　目	单　位	工程量指标
	一、结构部分		
	(一) 基础		
1	钢筋混凝土现、预制桩（长 10m 内）	$m^3/100m^2$ 基础面积	45~60
2	钢筋混凝土单层地下室（箱基）：		
	(1) 底板厚 0.5m 内（其中底板 50%，顶板 50%，其余为内外墙、柱等）	$m^3/100m^2$ 基础面积	100~110
	(2) 底板厚 0.8 内（其中顶板 10%，余同 (1)）	$m^3/100m^2$ 基础面积	150~160
	(3) 底板厚 1.0m 左右（其中顶板 8%，余同 (1)）	$m^3/100m^2$ 基础面积	200~220
3	条基、柱基或综合基础	土建造价（不含打桩）	8%~12%
	(二) 上部结构		
1	现浇框架结构（框剪、框筒等）钢筋混凝土 其中：柱 16%，框架梁 22%，板底梁 9%，有梁板 23%，内墙 21%，电梯井壁 7%，其他 2%	$m^3/100m^2$ 上部建筑面积	30~45
2	现浇剪力墙结构（高层住宅为主）钢筋混凝土 其中：墙体 60%，板 30%，电梯井壁 4%，楼梯、阳台、挑檐 5%，其他 1%	$m^3/100m^2$ 上部建筑面积	35~40
3	砖混结构（多层住宅为主，不含砖墙）钢筋混凝土 其中：板 40%，梁 8%，构造柱 18%，圈梁 10%，过梁 5%，墙体 6%，楼梯、阳台、挑檐等 13%	$m^3/100m^2$ 上部建筑面积	20~25
	二、建筑装修部分		
1	楼地面（不同做法再次分摊）	$m^2/100m^2$ 建筑面积	80~90
2	顶棚	$m^2/100m^2$ 建筑面积	80~90
3	楼地面防水（面积小者取上限）	$m^2/100m^2$ 防水地面面积	120~150
4	屋面找平、保温、架空屋	m^2	占地面积
5	屋面防水卷材	$m^2/100m^2$ 屋面面积	105~120
6	窗	$m^2/100m^2$ 建筑面积	10~18
7	门	$m^2/100m^2$ 建筑面积	5~10
8	楼梯投影面积	$m^2/100m^2$ 建筑面积	4~7
9	楼梯栏杆	$m^2/100m^2$ 建筑面积	2~3
10	外墙（不同厚度）	$m^2/100m^2$ 建筑面积	50~80
11	内墙（不同厚度，不适用大空间建筑）	$m^2/100m^2$ 建筑面积	50~90
12	外墙面层（不同做法再次分摊）	$m^2/100m^2$ 建筑面积	60~90
13	内墙面层（不同做法再次分摊）	$m^2/100m^2$ 建筑面积	150~260
	三、其他次要项目	20%~30%	按主要工程量直接费之和计算，装修标准高者取下限，一般取上限。

3.3.5　民用建筑土建工程中建筑与结构的造价比　见表 3-16

民用建筑土建工程中建筑与结构的造价比　　表 3-16

序　号	结构类型	建筑造价：结构造价	备　注
1	一般砖混结构	6.5：3.5	
2	框架结构（一般标准）	4：6	系指建筑标准
3	框架结构（略高标准）	5~6：5~4	系指建筑标准

续表

序　　号	结构类型	建筑造价：结构造价	备　　注
4	砖混结构别墅	7.5～8：2.5～2	
5	框架结构体育馆	4.5：5.5	

3.3.6 住宅建筑中各单位工程造价比　见表 3-17

住宅建筑中各单位工程造价比　　**表 3-17**

序　　号	单位工程名称	造价比率（%）		附　　注
		多　　层	高　　层	
1	土建工程	81.2～82.4	80.0～81.6	
2	水卫工程	4.8～5.4	3.2～5.2	
3	暖通工程	3.6～4.4	2.0～3.6	通风系指有人防者
4	电气工程	5.2～5.6	2.0～3.0	
5	弱电工程	1.5～1.7	0.3～0.5	系指共用天线
6	煤气工程	1.7～1.9	0.7～0.8	
7	电梯工程	-	8.0～9.0	
	合　　计	100	100	

注：本表系根据北京地区当前的造价标准测算的，其中多层住宅为砖混结构；高层住宅为内浇外砌大模板，全现浇钢筋混凝土结构等。

3.3.7 高级旅馆建筑造价构成比　见表 3-18

高级旅馆建筑造价构成比　　**表 3-18**

项　　目	造价比率（%）	项　　目	造价比率（%）
±0.00 以下基础或地下室	5～15	建筑工程合计	58～80
主体结构	20～30	其他投资	20～50
建筑装修	20～30	总　　计	100
机电设备	30～50		

注：其他投资用于征地、拆迁、市政及公共设施、园林绿化、家具及炊具购置、职工培训等。

3.3.8 公共建筑中各单位工程造价比　见表 3-19

公共建筑中各单位工程造价比　　**表 3-19**

序　　号	单位名称	造价比（%）	附　　注
1	土建工程 其中：建筑装修 结构	65～66 34～35 31～31	
2	给水排水工程	7～8	含消防喷淋
3	采暖及空调	11～12	

续表

序　　号	单位名称	造价比（%）	附　　注
4	强电工程	8~9	
5	弱电工程	4~5	
6	电梯	2~3	
	合计	100	

3.3.9　多层砖混结构民用建筑各种不同条件时的造价比　见表 3-20

多层砖混结构民用建筑各种不同条件时的造价比　　表 3-20

序号	项　　目		所　占　造　价　的　比　例							
1	不同层高	单层	单层多跨建筑物其高度增加 1m，造价增加 1.5%~3%							
		多层	层高（m）	2.8	3	3.2	3.4	3.6	3.8	
			造价（%）	99	100	103	107	110	113	
2	不同层数		层数	1	2	3	4	5	6	
			造价（%）	100	90	84	80	82	85	
3	不同外形		外形	长方形	L 形	H 形	Y 形	U 形	圆形	
			造价（%）	100	103~108	102~105	103~107	105~109	107~113	
4	不同走廊形式		走廊形式	内廊	内外廊	梯间	外廊	半内廊		
			造价（%）	100	101	106	107	110		
5	不同进深		进深（m）	4.4	4.8	5.2	5.6	6.0		
			造价（%）	101	100	99	98	97		
6	不同开间		开间（m）	2.8	3	3.2	3.4	3.6	3.8	4
			造价（%）	107	104	102	100	99	97	96
7	不同户型平均居住面积		面积（m^2）	24	27	31	44	50	55	57
			造价（%）	104	102	100	98	97	95	94
8	不同单元组合		单元	2	3	4	5	6	7	
			造价（%）	100	96.8	95.2	94	93.4	92.8	

3.3.10　地震烈度对土建工程造价的影响　见表 3-21

地震烈度对土建工程造价的影响数据　　表 3-21

序号	建、构筑物类别		5 度	6 度	7 度	8 度	9 度	备　　注
1	民用建筑	砖混结构	1.00	略低于 7 度	1.05	1.10		住宅、宿舍、办公楼等
2		框架结构	1.00		1.06	1.10	1.15	
3	构筑物	设备基础	1.00		1.03	1.10	1.20	
4		水塔	1.00		1.10	1.20	1.40	
5		砖烟囱	1.00		1.02	1.08		
6		钢烟囱	1.00		1.06	1.11	1.22	
7		管道支架	1.00		1.02	1.08	1.10	

3.3.11 不同类型建筑工程造价构成参数 见表 3-22

各种类型工程造价构成 表 3-22

工程类型	各种费用占造价的百分比								
	直接费						施工管理费	其他间接费	其他
	人工费	材料费	机械费	商品构件费	其他	小计			
办公楼	8.49	64.19	4.35	3.13	0.41	80.57	10.80	4.00	4.63
住宅	6.44	58.16	2.94	5.43	2.93	75.90	11.49	5.31	7.30
图书馆	5.95	60.82	3.45	7.69	0.48	78.39	10.90	3.94	6.77
实验楼	6.68	65.94	2.91	6.31	0.02	81.86	9.72	4.00	4.42
俱乐部、电影院	6.67	63.35	2.96	8.33	0.06	81.37	9.56	4.37	4.70
教学楼	8.00	62.93	5.41	4.96	—	81.30	10.18	4.68	3.84
医院	7.07	67.12	2.78	3.88	—	80.75	9.45	5.71	3.99

3.3.12 不同类型工程各分部工程直接费占造价的比例表 见表 3-23

不同类型工程各分部工程直接费占造价的比例 表 3-23

工程类型	各分部工程占造价的百分比								
	基础工程	结构工程	屋面工程	门窗工程	楼地面工程	室内装饰工程	外墙装饰工程	脚手架工程	其他工程
办公楼	11.30	30.50	2.55	12.58	5.48	8.49	6.16	2.15	1.36
住宅	8.22	35.87	3.41	10.73	4.76	6.05	2.44	1.82	2.17
图书馆	9.66	30.65	2.44	11.87	4.66	11.72	3.76	1.06	2.58
实验楼	11.31	35.54	2.23	10.61	5.18	10.20	3.83	2.42	0.56

3.3.13 居住建筑采暖方式年运行费 见表 3-24

居住建筑采暖方式年运行费表 单位：元/m^2 表 3-24

采 暖 方 式	能耗量	人工费	修理费	折旧费	运行费	费用排序	备 注
蓄热式电锅炉	38.08		3.52	4.55	45.75	1	
电热膜供热	23.75		1.58	18	43.33	2	
燃气分散锅炉房	30.75	0.72	3.13	3.8	38.58	3	
燃油分散锅炉房	29.56	0.72	3.36	3.85	37.49	4	
楼栋式燃气锅炉房	27.27	0.64	2.48	2.87	33.26	5	
楼栋式燃油锅炉房	26.6	0.64	2.53	2.92	32.69	6	
燃气壁挂式采暖炉	19.21	0.12	4.83	7.61	31.77	7	
中小型分户自控式蓄热电锅炉	22.36		2.96	6.38	31.7	8	
燃气大型供热厂	10.82	1.32	6.33	7.16	25.63	9	
燃煤大型热电厂	6.46	0.94	8.04	8.97	25.18	10	
燃煤大型集中锅炉房	11.37	1.32	5.01	5.72	23.42	11	

3.3.14 民用建筑采暖工程估算参考指标 见表 3-25

民用建筑采暖工程估算参考指标 表 3-25

序 号	项 目		采 暖 造 价 指 标			
			一般锅炉热源	城市供热热源	一般锅炉热源	城市供热热源
			元/W		元/m^2	
1	住宅	单层 多层 高层	0.8～0.83 1～1.05 1.1～1.15	0.9～0.95 1.15～1.2 1.2～1.3	65～75 45～70 50～78	75～85 50～80 58～90
2	办公楼、学校		0.95～1.05	1～1.2	63～84	70～95
3	医院、幼儿园		1.12～1.15	1.2～1.3	75～90	85～103
4	旅馆、饭店		1～1.05	1.15～1.2	60～75	69～85
5	图书馆		1.07～1.1	1.2～1.25	50～70	58～80
6	商店		1～1.05	1.15～1.2	65～85	75～95
7	食堂、餐厅		0.75～0.85	0.85～0.97	80～95	90～105
8	影剧院		1～1.05	1.15～1.2	85～105	97～120
9	礼堂、体育馆		1.03～1.05	1.18～1.2	105～145	120～160

注：1. 一般锅炉热媒为95/70℃，城市供热热源为125/70℃。
2. 总建筑面积大、外围结构热工性能好，窗户面积小，采用下限，反之则可采用上限。

3.3.15 民用建筑中央空调通风工程估算参考指标 见表 3-26

民用建筑中央空调通风工程估算参考指标 表 3 26

序 号	项 目	造 价 指 标		备 注
		元/W	元/m^2	
1	宾馆、饭店	5～6.36	550～700	
2	写字楼	6.50～7.91	600～720	
3	科研、办公楼	6.10～7.92	500～650	
4	医院、幼儿园	6.74～9.27	465～640	
5	图书馆	10.00～11.84	380～450	
6	商店	5.70～6.58	650～750	
7	餐厅	5.10～5.87	580～670	
8	体育馆	6.14～7.02	700～800	
9	影剧院、会堂	5.22～6.09	600～700	

注：1. 本表适用于夏季室温 24～26℃采用制冷机组系统。
2. 其他功能建筑物可参照功能相近类别建筑物考虑。如博物馆可参考图书馆、展览馆可参考商店。

3.3.16 民用建筑变配电工程估算参考指标 见表3-27

民用建筑变配电工程估算参考指标 表3-27

序号	项目	造价指标		备注
		元/kVA	元/m^2	
1	宾馆、饭店	1200 ~ 1350	105 ~ 135	
2	写字楼	1150 ~ 1300	95 ~ 127	
3	科研、办公楼	1058 ~ 1230	93 ~ 115	
4	医院	968 ~ 1054	87 ~ 104	
5	图书馆	850 ~ 986	70 ~ 90	
6	商厦	900 ~ 1000	85 ~ 100	
7	餐厅、酒楼	947 ~ 1050	90 ~ 110	
8	体育馆	1042 ~ 1210	98 ~ 120	
9	影剧院、会堂	1100 ~ 1240	115 ~ 138	

注：其他功能建筑物可参照功能相近类别建筑物考虑，如博物馆可参考图书馆、展览馆可参考商厦。

3.3.17 民用建筑动力配线估算参考指标 见表3-28

民用建筑动力配线估算参考指标 表3-28

序号	项目		造价指标		备注
			元/kW	元/m^2	
1	宾馆、饭店	高档	1015 ~ 1340	113 ~ 138	
		中档	850 ~ 1120	70 ~ 95	
		一般	480 ~ 590	50 ~ 87	
2	写字楼		450 ~ 580	65 ~ 74	
3	科研、办公楼		435 ~ 580	52 ~ 70	
4	医院		850 ~ 1000	71 ~ 92	
5	图书馆		350 ~ 500	45 ~ 62	
6	商厦	高档	1300 ~ 1500	125 ~ 150	
		中档	935 ~ 1250	78 ~ 105	
		一般	405 ~ 525	55 ~ 74	
7	餐厅、酒楼		900 ~ 1150	75 ~ 95	
8	体育馆		750 ~ 920	69 ~ 85	
9	影剧院、会堂		550 ~ 825	63 ~ 79	

3.3.18　民用建筑空调耗电量指标　见表 3-29

民用建筑空调耗电量指标　　表 3-29

	建筑类别和房间名称	空调耗电量指标（W/m²）
旅馆	走道	69～86
	客房	43～60
	酒吧、咖啡、娱乐厅	60～86
	洗手间	60
	厨房	86～103
写字楼	一般办公楼	52～60
	高级办公楼	55～86
	私人办公楼	60
	会议室	52～69
	制图室	60
饭店	餐厅	60
	快餐厅	55～86
	普通厨房	60
	电气化厨房	86～103
商店	百货店	86
	珠宝店	60
	美容理发店	52～95
	服装店、医药店	43～78
	医院	43～60
	舞厅	86
	夜总会舞台	129～190
	剧院	60
	计算机房	129～258

3.3.19　制冷机单位制冷量的耗电，耗气和耗水指标　见表 3-30

制冷机单位制冷量的耗电，耗气和耗水指标　　表 3-30

制冷机类型		耗电量（kW/kW）	耗气量（kg/（kW·h））	耗冷却水量（m³/（kW·h））
旋涡式冷水机组		0.20～0.26	—	0.21～0.23
活塞式冷水机组		0.25～0.30	—	0.22～0.26
螺杆式冷水机组		0.18～0.25	—	0.20～0.26
离心式冷水机组		0.20～0.23	—	0.20～0.28
溴化锂吸收式冷水机组	单效	0.005～0.01	2.0～2.6	0.26～0.35
	双效	0.004～0.015	1.2～1.5	0.25～0.30
	直燃	0.004～0.010	0.05～0.1	0.28～0.30

注：1. 耗电量指标均根据水冷方式进行统计。
2. 远大制冷机。

3.3.20 冷（热）媒水系统的估算容水量（L/m^2 建筑面积） 见表 3-31

冷（热）媒水系统的估算容水量 表 3-31

系 统	全空气系统	空气-水系统
供热：热水锅炉	1.25～2.00	1.20～1.90
热交换器	0.40～0.55	0.70～1.30
供 冷	0.40～0.55	0.70～1.30

3.3.21 民用建筑工程用工参考指标 见表 3-32

民用建筑工程用工参考指标 表 3-32

序 号	工程名称	劳务用工（工日/m^2）		备 注
		钢筋混凝土结构	钢结构	
1	多层住宅	7～9		
2	高层住宅	8～10		
3	公寓楼	10～12		
4	幼儿园	10～12		
5	中小学	8～10		
6	教学楼	10～12		
7	图书馆	14～16	12～14	
8	科研楼	14～16	12～14	
9	实验楼	12～14	10～12	
10	食堂	6～8		
11	医院门诊楼	14～16		
12	医院病房楼	12～16		
13	办公楼	12～14	10～12	
14	商业楼	18～20	16～18	商业城、购物中心、百货公司
15	副食商场	10～14	10～12	
16	旅馆	12～15		
17	宾馆、饭店	18～22	16～20	
18	影剧院	20～25	18～22	
19	体育馆	22～26	20～22	
20	游泳馆	18～20	16～18	
21	展览中心（馆）	18～20	16～18	
22	广播电视楼	20～22	18～20	
23	其他（一般）	6～8		
24	其他（高级）	10～14		

3.3.22 各类分项工程造价 见表 3-33

各类分项工程造价表（北京 2004 定额直接费） 表 3-33

项目	单位	深 5m 内	深 13m 内	深 13m 外	（有地下室挖土方，首层面积 > 400m^2）			
挖土方	元/m^3	49.60	76.65	83.72				
项目	单位	预制桩长 12m 内	预制管桩	现浇桩 ϕ1m 内	现浇桩 ϕ1m 外	灰土桩		
桩基础	元/m^3	1573.87	1559.67	842.71	868.45	260.53		

续表

项目	单位	钢板护坡桩	钢板护坡桩20m 外	钢筋混凝土槽深 20m 内				
护坡桩	元/m^3	703.98	754.99	819.04				

项目	单位	C30 满堂红扳基	C30 满堂红筏基	C20 带型基础无梁式（框排架）	C20 带型基础有梁式（框排架）	C20 独立基础（框排架）	C20 杯形基础（框排架）	C30 现浇基础梁
基础	元/m^3	784.34	1027.55	512.55	591.63	559.08	455.67	978.51

项目	单位	预制基础梁	（其他结构）砖基础	（其他结构）毛石基础	C20 设备基础			
基础	元/m^3	916.58	386.03	268.32	473.21			

项目	单位	240 砖外墙	240 黏土空心砖外墙	240 加气块墙	CL20 300 陶粒混凝土外墙	CL20 300 普通混凝土外墙		
外墙	元/m^2	102.79	100.73	66.64	369.89	342.73		

项目	单位	240 砖内墙	240 砖框架间内墙	240 黏土空心砖内墙	C20 160 陶粒混凝土内墙	C20 160 普通混凝土内墙	200 厚电梯井壁	预制内墙板 120 厚
内墙	元/m^2	85.99	46.83	88.93	189.76	180.63	309.02	94.31

项目	单位	硬木半玻璃隔段	铝合金半玻璃隔段	轻龙骨单排石膏板	轻龙骨双排石膏板	轻质聚苯板保温墙	轻质软木板保温墙	玻璃砖墙
间隔墙	元/m^2	603	450.29	77.26	154.87	257.47	305.39	241.19

项目	单位	C30 矩形柱	C30 圆形多角柱	C30 劲性钢骨架柱	预制矩形柱	预制工形柱		
柱	元/m^3	1379.18	1571.01	5745.67	1982.75	2206.55		

项目	单位	木梁	现浇 C30 矩形梁	现浇 C30 框架梁	预制屋架	预制吊车梁	预制梁	现浇 C25 圈梁
梁	元/m^3	2034.16	1481.06	1364.81	2181.36	1545.39	1673.36	817.01

项目	单位	C30 平板 100 厚	预制迭合板 200 厚	C30 无粘结预应力板				
板	元/m^2	118.11	49.45	252.04				

项目	单位	预制圆孔板	预制槽形板		预制平板	混凝土钢筋	无粘结预应力钢丝束	
板	元 m^2	72.58 113.21	153.04		110.69	3942 元/t	9084 元/t	

项目	单位	现浇 C25 楼梯	预制楼梯					
楼梯	元/m^2	216.68	120.76					

项目	单位	铁栏杆硬木扶手	铁栏杆塑料扶手	镀铬栏杆硬木扶手	铝合金栏杆硬木扶手	钢玻璃栏杆不锈钢扶手	不锈钢栏杆扶手	铜栏杆扶手
栏杆扶手	元/m^2	260.8	143.88	385.8	290.64	462.03	758.7	1224.87

续表

项目	单位	镶板门	纤维板门	安全户门	多玻璃门	半截玻璃门	自由门（硬木）	铝合金平开门
门	元/m²	781.7	225.07	502.16	394.19	343.28	869.62	491.63
项目	单位	木制一玻一纱窗	木制百叶窗	木制多面纱窗	木制固定窗	彩板窗	铝合金双玻窗	
窗	元/m²	300.98	264.05	323.73	255.45	374.98	445.08	
项目	单位	铝合金中空玻璃窗	铝合金单玻窗	铝合金单玻推拉窗	塑钢双玻窗	塑钢单玻平开窗	塑钢固定窗	
窗	元/m²	497.88	367.44	310.1	398.46	356.67	272.64	
项目	单位	细石混凝土	混凝土（无筋）	混凝土（有筋）	塑胶	彩色聚氨酯	预制磨石	现制磨石
地面	元/m²	22.2	25.56	33.39	182.58	72.49	97.1	99.19
项目	单位	现制磨石	预制磨石	地砖	锦砖（彩色）	金属瓷砖	大理石	花岗岩
楼面	元/m²	39.95	87.86	50.94	35.16	263.52	169.42	173.42
项目	单位	玻璃地砖	单层硬木地板	双层硬木地板	复合木地板	软木地板	密实混凝土	
楼面	元/m²	606.61	245.96	348.02	185.69	384.74	24.16	
项目	单位	架空板	彩色水泥砖	刚性混凝土蛭石	人造羊皮	水泥砂浆面层		
屋面	元/m²	88.08	95.02	71.34	70.24	59.22		
项目	单位	氧化沥青防水卷材	聚氨酯四涂	三元乙丙卷材	绿化聚乙烯	氯丁橡胶卷材	APP 改性沥青防水	
屋面防水	元/m²	33.54	40.99	61.4	55.31	51.1	67.22	
项目	单位	砖墙勾缝	水刷石	涂料	贴锦砖	大理石	磨光花岗岩	干挂花岗岩
外墙面	元/m²	3.93	24.23	13.54	70.25	227.34	340.52	429.66
项目	单位	瓷质板	干挂树脂板	单玻玻璃幕墙	金属釉面砖	剁斧石	干黏石	水泥砂浆
外墙面	元/m²	215.88	105.57	1265.79	102.28	48.09	19.58	13.13
项目	单位	抹石灰砂浆	涂料	贴墙纸	贴纺织锦缎	贴瓷砖	贴大理石	贴花岗岩
内墙面	元/m²	2.97	9.69	29.05	129.62	56.24	262.65	299.43
项目	单位	胶合板	石膏拉毛	多彩涂料	防石涂料	石膏板墙裙	铝塑板墙面	防火塑料墙面
内墙面	元/m²	68.5	13.4	10.16	35.76	15.16	79.44	66.01
项目	单位	金属条形吊顶	石膏板吊顶	PVC 吊顶				
装修	元/m²	131.5	54.75	73.75				
项目	单位	窗防护栏	包窗套	窗帘盒（明）	窗帘盒（暗）			
装修	元/m²	158.49	51.2	58.58	65.51			

3.3.23　部分城市主要建筑材料价格信息　见表 3-34

部分城市主要建筑材料价格　　　表 3-34

材料名称	规　格	单位	北京	天津	西安	沈阳	上海	太原	广州	石家庄
普线	ϕ6.5	元/t	4950	4730	5050	4780	4710	5020	4900	5100
普线	ϕ8	元/t	4950	4730	5030	4780	4710	5000	4950	5100
普线	ϕ10	元/t	4950	4730	5050	4780	4710	5000	5000	5150
Ⅱ级螺纹钢	ϕ12 HRB335	元/t	5350	5200	5180	5020	5100	5100	5220	5450
Ⅱ级螺纹钢	ϕ14 HRB335	元/t	5400	5200	5180	5020	5100	5100	5120	5400
Ⅱ级螺纹钢	ϕ16 HRB335	元/t	5150	5200	5140	4890	4900	4920	5050	5400
Ⅱ级螺纹钢	ϕ18～25 HRB335	元/t	5220	5200	5120	4890	4900	5000	5050	5250
型材										
等边角钢	25×25×3-4　Q235	元/t	5250	5100	5750	4950	5050	5300	5400	5580
等边角钢	50×50×4-5　Q235	元/t	5250	5100	5750	4950	5050	5400	5400	5620
槽钢	8#　Q235	元/t	5350	5100	5750	4950	5150	5550	5150	5600
槽钢	20#　Q235	元/t	5100	5200	5850	5050	5000	5400	5150	5650
槽钢	32#　Q235	元/t	5200	5300	5850	5050	5550	5700	5200	5100
工字钢	Ⅰ　12.6	元/t	5300	5050	5780	5100	5400	5450	5400	5200
工字钢	Ⅰ　20	元/t	5300	5150	5780	5200	5400	5450	5400	5200
工字钢	Ⅰ　28	元/t	5400	5250	5950	5300	5420	5580	5600	5200
工字钢	Ⅰ　40	元/t	5550	5300	5950	5400	5750	5600	5800	6000
工字钢	Ⅰ　45	元/t	6000	5410	6000	5500	5800	5650	5880	6050
板材										
热轧薄板	0.8mm Q195～255	元/t	6450	6350	6400	6570	6300	6600	6130	6900
热轧薄板	1.5mm Q195～255	元/t	6400	6400	6400	6570	6220	6600	6130	6900
热轧薄板	2.0mm Q195～255	元/t	6400	5450	5600	5400	5750	5800	5700	5550
中厚钢板	8mm　Q235	元/t	5950	5900	6700	6300	6720	5400	6170	6350
中厚钢板	25mm　Q235	元/t	5550	5300	5700	5950	6020	5400	5720	5580
中厚钢板	40mm　Q235	元/t	5600	5300	5700	5500	6020	5400	5720	5580
花纹钢板	4.0～5.0mm	元/t	5900	5700	4350	5700	5750	5700	5850	5780
管材										
热镀锌管	*DN*15　壁厚 2.75mm	元/t	7250	7050	7150	7020	6890	6750	7050	6900
热镀锌管	*DN*20　壁厚 2.75mm	元/t	7250	7060	7160	7030	6890	6700	7060	6900
热镀锌管	*DN*25　壁厚 3.25mm	元/t	7250	6820	6920	6820	6770	6600	6820	6800
热镀锌管	*DN*50　壁厚 3.5mm	元/t	7150	6530	6830	6500	6700	6600	6530	6750
焊接钢管	*DN*15　壁厚 2.75mm	元/t	6130	5460	5800	5430	5800	5700	5550	5880
焊接钢管	*DN*20　壁厚 2.75mm	元/t	6140	5460	5800	5450	5800	5700	5550	5850
焊接钢管	*DN*25　壁厚 3.25mm	元/t	6140	5430	5750	5450	5740	5650	5450	5800

续表

材料名称	规　　格	单位	北京	天津	西安	沈阳	上海	太原	广州	石家庄
焊接钢管	*DN*50 壁厚3.5mm	元/t	6100	5350	5630	5450	5480	5600	5460	5580
无缝钢管	25×2.5 20#	元/t	7650	6900	8300	7600	8600	7600	8400	8650
无缝钢管	45×3.5 20#	元/t	7660	6900	8300	7600	7050	7600	7650	7100
无缝钢管	108×4.5 20#	元/t	7700	7000	8200	7600	6800	7600	7650	6850
木材及制品										
三合板	2440×1220×3	元/张	35	35	38	30	43	30	25	32
细木工板	2440×1220×18	元/张	103	130	115	95	108	70	120	90
素刨花板	2440×1220×18	元/张	120	82	66	68	85	66	75	60
中密度纤维板	2440×1220×18	元/张	121	96	89	83	94	96	98	83
商品混凝土										
商品混凝土	C15	元/m^3	235	245	230	210	235	250	215	275
商品混凝土	C20	元/m^3	250	260	230	210	235	270	250	280
商品混凝土	C25	元/m^3	262	270	240	220	240	290	265	295
商品混凝土	C30	元/m^3	275	285	260	240	260	300	283	305
商品混凝土	C35	元/m^3	305	310	280	250	270	325	312	315
防水材料										
SBS改性沥青防水卷材	聚酯胎3mm	元/m^3	16	19	20	24	29	20	21	17
SBS改性沥青防水卷材	聚酯胎4mm	元/m^3	18	19	24	26	30	20	23	19
APP改性沥青防水卷材	聚酯胎3mm	元/m^3	35	15	24	15	29	24	20	20
APP改性沥青防水卷材	聚酯胎4mm	元/m^3	33	17	25	17	30	24	22	23
门窗										
铝合金推拉门	45系列 半玻门 双层白玻	元/m^3	450	400	400	450	550	425	580	340
铝合金推拉门	90系列 半玻门 双层白玻	元/m^3	460	420	420	460	560	450	590	380
铝合金推拉窗	45系列 双层白玻	元/m^3	600	360	370	350	380	370	350	350
铝合金推拉窗	90系列 双层白玻	元/m^3	620	370	380	370	400	390	400	380
塑钢推拉门	60系列 半玻门 单层白玻	元/m^3	338	254	260	246	246	300	220	200
塑钢推拉门	88系列 半玻门 单层白玻	元/m^3	345	254	260	290	268	310	240	230
塑钢推拉窗	60系列 双层白玻	元/m^3	320	240	230	260	290	285	240	250
塑钢推拉窗	88系列 双层白玻	元/m^3	330	260	250	280	325	320	280	260
电线电缆										

续表

材料名称	规　　格	单位	北京	天津	西安	沈阳	上海	太原	广州	石家庄
聚氯乙烯绝缘线	450/750V BV2.5mm^2	元/m	5.98	4.5	4.25	4.23	4.65	3.75	3.98	3.75
聚氯乙烯绝缘线	450/750V BV4mm^2	元/m	9.11	8	7.25	7.65	7.02	6.75	6.35	6.92
聚氯乙烯绝缘线	450/750V BV16mm^2	元/m	13.1	12.5	10.1	10.3	10.4	8	13.2	12.3
聚氯乙烯绝缘线	450/750V RV6mm^2	元/m	20.8	18.6	18	18.5	18.3	17.7	18.1	17.4
聚氯乙烯绝缘线	450/750V RV10mm^2	元/m	32.2	28.4	26.2	26.8	22.8	21.3	25.8	22.4
电力电缆	0.6/1kV VV 3×6+1×4	元/m	20.1	20.1	32.5	33	30	27.6	33.4	31.5
电力电缆	0.6/1kV VV 3×16+1×10	元/m	56.7	65.2	68.5	66.5	63.7	56.7	64.8	66.7
电力电缆	0.6/1kV VV 3×50+1×25	元/m	300	248	236	245	262	240	240	265

3.4 工程建设各项取费标准

3.4.1 建设工程勘察收费标准

1. 工程勘察收费是指勘察人根据发包人的委托，收集已有资料、现场踏勘、制订勘察纲要，进行测绘、勘探、取样、试验、测验、检测、监测等勘察作业，以及编制工程勘察文件和岩土工程设计文件等收取的费用。

2. 工程勘察收费标准分为通用工程勘察收费标准和专业工程勘察收费标准。

（1）通用工程勘察收费标准适用于工程测量、岩土工程勘察、岩土工程设计与检测监测、水文地质勘察、工程水文气象勘察、工程物探、室内试验等工程勘察的收费。

（2）专业工程勘察收费标准分别适用于煤炭、水利水电、电力、长输管道、铁路、公路、通信、海洋工程等工程勘察的收费。专业工程勘察中的一些项目可以执行通用工程勘察收费标准。

3. 通用工程勘察收费采取实物工作量定额计算方法计算，由实物工作收费和技术工作收费两部分组成。

专业工程勘察收费方法和标准，分别在煤炭、水利水电、电力、长输管道、铁路、公路、通信、海洋工程等章节中规定。

4. 通用工程勘察收费按照下列公式计算

（1）工程勘察收费＝工程勘察收费基准价×（1±浮动幅度值）

（2）工程勘察收费基准价＝工程勘察实物工作收费＋工程勘察技术工作收费

（3）工程勘察实物工作收费＝工程勘察实物工作收费基价×实物工作量×附加调整系数

（4）工程勘察技术工作收费 = 工程勘察实物工作收费 × 技术工作收费比例

5. 工程勘察收费基准价

工程勘察收费基准价是按照本收费标准计算出的工程勘察基准收费额，发包人和勘察人可以根据实际情况在规定的浮动幅度内协商确定工程勘察收费合同额。

6. 工程勘察实物工作收费基价

工程勘察实物工作收费基价是完成每单位工程勘察实物工作内容的基本价格。工程勘察实物工作收费基价在相关章节的《实物工作收费基价表》中查找确定。

7. 实物工作量

实物工作量由勘察人按照工程勘察规范、规程的规定和勘察作业实际情况在勘察纲要中提出，经发包人同意后，在工程勘察合同中约定。

8. 附加调整系数

附加调整系数是对工程勘察的自然条件、作业内容和复杂程度差异进行调整的系数。附加调整系数分别列于总则和各章节中。附加调整系数为两个或者两个以上的，附加调整系数不能连乘。将各附加调整系数相加，减去附加调整系数的个数，加上定值 1，作为附加调整系数值。

9. 在气温（以当地气象台、站的气象报告为准）≥35℃或者≤ -10℃条件下进行勘察作业时，气温附加调整系数为 1.2。

10. 在海拔高程超过 2000m 地区进行工程勘察作业时，高程附加调整系数如下：

海拔高程 2000 ~ 3000m 为 1.1

海拔高程 3001 ~ 3500m 为 1.2

海拔高程 3501 ~ 4000m 为 1.3

海拔高程 4001 以上的，高程附加调整系数由发包人与勘察人协商确定。

11. 建设项目工程勘察由两个或两个以上勘察人承担的，其中对建设项目工程勘察合理性和整体性负责的勘察人，按照该建设项目工程勘察收费基准价的 5% 加收主体勘察协调费。

12. 工程勘察收费基准价不包括以下费用：办理工程勘察相关许可，以及购买有关资料费；拆除障碍物，开挖以及修复地下管线费；修通至作业现场道路，接通电源、水源以及平整场地费；勘察材料以及加工费；水上作业用船、排、平台以及水监费；勘察作业大型机具搬运费；青苗、树木以及水域养殖物赔偿费等。

发生以上费用的，由发包人另行支付。

13. 工程勘察组日、台班收费基价如下：

工程测量、岩土工程验槽、检测监测、工程物探	1000 元/组日
岩土工程勘察	1360 元/台班
水文地质勘察	1680 元/台班

14. 勘察人提供工程勘察文件的标准份数为 4 份。发包人要求增加勘察文件份数的，由发包人另行支付印制勘察文件工本费。

15. 本收费标准不包括本节 1 以外的其他服务收费。其他服务收费，国家有收费规定的，按照规定执行；国家没有收费规定的，由发包人与勘察人协商确定。

3.4.2　工程测量收费

1. 技术工作

工程测量技术工作费收费比例为 22%。

2. 地面测量

地面测量复杂程度表　　**表 3-35**

类别		简单	中等	复杂
一般地区	地形	起伏小或比高≤20m 的平原	起伏大但有规律，或比高≤80m 的丘陵地	起伏变化很大或比高＞80m的山地
	通视	良好，隐蔽地区面积≤20%	一般，隐蔽地区面积≤40%	困难，隐蔽地区面积≤60%
	通行	较好，植物低矮，比高较小的梯田地区	一般，植物较高，比高较大的梯田，容易通过的沼泽或稻田地区	困难，密集的树林或荆棘灌木丛林、竹林，难以通行的水网、稻田、沼泽、沙漠地，岭谷险峻、地形切割剧烈、攀登艰难的山区
	地物	稀少	较少	较多
建筑群区		有一般地区特征，细部坐标点每格≤5；建筑物占图面积≤30%	有一般地区特征，细部坐标点每格≤8；建筑物占图面积≤50%	有一般地区特征，细部坐标点每格＞8；建筑物占图面积＞50%

3. 地面测量实物工作收费计价表

表 3-36

序号	项目			计费单位	收费基价（元）		
					简单	中等	复杂
1	控制测量	三角（边）	二等	点	4263	4842	6232
			三等		3136	3565	4584
			四等		2737	3112	4006
			一级		1096	1244	1602
			二级		728	829	1069
		导线	三等	km	2818	3203	4122
			四等		2186	2484	3196
			一级		1552	1764	2269
			二级		1086	1234	1589
			三级		759	863	1112
			图根点	点	89	101	131
		水准	二等	km	877	997	1283
			三等		438	500	643
			四等		220	250	323
			五等		167	188	242
			图根		111	124	162
		CPS 测量	C 级	点	3727	4274	5500
			D 级		3198	3632	4671
			E 级		2821	3203	4123

续表

序号	项目				计费单位	收费基价（元）		
						简单	中等	复杂
2	地形测量	一般地区	比例尺	1：200	km^2	76780	102374	163795
				1：500		33383	44510	71216
				1：1000		15174	20232	32374
				1：2000		6676	8901	14244
				1：5000		1975	2630	4210
				1：10000		1109	1478	2364
		建筑群区				1：200比例尺的附加调整系数为1.8，其余比例尺的附加调整系数为2.0		
3	断面测量	水平比例尺	1：200		km	1016	1354	1864
			1：500			785	1047	1440
			1：1000			607	809	1113
			1：2000			468	625	860
			1：5000			362	481	665
4	架空索道测量					2698	3372	5733

3.4.3 岩土工程勘察

1. 技术工作

岩土工程勘察技术工作费收费比例表 **表3-37**

岩土工程勘察等级	技术工作费收费比例（%）
甲级	120
乙级	100
丙级	80

注：1. 岩土工程勘察等级见国标《岩土工程勘察规范》。
2. 利用已有勘察资料提出勘察报告的只收取技术工作费，技术工作费的计费基数为所利用勘察资料的实物工作收费额。

2. 工程地质测绘

工程地质测绘复杂程度表 **表3-38**

类别	简单	中等	复杂
地质构造	岩层产状水平或倾斜很缓	有显著的褶皱、断层	有复杂的褶皱、断层
岩层特征	简单，露头良好	变化不稳定，露头中等，有较复杂地质现象	变化复杂，种类繁多，露头不良，有滑坡、岩溶等复杂地质现象
地形地貌	地形平坦，植被不发育，易于通行	地形起伏较大，河流、灌木较多，通行较困难	岭谷山地，林木密集，水网、稻田、沼泽，通行困难

3. 岩土工程勘探与原位测试

岩土工程勘探与原位测试复杂程度表　　**表 3-39**

岩土类别	Ⅰ	Ⅱ	Ⅲ	Ⅳ	Ⅴ	Ⅵ
松散地层	流塑、软塑、可塑黏性土，稍密、中密粉土，含硬杂质≤10%的填土	硬塑、坚硬黏性土，密实粉土，含硬杂质≤25%的填土，湿陷性土，红黏土，膨胀土，盐渍土，残积土，污染土	砂土，砾石，混合土，多年冻土，含硬杂质>25%的填土	粒径≤50mm、含量>50%卵（碎）石层	粒径≤100mm、含量>50%的卵（碎）石层，混凝土构件、面层	粒径>100mm、含量>50%的卵（碎）石层、漂（块）石层
岩石地层		极软岩	软岩	较软岩	较硬岩	坚硬岩

注：岩土的分类和鉴定见国标《岩土工程勘察规范》。

4. 岩土工程勘探实物工作

岩土工程勘探实物工作收费基价表　　**表 3-40**

序号	项目		计费单位	收费基价（元）					
	勘探项目	深度 D（m）长度 L（m）		Ⅰ	Ⅱ	Ⅲ	Ⅳ	Ⅴ	Ⅵ
1	钻孔	D≤10	m	46	71	117	207	301	382
		10<D≤20		58	89	147	259	377	477
		20<D≤30		69	107	176	311	452	573
		30<D≤40		82	127	209	368	536	680
		40<D≤50		98	151	249	439	639	809
		50<D≤60		109	168	277	489	711	901
		60<D≤80		121	187	307	542	789	1000
		80<D≤100		132	204	335	592	862	1092
		D>100	每增加 20m，按前一档收费基价乘以 1.2 的附加调整系数						
2	探井	D≤2	m	50	63	78	125	200	250
		2<D≤5		63	78	97	156	250	313
		5<D≤10		78	97	120	194	310	388
		10<D≤20		103	128	159	256	410	513
		D>20	每增加 10m，按前一档收费基价乘以 1.3 的附加调整系数						
3	探槽	D≤20	m^3	40	52	72	92	120	148
		D>2		58	75	104	133	174	215
4	平硐	L≤50	m	350	525	735	980	1173	1348
		50<L≤100		368	551	772	1029	1231	1415
		100<L≤150		385	578	809	1078	1290	1482
		150<L≤200		403	604	845	1127	1348	1550
		200<L≤250		420	630	882	1176	1407	1617
		250<L≤300		438	656	919	1225	1466	1684
		L>300	每增加 50m，按前一档收费基价乘以 1.1 的附加调整系数						
		标准断面为 $4m^2$，大于标准断面部分乘以 0.6 的附加调整系数，另行计算收费							

3.4.4 建筑工程设计收费标准

1. 总则

（1）工程设计收费是指设计人根据发包人的委托，提供编制建设项目初步设计文件、施工图设计文件、非标准设备设计文件、施工图预算文件、竣工图文件等服务所收取的费用。

（2）工程设计收费采取按照建设项目单项工程概算投资额分档定额计费方法计算收费。铁道工程设计收费计算方法，在交通运输工程一章中规定。

（3）工程设计收费按照下列公式计算

1）工程设计收费 = 工程设计收费基准价 ×（1 ± 浮动幅度值）

2）工程设计收费基准价 = 基本设计收费 + 其他设计收费

3）基本设计收费 = 工程设计收费基价 × 专业调整系数 × 工程复杂程度调整系数 × 附加调整系数

（4）工程设计收费基准价

工程设计收费基准价是按照本收费标准计算出的工程设计基准收费额，发包人和设计人根据实际情况，在规定的浮动幅度内协商确定工程设计收费合同额。

（5）基本设计收费

基本设计收费是指在工程设计中提供编制初步设计文件、施工图设计文件收取的费用，并相应提供设计技术交底、解决施工中的设计技术问题、参加试车考核和竣工验收等服务。

（6）其他设计收费

其他设计收费是指根据工程设计实际需要或者发包人要求提供相关服务收取的费用，包括总体设计费、主题设计协调费、采用标准设计和复用设计费、非标准设备设计文件编制费、施工图预算编制费、竣工图编制费等。

（7）工程设计收费基价

工程设计收费基价是完成基本服务的价格。工程设计收费基价在《工程设计收费基价表》（附表一）中查找确定，计费额处于两个数值区间的，采用直线内插法确定工程设计收费基价。

（8）工程设计收费计费额

工程设计收费计费额，为经过批准的建设项目初步设计概算中的建筑安装工程费、设备与工器具购置费和联合试运转费之和。

工程中有利用原有设备的，以签订工程设计合同时同类设备的当期价格作为工程设计收费的计费额；工程中有缓配设备，但按照合同要求以配备设备进行工程设计并达到设备安装和工艺条件的，以既配设备的当期价格作为工程设计收费的计费额；工程中有引进设备的，按照购进设备的离岸价折换成人民币作为工程设计收费的计费额。

（9）工程设计收费调整系数

工程设计收费标准的调整系数包括：专业调整系数、工程复杂程度调整系数和附加调整系数。

1）专业调整系数是对不同专业建设项目的工程设计复杂程度和工作量差异进行调整

的系数。计算工程设计收费时，专业调整系数在《工程设计收费专业调整系数表》（附表二）中查找确定。

2）工程复杂程度调整系数是对同一专业不同建设项目的工程设计复杂程度和工作量差异进行调整的系数。工程复杂程度分为一般、较复杂和复杂三个等级，其调整系数分别为：一般（Ⅰ级）0.85；较复杂（Ⅱ级）1.0；复杂（Ⅲ级）1.15。计算工程设计收费时，工程复杂程度在相应章节的《工程复杂程度表》中查找确定。

3）附加调整系数是对专业调整系数和工程复杂程度调整系数尚不能调整的因素进行补充调整的系数。附加调整系数分别列于总则和有关章节中。附加调整系数为两个或两个以上的，附加调整系数不能连乘。将各附加调整系数相加，减去附加调整系数的个数，加上定值 1，作为附加调整系数值。

（10）非标准设备设计收费按照下列公式计算

非标准设备设计费 = 非标准设备计费额 × 非标准设备设计费率

非标准设备计费额为非标准设备的初步设计概算。非标准设备设计费率在《非标准设备设计费率表》（附表三）中查找确定。

（11）单独委托工艺设计、土建以及公用工程设计、初步设计、施工图设计的，按照其占基本服务设计工作量的比例计算工程设计收费。

（12）改扩建和技术改造建设项目，附加调整系数为 1.1 ~ 1.4。根据工程设计复杂程度确定适当的附加调整系数，计算工程设计收费。

（13）初步设计之前，根据技术标准的规定或者发包人的要求，需要编制总体设计的，按照该建设项目基本设计收费的 5% 加收总体设计费。

（14）建设项目工程设计由两个或者两个以上设计人承担的，其中对建设项目工程设计合理性和整体性负责的设计人，按照该建设项目基本设计收费的 5% 加收主题设计协调费。

（15）工程设计中采用标准设计或者复用设计的，按照同类新建项目基本设计收费的 30% 计算收费；需要重新进行基础设计的，按照同类新建项目基本收费的 40% 计算收费；需要对原设计做局部修改的由发包人和设计人根据设计工作量协商确定工程设计收费。

（16）编制工程施工图预算的，按照该建设项目基本设计收费的 10% 收取施工图预算编制费；编制工程竣工图的，按照该建设项目基本设计收费的 8% 收取竣工图编制费。

（17）工程设计中采用设计人自有专利或者专有技术的，其专利和专有技术收费由发包人与设计人协商确定。

（18）工程设计中的引进技术需要境内设计人配合设计的，或者需要按照境外设计标准和技术质量要求由境内设计人进行设计的，工程设计收费由发包人与设计人根据工程实际的设计工作量，参照本标准协商确定。

（19）由境外设计人提供设计文件，需要境内设计人按照国家标准规范审核并签署确认意见的，按照国际对等原则或者实际发生的工作量，协商确定审核确认费。

（20）设计人提供设计文件的标准份数，初步设计、总体设计分别为 10 份，施工图设计、非标准设备设计、施工图预算、竣工图分别为 8 份。发包人要求增加设计文件份数的，由发包人另行支付印刷设计文件工本费。工程设计中需要购买标准设计图的，由发包人支付购图费。

（21）本收费标准不包括本总则（1）以外的其他服务收费。其他服务收费，国家有收费规定的，按照规定执行；国家没有收费规定的，由发包人与设计人协商确定。

2. 建筑市政工程范围

适用于建筑、人防、市政公用、园林绿化、电信、广播电视、邮政工程。

3. 建筑市政工程各阶段工作量比例

建筑市政工程各阶段工作量比例表　　表 3-41

设计阶段		方案设计	初步设计	施工图设计
工程类型		（%）	（%）	（%）
建筑与室外工程	Ⅰ级	10	30	60
	Ⅱ级	15	30	55
	Ⅲ级	20	30	50
住宅小区（组团）工程		25	30	45
住宅工程		25		75
古建筑保护性建筑工程		30	20	50
智能建筑弱电系统工程			40	60
室内装修工程		50		50
园林绿化工程	Ⅰ、Ⅱ级	30		70
	Ⅲ级	30	20	50
人防工程		10	40	50
市政公用工程	Ⅰ、Ⅱ级		40	60
	Ⅲ级		50	50
广播电视、邮政工程工艺部分			40	60
电信工程			60	40
建筑工程专业	建筑	35～43		
	结构	24～30		
	设备	28～38		

注：提供两个以上建筑设计方案，且达到规定内容和深度要求的，从第二个设计方案起，每个方案按照方案设计费的50%另收方案设计费。

4. 建筑市政工程复杂程度

（1）建筑、人防工程

建筑、人防工程复杂程度表　　表 3-42

等级	工程设计条件
Ⅰ	1. 功能单一、技术要求简单的小型公共建筑工程 2. 高度<24m的一般公共建筑工程 3. 小型仓储建筑工程 4. 简单的设备用房及其他配套用房工程 5. 简单的建筑环境设计及室外工程 6. 相当于一星级饭店及以下标准的室内装修工程 7. 人防疏散干道、支干道及人防连接通道等人防配套工程

续表

等　级	工　程　设　计　条　件
Ⅱ	1. 大中型公共建筑工程 2. 技术要求较复杂或有地区性意义的小型公共建筑工程 3. 高度 24 ~ 50m 的一般公共建筑工程 4. 20 层及以下一般标准的居住建筑工程 5. 仿古建筑、一般标准的古建筑、保护性建筑以及地下建筑工程 6. 大中型仓储建筑工程 7. 一般标准的建筑环境设计和室外工程 8. 相当于二、三星级饭店标准的室内装修工程 9. 防护级别为四级及以下同时建筑面积 < 10000m^2 的人防工程
Ⅲ	1. 高级大型公共建筑工程 2. 技术要求复杂或具有经济、文化、历史等意义的省（市）级中小型公共建筑工程 3. 高度 > 50m 的公共建筑工程 4. 20 层以上居住和 20 层及以下高标准居住建筑工程 5. 高标准的古建筑、保护性建筑和地下建筑工程 6. 高标准的建筑环境设计和室外工程 7. 相当于四、五星级饭店标准的室内装修，特殊声学装修工程 8. 防护级别为三级以上或者建筑面积≥10000m^2 的人防工程

注：1. 大型建筑工程指 20001m^2 以上的建筑，中型指 5001 ~ 20000m^2 的建筑，小型指 5000m^2 以下的建筑。
2. 古建筑、仿古建筑、保护性建筑等，根据具体情况，附加调整系数为 1.3 ~ 1.6。
3. 智能建筑弱电系统设计，以弱电系统的设计概算为计费额，附加调整系数为 1.3。
4. 室内装修设计，以室内装修的设计概算为计费额，附加调整系数为 1.5。
5. 特殊声学装修设计，以声学装修的设计概算为计费额，附加调整系数为 2.0。
6. 建筑总平面布置或者小区规划设计，根据工程的复杂程度，按照每 10000 ~ 20000 元/hm^2 计算收费。

（2）园林绿化工程

园林绿化工程复杂程度表　3-43

等　级	工　程　设　计　条　件
Ⅰ级	1. 一般标准的道路绿化工程 2. 片林、风景林等工程
Ⅱ级	1. 标准较高的道路绿化工程 2. 一般标准的风景区、公共建筑环境、企事业单位与居住区的绿化工程
Ⅲ级	1. 高标准的城市重点道路绿化工程 2. 高标准的风景区、公共建筑环境、企事业单位与居住区的绿化工程 3. 公园、度假村、高尔夫球场、广场、街心花园、园林小品、屋顶花园，室内花园等绿化工程

（3）市政公用工程

市政公用工程复杂程度表　表 3-44

等　级	工　程　设　计　条　件
Ⅰ级	1. 庭院户内燃气管道工程 2. 一般给水排水地下管线（DN < 1.0m，无管线交叉）工程 3. 小型垃圾中转站，简易堆肥工程 4. 供热小区管网（二级网）工程
Ⅱ级	1. 城市调压站，瓶组站，< 5000 户气化站、混气站，< 500m^3 贮配站工程 2. 城市给水排水管线，一般地下管线（DN < 1.0m，有管线交叉），< 1m^3/s 加压泵站，简单构筑物工程 3. > 100t/d 的大型垃圾中转站，垃圾填埋场、机械化快速堆肥工程 4. ≤2MW 的小型换热站工程

续表

等 级	工 程 设 计 条 件
Ⅲ级	1. 城市超高压调压站，市内管线及加压站，穿、跨越管网，≥5000户气化站、混气站，≥500m³贮配站、门站、气源厂、加气站工程 2. 大型复杂给水排水管线，市政管网，大型泵站、水闸等构筑物，净水厂，污水处理厂工程 3. 垃圾系统工程及综合处理与利用、焚烧工程 4. 锅炉房，穿、跨越供热管网，>2MW换热站工程 5. 海底排污管线，海水取排水、淡化及水处理工程

附表一：工程设计收费基价表 单位：万元

序 号	计 费 额	收 费 基 价	
1	200	9.0	
2	500	20.9	
3	1000	38.8	
4	3000	103.8	
5	5000	163.9	
6	8000	249.6	
7	10000	304.8	
8	20000	566.8	
9	40000	1054.0	
10	60000	1515.2	
11	80000	1960.1	
12	100000	2393.4	
13	200000	4450.8	
14	400000	8276.7	
15	600000	11897.5	
16	800000	15391.4	
17	1000000	18793.8	
18	2000000	34948.9	

注：计费额>2000000万元的，以计费额乘以1.6%的收费率计算收费基价。

附表二：工程设计收费专业调整系数表

工 程 类 型	专业调整系数
1. 矿山采选工程	
黑色、黄金、化学、非金属及其他矿采选工程	1.1
采煤工程，有色、铀矿采选工程	1.2
选煤及其他煤炭工程	1.3
2. 加工冶炼工程	
各类冷加工工程	1.0
船舶水工工程	1.1
各类冶炼、热加工、压力加工工程	1.2
核加工工程	1.3
3. 石油化工工程	
石油、化工、石化、化纤、医药工程	1.2
核化工工程	1.6
4. 水利电力工程	
风力发电、其他水利工程	0.8

续表

工　程　类　型	专业调整系数
火电工程	1.0
核电常规岛、水电、水库、送变电工程	1.2
核能工程	1.6
5. 交通运输工程	
机场场道工程	0.8
公路、城市道路工程	0.9
机场空管和助航灯光、轻轨工程	1.0
水运、地铁、桥梁、隧道工程	1.1
索道工程	1.3
6. 建筑市政工程	
邮政工艺工程	0.8
建筑、市政、电信工程	1.0
人防、园林绿化、广电工艺工程	1.1
7. 农业林业工程	
农业工程	0.9
林业工程	0.8

附表三：非标准设备设计费率表

类　别	非标准设备分类	费率（%）
一　般	技术一般的非标准设备，主要包括： 1. 单体设备类：槽、罐、池、箱、斗、架、台，常压容器、换热器、铅烟除尘、恒温油浴及无传动的简单装置； 2. 室类：红外线干燥室、热风循环干燥室、浸漆干燥室、套管干燥室、极板干燥室、隧道式干燥室、蒸汽硬化室、油漆干燥室、木材干燥室	10～13
较复杂	技术较复杂的非标准设备，主要包括： 1. 室类：喷砂室、静电喷漆室； 2. 窑类：隧道窑、倒焰窑、抽屉窑、蒸笼窑、辊道窑； 3. 炉类：冷、热风冲天炉、加热炉、反射炉、退火炉、粹火炉、煅烧炉、坩锅炉、氢气炉、石墨化炉、室式加热炉、砂芯烘干炉、干燥炉、亚胺化炉、还氧铅炉、真空热处理炉、气氛炉、空气循环炉、电炉； 4. 塔器类：Ⅰ、Ⅱ类压力容器、换热器、通信铁塔； 5. 自动控制类：屏、柜、台、箱等电控、仪控设备，电力拖动、热工调节设备； 6. 通用类：余热利用、精铸、热工、除渣、喷煤、喷粉设备、压力加工、钣材、型材加工设备，喷丸强化机、清洗机； 7. 水工类：浮船坞、坞门、闸门、船舶下水设备、升船机设备； 8. 试验类：航空发动机试车台、中小型模拟试验设备	13～16
复　杂	技术复杂的非标准设备，主要包括： 1. 室类：屏蔽室、屏蔽暗室； 2. 窑类：熔窑、成型窑、退火窑、回转窑； 3. 炉类：闪速炉、专用电炉、单晶炉、多晶炉、沸腾炉、反应炉、裂解炉、大型复杂的热处理炉、炉外真空精炼设备； 4. 塔器类：Ⅲ类压力容器、反应釜、真空罐、发酵罐、喷雾干燥塔、低温冷冻、高温高压设备、核承压设备及容器、广播电视塔桅杆、天馈线设备； 5. 通用类：组合机床、数控机床、精密机床、专用机床、特种起重机、特种升降机、高货位立体仓储设备、胶接固化装置、电镀设备，自动、半自动生产线； 6. 环保类：环境污染防治、消烟除尘、回收装置； 7. 试验类：大型模拟试验设备、风洞高空台、模拟环境试验设备	16～20

注：1. 新研制并首次投入工业化生产的非标准设备，乘以1.3的调整系数计算收费。
2. 多台（套）相同的非标准设备，自第二台（套）起乘以0.3的调整系数计算收费。

3.4.5 工程咨询收费标准

按建设项目估算投资额的分档收费标准

按建设项目估算投资额的分档收费标准表 **表 3-45**

单位：万元

估算投资额	编制项目建议书	编制可行性研究报告	评估项目建议书	评估可行性研究报告
3000 万元～1 亿元	6～14	12～28	4～8	5～10
1 亿元～5 亿元	14～37	28～75	8～12	10～15
5 亿元～10 亿元	37～55	75～110	12～15	15～20
10 亿元～50 亿元	55～100	110～200	15～17	20～25
50 亿元以上	100～125	200～250	17～20	25～35

注：1. 建设项目估算投资额是指项目建议书或者可行性研究报告的估算投资额。
2. 建设项目的具体收费标准，根据估算投资额在相对应的区间内用插入法计算。
3. 根据行业特点和各行业内部不同类别工程的复杂程度，计算咨询费用时可分别乘以行业调整系数和工程复杂程度调整系数。

按建设项目估算投资额分档收费的调整系数

按建设项目估算投资额分档收费的调整系数表 **表 3-46**

一、行业调整系数	
1. 石化、化工、钢铁	1.3
2. 石油、天然气、水利、水电、交通（水运）、化纤	1.2
3. 有色、黄金、纺织、轻工、邮电、广播、电视、医药、煤炭、火电（含核电）、机械（含船舶、航空、航天、兵器）	1
4. 林业、商业、粮食、建筑	0.8
5. 建材、交通（公路）、铁道、市政公用工程	0.7
二、工程复杂程度调整系数	0.8～1.2

工程咨询人员工日费用标准

工程咨询人员工日费用标准表 **表 3-47**

单位：元

咨询人员职级	工日费用标准
一、高级专家	1000～1200
二、高级专业技术职称的咨询人员	800～1000
三、中级专业技术职称的咨询人员	600～800

3.4.6 工程监理收费标准

国家发展改革委、建设部关于印发《建设工程监理与相关服务收费管理规定》的通知

发改价格〔2007〕670 号

国务院有关部门，各省、自治区、直辖市发展改革委、物价局、建设厅（委）：

为规范建设工程监理及相关服务收费行为，维护委托双方合法权益，促进工程监理行

业健康发展，我们制定了《建设工程监理与相关服务收费管理规定》，现印发给你们，自2007年5月1日起执行。原国家物价局、建设部下发的《关于发布工程建设监理费有关规定的通知》(〔1992〕价费字479号）自本规定生效之日起废止。

附：建设工程监理与相关服务收费管理规定

国家发展改革委　建设部

二〇〇七年三月三十日

建设工程监理与相关服务收费管理规定

第一条　为规范建设工程监理与相关服务收费行为，维护发包人和监理人的合法权益，根据《中华人民共和国价格法》及有关法律、法规，制定本规定。

第二条　建设工程监理与相关服务，应当遵循公开、公平、公正、自愿和诚实信用的原则。依法须招标的建设工程，应通过招标方式确定监理人。监理服务招标应优先考虑监理单位的资信程度、监理方案的优劣等技术因素。

第三条　发包人和监理人应当遵守国家有关价格法律法规的规定，接受政府价格主管部门的监督、管理。

第四条　建设工程监理与相关服务收费根据建设项目性质不同情况，分别实行政府指导价或市场调节价。依法必须实行监理的建设工程施工阶段的监理收费实行政府指导价；其他建设工程施工阶段的监理收费和其他阶段的监理与相关服务收费实行市场调节价。

第五条　实行政府指导价的建设工程施工阶段监理收费，其基准价根据《建设工程监理与相关服务收费标准》计算，浮动幅度为上下20%。发包人和监理人应当根据建设工程的实际情况在规定的浮动幅度内协商确定收费额。实行市场调节价的建设工程监理与相关服务收费，由发包人和监理人协商确定收费额。

第六条　建设工程监理与相关服务收费，应当体现优质优价的原则。在保证工程质量的前提下，由于监理人提供的监理与相关服务节省投资，缩短工期，取得显著经济效益的，发包人可根据合同约定奖励监理人。

第七条　监理人应当按照《关于商品和服务实行明码标价的规定》，告知发包人有关服务项目、服务内容、服务质量、收费依据，以及收费标准。

第八条　建设工程监理与相关服务的内容、质量要求和相应的收费金额以及支付方式，由发包人和监理人在监理和相关服务合同中约定。

第九条　监理人提供的监理与相关服务，应当符合国家有关法律、法规和标准规范，满足合同约定的服务内容和质量等要求。监理人不得违反标准规范规定或合同约定，通过降低服务质量、减少服务内容等手段进行恶性竞争，扰乱正常市场秩序。

第十条　由于非监理人原因造成建设工程监理与相关服务工作量增加或减少的，发包人应当按合同约定与监理人协商另行支付或扣减相应的监理与相关服务费用。

第十一条　由于监理人原因造成监理与相关服务工作量增加的，发包人不另行支付监理与相关服务费用。

监理人提供的监理与相关服务不符合国家有关法律、法规和标准规范的，提供的监理服务人员、执业水平和服务时间未达到监理工作要求的，不能满足合同约定的服务内容和质量等要求的，发包人可按合同约定扣减相应的监理与相关服务费用。

由于监理人工作失误给发包人造成经济损失的，监理人应当按照合同约定依法承担相应赔偿责任。

第十二条 违反本规定和国家有关价格法律、法规规定的，由政府价格主管部门依据《中华人民共和国价格法》、《价格违法行为行政处罚规定》予以处罚。

第十三条 本规定及所附《建设工程监理与相关服务收费标准》，由国家发展改革委员会同建设部负责解释。

第十四条 本规定自2007年5月1日起施行，规定生效之日前已签订服务合同及在建项目的相关收费不再调整。原国家物价局与建设部联合发布的《关于发布工程建设监理费有关规定的通知》（〔1992〕价费字479号）同时废止。国务院有关部门及各地制定的相关规定与本规定相抵触的，以本规定为准。

附件：建设工程监理与相关服务收费标准

1　总　　则

1.0.1　建设工程监理与相关服务是指监理人接受和发包人的委托，提供建设工程施工阶段的质量、进度、费用控制管理和安全生产监督管理、合同、信息等方面协调管理服务，以及勘察、设计、保修等阶段的相关服务。各阶段的工作内容见《建设工程监理与相关服务的主要工作内容》（附表一）。

1.0.2　建设工程监理与相关服务收费包括建设工程施工阶段的工程监理（以下简称“施工监理”）服务收费和勘察、设计、保修等阶段的相关服务（以下简称“其他阶段的相关服务”）收费。

1.0.3　铁路、水运、公路、水电、水库工程的施工监理服务收费按建筑安装工程费分档定额计费方式计算收费。其他工程的施工监理服务收费按照建设项目工程概算投资额分档定额计费方式计算收费。

1.0.4　其他阶段的相关服务收费一般按相关服务工作所需工日和《建设工程监理与相关服务人员人工日费用标准》（附表四）收费。

1.0.5　施工监理服务收费按照下列公式计算：

（1）施工监理服务收费＝施工监理服务收费基准价×（1±浮动幅度值）

（2）施工监理服务收费基准价＝施工监理服务收费基价×专业调整系数×工程复杂程度调整系数×高层调整系数

1.0.6　施工监理服务收费基价

施工监理服务收费基价是完成国家法律法规、规范规定的施工阶段监理基本服务内容的价格。施工监理服务收费基价按《施工监理服务收费基价表》（附表二）确定，计费额处于两个数值之间的，采用直线内插法确定施工监理服务收费基价。

1.0.7　施工监理服务收费基准价

施工监理服务收费基准价是按照本收费标准规定的基价和1.0.5（2）计算出的施工监理服务基准收费额。发包人与监理人根据项目的实际情况，在规定的浮动幅度范围内协商确定施工监理服务收费合同额。

1.0.8　施工监理服务收费的计费额

施工监理服务收费以建设项目工程概算投资额分档定额计费方式收费的，其计费额为工程概算中的建筑安装工程费、设备购置费和联合试运转费之和，即工程概算投资额。对设备购置费和联合试运营费占工程概算投资额40%以上的工程项目，其建筑安装工程费全部计入计费额，设备购置费和联合试运转费按40%的比例计入计费额。但其计费额不应小于建筑安装工程费与其相同且设备购置费和联合试运转费等于工程概算投资额40%的工程项目的计费额。

工程中有利于原有设备并进行安装调试服务的，以签订工程监理合同时同类设备的当期价格作为施工监理服务收费的计费额；工程中有缓配设备的，应扣除签订工程监理合同时同类设备的当期价格作为施工监理服务收费的计费额；工程中有引进设备的，按照购进设备的离岸价格折换成人民币作为施工监理服务收费的计费额。

施工监理服务收费以建筑安装工程费分档定额计费方式收费的，其计费额为工程概算中的建筑安装工程费。

作为施工监理服务收费计费额的建设项目工程概算投资额或建筑安装工程均指每个监理合同中约定的工程项目范围的计费额。

1.0.9 施工监理服务收费调整系数

施工监理服务收费调整系数包括：专业调整系数、工程复杂程度调整系数和高程调整系数。

（1）专业调整系数是对不同专业建设工程的施工监理工作复杂程度和工作量差异进行调整的系数。计算施工监理服务收费时，专业调整系数在《施工监理服务收费专业调整系数表》（附表三）中查找确定。

（2）工程复杂程度调整系数是对同一专业建设工程的施工监理复杂程度和工作量差异进行调整的系数。工程复杂程度分为一般、较复杂和复杂三个等级，其调整系数分别为：一般（Ⅰ级）0.85；较复杂（Ⅱ级）1.0；复杂（Ⅲ级）1.15。计算施工监理服务收费时，工程复杂程度在相应章节的《工程复杂程度表》中查找确定。

（3）高层调整系数如下：

海拔高程2001m以下为1；

海拔高层2001~3000m为1.1；

海拔高层3001~3500m为1.2；

海拔高层3501~4000m为1.3；

海拔高层4001m以上的，高层调整系数由发包人和监理人协商确定。

1.0.10 发包人将施工监理服务中的某一部分工作单独发包给监理人，按照其占施工监理服务工作量的比例计算施工监理服务收费，其中质量控制和安全生产监督管理服务收费不宜低于施工监理服务收费额的70%。

1.0.11 建设工程项目施工监理服务由两个或两个以上监理人承担的，各监理人按照其占施工监理服务工作量的比例计算施工监理服务收费。发包人委托其中一个监理人对建设工程项目施工监理服务总负责的，该监理人按照各监理人合计监理服务收费额的4%~6%向发包人收取总体协调费。

1.0.12 本收费标准不包括本总则1.0.1以外的其他服务收费。其他服务收费，国家有规定的，从其规定；国家没有规定的，由发包人与监理人协商确定。

……………………

……………………

2 建筑市政工程

2.0.1 建筑市政工程范围

适用于建筑、人防、市政公用、园林绿化、广播电视、邮政、电信工程。

2.0.2　建筑市政工程复杂程度

(1) 建筑、人防工程

建筑、人防工程复杂程度表　　**表1**

等　级	工　程　特　征
Ⅰ级	1. 高度<24m的公共建筑和住宅工程 2. 跨度<24m的厂房和仓储建筑工程 3. 室外工程及简单的配套用房 4. 高度<70m的高耸构筑物
Ⅱ级	1. 24m≤高度<50m的公共建筑工程 2. 24m≤跨度<36m的厂房和仓储建筑工程 3. 高度≥24m的住宅工程 4. 仿古建筑，一般标准的古建筑、保护性建筑以及地下建筑工程 5. 装饰、装修工程 6. 防护级别为四级及以下的人防工程 7. 70≤高度<120m的高耸构筑物
Ⅲ级	1. 高度≥50m的公共建筑工程，或跨度≥36m的厂房和仓储建筑工程 2. 高标准的古建筑、保护性建筑 3. 防护级别为四级以上的人防工程 4. 高度≥120m的高耸构筑物

(2) 市政公用、园林绿化工程

市政公用、园林绿化工程复杂程度表　　**表2**

等　级	工　程　特　征
Ⅰ级	1. *DN*<1.0m的给水排水地下管线工程 2. 小区内燃气管道工程 3. 小区供热管网工程，<2MW的小型换热站工程 4. 小型垃圾中转站，简易堆肥工程
Ⅱ级	1. *DN*≥1.0m的给水排水地下管线工程；<3m³/s的给水、污水泵站；<10万t/d给水厂工程，<5万t/d污水处理厂工程 2. 城市中、低压燃气管网（站），<1000m³液化气贮罐场（站） 3. 锅炉房，城市供热管网工程，≥2MW换热站工程 4. ≥100t/d的垃圾中转站，垃圾填埋工程 5. 园林绿化工程
Ⅲ级	1. ≥3m³/s的给水、污水泵站；≥10万t/d给水厂工程，≥5万t/d污水处理厂工程 2. 城市高压燃气管网（站），≥1000m³液化气贮罐场（站） 3. 垃圾焚烧工程 4. 海底排污管线，海水取排水、淡化及处理工程

2.0.3　广播电视、邮政、电信工程

广播电视、邮政、电信工程复杂程度表　　**表3**

等　级	工　程　特　征
Ⅰ级	1. 广播电视中心设备（广播2套及一下，电视3套及一下）工程 2. 中短波发射台（中波单机功率P<1kW，短波单机功率P<50kW）工程 3. 电视、调频发射塔（台）设备（单机功率P<1kW）工程 4. 广播电视收测台设备工程；三级邮件处理中心工艺工程

续表

等级	工程特征
Ⅱ级	1. 广播电视中心设备（广播3~5套，电视4~6套）工程 2. 中短波发射台（中波单机功率1kW≤P<150kW）工程 3. 电视、调频发射塔（台）设备（中波单机功率1kW≤P<20kW，塔高<200m）工程 4. 广播电视传输网络工程；二级邮件处理中心工艺工程 5. 电声设备、演播厅、录（播）音馆、摄影棚设备工程 6. 广播电视卫星地球站、微波站设备工程 7. 电信工程
Ⅲ级	1. 广播电视中心设备（广播6套以上，电视7套以上）工程 2. 中短波发射台设备（中波单机功率P≥20kW；短波单机功率P≥150kW）工程 3. 电视、调频发射塔（台）设备（中波单机功率P≥10kW，塔高≥200m）工程 4. 一级邮件处理中心工艺工程

附表一：建设工程监理与相关服务的主要工作内容

服务阶段	主要工作内容	备注
勘察阶段	协助发包人编制勘察要求、选择勘察单位，核查勘察方案并监督实施和进行相应的控制，参与验收勘察成果。	建设工程勘察、设计、施工、保修等阶段监理与相关服务的具体工作内容执行国家、行业有关规范、规定。
设计阶段	协助发包人编制设计要求、选择设计单位，组织评选设计方案，对各设计单位进行协调管理，监督合同履行，审查设计进度计划并监督实施，核查设计大纲和设计深度、使用技术规范合理性，提出设计评估报告（包括各阶段设计的核查意见和优化建议），协助审核设计概算。	
施工阶段	施工过程中的质量、进度、费用控制，安全生产监督管理、合同、信息等方面的协调管理。	建设工程勘察、设计、施工、保修等阶段监理与相关服务的具体工作内容执行国家、行业有关规范、规定
保修阶段	检查和记录工程质量缺陷，对缺陷原因进行调查分析并确定责任归属，审核修复方案，监督修复过程并验收，审核修复费用。	

附表二：施工监理服务收费基价表

单位：万元

序号	计费额	收费基价
1	500	16.5
2	1000	30.1
3	3000	78.1
4	5000	120.8
5	8000	181
6	10000	218.6

续表

序　　号	计 费 额	收 费 基 价
7	20000	393. 4
8	40000	708. 2
9	60000	991. 4
10	80000	1255. 8
11	100000	1507
12	200000	2712. 5
13	400000	4882. 6
14	600000	6835. 6
15	800000	8658. 4
16	1000000	10390. 1

附表三：施工监理服务收费专业调整系数表

工　程　类　别	专 业 调 整 系 数
1. 矿山采选工程	
黑色、有色、黄金、化学、非金属及其他矿采选工程	0. 9
选煤及其他煤炭工程	1
矿井工程、铀矿采选工程	1. 1
2. 加工冶炼工程	
冶炼工程	0. 9
船舶水工工程	1
各类加工工程	1
核加工工程	1. 2
3. 石油化工工程	
石油工程	0. 9
化工、石化、化纤、医药工程	1
核化工工程	1. 2
4. 水利电力工程	
风力发电、其他水利工程	0. 9

附表四：建设工程监理与相关服务人员人工日费用标准

建设工程监理与相关服务人员职级	工日费用标准（元）
一、高级专家	1000 ~ 1200
二、高级专业技术职称的监理与相关服务人员	800 ~ 1000
三、中级专业技术职称的监理与相关服务人员	600 ~ 800
四、初级及以下专业技术职称的监理与相关服务人员	300 ~ 600

注：本表适用于提供短期服务的人工费用标准。

3.4.7　北京市建设工程概算费用定额（2004 年）

北京市建设委员会关于颁发 2004 年
《北京市建设工程概算定额》的通知

京建市〔2004〕991 号

为加强建筑市场管理，合理确定并有效控制建设工程造价，提高投资效益，我市组织编制了 2004 年《北京市建设工程概算定额》（以下简称本定额），经审查同意，现批准发布，自 2005 年 4 月 1 日起执行。

本定额作为北京市行政区域范围内编制建设工程设计概算、控制建设工程投资的依据。

本定额由北京市建设工程造价管理处负责解释和管理。

北京市建设委员会

二〇〇四年十二月三十一日

说　　明

一、根据国家及北京市有关法规、规章、文件，结合本市实际情况，编制了 2004 年《北京市建设工程概算费用定额》(以下简称费用定额)。

二、费用定额包括：综合费用、利润、税金。

三、综合费用包括：临时设施费、现场经费、企业管理费、规费。

四、各项费用适用范围：

（一）建设工程

1. 单层建筑：指各类单层建筑物及各种车棚、货棚、站台等单层建筑物。

2. 住宅：指城镇乡村所建的各类住宅、宿舍、公寓、别墅。

3. 公共建筑：不属于单层建筑和住宅的其他各种用途建筑物。

（二）装饰工程：2004 年《北京市建设工程概算定额》（以下简称概算定额）第二册装饰工程所规定的建筑物、构筑物、地铁工程中的装饰装修工程。

（三）构筑物：烟囱、水塔、筒仓、贮水（油）池和其他地上、地下的构筑物工程。

（四）建筑室外工程：概算定额第四册建筑室外工程所规定的室外工程。

（五）钢结构工程：建筑物、构筑物中的钢结构柱、梁、屋架、天窗架、平台及其他构件。

（六）独立土石方、地下降水、桩基础工程：竖向土石方、沟渠、河道；建筑工程中的地下降水、基础桩、护坡桩、连续墙、护壁。

（七）仿古建筑：概算定额第三册仿古建筑工程所规定的仿古建筑工程。

（八）安装工程

1. 住宅、公共建筑：动力、照明、消防、广播、电视、电话等电气工程以及采暖、给水排水、燃气工程。

2. 其他：指变配电工程、通风空调工程、电梯安装、锅炉及附属设备安装工程；建筑室外的电缆敷设、架空线路；地铁工程中的通信、信号、人防、机电工程。

（九）市政工程：市政的道路、桥梁、给水、排水、燃气、电力工程。

（十）地铁工程：地铁的土建工程及轨道工程。

（十一）园林工程：概算定额第十册园林工程所规定的庭园、绿化工程。

五、有关规定：

（一）单独建筑不分使用功能、檐高均执行单独建筑的取费标准；单独建筑带地下室或设备层的仍执行单独建筑的取费标准。

（二）独立的地下工程执行公共建筑檐高25m以下取费标准。

（三）一个单独工程具有不同使用功能时，按其主要使用功能确定取费标准。

（四）单独工程的檐高不同时，以最高的檐高作为确定取费标准的依据。

（五）建筑室外的地下降水、管道、路灯仍执行建筑室外工程的取费标准。

（六）构筑物中的动力、照明、消防、广播、电视、电话等以及采暖、给水排水、燃气工程，执行安装工程檐高25m以下公共建筑的取费标准。

（七）在电气安装工程中，无变电设施的配电工程执行安装工程中的住宅、公共建筑的相应取费标准；带有变电设施的变电和配电工程以低压柜出口为界，分别执行安装工程的相应取费标准。

六、计算规则：

（一）建筑、构筑物、建筑室外、钢结构、独立土石方、地下降水、桩基础、仿古建筑、道路桥梁、市政管道、地铁、庭园等工程的综合费用均以直接费为基数计算。

（二）装饰、安装、绿化等工程的综合费用均以直接费为基数计算。

（三）利润：以直接费及综合费用之和为基数计算。

（四）税金：以直接费、综合费用和利润三项之和为基数计算。

综　合　费　用

定额编号	项目				计费基数	费率（%）
1-1	建筑工程	单层建筑			直接费	12.60
1-2		住宅	檐高	25m以下		12.40
1-3				25m以上		13.20
1-4		办公建筑		25m以下		12.70
1-5				45m以下		14.30
1-6				45m以上		14.80
1-7	装饰工程				人工费	95.00
1-8	构筑物				直接费	12.70
1-9	建筑室外工程					11.00
1-10	钢结构工程					6.00
1-11	独立土石方、地下降水工程、桩基础					9.20
1-12	仿古建筑					12.90

续表

定额编号	项目				计费基数	费率（%）
1-13	安装工程	住宅	檐高	25m 以下	人工费	95.00
1-14				25m 以上		112.00
1-15		公共建筑		25m 以下		105.00
1-16				45m 以下		126.00
1-17				45m 以上		142.00
1-18		其他				119.00
1-19	市政工程	道路、桥梁			直接费	14.20
1-20		管道				13.50
1-21	地铁工程	土建			直接费	12.50
1-22		轨道				6.60
1-23	园林工程	庭院			直接费	11.30
1-24		绿化			人工费	38.00
2-1	利润				直接费+综合费用	7
2-2	税金				直接费+综合费用+利润	3.4

3.4.8 上海市建设工程施工费用计算规则（2000 年）

上海市建设和管理委员会关于发布《上海市建设工程施工费用计算规则（2000）》的通知

沪建建（2001）第 0383 号

《上海市建设工程施工费用计算规则（2000）》已编制完成，经我委会同有关部门审核，现予批准发布，自 2001 年 11 月 1 日起施行。

《上海市建设工程施工费用计算规则（2000）》由上海市建设工程定额管理总站负责组织实施和解释。

上海市建设和管理委员会

二〇〇一年七月十八日

上海市建设工程施工费用计算规则

一、为加强建设工程造价管理，规范建设工程施工费用计算行为，根据国家有关规定，结合本市实际情况，制定本计算规则。

二、本计算规则适用于本市行政区域范围内的建筑和装饰、安装、市政、公用管线、园林、房修、水利、民防等建设工程施工项目。

三、建设工程施工费用的要素内容及计算方法

施工费用要素内容由直接费、综合费用、施工措施费、其他费用和税金等诸要素内容组成。

（一）直接费要素内容及计算方法

直接费指施工过程中的耗费，构成工程实体和部分有助于工程形成的各项费用（包括人工费、材料费和施工机械使用费）。

1. 人工

（1）人工单价指生产工人按国家劳动、社会保障政策的规定，在单位工作日内所包括的费用。一般包括：工资（总额）、职工福利费、劳动保护费、社会保险基金、危险作业意外伤害保险费、住房公积金、工会经费、职工教育经费及其他。

（2）人工费计算方法：由承发包双方按人工单价包括的内容为基础，根据建设工程具体特点及市场情况，参照工程造价管理机构发布的市场信息价格，约定人工单价乘以定额工日耗量计算费用。

2. 材料

（1）材料单价指单位材料价格和从供货单位运至工地耗费的所有费用之和。一般包括：材料的原价（供应价）、市内运输费、运输损耗等。

（2）材料费计算方法：由承发包双方按材料单价包括的内容为基础，根据建设工程具体特点及市场情况，参照工程造价管理机构发布的市场信息价格，约定材料单价乘以定额材料耗量计算费用。

3. 机械

（1）机械台班单价指使用施工机械每台班作业所发生的机械使用费及机械安、拆和场外运输等费用。一般包括：机械折旧、大修、经修、燃料动力、人工、养路、税金、保险等。

（2）机械费计算方法：由承发包双方按机械台班单价包括的内容为基础，根据建设工程具体特点及市场情况，参照工程造价管理机构发布的市场信息价格，约定台班单价乘以定额台班耗量计算费用。

（3）大中型机械安、拆，场外运输，路基轨道铺拆等费用，由承发包双方按招标文件和批准的施工组织设计所指定大中型机械，根据建设工程具体特点及市场情况，参照工程造价管理机构发布的市场信息价格，在合同中约定费用。

（二）综合费用内容及计算方法

综合费用由施工管理费和利润组成。

施工管理费指施工企业为组织和管理生产经营活动发生的所有费用。利润指施工企业根据市场实际情况，计入工程费用中的期望获利。

1. 综合费用一般包括：管理人员和服务人员按国家劳动、社会保障政策的规定，在单位工作日内所包括的工资（总额）、职工福利费、劳动保护费、社会保险基金、住房公积金、工会经费、职工教育经费以及办公费、差旅费、业务活动经费、非生产性固定资产使用费、低值易耗品摊销（包括不属于固定资产的工、用具使用费）、税金（土地、房产、车船、印花等税金）、检验试验费、临时设施费、施工因素增加费、工程定位、复测、点交、场地清理费、利润和其他。

2. 综合费用计算方法：

（1）建筑和装饰、市政、公用管线、园林、房修、水利、民防等工程综合费用计算，以直接费（人工费、材料费、机械费之和）为基数，由承发包双方以综合费包括的内容为基础，根据建设工程具体特点及市场情况，参照工程造价管理机构发布的市场信息费率，约定综合费率计算费用。

(2) 安装、园林（绿化）、市政（道路交通管理设施、排水构筑物设备安装）、水利（水工机械设备安装）等工程综合费用计算，以人工费为基数，由承发包双方以综合费包括的内容为基础，根据建设工程具体特点及市场情况，参照工程造价管理机构发布的市场信息费率，约定综合费率计算费用。

（三）施工措施费内容及计算方法

施工措施费是指施工企业为完成建筑产品时，为承担的社会义务、施工准备、施工方案发生的所有措施费用（不包括已列定额子目和综合费用所包括的费用）。

施工措施费一般包括：现场安全、文明施工措施费，原公共建筑、树木、道路、桥梁、管道、电力、通讯等设施保护、改道、迁移等措施费，工程监测费，工程新材料、新工艺、新技术的研究、检验、试验、技术专利费，苗木检疫费，特殊包装费，土壤测定费，特殊产品保护费，创部、市优质工程施工措施费，特殊条件下施工措施费，保险费，港监及交通秩序维持费，建设单位另行专业分包的配合、协调、服务费及其他。

施工措施费的计算，由承发包双方遵照政府颁布的有关法律、法令、规章及各主管部门的有关规定，招标文件和批准的施工组织设计所指定的施工方案等所发生的措施费用，根据建设工程具体特点及市场情况，参照工程造价管理机构发布的市场信息价格，以报价的方法在合同中约定价格（费用内可考虑综合费用的因素）。

（四）其他费用的内容及计算方法

其他费用是国家规定可收取的费用，系指定额编制管理费、工程质量监督费等规费。按国家规定的计算方法计算费用，列入工程造价。

（五）税金的内容及计算方法

税金是指国家税法规定的营业税、城市维护建设税、教育费附加等。按国家规定的计算方法计算税金，列入工程造价。

四、各专业造价管理部门根据本规则组织实施。在实施中，可结合专业特点，对本规则予以补充说明，但需报市定额总站审定。

五、建设工程施工费用计算顺序表（详见附表）。

附表：

建设工程施工费用计算顺序表

序号	项目	计算式	备注
一	直接费	按定额子目规定计算	包括说明
其中	人工费	按定额工日耗量×约定单价	
	材料费	按定额材料耗量×约定单价	
	机械费	按定额台班耗量×约定单价	
二	综合费用	Σ直接费（或Σ人工费）×约定费率	
三	施工措施费	报价方法计取	由双方合同约定
四	其他费用	按国家规定计取	
五	税金	按国家规定计取	
六	工程施工费用	（一）+（二）+（三）+（四）+（五）	

注：其他费用包括定额编制管理费、工程质量监督费等。税金包括营业税、城市维护建设税、教育费附加等。

上海市市政工程定额管理站关于发布《上海市建设工程施工费用计算规则（2000）（市政工程专业说明）》的通知

沪市政额（2001）32 号

上海市建设和管理委员会〔沪建建（2001）第 0383 号文〕批准发布了《上海市建设工程施工费用计算规则（2000）》，这是上海市建设工程施工费用计算的共同规则，也是上海市市政工程必须贯彻执行的施工费用计算规则。

随着《上海市市政工程预算定额（2000）》的发布施行，市政造价专业人员希望有与之相配套的施工费用计算规则。为此，我站会同市政协会造价专业委员会，在《上海市建设工程施工费用计算规则（2000）》的总原则下，结合市政工程特点，编制了《上海市建设工程施工费用计算规则（2000）（市政工程专业说明）》，以帮助市政造价人员更好地使用《上海市市政工程预算定额（2000）》，以利提高造价文件编制质量。

特此通知

上海市市政工程定额管理站

二〇〇一年十一月二十八日

上海市建设工程施工费用计算规则（2000 年）市政工程专业说明

一、上海市建设工程施工费用计算规则（2000）《市政工程专业说明》（以下简称市政专业说明）是根据国家有关规定、上海市建设工程施工费用计算规则，结合市政工程特点编写的。

二、市政专业说明适用于本市行政区域内的市政新建、扩建、改建及大修工程，与《上海市市政预算定额（2000 年）》配套执行。

三、市政工程施工费用的要素及计算方法。市政工程费用要素内容由直接费、综合间接费、施工措施费、其他费用和税金等诸要素内容组成。

（一）直接费要素内容及计算方法。直接费是指施工过程中构成工程实体的以及部分有助于工程形成的各项费用，包括人工费、材料费、施工机械使用费、大型周材运输费及土方、泥浆外运费。

1. 人工：

（1）人工单价指生产工人按国家劳动、社会保障政策的规定，在单位工作日内所包括的费用。一般包括：工资（总额）、职工福利费、劳动保障费、社会保险基金、危险作业意外伤害保险费、住房公积金、工会经费、职工教育经费及其他。

（2）人工费计算方法。由承发包双方按人工单价包括的内容为基础，根据市政工程特点及市场情况，参照工程造价管理机构发布的人工费市场信息，约定人工单价乘以定额工日计算人工费。

2. 材料：

（1）材料单价指单位材料价格从供货单位运至工地耗费的所有费用之和。一般包括：

材料的原价（供应价）、市内运输费、运输损耗等。

（2）材料费的计算方法。由承发包双方按材料单价包括的内容为基础，根据市政工程特点及市场情况，参照工程造价管理部门发布的市场材料信息价格，约定材料单价乘以定额材料消耗量计算材料费。

3. 机械：

（1）机械台班单价是指施工过程中，使用每台施工机械正常工作一个台班所发生的机械使用费及机械安拆和场外运输费用。一般包括：折旧费、大修理费、精修费、安拆和场外运输费、燃料动力费、人工费、养路费及车船使用税等有关费用。

（2）机械费的计算方法。由承发包双方按机械台班单价包括的内容为基础，根据市政工程特点及市场情况，参照工程造价管理机构发布的机械台班单价、市场信息价格约定机械台班单价乘以定额台班消耗量计算机械费。

（3）大中型机械安拆及场外运输费的确定。大中型机械安、拆及场外运输、路基轨道铺设等费用，由承发包双方根据招标文件和批准的施工组织设计所指定的大中型机械，结合市政工程特点及市场情况，参照工程造价管理结构发布的市场信息价格，在合同中约定费用。

（4）有关说明。盾构掘进机械台班费中未包括二类费用，其燃料动力费、人工费已经列入相应的盾构掘进定额子目内。

顶管机械的安、拆费及场外运费由承发包双方根据工程特点及市场情况，在合同中约定费用。

4. 土方、泥浆外运费的计算。由承发包双方根据工程特点及市场情况，参照工程造价管理机构发布的市场信息价格，约定土方外运或来源单价乘以按定额计算的数量计算费用。土方、泥浆外运费列入直接费内。土方来源费不计其他费用。

5. 大型周材运输费。指大型周转性材料（如钢板柱、支撑、钢围令、脚手板等）的进场、退场以及工地间转移的运输费。

大型周材运输费的计算，由承发包双方根据市政工程特点及市场情况，按照工程造价管理部门发布的市场信息价格在合同中约定费用。

（二）综合费用内容及计算方法

综合费用由施工管理费和利润组成。

施工管理费是指施工企业为组织和管理生产经营活动发生的所有费用。

利润是指施工企业根据市场的实际情况，计入工程费用中的期望获利。

1. 综合费用一般包括：管理人员和服务人员按国家劳动、社会保障政策的规定，在单位工作日内所包括的工资（总额）、职工福利费、劳动保护费、工会经费、职工教育经费、办公费、差旅费、业务活动经费、非生产性固定资产使用费、低值易耗品摊销（工具用具使用费）、各类税（土地、房产、车船、印花等税金）、社会保险基金、住房公积金、业务活动经费、检验试验费、施工因素增加费、临时设施费、工程定位、复测、点交、场地清理费、利润和其他。

2. 综合费用的计算方法。综合费用计算分为两类：市政工程和市政安装工程。

市政工程包括：道路工程、道路交通管理设施工程中的基础项目及交通标线、桥涵及护岸工程、排水管道工程（土建）、隧道工程。市政工程以直接费为基数，由承发包双方以综合费用包括的内容为基础，根据市场情况及市政工程特点，参照工程造价管理机构发布的市场信息费率，约定综合费率计算费用。

市政安装工程包括：道路交通管理设施工程中的交通标志、信号设施、值勤亭、隔离设施、排水构筑物机械设备安装工程。市政安装工程以人工费为基数，由承发包双方以综合费包括的内容为基数，参照工程造价管理机构发布的市场信息费率约定综合费率计算费用。

（三）施工措施费内容及计算方法。

施工措施费是指施工企业为完成市政工程所承担的社会义务、施工准备、施工方案发生的所有措施费用（不包括已列定额子目和综合费所包括的费用）。

施工措施费一般包括：施工便道养护费、冬雨季施工增加费、夜间施工增加费、施工干扰费、代办建设单位费用（代办临时接水、接电费；港监及交通纠察费用）、现场安全文明施工增加费、原有建筑物、构筑物及公用管线等设施保护、加固及搬迁等措施费、工程监理费、特殊条件下施工、技术措施费、赶工措施费、工程保险费及其他等。

施工措施费的计算，由承发包双方遵照政府颁布的有关法律、法令、规章和各主管部门的有关规定招标文件和批准的施工组织设计所指定的施工方案等所发生的措施费用，根据市政工程特点及市场情况，参照工程造价管理机构发布的市场信息价格，以报价的形式在合同中约定费用（费用内可考虑综合费用的因素）。

（四）其他费用的内容和计算方法。其他费用是指按照国家规定可收取的费用。包括定额编制管理费、工程质量监督费等规费。其他费用按国家规定的计算方法计算费用，列入工程造价。

（五）税金的内容及计算方法。

税金是指国家税法规定的营业税、城市维护建设税、教育费附加等。

税金的计算基数：直接费、综合费用、施工措施费、其他费用之和。

税金的计算方法：按国家规定的计算方法计算税金，列入工程造价。

四、市政工程施工费用计算顺序表（详见附表）。

附表：

市政工程施工费用计算顺序表

序　号	项　目	计　算　式	备　注
一	直接费	按定额子目规定计算	包括说明
其中	1. 人工费	按定额工日耗量×约定单价	
	2. 材料费	按定额材料耗量×约定单价	
	3. 机械费	按定额台班耗量×约定单价	包括机械进出场及安拆费
	4. 大型周材运输费	Σ直接费（或Σ人工费）×约定费率	
	5. 土方泥浆外运费	报价方法计取	
二	综合费用	直接费×约定费率	市政安装工程按人工费计取
三	施工措施费	按报价方法计取	由双方合同约定
四	其他费用	按国家规定计取	
五	税金	按国家规定计取	
六	工程施工费用	（一）+（二）+（三）+（四）+（五）	

3.4.9　重庆市概算费用标准及计算方法（2006年）

重庆市建设委员会、重庆市发展和改革委员会、重庆市财政局关于颁发《重庆市建设工程设计概算编制规定》的通知

渝建发〔2006〕47号

为合理确定和有效控制建设工程投资，提高工程投资效益，加强政府宏观调控，满足设计概算编制的要求，我们组织编制了2006年《重庆市建设工程设计概算编制规定》(以下简称本规定)，经审查批准予以颁发执行。现将有关事宜通知如下：

一、本规定适用于本市行政范围内新建、扩建、改建的建设项目，是编制和审批全部使用国有资金或国有资金投资为主的建设项目设计概算的依据。

二、本规定从2006年4月1日起，与2006年《重庆市建筑工程概算定额》、《重庆市安装工程概算定额》、《重庆市市政工程概算定额》配套执行。

三、本规定由重庆市建设工程造价管理总站负责解释。

重庆市建设委员会
重庆市发展和改革委员会
重庆市财政局
二○○六年三月十四日

概算费用标准及计算方法

第一节　建筑安装工程费

建筑安装工程费包括房屋建筑工程和市政基础设施工程的建设费用。房屋建筑工程是指各类房屋建筑及其附属设施和与其配套的线路、管道、设备安装工程及室内外装修工程；市政基础设施工程是指城市道路、公共交通、供水、排水、燃气、热力、园林、环卫、污水处理、垃圾处理、防洪、地下公共设施及附属设施的土建、管道、设备安装工程。

建筑安装工程费由直接费（直接工程费和措施费)、间接费、利润和税金等组成，应以《重庆市建设工程概算定额》和本《规定》规定的费用标准为依据编制。直接工程费应根据概算定额规定的人工、材料、机上人工和机械燃料动力消耗量并按编制期市场人工工日价格、材料价格、机上人工和机械燃料动力价格计算；除税金外，措施费、间接费及利润等应以定额基价为基础，按本《规定》规定的费用标准计算。

一、直接费

直接费由直接工程费和措施费组成。

(一) 直接工程费：是指施工过程中耗费的构成工程实体的各项费用，包括人工费、材料费、施工机械使用费。

建筑安装工程费费率标准　　**表 1**

		以定额直接工程费为计算基数			以定额人工费为计算基数		
		建筑	市政	机械土石方	人工土石方	安装	市政安装
措施费（%）		12.18	12.45	5.53	19.36	93.81	63.26
间接费	规费（%）	6.64	5.9	4.05	37.7	40.3	40.3
	企业管理费（%）	43.04	15.69	12.54	19.05	42.56	49.3
利润（%）		8.8	8.69	6.74	14.19	42.64	54.54
合计费率（%）		40.66	42.73	28.86	90.3	219.31	207.4

注："定额直接工程费"即定额基价直接工程费，"定额人工费"即定额基价人工费。

1. 人工费：是指直接从事建筑安装工程施工的生产工人开支的各项费用，内容包括：

（1）基本工资：是指发放给生产工人的基本工资。

（2）工资性补贴：是指按规定标准发放的物价补贴，煤、燃气补贴，住房补贴，流动施工津贴等。

（3）生产工人辅助工资：是指生产工人年有效施工天数以外非作业天数的工资，包括职工学习、培训期间的工资，调动工作、探亲、休假期间的工资，因气候影响的停工工资，女工哺乳时间的工资，病假在六个月以内的工资及产、婚、丧假期的工资。

（4）职工福利费：是指按规定标准计提的职工福利费。

（5）生产工人劳动保护费：是指按规定标准发放的劳动保护用品的购置费及修理费，徒工服装补贴，防暑降温费，在有碍身体健康环境中施工的保健费用等。

本《规定》人工工日费标准为：土石方人工 18.00 元/工日，安装及机上人工 26.00 元/工日，其他人工 22.00 元/工日。

2. 材料费：是指施工过程中耗费的构成工程实体的原材料、辅助材料、构配件、零件、半成品的费用。内容包括：

（1）材料原价（或供应价格）。

（2）材料运杂费：是指材料自来源地运至工地仓库或指定堆放地点所发生的全部费用。

（3）运输损耗费：是指材料在运输装卸过程中不可避免的损耗。

（4）采购及保管费：是指为组织采购、供应和保管材料过程中所需要的各项费用。包括：采购费、仓储费、工地保管费、仓储损耗。

（5）检验试验费：是指对建筑材料、构件和建筑安装物进行一般鉴定、检查所发生的费用，包括自设试验室进行试验所耗用的材料和化学药品等费用。不包括新结构、新材料的试验费和建设单位对具有出厂合格证明的材料进行检验，对构件做破坏性试验及其他特殊要求检验试验的费用。

材料费按以下规定计算：

材料费 = Σ（定额材料消耗量 × 材料单价）+ 检验试验费

材料单价 = {(供应价格 + 运杂费) ×〔1 + 运输损耗率(%)〕×〔1 + 采购保管费率(%)〕}

检验试验费 = 材料费 × 检验试验费率

采购保管费率："三材"按2.5%计算；其他材料及半成品按3%计算；设备按1.0%计算。检验试验费率按0.3%计算。

3. 施工机械使用费：是指施工机械作业所发生的机械使用费以及机械安拆费和场外运费。

施工机械台班单价由下列七项费用组成：

(1) 折旧费：指施工机械在规定的使用年限内，陆续收回其原值及购置资金的时间价值。

(2) 大修理费：指施工机械按规定的大修理间隔台班进行必要的大修理，以恢复其正常功能所需的费用。

(3) 经常修理费：指施工机械除大修理以外的各级保养和临时故障排除所需的费用。包括为保障机械正常运转所需替换设备与随机配备工具附具的摊销和维护费用，机械运转中日常保养所需润滑与擦拭的材料费用及机械停滞期间的维护和保养费用等。

(4) 安拆费及场外运费：安拆费是指施工机械在现场进行安装与拆卸所需人工、材料、机械和试运转费用及机械辅助设施的折旧、搭设、拆除等费用；场外运费是指施工机械整体或分体自停放地点运至施工现场或由一施工地点运至另一施工地点的运输、装卸、辅助材料及架线等费用。

(5) 人工费：指机上司机（司炉）和其他操作人员的工作日人工费及上述人员在施工机械规定的年工作台班以外的人工费。

(6) 燃料动力费：指施工机械在运转作业中所消耗的固体燃料（煤、木柴）、液体燃料（汽油、柴油）及水、电等。

(7) 养路费及车船使用税：指施工机械按照国家规定和有关部门规定应缴纳的养路费、车船使用税、保险费及年检费等。

机械台班单价按以下规定计算：

台班单价=台班折旧费+台班大修费+台班经常修理费+台班安拆费及场外运费+台班人工费+台班燃料动力费+台班养路费及车船使用税

（二）措施费：是指为完成工程项目施工，发生于该工程施工前和施工过程中非工程实体项目的费用。内容包括：

1. 环境保护费：是指施工现场为达到环保部门和市政管理部门要求所需要的各项费用。应按重庆市物价局、重庆市财政局《关于调整我市环境监测服务费收费标准的通知》（渝价〔2002〕771号）和重庆市物价局、重庆市市政管理委员会关于印发《重庆市城市环境卫生有偿服务收费管理规定》的通知（渝价〔2001〕168号）的规定计算。

2. 临时设施费：是指施工企业为进行建筑工程施工所必须搭设的生活和生产用的临时建筑物、构筑物和其他临时设施费等。

临时设施包括：临时宿舍、文化福利及公用事业房屋与构筑物，仓库、办公室、加工厂以及规定范围内道路、水、电、管线等临时设施和小型临时设施。

临时设施费每万元材料摊销：钢材0.91t、原木1.82m^3、水泥3.25t、标准砖16.68千匹。

3. 冬雨季施工费：指在冬雨季施工增加的设施（如防雨、防寒棚）、劳保用品、防滑、排除雨雪的人工及劳动效率降低等费用（不包括冬雨季施工的蒸汽养护费）。

4. 夜间施工费：是指因夜间施工所发生的夜班补助费、夜间施工降效、夜间施工照明设备摊销及照明用电等费用。

5. 工程定位复测、点交及场地清理费等费用。

6. 包干费：是指一个月内停水、停电在工作时间16h内的停工、窝工损失；建设单位供应材料、设备不及时造成的停工、窝工每月在8h以内的损失；材料的代用（不含钢材）等。

7. 已完工程及设备保护费：是指竣工验收前，对已完工程及设备进行保护所需费用。

8. 二次搬运费：是指因施工场地狭小等特殊情况而发生的二次搬运费用。

9. 特殊检验试验费；是指工程施工中非常规项目的检验试验费。如外墙面砖成品的抗黏结试验、室内有害物质监测、门窗（幕墙）三性试验、挖孔桩基础的抽芯及桩的破坏试验、桥梁支架的荷载试验、钢筋混凝土梁的荷载试验、桥梁的荷载试验、路基、路面的承载力试验以及具有合格证的材料成品、半成品发生的多次重复检验（试验）等检验试验费用。

10. 零星项目费：是指初步设计图中未示明的零星项目发生的费用。

二、间接费

由规费、企业管理费组成。

（一）规费：是指政府和有关权利部门规定必须缴纳的费用（简称规费）。包括：

1. 工程排污费：是指施工现场按规定缴纳的工程排污费用。

2. 社会保障费：包括养老保险、失业保险和医疗保险。

养老保险费：是指企业按规定标准为职工缴纳的基本养老保险费。计费文件：渝府发〔2000〕48号。

失业保险费：是指企业按照国家规定标准为职工缴纳的失业保险费。计费文件：中华人民共和国国务院令第258号。

医疗保险费：是指企业按照规定标准为职工缴纳的基本医疗保险费。计费文件：渝府发〔2001〕120号。

3. 住房公积金：是指企业按规定标准为职工缴纳的住房公积金。计费文件：重庆市财政局、重庆市住房制度改革办公室文件“渝住改革办发〔2001〕67号”。

4. 危险作业以外伤害保险：是指按照建筑法规定，企业为从事危险作业的建筑安装施工人员支付的以外伤害保险费。

（二）企业管理费：是指建筑安装企业组织施工生产和经营管理所需费用。内容包括：

1. 管理人员工资：是指管理人员的基本工资、工资性补贴、职工福利费、劳动保护费等。

2. 办公费：是指企业管理办公用的文具、纸张、账表、印刷、邮电、书报、会议、水电、烧水和集体取暖（包括现场临时宿舍取暖）用煤等费用。

3. 差旅交通费：是指职工因公出差、调动工作的差旅费、住勤补助费，市内交通费和误餐补助费，职工探亲路费，劳动力招募费，职工退休、退职一次性路费，工伤人员就医路费，工地转移费以及管理部门使用的交通工具的油料、燃料、养路费及牌照费。

4. 固定资产使用费：是指管理和试验部门及附属生产单位使用的属于固定资产的房屋、设备仪器等的折旧、大修、维修或租赁费。

5. 工具用具使用费：是指管理使用的不属于固定资产的生产工具、器具、家具、交通工具和检验、试验、测绘、消防用具等的购置、维修和摊销费。

6. 劳动保险费：是指由企业支付离退休职工的易地安家补助费、职工退职金、六个月以上的病假人员工资、职工死亡丧葬补助费、抚恤费、按规定支付给离休干部的各项经费。

7. 工会经费：是指企业按职工工资总额计提的工会经费。

8. 职工教育经费：是指企业为职工学习先进技术和提高文化水平，按职工工资总额计提的费用。

9. 财产保险费：是指施工管理用财产、车辆保险。

10. 财务费：是指企业为筹集资金而发生的各种费用。

11. 税金：是指企业按规定缴纳的房产税、车船使用税、土地使用税、印花税等。

12. 其他：包括技术转让费、技术开发费、业务招待费、绿化费、广告费、公证费、法律顾问费、审计费、咨询费等。

三、利润

是指施工企业完成所承包工程获得的盈利。

四、安全文明施工费

安全文明施工费是指为满足安全生产、文明施工、职工健康生活所必需的费用。其内容包括《建筑施工安全检查标准》（JGJ59—99）及《重庆市建筑工地文明施工标准》（渝建发〔2003〕39 号）中所规定的安全文明施工措施中除概算定额已计费用和按实计算费用外的其他所有措施内容所需费用。

根据重庆市建建设委员会“渝建发〔2004〕265 号”文件的规定，安全文明施工费按下列标准计算。

安全文明施工费用标准　　**表 2**

项目名称			计费条件	计费标准
建筑工程	工业建筑	单层厂房	建筑面积	6.0 元/m^2
		多层厂房	建筑面积	5.5 元/m^2
	民用建筑	砖混结构	建筑面积	4.0 元/m^2
		框架结构（含筒筒薄壁柱结构）	2000m^2 以内	7.5 元/m^2
			5000m^2 以内	6.5 元/m^2
			5000m^2 以上	5.5 元/m^2
构筑物	不分结构形式		造价	1.00%
装饰工程	装饰工程	室内	人工费	6.00%
		室外	人工费	8.00%
	幕墙		幕墙面积	9.0 元/m^2
土石方工程	人工土石方	主城区	开挖土石方量	0.4 元/m^3
		其他区县	开挖土石方量	0.3 元/m^3
	机械土石方	主城区	开挖土石方量	0.6 元/m^3
		其他区县	开挖土石方量	0.5 元/m^3
安装工程	不分专业		人工费	70%

续表

项目名称	计费条件	计费标准
园林工程	造价	0.80%
房屋装修工程	造价	0.70%
道路、桥梁工程	1000万元以内	1.00%
	5000万元以内	0.80%
	1亿元以内	0.60%
	1亿元以上	0.50%
隧道工程	1000万元以内	0.90%
	5000万元以内	0.70%
	1亿元以内	0.50%
	1亿元以上	0.40%
其他市政工程	1000万元以内	0.80%
	5000万元以内	0.60%
	1亿元以内	0.40%
	1亿元以上	0.30%

注：1. 以上各项工程计费条件均按单位工程划分。
2. 计费基础：建筑工程以建筑面积为基础计算；装饰工程、安装工程以人工费为基础计算；构筑物工程、园林工程、房屋修缮工程、道路工程、桥梁工程、隧道工程、其他市政工程均以税前工程造价为基础计算；幕墙工程以幕墙展开面积为基础计算；土石方工程以开挖工程量为基础计算。
3. 道路工程包括道路所附属的构筑物、跨线桥等；桥梁工程包括立交桥等单独的桥梁工程；其他市政工程指市政范围内道路、桥梁、隧道以外所有市政项目。
4. “安全文明施工费”应计算定额测定费、税金。

五、工程定额测定费

是指按规定支付工程造价（定额）管理部门的定额编制管理费。

计费文件：渝建价发〔2002〕3号文件。费率1.4‰（计费基数按建筑安装工作量）。

六、税金

是指国家税法规定的应计入建筑安装工程造价内的营业税、城市维护建设税及教育费附加等。

税金计算公式：

税金＝税前造价×税率（%）

税率：

（一）纳税地点在市区的企业：3.41%

$$即：税率（\%）=\frac{1}{1-3\%-(3\%\times7\%)-(3\%\times3\%)}-1$$

（二）纳税地点在县城、镇的企业：3.35%

$$即：税率（\%）=\frac{1}{1-3\%-(3\%\times5\%)-(3\%\times3\%)}-1$$

（三）纳税地点不在市区、县城、镇的企业：3.22%

$$即：税率（\%）=\frac{1}{1-3\%-(3\%\times1\%)-(3\%\times3\%)}-1$$

第二节 设备及工器具购置费

是指建设项目范围内需要安装及不需要安装的设备、仪器、仪表等及其必需配备的备品备件的购置费，为保证投产初期正常生产所必需的仪器仪表、工卡模具、工器具及生产家具等购置费。该费用由设备购置费和工具、器具及生产家具购置费组成。

设备及工器具购置费按以下公式计算：

购置费 = Σ（设备及工器具购置数量×单价+运杂费）×（1+采购保管费率）

设备及工器具采购保管费率为：1.0%

第三节 工程建设其他费用

工程建设其他费用是指建设项目从筹建起到竣工验收交付使用止的整个建设期间，除建筑安装工程费用和设备、工器具购置费以外，为保证建设顺利完成和交付使用后能够正常发挥效用而发生的各项费用的总合。主要包括建设用地费、项目论证费、研究试验费、工程勘察设计费、施工图审查费、环境影响评价费、招标代理费、工程造价咨询服务费、工程建设监理费、专利及专有技术使用费、引进技术和引进设备其他费、其他技术咨询费、工程相关费用、建设项目筹建管理费、行政事业性收费、场地准备及临时设施费、工程保险费、生产准备及开办费、联合试运转费及其他相关费用等。

一、建设用地费用

建设用地费用是指建设项目通过划拨或征用和土地使用权出让方式取得土地使用权，所需土地征用及拆迁的补偿费和土地使用权出让金。建设用地费用应按概算编制时国家及重庆市政府的现行文件规定计算。

计算方法：

1. 根据应征建设用地面积、临时用地及耕地占用面积按重庆市人民政府制定颁发的土地征用补偿费、安置补助费标准和耕地占用税、城镇土地使用税标准计算。

2. 建设用地上的建（构）筑物如需迁建，其迁建补偿费应按迁建补偿协议计列或按新建同类工程造价计算。建设场地平整中的余留结构物拆除、清理费在“场地准备及临时设施费”中计算。

3. 建设项目采用“长租短付”方式租用土地使用权，在建设期间支付的租用土地费用计入建设用地费；在生产经营中支付的租用土地使用费应进入营运成本中核算。

4. 土地使用权出让金

以上建设用地费用应根据附录二中所列有关文件规定确定。

二、技术咨询费用

（一）项目论证费

项目论证费包括编制项目建议书、编制可行性研定报告、评估项目建议书及评估可行性研究报告等费用。

根据重庆市物价局、重庆市计划委员会、重庆市建设委员会发布的《重庆市工程建设中介服务收费管理实施办法》（渝价〔2000〕352号）计算。但已通过合同约定的按合同约定费用计算。

项目论证费计算标准 **表 3**

1. 按建设项目估算投资额分档收费标准　单位：万元

咨询评估项目 / 估算投资额标准	编制项目建议书	编制可行性研究报告	评估项目建议书	评估可行性研究报告
1000 以下	1.5 ~ 2.5	3 ~ 5	0.8 ~ 1.5	1.5 ~ 2
1000 ~ 3000	2.5 ~ 6	6 ~ 12	1.5 ~ 4	2 ~ 5
3000 ~ 1 亿	6 ~ 14	12 ~ 28	4 ~ 8	5 ~ 10
1 亿 ~ 5 亿	14 ~ 37	28 ~ 75	8 ~ 12	10 ~ 15
5 亿 ~ 10 亿	37 ~ 55	75 ~ 110	12 ~ 15	15 ~ 20
10 亿 ~ 50 亿	55 ~ 100	110 ~ 200	15 ~ 17	20 ~ 25
50 亿以上	100 ~ 125	200 ~ 250	17 ~ 20	25 ~ 35

2. 按建设项目估算投资额分档收费的调整系数

行业调整系数	
（1）化工、石化、钢铁	1.3
（2）石油、天然气、水利、水电、交通（水运）、化纤	1.2
（3）有色、黄金、纺织、轻工、邮电、广播电视、医药、煤炭、火电、（核电）、机械（船舶、航空、航天、兵器）	1
（4）林业、商业、粮食、建筑	0.8
（5）建材、交通（公路）、铁路、市政公用工程	0.7
工程复杂程度调整系数	0.8 ~ 1.2

3. 工程建设咨询人员工日费用标准

咨询人员	工日费用标准
（1）高级专家	1000 ~ 1200
（2）高级专业技术职称的咨询人员	800 ~ 1000
（3）中级专业技术职称的咨询人员	600 ~ 800

注：有关注意事项请查阅渝价〔2000〕352 号文件。

（二）研究试验费

研究试验费是指为本建设项目提供或验证设计参数、数据资料等进行必要的研究试验及按照设计规定在建设过程中必需进行的试验、验证所需的费用。包括自行或委托其他部门研究试验所需的人工费、材料费、试验设备及仪器使用费，支付的科技成果、先进技术的一次性技术转让费。但不包括：

1. 应由科技三项费用（即新产品试制费、中间试验费和重要科学研究补助费）开支的项目。

2. 应在建筑安装费用中列支的施工企业对建筑、构件和建筑物进行一般鉴定、检查所发生的费用及技术革新的研究试验费。

3. 应由勘察、设计费或工程费用中开支是项目。

计算方法：按照研究试验的内容和要求按实进行编制。

（三）工程勘察设计费

工程勘察设计费是指委托勘察、设计单位进行初步设计，施工图设计等所需的费用，以及在规定范围内由建设单位自行完成勘察、设计工作所需的费用。

计算方法：

工程勘察费及工程设计费依据勘察设计委托合同计列，或按国家计委、建设部关于发布《工程勘察设计收费管理规定》的通知（计价格〔2002〕10号）规定计算。

工程设计收费标准 **表4**

单位：万元

序 号	计 费 额	计费基价
1	200	9
2	500	20
3	1000	38.8
4	3000	103.8
5	5000	163.9
6	8000	249.6
7	10000	304.8
8	20000	566.8
9	40000	1054
10	60000	1515.2
11	80000	1960.1
12	100000	2393.4
13	200000	4450.8
14	400000	8276.7
15	600000	11897.5
16	800000	15391.4
17	1000000	18793.8
18	2000000	34948.9

注：设计额>2000000万元的，以设计额乘以1.6%的收费率计算收费。

工程设计收费专业调整系数 **表5**

工程类型	专业调整系数
1. 矿山采选工程	
黑色、黄色、化学、非金属及其他矿采工程	1.1
采煤工程、有色、铀矿采选工程	1.2
选煤及其他煤炭工程	1.3
2. 加工冶炼工程	
各类冷加工工程	1
船舶水工工程	1.1
各类冶炼、热加工、压力加工工程	1.2
核加工工程	1.3
3. 石油、化工、石化、化纤、医药工程	1.2
核化工程	1.6
4. 水利电力工程	
风力发电、其他水利工程	0.8
火电工程	1
核电常规岛、水电、水库、送变电工程	1.2
核能工程	1.6

续表

工程类型	专业调整系数
5. 交通运输工程	
机场场道工程	0.8
公路、城市道路工程	0.9
机场空管和助航灯光、轻轨工程	1
水运、地铁、桥梁、隧道工程	1.1
索道工程	1.3
6. 建筑市政工程	
邮政工艺工程	0.8
建筑、市政、电信工程	1
人防、园林绿化、广电工艺工程	1.1
7. 农业林业工程	
农业工程	0.9
林业工程	0.8

（四）施工图审查费

施工图审查费应执行重庆市物价局“渝价〔2005〕649 号”《重庆市物价局关于调整施工图设计文件审查收费标准的通知》

施工图设计文件审查收费标准　　表 6

2. 房屋建筑审查费：

建筑等级	Ⅰ级	Ⅱ级	Ⅲ级
审查费（元/m²）	0.8～1.5	1.0～2.2	1.2～5.0

注：1. 建筑等级按现行的《工程勘察设计收费管理规定》中建筑工程复杂程度表 7.3－1 划分。
2. 建筑专项设计（如装饰、幕墙、轻钢等）应按折合建筑面积计价。
3. 勘察收费额指按现行的《工程勘察设计收费管理规定》计算的收费额或按双方合同约定的收费额。
4. 市政基础设施审查费：按工程初步设计概算的 1.2‰～3‰收取。
5. 勘察成果审查费；按工程勘察收费总额的 6%～10% 收取。
6. 工程规划规模较小审查费总金额计算不足 2000 元，按 2000 元计收。

（五）环境影响评价费

指按照《中华人民共和国环境保护法》、《中华人民共和国环境影响评价法》等规定，为全面、详细评价建设项目对环境可能产生的污染或造成的重大影响所需的费用，包括编制环境影星报告书（含大纲），环境影响报告表和评估环境影响报告书（含大纲），环境影响报告表所需的费用。

计算方法：

依据环境影响评价委托合同计列，或按照国家环境保护总局《关于规范环境影响咨询收费有关问题的通知》(计价格〔2002〕125 号）规定计算。

建设项目环境影响评价咨询收费标准　　表 7

单位：万元

咨询服务项目	0.3 以下	0.3～2	2～10	10～0	50～100	100 以上
编制环境影响报告书（含大纲）	5～6	6～15	15～35	35～75	75～100	110
编制环境影响报告表	1～2	2～4	4～7	7 以上		
评估环境影响报告书（含大纲）	0.8～1.5	1.5～3	3～7	7～9	9～13	13 以上
评估环境影响报告表	0.5～0.8	0.8～1.5	1.5～2	2 以上		

注：有关事项详见文件规定。

（六）招标代理费

招标代理费执行国家计委“计价格〔2002〕1980号”《招标代理服务收费管理暂行办法》。

（七）工程造价咨询服务费

工程造价咨询服务收费包括工程项目概算、预算、结算及标底等造价的编制、审核工作以及工程造价的全过程控制所发生的费用。

应根据重庆市物价局发布的《重庆市物价局关于规范工程造价中介服务收费管理的通知》(渝价〔2006〕49号）规定的费率计算。

工程造价中介服务收费项目及标准（累进制收费） **表8**

序号	收费项目			计费基数	标准（万元）					
					100内	100~500内	500~1000内	1000~5000内	5000~1亿内	1亿以上
1	概算			工程造价（‰）	2	1.7	1.5	1.2	0.9	0.8
2	编制、审核预算、标的		建筑	工程造价（‰）	4	3.5	3	2.5	1.5	1.2
3			安装二次装修	工程造价（‰）	8	7	6	4	3	2
4	工程结（决）算审核	基本收费	建筑	送审造价（‰）	5	4	3.5	3	2	1.5
			安装二次装修		8	7	6	4	3	2
		审减效益费		审减额（‰）	3~5					
5	工程造价纠纷鉴定			工程造价（‰）	12	10	8.5	8	6	5
6	施工阶段工程造价全过程控制（含结算）			送审造价（‰）	15	13	12	10	8	5
7	工程清单编制、审核			项目投资额（‰）	2.5	2	1.8	1.5	1.2	1

注：1. 按上表计算不足2000.00元的，按2000.00元收费。

2. 工程结（决）算审核审减效益费的审减额，为送审项目的审减额，该审减额不抵消审增金额。

3. 某编制施工图预算的建筑安装工程造价为3000万元，计算编制施工图预算收费如下：

100万元×0.4% =0.40万元，(500－100）万元×0.35% =1.40万元，(1000－500）万元×0.3% =1.50万元，(3000－1000）万元×0.25% =5.00万元，合计收费=0.40+1.40+1.50+5.00=8.30万元。

（八）工程建设监理费

工程建设监理费包括设计监理费及施工监理费，应根据重庆市物价局、重庆市计划委员会、重庆市建设委员会发布的《重庆市工程建设中介服务收费管理实施办法》（渝价〔2000〕352号）计算。

工程建设监理收费指导标准 **表9**

序号	工程概（预）算 M（万元）	设计阶段（含设计招标）监理收费 a（%）	施工（含招标）及保修阶段监理收费 b（%）
1	M<500	0.20<a	2.50<b
2	500≤M<1000	0.15<a≤0.20	2.00<b≤2.50
3	1000≤M<5000	0.10<a≤0.15	1.40<b≤2.00
4	5000≤M<10000	0.08<a≤0.10	1.20<b≤1.40

续表

序　　号	工程概（预）算 M（万元）	设计阶段（含设计招标）监理收费 a（%）	施工（含招标）及保修阶段监理收费 b（%）
5	10000≤M<50000	0.15<a≤0.08	0.80<b≤1.20
6	50000≤M<100000	0.03<a≤0.05	0.60<b≤0.80
7	100000≤M	a≤0.03	b≤0.60

1. 按所监理工程建设概（预）算总额的百分比计收；
2. 按照参与监理工作的年度平均人数计算：3.5万~5万元/（人·a）。
3. 不宜按以上两项办法计收的，由建设单位和监理单位按商定的其他方法计收。

（九）专利和专有技术使用费

费用内容包括：

1. 国外设计及技术资料费、引进有效专利、专有技术使用费和技术保密费；
2. 国内有效专利、专有技术使用费；
3. 商标使用费、特许经营权费等。

计算方法：

1. 按专利使用许可协议和专有技术使用合同的规定计列；
2. 专有技术的界定应以市、部级鉴定批准为依据；
3. 项目投资中只计需在项目建设期支付的专利及专有技术使用费。协议或合同规定在生产期支付的使用费应在成本核算中计列。

（十）引进技术或引进设备其他费

引进技术和引进设备其他费包括如下费用内容：

1. 引进项目图纸资料翻译复制费、备品备件测绘费。
2. 出国人员费用：包括买方人员出国进行设计、联络、考察、联合设计、设备材料监检、培训等所发生的差旅费、生活费、制装费等。
3. 来华人员费用：包括卖方来华工程技术人员的差旅费、现场办公费用、往返现场交通费用、工资、食宿费用、接待费等。
4. 银行担保及承诺费：指引进项目由国内外金融机构出面承担风险和责任担保所发生的费用，以及支付贷款机构承诺费用。

计算方法：

1. 引进项目图纸资料翻译复制费：根据引进项目的具体情况计列或按引进货价（F.O.B）的比例估列；引进项目发生备品备件测绘费时按具体情况计列。
2. 出国人员费用：依据合同规定的出国人次、期限和费用标准计算。生活费及制装费按财政部、外交部规定的现行标准计算，旅费按中国民航公布的国际航线票价计算。
3. 来华人员费用：应依据引进合同有关条款规定计算。引进合同有关条款中已包括的费用内容不得重复计算。来华人员接待费用可按人次费用标准计算。
4. 银行担保及承诺费：应按担保或承诺协议计取。投资估算和概算编制时可以担保金额或承诺金额乘以费率计算。

引进设备材料的运输费、国外运输费、国外运输保险费、关税、增值税、外贸手续费、银行财务费、国内运杂费、引进设备材料国内检验费、海关监管手续费等按引进货价

（F. O. B 或 C. I. F）计算后进入相应的设备材料费中。单独引进软件不计关税和增值税。

（十一）其他技术咨询费用

三、工程相关费用

指建设项目单位按照重庆市人民政府有关规定缴纳的市政公用设施建设费，以及绿化补偿费等。一般包括：城市建设配套费、供电配套工程费、城区内自来水管道施工费、城区内电话通信施工费、城区内燃气管道施工费、防雷工程设计审核费、有线电视安装费、人防工程易地建设费、人防工程拆除补偿费、城市占道费、绿地补偿费、行道树、绿地变更损失补偿费、绿地保证金、地上天然气供气设施拆除费、上水管网补偿费等。

计算方法：

1. 按照重庆市人民政府有关文件规定标准计列；

2. 不发生或按规定免征项目不计取。

四、工程建设管理费

（一）建设项目管理筹建费

1. 建设单位管理费

建设项目建设单位管理费，是指建设单位从项目筹建之日起至办理竣工财务决算之日止发生的管理性质的开支。包括：不在原单位发工资的工作人员工资、基本养老保险费、基本医疗保险费、失业保险费、办公费、差旅交通费、劳动保护费、施工现场津贴费、工具用具使用费、固定资产使用费、零星购置费、招募生产工人费、技术图书资料费、业务招待费、印花税、竣工验收费和其他管理费性质开支。

根据重庆市财政局转发财政部《关于〈基本建设财务管理规定〉的通知》（渝财建〔2002〕247 号文），建设单位管理费总额控制数费率按下表规定计算（以建筑安装工程费为计算基数）：

建设单位管理费计算标准　　**表 10**

单位：万元

工程总概算	费率（%）	算　　例	
		建筑安装工程费	建设单位管理费
1000 以下	1.5	1000	1000 ×1.5% =15
1001 ~5000	1.2	5000	15 + (5000 - 1000) ×1.2% =63
5001 ~10000	1	10000	63 + (10000 - 5000) ×1.0% =113
10001 ~50000	0.8	50000	113 + (50000 - 10000) ×0.8% =433
50001 ~100000	0.5	100000	433 + (100000 - 50000) ×0.8% =683
100001 ~200000	0.2	200000	683 + (200000 - 100000) ×0.2% =883
200000 以上	0.1	280000	883 + (280000 - 200000) ×0.1% =963

注：1. 如建设管理采用工程总承包方式，其总承包管理费由建设单位与总包单位根据总包合同商定、从建设单位管理费中开支。
2. 改扩建项目的建设单位管理费率应乘以 0.8 的系数。

2. 建设管理代理费

建设管理代理费列入项目总投资，并按基本建设程序管理，凡实行建设管理代理制的项目，总投资中原则上不得再列建设单位管理费。若建设单位确需发生建设单位管理费，需报经财政部门审核批准列支。

项目建设管理代理费根据重庆市财政局、重庆市发展计划委员会发布的《政府公益性项目建设管理代理费总额控制数费率暂行规定》（渝财建〔2003〕71号）计算。

项目建设管理代理费总额控制数费率标准　　**表11**

单位：万元

项目总投资	控制费率（%）	算例（A为代理费控制总额，I为不含代理费的项目投资）
1000以下	2	1000×2.0%=20
1001~5000	2	20+（I-1000）×2.0%=A
5001~10000	1	100+（I-5000）×1.0%=A
10001~50000	0.8	150+（I-1000）×0.8%=A
50001~100000	0.5	470+（I-5000）×0.8%=A
100001~200000	0.2	720+（I-10000）×0.2%=A
200000以上	0.1	

（二）行政事业性收费

1. 建设工程规划综合费

应执行重庆市人民政府办公厅《关于印发重庆市建设工程规划综合费收缴管理办法的通知》（渝办法〔2005〕48号）。

建设工程规划综合费按以下标准计算：

（1）住宅工程：住宅2元/m^2，旅游度假村、别墅等3.5元/m^2；非住宅部分（写字楼、星级宾馆、商业房等）4.5元/m^2。

（2）道路、交通和管线工程按预算（或概算）投资额的1‰。

（3）工业用房，即厂房、库房按1元/m^2。

（4）大专院校（中专）教学用房，学生宿舍以及积极适用房住宅，危旧房改造拆除按面积减半征收。

（5）军事设施（不含家属宿舍、非军用的生产性经营性工程设施）、中小学、幼儿园、托儿所教学用房；党政机关办公用房；民政部门办的敬老院、福利院、残疾人康复机构；财政资金投入建设的市政设施；三峡移民、防震、抗洪、地质灾害防治工程免收规划综合费。

（6）建设工程规划综合费收取方式：用地规划时，按总建筑面积的40%收取，建设工程方案规划确定时，再收取剩余部分。道路、交通和管线工程规划综合费一次性收取。

2. 建设工程质量监督费

按重庆市物价局、重庆市财政局“渝价〔2001〕345号”文件规定标准计算。

建设工程质量监督费计算费率标准　　**表12**

建设工程质量监督费	计算基础	费　率
渝中区、沙坪坝、南岸、江北区、九龙坡区	建筑安装造价	2.0‰
大渡口区、北碚区、巴南区、渝北区	建筑安装造价	2.8‰
其他区县（自治县、市）	建筑安装造价	3.5‰

3. 建设工程综合服务费

按重庆市物价局“渝价〔2001〕143号”文件规定，建设工程综合服务费按中标额的2.8‰计算。

4. 消防系统的行政收费

按重庆市物价局《重庆市消防系统的行政收费的通知》（渝价〔2001〕224号）的规定计算。

5. 特种设备检验检测费

根据《特种设备安全监察条例》的有关规定，经国务院特种设备安全监督管理部门核准的特种设备检验检测机构，对特种设备实验检验检测所收取的检验费。包括锅炉、压力容器制造、修理、改造、检验单位资格及技术资料审查收费和特种设备检验检测收费。

计算方法：

按照重庆市物价局、重庆市财政局《关于我市特种设备检验检测收费标准的通知》（渝价〔2004〕422号）的规定标准计算。

五、其他费用

（一）场地准备及临时设施费

场地准备费是指建设项目为达到工程开工条件所发生的场地平整和建设场地余留的有碍施工建设的设施进行拆除清理的费用。

临时设施费是指建设期间建设单位所需临时设施的搭设、维修、拆除、摊销费或租赁费用。包括：临时宿舍、文化福利及公用事业房屋与构筑物、仓库、办公室、加工厂以及规定范围内的道路、水、电、气、管线等临时设施和小型临时设施。此费用不包括已列入建筑安装工程费用中的施工单位临时设施费用。

场地准备及临时设施应尽量与永久性工程统一考虑。建设场地的大型土石方工程应进入建筑安装工程费用中。

计算方法：

1. 新建项目的场地准备及临时设施费应根据实际工程量估算，或按工程费用的比例计算。改扩建项目一般只计拆除清理费。

场地准备和临时设施费 = 工程费用 × 费率 + 拆除清理费

2. 发生拆除清理费时可按新建同类工程造价或主材费、设备费的比例计算。凡可回收材料的拆除采用以料抵工方式，不再计算拆除清理费用。

（二）工程保险费

指建设项目在建设期间根据需要对建筑工程、安装工程及机器设备进行投保而发生的保险费用。包括各种建筑工程及其在施工过程中的物料、机械设备为保险标的的建筑工程一切险，以安装工程的各种机器、机械设备为保险标的的安装工程一切险，以及机器设备损坏保险、引进设备国内安装保险等。

计算方法

不同的建设项目可根据工程特点选择投保险种，根据合同计列保险费用。编制概算时可按占工程费用的比例估算。不投保的工程不计取此项费用。

（三）生产准备及开办费

是指建设项目为保证正常生产（或营业、使用）而发生的人员培训、提前进厂费以及投产使用初期必备的生产生活用品、工器具等购置费用。包括：

A）生产人员培训费，自行组织人员培训或委托其他单位培训的人员的工资、工资性补贴、职工福利费、差旅交通费、劳动保护费、学习资料费、学习费等。

B）生产单位提前进场参加施工、设备安装、调试以及熟悉工艺流程与性能设备等人员的工资、工资性补贴、职工福利费、差旅交通费、劳动保护费等。

C）为保证初期正常生产生活（或营业、使用）所必需的生产办公、生活家具用具的购置费。

D）为保证初期正常生产生活（或营业、使用）所必需的第一套不够固定资产标准的生产工具、器具、用具购置费。（不包括备品备件购置）

计算方法：

1. 新建设项目按设计定员为基数计算，改扩建项目按新增设计定员为基数计算；

生产准备费及开办费 = 设计定员 × 生产准备费指标（元/人）

2. 可采用综合的生产准备费指标进行计算，也可按上述费用内容的分类指标计算。

（四）联合试运转费

指新建企业和新增生产工艺工程的扩建企业，在竣工前按照设计规定的工程质量标准，进行整个车间的负荷联合运转所发生的费用支出大于试运转收入的亏损部分。费用内容包括：试运转所需的原料、燃料、油料和动力的费用，机械使用费用，低值易耗品及其他物品的购置费用和施工单位参加联合试运转人员的工资等。试运转收入包括试产品销售和其他收入。不包括应由设备安装工程费用开支的单台调试费及试车费用。

计算方法：

1. 不发生试运转或试运转收入大于（或等于）费用支出的工程不列此项费用。

2. 当联合试运转收入小于试运转支出时；联合试运转费 = 联合试运转费用支出 − 联合试运转收入。

（五）其他相关费用

1. 白蚁防治费

按重庆市物价局《重庆市白蚁防治收费管理办法》（渝价〔2002〕662 号）的规定计算。

2. 房地产权属登记费

按重庆市物价局“渝价〔2000〕358 号”文件规定计算。

第四节　预备费

一、基本预备费

基本预备费是指在初步设计及概算内不可预见的工程费用。费用内容包括：

（一）在批准的初步范围内，技术设计、施工图设计及施工过程中所增加的工程费用；设计变更、局部处理等增加的费用。

（二）一般自然灾害造成的损失和预防自然灾害所采取的措施费用。实行工程保险的工程费用应适当降低。

（三）竣工验收时为鉴定工程质量对隐蔽工程进行必要的挖掘和修复费用。

计算方法：

按照“工程费用”（即总概算第一部分费用总值）和“工程建设其他费用”（即总概算第二部分费用总值）总和，乘以预备费率进行计算，预备费率可按 5% ~8% 计取。

二、价差预备费

价差预备费是指在建设期内由于人工、材料、设备、施工机械的价格及费率、利率、汇率等浮动因素引起工程造价变化的预测预留费用。此费用属工程造价的动态因素，应在总预备费中单独列出。

价差预备费以第一部分工程费用总值为基数，按建设期分年度用款计划和人工、材料、设备价格年上涨系数逐年递增计算；上涨系数按重庆市有关主管部门定期测定的发布的年投资价格指数计算。

计算方法：价差预备费 $=P\times[(1+i)^{n-1}-1]$

$$P\times[(1+i)^{n-1}-1]$$

式中　P——建筑安装费总额；

i——年造价增长率（投资价格指数）（%）；

n——设计文件编制年至建设项目开工年加上建设项目建设期限。

第五节　专项费用

一、固定资产投资方向调节税

投资方向调节税根据国家产业政策和项目经济规模实行差别税率。各固定资产投资项目按其单位工程分别适用税率。计税依据为固定资产投资项目实际完成的投资额，其中更新改造项目为建筑工程实际完成的投资。

投资方向调节税应根据《中华人民共和国固定资产方向调节税暂行条例》及其实施细则、补充规定等文件计算。

按财政部、国家税务总局、国家计委《关于暂停征收固定资产投资方向调节税的通知》（财税字〔1999〕299号文件）规定，固定资产投资方向调节税暂停征收。

二、建设期贷款利息

建设期贷款利息是指建设项目中分年使用国内贷款或国外贷款部分，在建设期内应归还的贷款利息。费用内容包括各种机构贷款、企业集资、建设债券和外汇贷款等利息。

计算方法：根据不同的资金来源，建设期贷款利息可按以下方法分别计算。

1. 贷款总额一次性贷出且利率固定的贷款利息 = 贷款总额 × $\{(1+$年利率$)^{n-1}-1\}$

2. 总贷款分年均衡发放的贷款利息 = $\sum$｛本年度初需付息贷款本息累计 +（本年度付息贷款 ÷2)｝× 年利率。

3. 如建设单位与贷款方达成协议采用其他方式计息，则按实际达成的协议方式计算。

三、铺底流动资金

是指生产经营性项目按其所需流动资金的30%作为铺底流动资金计入建设项目总概算。竣工投产后计入生产流动资金，但不构成建设项目总造价。

流动资金可采用下述方法估算。

（一）扩大指标估算法：一般可参照同类生产企业流动资金占销售收入、经营成本、固定资产投资的比率，以及单位产量占用流动资金的比率进行估算。

（二）分项详细估算法。

当采用上述两种方法有困难时，可由建设单位提供数值或按原可行性研究报告估算数值计列。

概算各项费用计算程序

第一节　建设项目概算费用计算程序

建设工程概算各项费用计算程序及计算方法见下表。

建设项目概算各项费用计算程序及计算方法　　表 13

编　号	费用组成	计算依据及方法
一	第一部分　工程费用	
	建筑安装工程费	按表 14 的计算程序确定
	设备及工器具购置费	购置费 = Σ（设备及工器具购置数量 × 单价 + 运杂费）×（1 + 采购保管费率）
二	第二部分　工程建设其他费用	
	建设用地费用	按概算编制时国家及重庆市政府的现行文件规定计算或实际费用计算，详见附录二的有关文件规定。
	项目论证费用	按“渝价〔2000〕352 号”文件规定计算
	研究试验费	按照研究试验的内容和要求按实进行编制
	工程勘察设计费	按“计价格〔2002〕10 号”文件规定计算
	施工图审查费	按“渝价〔2005〕649 号”文件规定计算
	环境影响评价费	按“计价格〔2002〕125 号”文件规定计算
	招标代理费	按“计价格〔2002〕1980 号”文件规定计算
	工程造价咨询服务费	按“渝价〔2006〕49 号”文件规定计算
	工程建设监理费	按“渝价〔2000〕352 号”文件规定计算
	专利及专有技术使用费	按专利使用许可协议和专有技术使用合同的规定计算
	引进技术和引进设备其他费	按实计算
	其他技术咨询费用	按相关规定计算
	工程相关费用	按附录二所列有关文件规定标准计算
	建设项目管理筹建费	按“渝材建〔2002〕247 号”或“〔2003〕71”号文件规定计算
	行政事业性收费	按附录二所列有关文件规定标准计算
	场地准备及临时设施费	场地准备和临时设施费 = 工程费用 × 费率 + 拆除清理费
	工程保险费	根据工程特点选择投保险种，按合同计列保险费用。也可按占工程费用的比例计算。详见渝府发〔1999〕221 号文
	生产准备及开办费	生产准备及开办费 = 设计定员 × 生产准备费指标（元/人）
	联合试运营费	联合试运营费 = 联合试运营费用支出 − 联合试运转收入
	其他相关费用	按附录儿所列有关文件规定计算
三	第三部分　预备费	
	基本预备费	按照“工程费用”（即总概算第一部分费用总值）和“工程建设其他费用”（即总概算第二部分费用总值）总和，乘以预备费率进行计算，预备费率可按 5% ~8% 计取
	价差预备费	价差预备费 = $P \times [(1+i)^{-1} - 1]$

续表

编 号	费用组成	计算依据及方法
四	第四部分 专项费用	
	固定资产投资方向调节税	暂停征收
	建设期贷款利息	根据不同的资金来源，建设期贷款利息可按以下方法分别计算 1)贷款总额一次性贷出且利率固定的贷款利息 = 贷款总额 ×{(1 + 年利率) − 1} 2)总贷款分年均衡发放的贷款利息 = Σ{本年度初需付息贷款本息累计 + (本年度付息贷款 ÷2)} × 年利率 3) 如建设单位与贷款方达成协议采用其他方式计息，则按实际达成的协议方式计算
	铺地流动资金	铺底流动资金按流动资金计划需要量的30%计算
五	建设项目总概算	(一) + (二) + (三) + (四)

注：根据国家计委发布的《关于加强对基本建设大中型项目概算中“价差预备费”管理有关问题的通知》(计投资〔1999〕1340号文件) 的规定，目前投资价格指数按零计算。

第二节 建筑安装工程费用计算程序

建筑安装工程各项费用按下表的规定方法计算。

建筑安装工程费用计算程序 表14

编 号	费 用 组 成	说 明
一	定额直接工程费（基价直接工程费）	按概算定额基价计算
1.1	定额人工费（基价人工费）	
1.2	定额材料费（基价材料费）	
1.3	定额机械费（基价材料费）	
二	直接费	
2.1	直接工程费	按编制期市场实际价格计算
2.1.1	其中：人工费	按编制期市场实际价格计算
2.2	措施费	(一)或(1.1) × 措施费综合费率
三	间接费	(一)或(1.1) × 间接费综合费率
四	利润	(一)或(1.1) × 规定费率
五	安全文明施工费	(二) + (三) + (四)或(2.1.1) × 规定费率 或按规定单位价格计算
六	工程定额测定费	〔(二) + (三) + (四) + (五)〕× 规定费率
七	税金	〔(二) + (三) + (四) + (五) + (六)〕× 规定费率
八	建筑安装工程费	(二) + (三) + (四) + (五) + (六) + (七)

注：土建、机械施工土石方、市政工程以定额直接工程费为基数取费，即:(一) × 相应费率;安装工程、市政安装工程及人工土石方工程以定额人工费为基数取费,即:(1.1) × 相应费率。

3.5　常用材料及构件的重量

常用材料与构件的重量见表 5-1 ~ 表 5-3。

常用材料和构件自重表　　　表 5-1

名　　称		自　重	备　注
木材（kN/m³）	杉木	4	随含水率而不同
	冷杉、云杉、红松、华山松、樟子松、铁杉、拟赤杨、红椿、杨木、枫杨	4 ~ 5	随含水率而不同
	广东松、桤木、枫香、柳木、檫木、秦岭落叶松、新疆落叶松	5 ~ 6	随含水率而不同
	东北落叶松、陆均松、榆木、桦木、水曲柳、苦楝、木荷、臭椿	6 ~ 7	随含水率而不同
	锥木（栲木）、石栎、槐木、乌黑	7 ~ 8	随含水率而不同
	椆木、栎木（柞木）桉树、木麻黄	8 ~ 9	随含水率而不同
	普通木板条、椽檩木料	5	随含水率而不同
	锯末	2 ~ 2.5	随含水率而不同
	木丝板	4 ~ 5	加防腐剂时为 3kN/m³
	软木板	2.5	
	刨花板	6	
胶合板材（kN/m²）	胶合三夹板（杨木）	0.019	
	胶合三夹板（椴木）	0.022	
	胶合三夹板（水曲柳）	0.028	
	胶合五夹板（杨木）	0.03	
	胶合五夹板（椴木）	0.034	
	胶合五夹板（水曲柳）	0.04	
	甘蔗板（按 10mm 厚计）	0.03	常用厚度为 13、15、19、25mm
	隔声板（按 10mm 厚计）	0.03	常用厚度为 13、20mm
	木屑板（按 10mm 厚计）	0.12	常用厚度为 6、10mm
金属矿产（kN/m³）	铸铁	72.5	
	锻铁	77.5	
	铁矿渣	27.6	
	赤铁矿	25 ~ 30	
	钢	78.5	
	紫铜、赤铜	89	
	黄铜、青铜	85	
	硫化铜矿	42	
	铝	27	

续表

名　　称		自　重	备　注
金属矿产（kN/m³）	铝合金	28	
	锌	70.5	
	亚锌矿	40.5	
	铅	114	
	方铅矿	74.5	
	金	193	
	白金	213	
	银	105	
	锡	73.5	
	镍	89	
	水银	136	
	钨	189	
金属矿产（kN/m³）	镁	18.5	
	锑	66.6	
	水晶	29.5	
	硼矿	17.5	
	硫矿	20.5	
	石棉矿	24.6	
	石棉	10	压实
	石棉	4	松散，含水量不大于15%
	石墨（高岭土）	22	
	石膏矿	25.5	粗块堆放 $\phi=30°$
	石膏	13～14.5	细块堆放 $\phi=40°$
	石膏粉	9	
土、砂、砂砾、岩石（kN/m³）	腐殖土	15～16	干，$\phi=40°$；湿，$\phi=35°$；很湿，$\phi=25°$
	黏土	13.5	干，松，空隙比为1.0
	黏土	16	干，$\phi=40°$，压实
	黏土	18	湿，$\phi=35°$，压实
	黏土	20	很湿，$\phi=25°$，压实
	砂土	12.2	干，松
	砂土	16	干，$\phi=35°$，压实
	砂土	18	湿，$\phi=35°$，压实
	砂土	20	很湿，$\phi=25°$，压实
	砂子	14	干，细砂
	砂子	17	干，粗砂
	卵石	16～18	干
	黏土夹卵石	17～18	干，松

续表

名　　称		自　重	备　注
土、砂、砂砾、岩石（kN/m³）	砂夹卵石	15 ~ 17	干，松
	砂夹卵石	16 ~ 19.2	干，压实
	砂加卵石	18.9 ~ 19.2	湿
	浮石	6 ~ 3	干
	浮石填充料	4 ~ 6	
	砂岩	23.6	
	页岩	28	
	页岩	14.8	片石堆置
	泥灰石	14	$\phi=40°$
	花岗岩、大理石	28	
	花岗岩	15.4	片石堆置
	石灰岩	26.4	
	石灰岩	15.2	片石堆置
	贝壳石灰岩	14	
	白云石	16	片石堆置，$\phi=48°$
	滑石	27.1	
	火石（燧石）	35.2	
	云班石	27.6	
	玄武石	29.5	
	长石	25.5	
	角闪石、绿石	30	
	角闪石、绿石	17.1	片石堆置
	碎石子	14 ~ 15	堆置
	岩粉	16	黏土质或石灰质的
	多孔黏土	5 ~ 8	作填充料用，$\phi=35°$
	硅藻土填充料	4 ~ 6	
	辉绿岩板	29.5	
砖（kN/m³）	普通砖	18	240 × 115 × 53 − 684 块
	普通砖	19	机器制
	缸砖	21 ~ 21.5	230 × 110 × 65 − 609 块
	红缸砖	20.4	
	耐火砖	19 ~ 22	230 × 110 × 65 − 609 块
	耐酸瓷砖	23 ~ 25	230 × 113 × 65 − 590
	灰砂砖	18	砂：白灰 = 92：2
	煤渣砖	17 ~ 18.5	
	矿渣砖	18.5	硬矿渣：烟灰：石灰 = 75：15：10
	焦渣砖	12 ~ 14	
	烟灰砖（粉煤灰砂）	14 ~ 15	

续表

名　　称		自　重	备　注
砖（kN/m³）	黏土坯	12～15	
	锯末砖	9	
	焦渣空心砖	10	290×290×140－85 块
	水泥空心砖	9.8	290×290×140－85 块
	水泥空心砖	10.3	300×250×110－121 块
	水泥空心砖	9.6	300×250×160－83 块
	碎砖	12	堆置
	水泥花砖	19.8	200×200×24－1042 块
	瓷面砖	17.8	150×150×8－5556 块
	马赛克	0.12kN/m²	厚 5mm
石灰、水泥、灰浆及混凝土（kN/m³）	生石灰块	11	堆置，$\phi=30°$
	生石灰粉	12	堆置，$\phi=35°$
	熟石灰膏	13.5	
	石灰砂浆、混合砂浆	17	
	水泥石灰焦渣砂浆	14	
	石灰炉渣	10～12	
	水泥炉渣	12～14	
	石灰焦渣砂浆	13	
	灰土	17.5	石灰：土＝3：7，夯实
	稻草石灰泥	16	
	纸筋石灰泥	16	
	石灰锯末	3.4	石灰：锯末＝1：3
	石灰三合土	17.5	石灰、砂子、卵石
	水泥	12.5	轻质松散，$\phi=20°$
	水泥	14.5	散装，$\phi=30°$
	水泥	16	袋装压实，$\phi=40°$
	矿渣水泥	14.5	
	水泥砂浆	20	
	水泥蛭石砂浆	5～8	
	石棉水泥浆	19	
	膨胀珍珠岩砂浆	7～15	
	石膏砂浆	12	
	碎砖混凝土	18.5	
	素混凝土	22～24	振捣或不振捣
	矿渣混凝土	20	
	焦渣混凝土	16～17	承重用
	焦渣混凝土	10～14	填充用

续表

名　　称		自　重	备　注
石灰、水泥、灰浆及混凝土 (kN/m^3)	铁屑混凝土	28~65	
	浮石混凝土	9~14	
	沥青混凝土	0	
	无砂大孔性混凝土	16~19	
	泡沫混凝土	4~6	
	加气混凝土	5.5~7.5	单块
	钢筋混凝土	24~25	
	碎砖钢筋混凝土	20	
	钢丝网水泥	25	用于承重结构
	水玻璃耐酸混凝土	20~23.5	
	粉煤灰陶粒混凝土	19.5	
沥青、煤灰、油料 (kN/m^3)	石油沥青	10~11	根据相对密度
	柏油	12	
	煤沥青	13.4	
	煤焦油	10	
	无烟煤	15.5	整体
	无烟煤	9.5	块状堆放，$\phi=30°$
	无烟煤	8	块状堆放，$\phi=35°$
	煤末	7	堆放，$\phi=15°$
	煤球	10	堆放
	褐煤	12.5	
	褐煤	7~8	堆放
	泥炭	7.5	
	泥炭	3.2~4.2	堆放
	木炭	3~5	
	煤焦	12	
	煤焦	7	堆放，$\phi=45°$
	焦渣	10	
	煤灰	6.5	
	煤灰	8	压实
	石墨	20.8	
	煤蜡	9	
	油蜡	9.6	
	原油	8.8	
	煤油	8	
	煤油	7.2	桶装，相对密度 0.82~0.89

续表

名　　称		自　重	备　注
沥青、煤灰、油料（kN/m³）	润滑油	7.4	
	汽油	6.7	
	汽油	6.4	桶装，相对密度0.72～0.76
	动物油、植物油	9.3	
	豆油	8	大铁桶装，每桶360 kg
杂项（kN/m³）	普通玻璃	25.6	
	钢丝玻璃	36	
	泡沫玻璃	3～5	
	玻璃棉	0.5～1	作绝缘层填充料用
	岩棉	0.5～2.5	
	沥青玻璃棉	0.8～1	导热系数0.03～0.04
	玻璃棉板（管套）	1～1.5	导热系数0.03～0.05
	玻璃钢	14～22	
	矿渣棉	1.2～1.5	松散，导热系数0.027～0.038
	矿渣棉制品（板、砖、管）	3.5～4	导热系数0.004～0.06
	沥青矿渣棉	1.2～1.6	导热系数0.035～0.045
	膨胀珍珠岩粉料	0.8～2.5	干，松散，导热系数0.045～0.065
	水泥珍珠岩制品	3.5～4	强度0.4～0.8kN/mm³ 导热系数0.05～0.07
	膨胀蛭石	0.8～2	导热系数0.045～0.06
	沥青蛭石制品	3.5～4.5	导热系数0.07～0.09
	水泥蛭石制品	4～6	导热系数0.08～0.12
	聚氯乙烯板（管）	13.6～16	
	聚氯乙烯泡沫塑料	0.5	导热系数不大于0.03
	石棉板	13	含水率不大于3%
	乳化沥青	9.8～10.5	
	白磷	18.3	
	松香	10.7	
	瓷	24	
	酒精	7.85	100%纯
	酒精	6.6	桶装，相对密度0.79～0.82
	盐酸	12	浓度40%
	硝酸	15.1	浓度91%
	硫酸	17.9	浓度87%
	火碱	17	浓度60%
	氯化铵	7.5	袋装堆放

续表

名称		自重	备注
杂项（kN/m^3）	尿素	7.5	袋装堆放
	碳酸氢铵	8	温度 4℃密度最大时
	水	10	
	冰	8.96	
	书籍	5	书架藏置
	道林纸	10	
	报纸	7	
	宣纸类	4	
	棉花、棉纱	4	压紧平均重量
	稻草	1.2	
	建筑碎料（建筑垃圾）	15	
食品（kN/m^3）	稻谷	6	$\phi=35°$
	大米	8.5	散装
	豆类	7.5~8	$\phi=20°$
	豆类	6.8	袋装
	小麦	8	$\phi=25°$
	面粉	7	
	玉米	7.8	$\phi=28°$
	小米、高粱	7	散装
	小米、高粱	6	袋装
	芝麻	4.5	袋装
	鲜果	3.5	散装
	鲜果	3	装箱
	花生	2	袋装带壳
	罐头	4.5	装箱
	酒、酱、油、醋	4	成瓶装箱
	豆饼	9	圆饼放置，每块 28 kg
	矿盐	10	成块
	盐	8.6	细粒散放
	盐	8.1	袋装
	砂糖	7.5	散装
	砂糖	7	袋装
砌体（kN/m^3）	浆砌细方石	26.4	花岗岩，方整石块
	浆砌细方石	25.6	石灰石
	浆砌细方石	22.4	砂岩
	浆砌毛方石	24.8	花岗岩、上下面大致平整

续表

名称		自重	备注
砌体（kN/m³）	浆砌毛方石	24	石灰石
	浆砌毛方石	20.8	砂岩
	干砌毛石	20.8	花岗岩、上下面大致平整
	干砌毛石	20	石灰石
	干砌毛石	17.6	砂岩
	浆砌普通砖	18	
	浆砌机砖	19	
	浆砌缸砖	21	
	浆砌耐火砖	22	
	浆砌矿渣砖	21	
	浆砌焦渣砖	12.5~14	
	土坯砖砌体	16	
	黏土砖空斗砌体	17	中填碎瓦砾，一眠一斗
	黏土砖空斗砌体	13	全斗
	黏土砖空斗砌体	12.5	不能承重
	黏土砖空斗砌体	15	能承重
	粉煤灰泡沫砌块砌体	8~8.5	粉煤灰：电石渣：废石膏=74：22：4
	三合土	17	灰：砂：土=1：1：9~1：1：4
隔墙与墙面（kN/m²）	双面抹灰板条隔墙	0.9	每面抹灰厚16~24mm，龙骨在内
	单面抹灰板条隔墙	0.5	灰厚16~24mm，龙骨在内
	C形轻钢龙骨隔墙	0.27	两层12mm纸面石膏板，无保温层
		0.32	两层12mm纸面石膏板，中填岩面保温板50mm
		0.38	三层12mm纸面石膏板，无保温层
		0.43	三层12mm纸面石膏板，中填岩面保温板50mm
		0.49	四层12mm纸面石膏板，无保温层
		0.54	四层12mm纸面石膏板，中填岩面保温板50mm
	贴瓷砖墙面	0.5	包括水泥砂浆打底，其厚25mm

续表

名　　称		自　重	备　注
隔墙与墙面（kN/m^2）	水泥粉刷墙面	0.36	20mm 厚，水泥粗砂
	水磨石墙面	0.55	25mm 厚，包括打底
	水刷石墙面	0.5	25mm 厚，包括打底
	石灰粗砂粉刷	0.34	20mm 厚
	剁假石墙面	0.5	25mm 厚，包括打底
	外墙拉毛墙面	0.7	包括 25mm 厚水泥砂浆打底
	玻璃幕墙	0.6 ~ 0.7	框架自重在内
屋架、门窗（kN/m^2）	木屋架	0.07 + 0.007 × 跨度	按屋面水平投影面积计算，跨度以 m 计
	钢屋架	0.12 + 0.011 × 跨度	无天窗，包括支撑，按屋面水平投影面积计算，跨度以 m 计
	木框玻璃窗	0.2 ~ 0.3	
	钢框玻璃窗	0.4 ~ 0.5	
	木门	0.1 ~ 0.2	
	钢铁门	0.4 ~ 0.45	
	黏土平瓦屋面	0.55	按实际面积计算，下同
	水泥平瓦屋面	0.5 ~ 0.55	
	小青瓦屋面	0.9 ~ 1.1	
	冷摊瓦屋面	0.5	
	石板瓦屋面	0.46	厚 6.3mm
屋顶（kN/m^2）	石板瓦屋面	0.71	厚 9.5mm
	石板瓦屋面	0.96	厚 12.1mm
	麦秸泥灰顶	0.16	以 10mm 厚计
	石棉板瓦	0.18	仅瓦自重
	波形石棉瓦	0.2	182 × 725 × 8mm
	白铁皮	0.05	24 号
	瓦楞铁	0.05	26 号
	塑料瓦楞板	0.05 ~ 0.1	3 ~ 5mm 厚
	玻璃屋顶	0.3	9.5mm 铅丝玻璃，框架自重在内
	玻璃砖顶	0.65	框架自重在内
	油毡防水层	0.05	一层油毡刷油两遍
		0.25 ~ 0.3	四层做法，一毡二油上铺小石子
		0.3 ~ 0.35	六层做法，二毡三油上铺小石子

续表

名 称		自 重	备 注
屋顶（kN/m^2）		0.35～0.4	四层做法，三毡四油上铺小石子
	捷罗克防水层	0.1	厚8mm
	再生橡胶防水卷材	0.025	包括橡胶粘结层
	屋顶天窗	0.35～0.4	9.5mm铅丝玻璃，框架自重在内
建筑墙板（kN/m^2）	彩色钢板金属幕墙板	0.1	两层，彩色钢板厚0.6mm聚苯乙烯芯材厚25mm
	金属绝热材料（聚氨酯）复合板	0.14	板厚40mm，钢板厚0.6mm
		0.15	板厚60mm，钢板厚0.6mm
		0.16	板厚80mm，钢板厚0.6mm
		0.12～0.15	两层，彩色钢板厚0.6mm，聚苯乙烯板材厚50～250mm
	彩色钢板夹聚苯乙烯保温板	0.24	板厚100mm，两层彩色钢板，Z形龙骨岩棉芯材
	彩色钢板岩棉夹芯板	0.25	板厚120mm，两层彩色钢板，Z形龙骨岩棉芯材
		1.13	
	GRC增强水泥聚苯复合保温板	0.3	长2400～2800，宽600，厚60mm
		0.35	长2400～2800，宽600，厚60mm
	GRC空心隔板墙	0.14	300mm×600mm×60mm
	GRC内隔墙板	0.17	300mm×600mm×60mm
	轻质GRC保温板	0.11	厚10mm
	轻质GRC空心隔墙板	1.1	岩棉芯材厚50mm双面钢丝网水泥浆各厚25mm
	GRC墙板		
	钢丝网棉夹心复合板（GY板）	0.08	板厚6mm
		0.1	板厚8mm
	硅酸钙板	0.12	板厚10mm
	泰柏板	0.95	板厚100mm，钢丝网片夹聚苯乙烯保温层，每面抹水泥砂浆厚20mm
		0.14	厚75mm
		0.45	长2500～3000，宽600，厚60mm
	蜂窝复合板	0.17	300mm×600mm×60mm
	石膏珍珠岩空心条板	1.0～1.5	
	加强型水泥石膏聚苯保温板		
	玻璃幕墙		

常用建筑构件重量表

表 5-2

序	号	项目	自重（kN/m²）	说明
（一）屋面	1	水泥砂浆屋面	0.5	防水砂浆平均厚25mm
	2	坐砌大阶砖屋面	1.3	防水砂浆25mm厚，同类项；玻璃瓦屋面、坐砌石棉水泥隔热屋面
	3	坐砌大阶砖屋面	1.6	卷材防水共厚35mm
	4	架空大阶砖屋面	2.4	防水砂浆25mm厚，双弄架空，同类项；天台花园屋面
	5	架空大阶砖屋面	1.85	防水砂浆25mm厚，单弄架空
	6	玻璃砖屋面	0.65	框架重量在内
（二）楼（地）面	1	水泥砂浆面	0.5	25mm厚。同类项；尼龙地毡面、人工草皮
	2	水性胶泥面层	0.45	22mm厚水泥砂浆底、同类项；小席纹、过氯乙烯面层。软塑料卷材面、硬塑块材面
	3	现浇水磨石面层	0.7	35mm厚
	4	陶瓷锦砖	0.65	4mm厚瓷片共35厚，同类项：防潮砖、彩色釉面砖
	5	预制水磨石面	1.05	预制面层及砂浆底共厚50mm
	6	磨光大理石面层	1.15	20mm厚大理石，共厚50mm。同类项：磨光花岗岩面
	7	水泥花阶砖	0.7	35mm厚
（三）顶棚	1	板底粉顶棚	0.25	15mm厚。同类项：贴吸声纸板、喷塑顶、贴墙纸顶、乳胶片顶、砂浆底纸巾罩面顶、砂浆底油化面顶
	2	轻钢龙骨吊顶	0.15	轻钢龙骨。同类项：钙塑板、吸声纸板
	3	胶合板、木丝板	0.2	吸声纸板
（四）门窗	1	木框门窗	0.3	
	2	钢框门窗	0.45	包括铝合金窗
	3	木门	0.2	
	4	钢铁门	0.45	
（五）墙面饰面	1	普通灰砂粉面	0.34	20mm厚混合砂浆。同类项：彩砂浆料，各种浆料墙面
	2	水刷石粉面	0.5	25mm厚。同类项：斩假石
	3	贴瓷片面层	0.5	25mm厚。瓷片、釉面砖、马赛克等
	4	人造大理石面层	0.6	30mm厚。同类项：仿古砖面
	5	磨光天然大理石面层	1.15	50mm厚。同类项：磨光花岗岩面
（六）预制板	1	110mm厚预应力多孔板	2.7	包括填缝、板面25厚细石混凝土，5mm厚水泥砂浆抹面，板底纸内灰抹面
	2	160mm厚预应力多孔板	3.2	包括填缝、板面25厚细石混凝土，5mm厚水泥砂浆抹面，板底纸内灰抹面
	3	120mm厚预应力多孔板	1.7	仅板自重及填缝
	4	180mm厚预应力多孔板	2.6	仅板自重及填缝
	5	槽型板	1.2	板宽600mm，肋120mm高

续表

序　号		项　　目	自重（kN/m^2）	说　　明
（六）预制板			1.4	板宽600mm，肋120mm高
	6	预应力槽型板	1.6	板长5m为160mm厚
			2.1	5m为210mm厚
	7	预应力小梁现浇板	1.7	80mm×200mm小梁，包括小梁和板重
	8	预应力小梁现浇板	2.1	100mm×300mm小梁，包括小梁和板重
	9	1.5m×6m预应力屋面板	1.4	包括填缝，用于卷材防水为140mm，非卷材防水为158mm
			1.5	

墙体材料重量表　　**表5-3**

序　号	项　　目	墙厚（mm）	重量（kN/m^2）		说　明
			单面粉	双面粉	
1	实心砖墙（机制砖）	60		1.82	双面贴瓷片1.95kN/m^2
					双面贴瓷片2.10kN/m^2
2		120	2.6	3	外墙面按0.5kN/m^2计
3		180	3.8	4.3	内墙面按0.34kN/m^2
4		240	4.9	5.3	内墙面按0.34kN/m^2
5		300	6	6.4	内墙面按0.34kN/m^2
6		370	7.3	7.7	内墙面按0.34kN/m^2
7		490	10	10.5	内墙面按0.34kN/m^2
8	空心砌块	190	2.7	3.1	内墙面按0.34kN/m^2
9	煤渣空心块	200	2.3	2.7	内墙面按0.34kN/m^2
10	空斗墙	240	4	4.4	内墙面按0.34kN/m^2，一眠一斗
11		240	3.7	4	内墙面按0.34kN/m^2，一眠三斗
12		240	3.5	3.8	内墙面按0.34kN/m^2，无眠空斗
13	空心砖墙	180	3.1	3.4	内墙面按0.34kN/m^2，空心率为20%
14	石膏砌板	100	1.2	1.6	面贴墙纸或涂料
15	钢丝网板条	120	1.2		灰厚16~24mm，龙骨在内
16	夹板墙		0.3		
17	木板隔墙		0.25		
18	玻璃板墙		0.45		普通隔板，钢框
19	玻璃幕墙		0.5		铝合金框，型钢骨架